“十四五”时期国家重点出版物出版专项规

新能源与智能网联汽车新技术系列丛书

中国机械工业教育协会“十四五”普通高等教育规划教材

# 新能源汽车维修工程

主编　孙宜权

参编　陈庆樟　杨保成　范红波　钟仕钰

吴文叶　朱海民　王红霞

机 械 工 业 出 版 社

本书是“十四五”时期国家重点出版物出版专项规划项目，是中国机械工业教育协会“十四五”普通高等教育规划教材。

本书共9章，系统地阐述了新能源汽车的发展、分类、结构、工作原理、维修和保养，主要内容包括绪论、电动汽车的基本结构与工作原理、动力蓄电池的检测与维修、电机系统的检测与维修、电控系统的检测与维修、充电系统的检测与维修、空调系统的检测与维修、底盘的检测与维修和特斯拉 Model S 维修实例。

本书既有结构及工作原理介绍，也有故障诊断和维修技术讲解，图文结合，简洁易懂，可作为高等院校新能源汽车工程、车辆工程、汽车服务工程等专业课程的教材，也可供电动汽车相关领域工程技术人员和科研人员参考使用。

本书部分知识点配有动画或视频，请扫二维码进行观看。

**图书在版编目（CIP）数据**

新能源汽车维修工程 / 孙宜权主编. -- 北京 ：机械工业出版社，2025. 1. --（新能源与智能网联汽车新技术系列丛书）（中国机械工业教育协会“十四五”普通高等教育规划教材）. -- ISBN 978-7-111-77275-0

Ⅰ. U469. 707

中国国家版本馆 CIP 数据核字第 202513X29L 号

机械工业出版社（北京市百万庄大街 22 号　邮政编码 100037）
策划编辑：宋学敏　　　　责任编辑：宋学敏　赵晓峰
责任校对：张爱妮　张　征　　封面设计：张　静
责任印制：张　博
河北泓景印刷有限公司印刷
2025 年 6 月第 1 版第 1 次印刷
184mm×260mm · 16. 25 印张 · 399 千字
标准书号：ISBN 978-7-111-77275-0
定价：54. 00 元

电话服务　　　　　　　　　网络服务
客服电话：010-88361066　　机　工　官　网：www. cmpbook. com
　　　　　010-88379833　　机　工　官　博：weibo. com/cmp1952
　　　　　010-68326294　　金　　书　　网：www. golden-book. com
　　机工教育服务网：www. cmpedu. com

# 前 言

随着新能源汽车的发展与普及，电动汽车故障检测与维修正在成为新能源汽车工程、汽车服务工程等汽车类专业的核心知识与能力需求，本书就是针对相关应用型本科专业所编写的电动汽车故障诊断与维修教材。

本书共9章，较为系统地阐述了电动汽车的基础知识及其技术应用，包括绪论、电动汽车的基本结构与工作原理、动力蓄电池的检测与维修、电机系统的检测与维修、电控系统的检测与维修、充电系统的检测与维修、空调系统的检测与维修、底盘的检测与维修，并结合特斯拉 Model S 维修实例讲解了电动汽车维修的一般过程及方法。本书中的重点内容注重理论结合实际，通俗易懂，实用性强。

本书为数字一体化教材，在传统教材编写方案的基础上，对重点内容配合相关视频及拓展资源进行讲解。运用关联技术和手段，帮助读者将纸质教材的内容与对应的数字资源联系起来。数字资源对应生成二维码并置于书中，读者通过手机终端扫码，可以方便快捷地将数字化资源与纸质教材对应学习。

本书由常熟理工学院孙宜权、陈庆樟、杨保成、吴文叶、朱海民，以及陆军工程大学范红波、河南工学院王红霞、昆山五人行汽车检测技术服务有限公司钟仕钰共同编写。其中，第1章由陈庆樟编写，第2章由杨保成编写，第3章由范红波编写，第4章由吴文叶编写，第5章和第7章由孙宜权编写，第6章由朱海民编写，第8章由王红霞编写，第9章由钟仕钰编写，全书由孙宜权统筹。本书的编写参阅了大量的文献资料，在此向各位文献作者、译者表示由衷的感谢。另外，还要感谢为本书提出宝贵意见的专家、同行和同事。

由于编者水平有限，书中难免存在不足之处，恳切希望广大读者批评指正。

编 者

# 目 录

# 第1章 绪 论

## 1.1 新能源汽车的发展历程

### 1.1.1 纯电动汽车的发展历程

纯电动汽车（Battery Electric Vehicle，BEV）是指驱动能量完全由电能提供的、由电机驱动的，符合道路交通、安全法规各项要求的电动汽车。纯电动汽车一般采用高效蓄电池作为动力，不需要内燃机，因此，电动汽车的电机相当于传统汽车的发动机，蓄电池相当于传统汽车的燃油箱。由于电能是二次能源，可以来源于风能、水能、热能、太阳能等多种方式，纯电动汽车是非常有发展前景的替代能源汽车。

世界范围的气候变化、环境污染和局部地区的能源短缺等因素，以及新一轮科技革命，特别是与电驱动相关的电力电子等技术迅猛发展，促使世界汽车产业进入电动化的重大转型期。从汽车技术发展史的角度看，纯电动汽车并不是新鲜事物，它具有比燃油汽车更悠久的发展历史。图 1-1 所示为纯电动汽车的重要发展历程。

1834 年，美国人托马斯·达文波特（Thomas Davenport）制造出第一辆直流电机驱动的电动车。1873 年，英国人罗伯特·戴维森（Robert Davidson）制造出世界上最早具有实用价值的纯电动汽车，如图 1-2 所示，该车采用一次电池作为动力源。

1881 年，法国工程师古斯塔夫·特鲁夫（Gustave Trouve）首次将直流电机和可充电的铅酸蓄电池用于私人车辆，并在次年的巴黎国际电器展览会上展出了一辆能实际操作使用的电动三轮车。

20 世纪 20 年代是纯电动汽车发展的第一个黄金期。这个时期的车用内燃机技术还相当落后，导致燃油汽车存在续驶里程短、故障多和维修困难等问题，其性能远不及纯电动汽车，因此纯电动汽车得到了普遍认可，美国、英国和法国的许多公司都开始生产纯电动汽车。

1896—1920 年，美国 iker 公司生产了很多类型的纯电动汽车。1897 年，英国的伦敦电动出租汽车公司生产了 15 辆纯电动出租车，如图 1-3 所示。1898 年，美国康涅狄格州的 Pope 制造公司生产了大约 500 辆 Columbia 纯电动汽车。

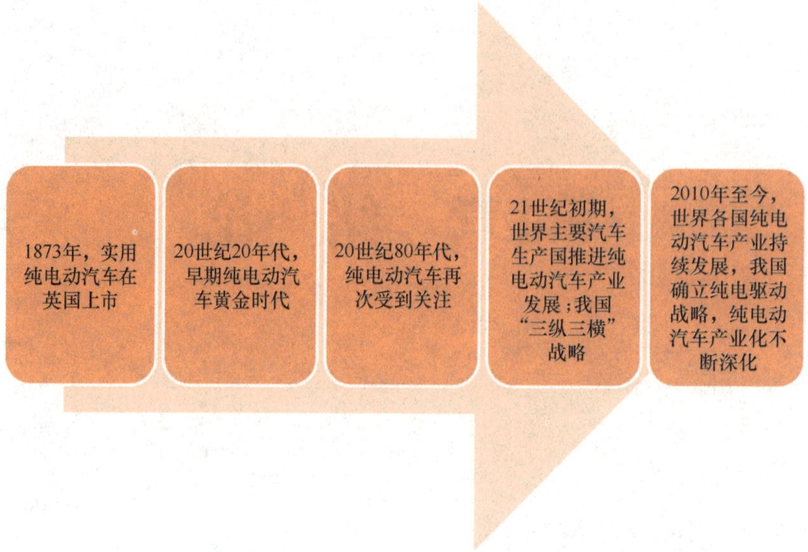
1873年，实用纯电动汽车在英国上市
20世纪20年代，早期纯电动汽车黄金时代
20世纪80年代，纯电动汽车再次受到关注
21世纪初期，世界主要汽车生产国推进纯电动汽车产业发展；我国“三纵三横”战略
2010年至今，世界各国纯电动汽车产业持续发展，我国确立纯电驱动战略，纯电动汽车产业化不断深化

图 1-1　纯电动汽车的重要发展历程

注：“三纵”指混合动力电动汽车、纯电动汽车、燃料电池电动汽车；

“三横”指多能源动力总成控制系统、电机及其控制系统和电池及其管理系统。

图 1-2　最早具有实用价值的纯电动汽车

图 1-3　1897 年伦敦电动出租汽车公司生产的纯电动出租车

1907—1938 年，美国底特律电气公司生产的纯电动汽车除了无噪声、清洁可靠，最高车速也能达到 40km/h，续驶里程更是达到 129km。1912 年，美国注册有 34000 辆纯电动汽车。

20 世纪 20 年代，由于蓄电池技术和降低制造成本方面没有明显进步，纯电动汽车的发展进入瓶颈期。相比之下，内燃机技术达到了新水平，装备内燃机的汽车拥有更高的速度，因此到 1940 年前后，纯电动汽车基本从欧美汽车市场中消失了。

20 世纪 80 年代，空气质量和温室效应所引发的环境问题，让人们对纯电动汽车相较燃油汽车的优势有了新的认识，因此纯电动汽车的发展再获生机。

在 1990 年 1 月的洛杉矶车展上，通用汽车公司发布了一款名为 Impact 的纯电动概念轿车。同年，宝马公司发布了两门四座的纯电动汽车 E1，随后在 1992 年又发布了四门四座纯电动汽车 E2。与此同时，德国开始组织各种类型的纯电动汽车运行试验，众多公司的纯电动汽车纷纷投入市场，纯电动汽车保有量在 1995 年达到了 4700 辆。1993 年，法国开始在拉罗谢尔市进行纯电动汽车运行试验，并在该市组建了纯电动汽车出租车车队。

1996 年，通用汽车公司推出了一款两座双门、前置前驱的纯电动汽车 EV1（图 1-4）。第一代 EV1 由铅酸蓄电池供电，蓄电池容量为 16.5～18.7kW·h，整车总质量为 1400kg，续驶里程为 112～160km。1999 年，通用汽车公司发布了配有镍氢蓄电池的第二代 EV1，动力蓄电池容量提高至 26.4kW·h，整车总质量为 1319kg，续驶里程为 160～230km。2001 年，法国推出了采用铅酸和镍铬蓄电池的纯电动客车，并配套建设了超过 3000$m^2$ 的充/换电站。

图 1-4　通用纯电动汽车 EV1

进入 21 世纪后，随着各国对纯电动汽车技术研发投入不断加大，车用动力蓄电池、电机及其控制系统等技术取得了重大进展，电力电子、控制和信息技术的广泛应用使纯电动汽车技术深入发展、日臻完美，产品的可靠性、使用寿命得到明显提升，成本得到有效控制，纯电动汽车技术在世界范围内得到快速发展。

2008 年，宝马公司发布了纯电动汽车 MINI E，完成了量产车型研发的主要阶段，该车的续驶里程达到 170km。同年，特斯拉公司推出了纯电动跑车 Roadster，它是首款使用锂离子蓄电池的量产纯电动跑车，续驶里程达到 320km。在 2009 年的法兰克福车展上，多家汽车公司推出了新款纯电动汽车。例如，雷诺公司发布了纯电动汽车 Fluence Z. E.；大众汽车公司发布了纯电动汽车 E-Up，其百公里加速时间仅为 11.3s；特斯拉公司发布了 Model S 原型车，其续驶里程达到 613km。2010 年，日产汽车公司在北京车展上推出了纯电动汽车聆风（Leaf），如图 1-5 所示，并向日本和美国市场投放，该车由层叠式紧凑型锂离子蓄电池驱动，电机的输出功率为 80kW，峰值转矩为 280N·m，续驶里程达 160km。同年，在底特律国际车展上，宝马公司推出了纯电动车型 Concept Active E。次年，宝马公司在德国国际车展上首次推出了纯电动汽车 i3，并于 2013 年在德国莱比锡实现量产。通用汽车公司先后于 2013 年和 2016 年推出了雪佛兰 Spark EV 和 Bolt EV 两款纯电动汽车。2016 年，特斯拉公司发布了纯电动汽车 Model S P100D 和 Model 3，前者的百公里加速时间仅为 2.7s，后者基本具备了全自动无人驾驶功能。

图 1-5　日产纯电动汽车聆风

中国的汽车品牌也纷纷推出自己的纯电动汽车。例如，比亚迪于 2004 年在北京车展上推出了纯电动概念车比亚迪 ET；2009 年 3 月，众泰推出了搭载聚合物锂离子动力蓄电池的纯电动车型 2008EV，并获得了我国第一个纯电动乘用车目录公告。

2010 年，比亚迪推出了纯电动汽车 e6（图 1-6），该车采用高能量密度、高安全性的磷酸铁锂动力蓄电池，单次充电续驶里程达到 300km，成为当时全球续驶里程最长、首款大批量面向私人用户发售的纯电动乘用车型。在 2012 年的北京国际车展上，比亚迪与德国戴姆勒股份公司联合推出了纯电动汽车腾势，并于 2014 年投放市场。

2014 年，北汽新能源推出了纯电动汽车 EV200（图 1-7）。2015 年，长安逸动纯电动汽车正式上市。2017 年，吉利帝豪 EV300 纯电动汽车正式上市，其续驶里程可达 300km。2017 年，上汽集团正式发布纯电动汽车荣威 ERX5，其综合工况下的续驶里程达 320km，等速最大续驶里程可达 425km。

图 1-6　比亚迪 e6

图 1-7　北汽新能源 EV200

在纯电动客车发展历程中，50 辆支持换电模式的锂离子蓄电池纯电动低地板客车在 2008 年北京奥运会期间运行于奥运核心区，同时设计建设了世界上首座大型客车换电站，成功实现了奥运期间纯电动客车 24h 连续运营。加上后续上海世博会、广州亚运会和部分城市示范运营等重大应用项目的推动，我国纯电动客车技术发展获得了宝贵的运行经验和数据。

在市场方面，以 2017 年为例，我国新能源客车累计推广超过 30 万辆，推广规模居全球首位。其中，以大中型纯电动客车产品为主，宇通、比亚迪等新能源客车凭借高可靠性、安全性等特点成为出口的主流产品。在技术方面，从 2016 年到 2018 年，新能源客车的能耗平均降幅接近 10%，动力蓄电池系统能量密度平均增幅超过 25%。

然而，纯电动汽车的发展仍存在不少问题，如电池容量、驱动电机、快速充电、二次污染等。因此，纯电动汽车的发展离不开国家政策的扶持，如对纯电动汽车推广进行政策性补贴，在全国范围内建设快速充电站、充电桩、换电站或者电池租赁点，以及对研发单位给予一定的税收优惠政策等。

### 1.1.2　混合动力电动汽车的发展历程

混合动力电动汽车并不是一个新概念。在 1881 年世界上第一辆可充电动力蓄电池纯电动汽车、1886 年世界上第一辆内燃机汽车相继问世后，伴随人们对提高汽车综合性能的不懈追求，1894 年出现了第一辆混合动力电动汽车的原型车。1899 年，法国巴黎的美术展览馆展出了两款混合动力电动汽车，其中一款是比利时 Pieper 研究院开发的并联式混合动力电动汽车，它装备了一台电机和由铅酸蓄电池组辅助的小型风冷汽油发动机；另一款是法国 Vendovelli 公司与 Priestly 公司制造的串联式混合动力电动三轮车，其动力总成由 1.1kW 电机和 0.56kW 汽油发动机组成，采用双电机独立后驱形式，通过对蓄电池组的再充电来延长车辆的续驶里程。到 1914 年，又出现了混联式混合动力电动汽车。

1905 年出现了第一个混合动力电动汽车专利，它由工程师亨利·派珀（Henry Pieper）申请。该专利的核心在于通过一台电动机为内燃机助力来获得更高的整车车速。鉴于早期的车用内燃机排量小、性能差，纯电动汽车的驱动电机功率又小，为进一步提升整车的动力性，人们开始研发各种形式的混合动力电动汽车。

图 1-8 所示为世界上第一款混合动力电动汽车，名为“Semper Vivus”，由费迪南德·保时捷（Ferdinand Porsche）研制。遗憾的是，由于生产成本过高且技术不成熟，该车最终未能实现量产。“Semper Vivus”采用了串联式混合动力驱动模式，先由汽油机驱动发电机发电，再通过两个安装在前轮的轮毂电机驱动车辆行驶。

图 1-8 世界上第一款混合动力电动汽车“Semper Vivus”

在混合动力技术的早期发展阶段，另一位重要人物是亨利·派珀（以下简称派珀），他于 1902 年前后发明了并联式混合动力电动汽车，以及与之配套的早期动力管理系统。派珀将自己的专利技术授权给比利时汽车公司 Auto-Mixed，该公司借助此技术于 1906—1912 年间推出了一系列混合动力车型，如 Voiturette。之后，该公司被其他公司收购，导致混合动力电动汽车的生产工作无疾而终。

1915 年，美国诞生了一家专门生产串联式混合动力电动汽车的制造商——Owen Magnetic。在 1915 年的纽约车展上，Owen Magnetic 公司首次展示了装备六缸发动机的混合动力车型，随后推出的量产车型因营销得力而受到市场的广泛认可。该公司旗下的混合动力车型一直生产到 1921 年，极大地推动了混合动力技术的发展。

同一时期，芝加哥的一家电动汽车制造商——Woods 也开始研发混合动力电动汽车，并于 1916 年推出了并联式混合动力电动汽车。这款双排座轿车以操纵杆代替加速踏板来控制节气门，最高车速可达 56km/h，油耗约为 4.6L/100km。

1966 年，为了缓解日益严重的空气污染问题，美国国会通过了一项提倡使用电动汽车的法案。之后，通用汽车公司响应号召，推出了 512 系列混合动力试验车。该车系采用后置后驱布局，搭载了一套并联式混合动力系统，最高车速为 64km/h。行驶速度在 16km/h 以下时，车辆由电机直接驱动；行驶速度在 16~21km/h 之间时，车辆采用油电协同驱动模式；行驶速度在 21km/h 以上时，车辆由发动机独立驱动。512 系列试验车奠定了通用汽车公司的混合动力技术基础。1968 年 12 月，通用汽车公司又推出了混合动力电动汽车专用的斯特林发动机，将它和 14 个 12V 蓄电池组合在一起。由于斯特林发动机能不断为蓄电池充电，搭载这套动力系统的车型电能不会耗尽，但是起动和关闭动力系统需要耗时 20s 以上。

随着内燃机技术的进步和流水线式生产方式的成熟，同时受制于电机控制器件不成熟和电机控制难度大等问题，混合动力电动汽车逐渐淡出大众视野。直至20世纪90年代，立足解决环境和能源问题的需求，同时得益于电机驱动技术的进步，混合动力电动汽车再次受到关注，取得了明显的技术进步。截至2023年底，世界范围内各种形式的混合动力电动汽车的市场保有量已接近1500万辆，成为节能与新能源汽车的典型代表。

为了应对20世纪90年代日益严峻的汽车排放问题，奥迪公司推出了第一款混合动力电动汽车duo，如图1-9所示。该车后轮由电机驱动，前轮由汽油机驱动。电机由西门子公司生产，功率为9.4kW；2.3L五缸汽油机输出功率为100kW。电能存储单元是位于行李舱地板下的镍镉蓄电池组。

1997年，丰田汽车公司在日本发布了第一代普锐斯（Prius），如图1-10所示，它是世界上首款真正实现市场化量产的混合动力电动汽车，环保和合理的售价是它最大的优势。根据美国环保局（Environmental Protection Agency，EPA）公布的数据，第一代普锐斯城市工况下的油耗为5.6L/100km，高速路工况下的油耗为5.7L/100km。

图1-9 奥迪首款混合动力电动汽车duo

图1-10 丰田第一代普锐斯

2004年，在前期应用示范的基础上，丰田汽车公司推出了第二代普锐斯，如图1-11所示。该车彻底摆脱了“使用汽油机为电机供电”的简单思路，使汽油机与电机实现了协同工作，从而大幅度减少了油耗和废气排放，它在城市工况下的油耗仅为4.75L/100km（市区工况油耗为5.1L/100km，市郊工况油耗为4.4L/100km）。

图1-11 丰田第二代普锐斯

由于第二代普锐斯在美国、日本等市场大获成功，其他汽车制造商也开始积极参与混合动力电动汽车的研发事业，进而推动了混合动力技术的发展，催生了自动起停系统和能量回收系统。前者可在车辆静止时使发动机自动熄火，并在需要继续行驶时快速起动，而后者可将汽车制动时的动能回收利用。

在能源和环保的压力下，各大汽车公司相继涉足电动汽车领域，但是由于技术和经济上存在各种困难，纯电动汽车距离完全实现商品化还有很长的路要走，而混合动力电动汽车技术相对更为成熟，由于采用了精湛的机电耦合技术和智能化的整车控制策略，实现了整车的高性能、低能耗和低排放。随着石油资源的消耗、人们环保意识的提高，纯电动汽车将成为发展的主流，混合动力电动汽车则是当前理想的过渡新能源汽车。

### 1.1.3 燃料电池电动汽车的发展历程

在 20 世纪 80 年代之前就曾出现过以燃料电池为汽车动力源的创新探索，但因当时的燃料电池技术并未成熟，故无法实现商业化生产。人们以创新和尝试的方式，将燃料电池作为汽车动力源来驱动汽车。

1959 年，美国 Allis-Chalmes 公司的 Harry Karl Ihrig 博士开发出使用碱性燃料电池的农业拖拉机；1966 年，通用汽车公司开发出氢燃料电池厢式货车；1970 年，捷克发明家 Karl Kordesch 开发出基于碱性燃料电池改装的燃料电池轿车；1979 年，加利福尼亚大学洛杉矶分校师生改装发明出氢燃料电池汽车；1979 年俄罗斯开发出 Kvant-RAF 燃料电池客车。

之后，人们似乎放弃了利用燃料电池作为汽车动力源的设想，直到 20 世纪 90 年代，随着高功率密度质子交换膜燃料电池的问世，人们对燃料电池电动汽车的探索又重新开始。

在 20 世纪 90 年代之后的十多年里，许多汽车公司开始了氢燃料电池汽车的概念设计和原理性验证，推出了很多型号的氢燃料电池汽车，其中比较有代表性的包括戴姆勒-克莱斯勒的 NECAR 1/2/3 系列氢燃料电池概念车（1994—1997 年）、丰田的 FCHV 1/2/3 氢燃料电池混合动力概念车（1997—2001 年）、本田的 FCX-V 1/2/3/4 氢燃料电池概念车（1999—2001 年）、通用的 HydroGen 1/2/3 氢燃料电池概念车（2001—2004 年）等。

2005 年之后，燃料电池作为车用动力源的可行性已经得到汽车行业的认可，各大汽车公司开始进入工程化的技术攻关阶段，大力开展燃料电池电动汽车技术攻关研究，陆续进行了技术验证性示范考核。燃料电池的主要技术问题集中在功率密度、耐久性、环境适应性（零下冷起动）的提升及成本控制上。

与此同时，各大汽车公司也试图通过示范运营逐步向公众推广燃料电池电动汽车。比如，以租赁、公共出行服务等方式为客户提供体验使用这类车的机会。以推出时间先后排序，包括本田的 FCX 氢燃料电池汽车（2002—2007 年，在美国加州和日本推广）、福特的氢燃料电池版福克斯轿车（2003—2006 年，在美国加州、佛罗里达及加拿大推广）、日产的氢燃料电池版 X-Trail（2003—2013 年，在美国加州和日本推广）、奔驰的 F-Cell（2005—2007 年，全球推广）、通用雪佛兰的 Equinox 燃料电池轿车（2007—2009 年，在美国加州、纽约推广）。与乘用车租赁使用同期，数十辆氢燃料电池客车在全球各地开展了商业化示范运行。

2010—2015 年，氢燃料电池汽车开始寻找市场，并在某些特殊领域率先实现商业化。氢燃料电池系统从 2010 年开始应用于物料运输领域，如美国沃尔玛、可口可乐和西斯科等超市和食品批发的物流运输。据国金证券的研究报告预测，到 2025 年，氢燃料电池叉车的累计市场空间有望达到 100 亿元规模，累计销量近 5.3 万台，这表明氢燃料电池叉车在国内市场具有巨大的发展潜力和商业价值。

在美国、日本、加拿大等国及欧洲，燃料电池主要应用于乘用车、城市客车和叉车。

早在 2014 年，现代汽车公司的燃料电池汽车就在美国加利福尼亚州以租赁形式开始推广；2015 年，丰田汽车公司推出了氢燃料电池轿车 Mirai，仅限在日本、美国和欧洲销售；2016 年，本田汽车公司推出了仅在日本本土销售的氢燃料电池轿车 Clarity。2015 年之后，燃料电池乘用车开始在部分区域面向私人用户销售，初步进入商业化阶段。以丰田 Mirai、本田 Clarity 及现代 NEXO 为代表的量产燃料电池电动汽车正式进入商业销售阶段。截至 2023 年，许多汽车公司都已推出自己的燃料电池乘用车品牌。燃料电池城市客车在加速时间、最高车速等动力性指标方面与燃油车型基本相当。其最高车速以 80km/h 居多，0~50km/h 加速时间约为 20s，续驶里程适中，一般为 250~400km，储氢瓶的最高压力均为 35MPa。

## 1.2 新能源汽车关键技术

### 1.2.1 电池开发关键技术

动力蓄电池是电动汽车的动力源，也是制约电动汽车发展的关键因素。

#### 1. 单体电池技术

在现有的动力蓄电池技术水平下，电动汽车使用由多块单体蓄电池构成的蓄电池组作为能量源，因此单体蓄电池性能仍是影响蓄电池组性能的关键因素。对于电动汽车而言，蓄电池组的工作电压应达到数百伏，这就需要几十到上百节单体蓄电池串联。为了达到设计容量要求，有时甚至需要更多的单体蓄电池并联，由于蓄电池组的使用性能会受到性能最差的单体蓄电池的制约，设计上要求各单体蓄电池在容量、内阻、功率特性和循环特性等方面具有高度一致性，并在运行过程中具有高的可靠性。

电动汽车用蓄电池的主要性能指标包括能量密度、功率密度、使用寿命和成本等。电动汽车对能源系统的要求包括高的能量密度和功率密度、快速充电和深放电的能力、充电效率高、使用寿命长、安全性好且成本低廉、免维修、对环境无危害、可回收性好等，这些要求也是电动汽车能否与燃油汽车相竞争的关键所在。

综上所述，通过改善电池材料特性、改进电池结构、完善生产工艺等措施来进一步提高单体蓄电池的能量密度、功率密度、使用寿命、安全性和一致性等，是目前面向动力蓄电池需要重点开展攻关的关键技术。

铅酸蓄电池被广泛用作内燃机汽车的起动动力源，也是技术较成熟的电动汽车蓄电池。它的可靠性好、原材料易得、价格便宜，功率密度基本能满足电动汽车的动力性要求。但它有两个缺点：一是能量密度低；二是使用寿命短，这限制了它在电动汽车中的应用前景。

镍氢蓄电池和镍镉蓄电池都属于碱性电池，二者特性相似。镍氢蓄电池与铅酸蓄电池相比，初期购置成本高、能量密度高、使用寿命长。镍氢蓄电池中不含铜、铅，不存在重金属污染问题，但成本较高，因而尚未大批量生产。

常见的锂电池有锂离子蓄电池、高温锂熔盐电池和锂聚合物电池等。常规锂电池的能量密度为 570W·h/kg，功率密度为 200W/kg，循环寿命为 1200 次，充电时间为 2~4h。

在飞轮电池中，飞轮以一定角速度旋转时就具有一定的动能，动能转换为电能对外供电。飞轮电池有一个电机，充电时作为电动机带动飞轮加速（储能），放电时作为发电机对外输出电能。飞轮电池的能量密度可达 150W·h/kg，功率密度达 5000~10000W/kg，使用寿命长达 25 年，可供电动汽车行驶 $5\times10^6$km。

燃料电池是一种将燃料和氧化剂通过电极反应直接转化为电能的发电装置。它的能量转换效率高，化学能转换效率理论上可达 100%，实际效率现已达 60%~80%，并且能迅速充放电。利用燃料电池可以把蓄电池的冲击负载降至适宜的水平，这样蓄电池只需设计达到平均能量密度和平均循环寿命，无须达到最大峰值能量密度和最大循环寿命。超级电容器也可以用来存储制动时产生的再生能量。

### 2. 动力蓄电池能量管理

蓄电池管理系统（Battery Management System，BMS）是用来连接蓄电池和用户的枢纽，它的主要工作对象是动力蓄电池。

动力蓄电池的性能十分复杂，不同类型的动力蓄电池的电池特性有很大差别；同一类型、同一规格、同一型号的单体蓄电池在电压、内阻、容量等参数上存在差别，导致其成组后的使用性能指标往往达不到单体蓄电池的原有水平，大大缩短了使用寿命，使系统使用和维护成本增加。

动力蓄电池的电能存储能力和循环寿命有限，串并联使用时对电池效率及使用安全性有影响，电池电量估算也困难。BMS 主要的设计目的就是提高蓄电池的利用效率，防止其出现过度充电和过度放电，延长它的使用寿命。该目的可以通过监控蓄电池的状态及电量估计算法来实现。

### 3. 动力蓄电池的回收利用

随着电动汽车的产业化和规模化发展，作为重要零部件之一的动力蓄电池将在未来逐渐进入批量发展阶段，由此带来的新能源汽车产业发展与环境、资源之间的矛盾也将越发突出。当前我国尚未建立废旧动力蓄电池收集、运输、存储、再生处理的循环利用体系，缺乏相关管理制度。动力蓄电池是否能够有效回收利用将直接影响新能源汽车产业的可持续发展和国家节能减排战略的有效实施。

对于废旧铅酸蓄电池的回收，国际上一般采用湿法冶炼技术，又称为电解法，即借助电的作用，有选择地把电池碎片中的铅化合物还原成金属铅，主要产生的污染物是不含铅的废水。该方法分离效果较好，是精炼铅的有效手段。电解法的化学原理是先将所有化合物中的铅都转化为 2 价铅，然后将 2 价铅通过电解转化成金属铅。铅的电解沉淀物不断从电极上落到传送带上被收集起来，压成铅饼后送入炉中浇铸。整个精炼过程可以连续进行，有利于大规模回收废旧铅酸蓄电池中的金属铅等有用资源。

镍氢蓄电池的回收技术主要分为火法回收和湿法回收。通常是将正负极材料分离后，根据不同的正负极材料，采取湿法回收。此外，一些新的电池再生利用技术也逐步引起各国重视。合金再生技术就是一种新发展起来的利用废旧电池的活性物质直接再生合金粉的技术。

火法回收是以回收 Ni-Fe 合金为目标的电池处理方法，主要利用废旧电池中各元素的沸点差异进行分离、熔炼。该方法首先将废旧镍氢蓄电池破碎、解体洗涤，以除去 KOH 电解液；其次，重力分选出有机废弃物并放入焙烧炉中，在 600~800℃下将其焙烧；最后，从排出的烟气废渣中分离和提纯不同的金属，可获得镍质量分数为 50%~55%、铁质量分数为 30%~35%的 Ni-Fe 合金。湿法冶金先将电池分类破碎后，置于浸取槽中，加入酸进行浸取，再经过滤，从滤液及滤渣中分离出不同的金属。它靠创造条件来控制物质在溶液中的稳定性，是利用某种溶剂，借助化学反应（包括氧化、还原、中和、水解和络合反应），对原料中的金属进行提取和分离的冶金过程。

回收废旧锂离子蓄电池的研究主要针对电池中有价金属含量较高的正极物质（如 $LiCoO_2$）。回收的目的包括减小废弃物体积，有效分离电池各组分，收集电池中的有价金属和消除废旧电池对环境的污染。主要的回收方法分为物理方法和化学方法。物理方法通常为预处理过程，主要包括机械破碎浮选过程、热处理过程和物理溶解过程；化学方法主要包括碱浸过程、酸浸过程、生物浸出过程、溶剂萃取过程、化学沉淀过程、电化学沉积和树脂离子交换过程。由于单一的操作过程并不能达到有效分离并回收电池各组分的目的，目前的回收都是几种方法的组合，并且大都处于实验室研究阶段，国内大规模产业化回收处理废旧锂离子蓄电池的实例仍很少。

### 1.2.2 电力驱动关键技术

电力驱动系统是电动汽车的心脏，它包括电机驱动装置、机械传动装置和车轮。电机驱动装置作为电力驱动系统的核心，需要灵活有效地驱动车轮（或者提供辅助动力驱动车轮）。

在电动汽车的应用中，对电机有如下要求：

1）有大的功率/体积比、功率/质量比。

2）在较宽的转速范围内有较高的效率。

3）电磁辐射尽量小。

4）电力驱动系统成本低。

#### 1. 驱动电机技术

目前，电动汽车使用的电力驱动系统主要有直流电机驱动系统和交流电机驱动系统两种。

以直流电机为驱动电机所构成的电力驱动系统称为直流电机驱动系统，简称直流驱动系统。直流电机的机械特性好，调速方便且性能好，具有控制较简单、效率较高、成本低和技术成熟等优点。但是直流电机具有电刷、换向器等易损件，需要定期维护。

以交流感应电机为驱动电机所构成的电力驱动系统称为交流感应电机驱动系统，简称交流驱动系统。交流电机与直流电机相比，具有效率高、免维护、可靠性高、易冷却、使用寿命长等优点。

在各类电机中，永磁电机具有极高的功率密度。以直流无刷电机（BLDCM）和永磁同步电机（PMSM）为驱动电机所构成的电力驱动系统称为永磁同步驱动系统，其效率极高、体积极小、质量极小，并且无须维护，在电动汽车中已得到了一定的应用。开关磁阻电机的结构比感应电机更简单可靠，效率较高，并且转子无绕组，适用于频繁正反转及冲击负载等工况。在该电机构成的电力驱动系统——开关磁阻电机驱动系统中，驱动功率电路采用的功率开关元件较少，电路较简单；由于功率元件与电机绕组为串联方式，不易发生直通短路；能实现较宽的调速范围，具有低速大转矩和制动能量回馈等特性。因此，该驱动系统特别适合电动汽车使用，但其振动较大，噪声也较大。

#### 2. 电机控制技术

电机控制技术的发展围绕着实现驱动控制系统的宽调速范围、宽力矩变化，并以整个工况下的高效率工作为目标。

在直流驱动系统中，驱动器的功率电路通常采用斩波器控制方式。在交流驱动系统中，控制交流感应电机逆变器的过程较复杂，一方面控制用的大功率管数量要大于直流驱动系统；另一方面要实现交流电机的良好调速性能必须采用矢量控制方法，因此在其逆变器中，除需用高性能的微处理器外，还需要较复杂的控制软件。随着电子技术的发展，交流驱动系统中的逆变器技术已日渐成熟。

永磁无刷同步电机按其空间气隙磁场的分布形式不同，可以分为方波型永磁无刷直流电机和正弦波型永磁无刷直流电机。变频调速是永磁无刷同步电机的基本调速方式。目前最常用的是脉冲宽度调制（PWM）斩波控制绝缘栅双极晶体管（IGBT）逆变器，并且为了更好地改善转矩控制，应增加电机调节控制，减小转矩波动。

在开关磁阻电机驱动系统中，开关磁阻电机（SRM）的定子和转子均为凸极结构，只在定子凸极上安装各相励磁绕组，转子上没有任何绕组，因此其控制装置比较简单。该系统的主要缺点为转矩波动大、噪声大、必须使用位置检测器、按照定子的凸极数来确定逆变器和电机的引出线。尽管当前的实际应用较少，但随着技术进步，开关磁阻电机驱动系统开始应用于电动汽车中。

## 1.3 新能源汽车的发展趋势

### 1.3.1 产业发展趋势

电动汽车发展至今，已经改变了内燃机汽车“一统天下”的局面。美、法、日、德、英等国家已率先跨入电动汽车产业化、商品化的行列，并将逐步扩大电动汽车在整个汽车行业中的比例。部分国家也已将电动汽车的研发摆在极为重要的位置。

根据我国汽车工业发展规划要求，电动汽车产业合理且可行的目标如下：2010 年后，电动汽车保有量占汽车保有量的 5%~10%，年生产销售电动汽车在 150 万辆以上；到 2030 年，电动汽车保有量占汽车保有量的 50%以上，年生产销售电动汽车 1000 万~1950 万辆。2010 年 5 月 31 日，财政部、科学技术部、工业和信息化部与国家发展和改革委员会联合发布了《关于扩大公共服务领域节能与新能源汽车示范推广有关工作的通知》。以深圳为例，购买 E6 纯电动汽车可以获得 11 万元补贴，购买 F3DM 混合动力电动汽车可以获得 8 万元补贴。

在纯电动、混合动力和燃料电池这三种电动汽车中，纯电动汽车和燃料电池电动汽车均有关键的难题，难以在短期内得到很好的解决，而混合动力电动汽车作为向纯电动汽车的一种过渡，发展较快，也是目前产业化率较高的电动汽车。然而，混合动力电动汽车通常使用内燃机作为汽车动力源之一，不能实现零排放，并且需要消耗石油资源，因而难以作为长期发展的目标。

实际上，美国、日本等汽车工业发达国家早已将纯电动汽车和燃料电池电动汽车作为产业化的重点。关于我国电动汽车的发展方向和技术路径，在 2010 年中国国际新能源汽车发展高峰论坛上，领导和专家给出了较为一致的观点：新能源汽车是指采用新型动力系统，主要或全部使用新型能源驱动的汽车。据此，新能源汽车主要包括纯电动汽车、插电式混合动力电动汽车和燃料电池电动汽车，而普通混合动力电动汽车已不算新能源汽车。财政部、科学技术部、工业和信息化部、国家发展和改革委员会联合印发的《关于开展私人购买新能源汽车补贴试点的通知》中，也规定仅补贴纯电动汽车和插电式混合动力电动汽车。上述信息表明了我国电动汽车的发展方向，即以纯电动汽车作为我国汽车工业转型的主要战略趋向，重点推进纯电动汽车、插电式混合动力电动汽车的产业化，同时继续开展燃料电池技术的研究。

普通混合动力电动汽车只是一种节能减排型汽车，中期发展插电式混合动力电动汽车已经成为业界的共识。插电式混合动力电动汽车通常配备一台功率较小的内燃机，在城市街道行驶时通常采用纯电动模式，发动机只用于带动发电机对蓄电池进行充电，以增加电动汽车的续驶里程（故又称为增程式电动汽车），当车辆长途行驶时才进入混合动力模式。由于这种混合动力电动汽车的小功率发动机可持续在最佳状态下运行，油耗和排气污染都很低，加之配用的蓄电池容量可比纯电动汽车小 30%左右，插电式混合动力电动汽车在今后一段时间里仍将得到发展。电动汽车的发展趋势已越来越清晰，即纯电动汽车和燃料电池电动汽车是未来电动汽车的发展方向。

### 1.3.2 技术发展趋势

#### 1. 驱动电机方面

结合当前技术，驱动电机的发展趋势主要如下：

**（1）高度集成化** 具体表现为车用电控系统趋于高度集成化，电机、发动机、整车等的控制器，以及低压 DC/DC 变换器等用不同的方式进行集成。

**（2）数字化** 高速高性能微处理器的使用和面向用户的可视化编程，让高性能的控制算法、复杂的控制理论得以实现。

**（3）电机功率和功率密度的提高** 电机功率从几千瓦提高到几十千瓦甚至更高，效率大幅度提升。电机变得越来越小，功率密度不断提高。

**（4）电机回馈制动效率和运行转速的提高** 混合动力机电一体化技术的特征之一就是回馈制动。使用高效的回馈制动电机和特殊的电能管理与调速系统，使电机能适应多种类型的工况，从而让电动汽车更加节能，也延长了其续驶里程。

#### 2. 动力蓄电池技术

近年来我国的动力蓄电池需求量经历了爆发式增长，2019 年动力蓄电池装机量达 62.37GW·h，较 2018 年增长了 9.5%。动力蓄电池是新能源汽车的能量和动力来源，也制约着电动汽车的续驶里程。目前，动力蓄电池可分为三个体系，分别是磷酸铁锂电池、三元锂电池和锰酸铁锂电池。其中，磷酸铁锂电池和锰酸铁锂电池凭借可靠的稳定性和较低的价格，广泛应用于电动客车中。此外，动力蓄电池技术的发展对新能源汽车产品也有关键性的影响。

除全固态锂电池外，铅酸蓄电池、镍氢蓄电池、锂离子蓄电池、太阳能电池等的发展也各有特色。目前，动力蓄电池技术路线趋势为磷酸铁锂→三元锂→固态电池。未来若想达到更高的能量密度目标，则需要转变到固态电池的技术体系。固态电极+固体电解质这种系统的能量密度高，电解质无流动性，易通过内串联组成高电压单体，理论能量密度可达

500W · h/kg，并且安全性高，不存在引发电解质燃烧的问题。

### 3. 无线充电

目前，主流的无线充电技术主要为磁共振与磁感应。高通（Qualcomm）和 WiTricity 两家公司采用技术授权的业务模式，成都斯普奥汀科技有限公司、深圳市阿凡达无线充电有限公司等均以销售无线充电配套设备为主。现有的无线充电技术标准主要包括 AirFuel 与 Qi，未来充电技术标准将会统一。无线充电技术也面临多维度的瓶颈，除了最主要的成本问题，充电标准不统一、充电效率和充电距离限制也阻碍了无线充电技术的发展。

### 4. 电池管理系统

**（1）高度集成化**　随着电池越来越多地应用于功率设备，对串联电池的要求也越来越高。串联电池数量的增加会提高电池管理系统的复杂度，因此应提高电池管理系统的集成度，以降低电路的功率、成本等。

**（2）均衡技术**　目前没有任何均衡技术能够做到兼顾均衡效率、均衡速度、均衡系统的复杂程度及均衡系统的成本。因此，动力蓄电池组的均衡技术应朝大电流、高效率的方向发展，在均衡策略上，应采取智能化均衡算法，把电压均衡和容量均衡结合起来，使均衡结果更加准确。

**（3）荷电状态（SOC）估算**　在电池状态估计方面，除了构建高精度电池模型，还需要在状态估计算法上进行深入研究。开发 SOC 算法时，不仅要考虑算法精度和计算效率，还要考虑快速模型在线校正能力，以减少模型不匹配带来的性能恶化。

# 第2章　电动汽车的基本结构与工作原理

## 2.1　纯电动汽车的结构原理

### 2.1.1　纯电动汽车的基本结构

纯电动汽车的基本结构可分为三个子系统，即主能源子系统、电力驱动子系统和辅助控制子系统，如图 2-1 所示。

纯电动汽车的基本结构

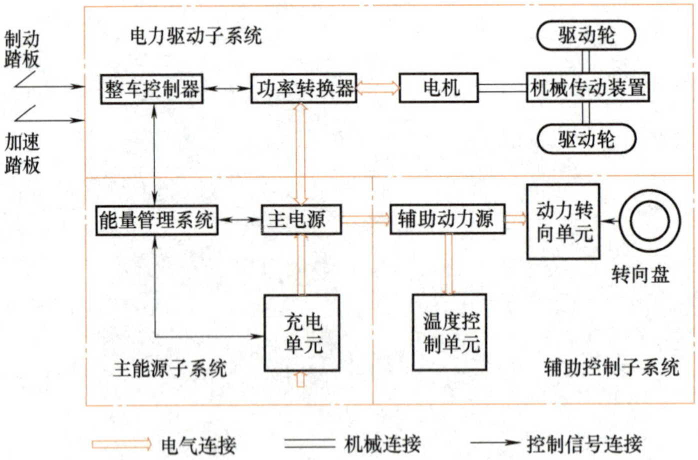


图 2-1　纯电动汽车的基本结构

#### 1. 主能源子系统

纯电动汽车的主能源子系统包括主电源和能量管理系统，带有车载充电设备的纯电动汽车还应包括充电单元。

**(1) 主电源**　主电源是纯电动汽车的能量来源，通过功率转换器向电机提供电能，同时也是能量管理系统和整车电子控制系统的电源。目前，纯电动汽车的主电源通常采用铅酸蓄电池、镍氢蓄电池、锂离子蓄电池等。有些纯电动汽车会配备超级电容器或飞轮电池等辅助蓄能装置，以提高主电源的瞬时供电能力和能量回馈效率。

**（2）能量管理系统**　能量管理系统的主要作用是对蓄电池进行监测与管理，包括监测蓄电池的 SOC、电压、电流、温度等参数和存电量显示、终止放电显示与警告，以及能量回馈控制、充放电控制等。对于配备辅助蓄能装置的纯电动汽车，能量管理系统还具有能量协调控制的功能。

**（3）充电单元**　车载充电设备负责为主电源充电，充电的电源为工业或民用电力电网的电源插座。因此，车载充电设备应具有变压、调压、整流、滤波等基本功能。功能较为完备的车载充电设备受能量管理系统的控制，可自动进行充电方式（定压、定流、均衡充电等）的选择、充电终了判别、自动停止充电控制、充电异常（温度、电压、电流异常）的判别和自动停充保护控制等。

#### 2. 电力驱动子系统

电力驱动子系统由整车控制器、功率转换器、电机、机械传动装置和驱动轮组成，其中，机械传动装置的结构因纯电动汽车的类型不同而差别较大。

整车控制器根据制动踏板或加速踏板输入的信号，发出相应的控制指令来控制功率转换器中功率开关的通断，进而对电机的转速和转矩进行控制。同时，整车控制器通过对能量管理系统和功率转换器的协调控制，实现能量回馈控制和能量匹配控制。

功率转换器的主要功能是控制电机和电源之间的功率流。当纯电动汽车处于驱动工况时，功率转换器中的功率开关在控制器输出的控制信号触发下适时地通断，以控制电机的转矩、转速及方向；当纯电动汽车制动时，功率转换器使功率流反向，电机工作在发电状态，将再生制动的动能转换为电能，以便于主电源吸收。

#### 3. 辅助控制子系统

辅助控制子系统包括辅助动力源和车载用电设备两部分。

**（1）辅助动力源**　辅助动力源用于向纯电动汽车上的电器和电子控制装置提供电力。辅助动力源通常配备 DC/DC 变换器，以便将主电源的电压变换为车载用电设备所需的电压。

**（2）车载用电设备**　除了照明、信号、仪表等汽车必须装备的电器，车载用电设备还包括刮水器、电动车窗、电动门锁、收放机等辅助电器。现在纯电动汽车的安全性和舒适性可与燃油汽车相媲美，因此，汽车空调装置、助力转向系统、防抱死制动装置等也构成了车载用电设备的一部分。

### 2.1.2　纯电动汽车的高压系统

通过对比传统燃油汽车的维修与纯电动汽车的维修，发现并没有太大的不同与困难，唯一要关注的就是新能源汽车的高压安全问题及高压系统与部件的维修诊断技术。高压电如果操作不当就会危及接触者的生命，在维修过程中需要遵守“用正确的工具和正确的方法去做正确的事情”的原则。

以帝豪 EV450 为例，纯电动汽车的高压系统一般集成在车辆的驱动系统、空调与暖风系统、12V 电源系统及带有插电功能的充电系统中，如图 2-2 所示。纯电动汽车与传统燃油汽车的最大区别在于动力部分、高压部分（新增）和辅助部分。

#### 1. 动力蓄电池

纯电动汽车的动力蓄电池一般安装在汽车底部或者行李舱内，它通过多节单体蓄电池的

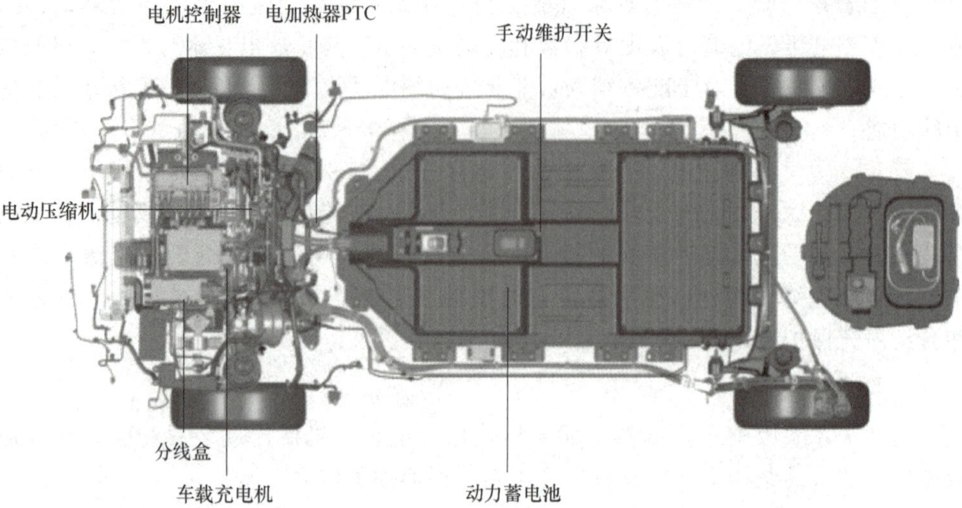


图 2-2　帝豪 EV450 的高压系统布置

串联和并联来提高电压和电流，从而为纯电动汽车提供动力。动力蓄电池系统主要由蓄电池组、蓄电池管理系统、动力蓄电池箱及辅助元器件四部分组成。帝豪 EV450 的动力蓄电池如图 2-3 所示。

图 2-3　帝豪 EV450 的动力蓄电池

### 2. 驱动电机

电机总成主要由驱动电机总成和单速变速器总成组成。其中，驱动电机负责产生动力，其结构如图 2-4 所示；单速变速器则将产生的动力输送至驱动轮，进而实现车辆的运动。单速变速器其实就是一个减速器，位于驱动电机和驱动半轴之间，它在将动力传递到驱动半轴的同时，也可实现左右驱动轮在转弯时的不同转速，从而保证车辆平稳运行。

### 3. 电机控制器

电机控制器（图 2-5）是控制动力电源与驱动电机之间能量传输的装置，它由控制信号接口电路、驱动电机控制电路和驱动电路组成。

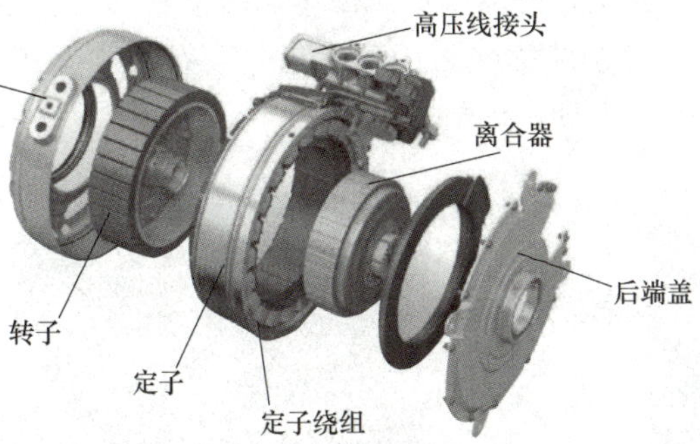


图 2-4　驱动电机的结构

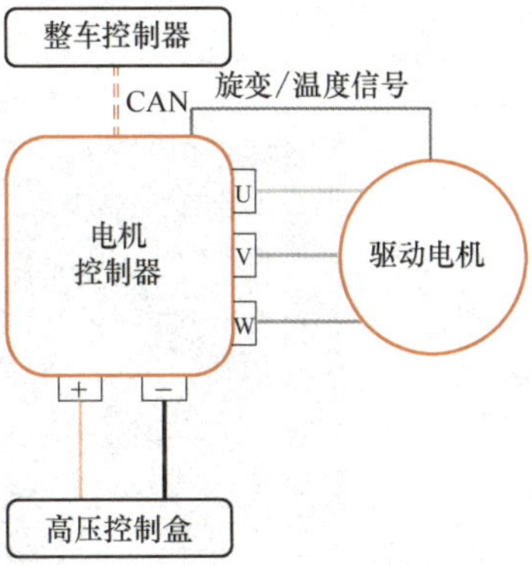


图 2-5　电机控制器

## 4. 高压电控总成

高压电控总成集成双向交流逆变式电机控制器模块、车载充电器模块、DC/DC 变换器模块、高压配电模块于一体，安装在车身大梁上。

## 5. 冷却循环系统

为了保证高压电控总成能在正常温度下工作，采用水冷方式进行降温，因此在该总成上设有进/出水口。

## 6. DC/DC 变换器

DC/DC 变换器安装于前舱处，主要功能是在车辆起动后将动力蓄电池输入的高压电变换成低压（12V）电向蓄电池充电，以保证行车时低压用电设备正常工作。

图 2-6　电机控制器与 DC/DC 变换器总成

## 7. 高压配电箱

高压配电箱（High Voltage Distribution Box，HVDB）是新能源汽车整车高压电源分配、控制与保护装置。其上游是动力蓄电池，下游包括电机控制器及 DC/DC 变换器总成（图 2-6）、电加热器 PTC、电动压缩机、漏电传感器。高压配电箱既能将动力蓄电池的高压直流电分配给整车高压电器，也能将车载充电设备的高压直流电分配给动力蓄电池包。高压配电箱的外观如图 2-7 所示，其内部结构如图 2-8 所示。

图 2-7　高压配电箱的外观

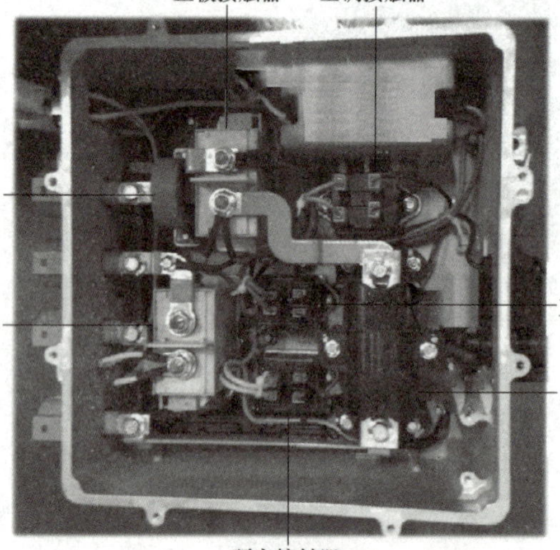


图 2-8　高压配电箱的内部结构

### 8. 电动压缩机

电动压缩机是利用直流电制冷的装置，如图 2-9 所示。

### 9. 车载充电机

车载充电机的作用是将公共电网输送的交流电转换为动力蓄电池所需的直流电，从而为整车高压电池充电。

### 10. 空调系统

汽车空调系统由制冷系统、取暖系统、通风（配气）系统、自动控制系统和空气净化系统五部分组成。

制冷系统由压缩机、冷凝器、膨胀阀、蒸发器等部件组成。制冷方式采用蒸气压缩

图 2-9　电动压缩机

式，利用制冷剂蒸发吸热来实现车内温度的降低。传统汽车的压缩机主要依靠发动机带动工作，纯电动汽车的压缩机则依靠电力驱动。

由于失去了发动机的助力，取暖系统也发生了改变。传统汽车多采用冷却液加热方式，即将发动机出水口的冷却液通入散热器，用鼓风机将散热器周围的热空气吹入车内，纯电动汽车的空调系统（图 2-10）采用 PTC 电加热装置提供热源。

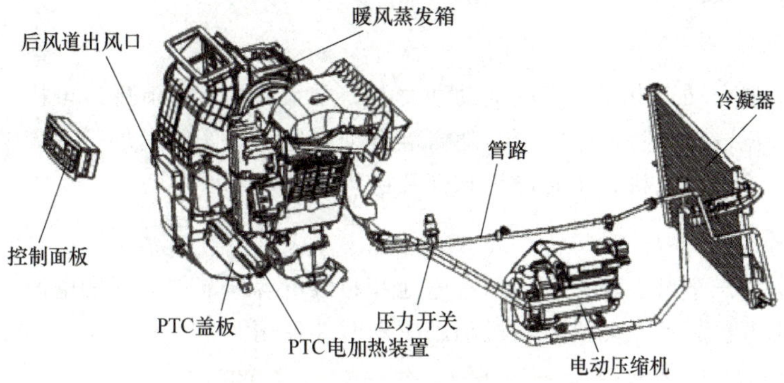


图 2-10　纯电动汽车的空调系统

### 11. 手动维修开关

动力蓄电池装有手动维修开关（MSD），它是新能源汽车装配、维修等作业中最基本、有效的保护手段。比亚迪秦的手动维修开关位置如图 2-11 所示。当 MSD 不插入时，电池内部无法形成回路，此时即使闭合继电器，电池外部回路也不带电。对于手动维修开关，原则为谁操作谁保管。进行装配作业时，应在最后一步将此开关插到电池上；进行维修作业时，拆卸或维修高压部件的第一步就是拔下手动维修开关。

图 2-11　比亚迪秦的手动维修开关位置

## 2.2　混合动力电动汽车的结构原理

### 2.2.1　混合动力电动汽车的基本结构

混合动力电动汽车（HEV）具有两种或两种以上的动力源，其主要结构包括发动机、驱动电机和辅助电源。

### 1. 发动机

发动机是混合动力电动汽车的主要动力源，常采用的有四冲程内燃机（包括汽油机和柴油机）、转子发动机、燃气轮机和斯特林发动机等。通常转子发动机和燃气轮机的燃烧效率较高，排放也比较洁净。

### 2. 驱动电机

驱动电机是混合动力电动汽车的辅助动力源，常采用的有交流感应电机、永磁电机、开关磁阻电机、直流电机和特种电机等。随着混合动力电动汽车的发展，直流电机已经很少采用，多数采用交流感应电机、永磁电机和开关磁阻电机。

### 3. 辅助电源

混合动力电动汽车可以装备不同的蓄电池和超级电容器等作为辅助电源，只有在混合动力电动汽车利用电机起动发动机或电机辅助驱动时才使用。

## 2.2.2 串联式混合动力电动汽车的组成与工作原理

### 1. 串联式混合动力电动汽车的组成

串联式混合动力电动汽车由发动机、发电机、整流器、蓄电池组（或其他类型的动力蓄电池）、驱动电机、机械传动装置等组成，如图 2-12 所示。如果蓄电池组可外接电网充电，则属于插电式串联混合动力电动汽车。发动机和发电机之间采用机械连接，驱动电机与机械传动装置（主减速器、差速器等）之间也采用机械连接，燃油箱与发动机之间采用管路连接，其余部分采用电气连接。

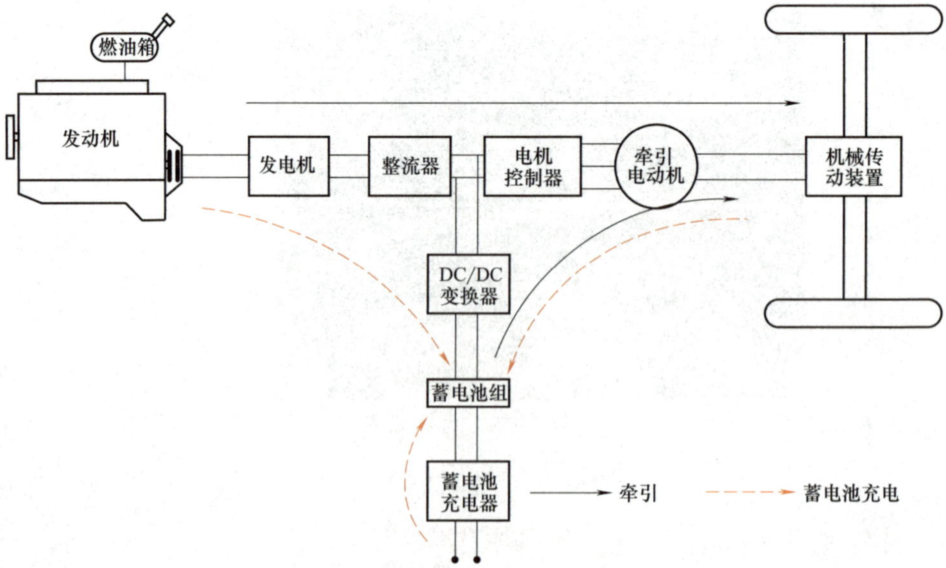


图 2-12　串联式混合动力电动汽车的组成

发动机-发电机组又称为辅助动力单元（Auxiliary Power Unit，APU），主要功能是将发动机输出的机械能通过发电机转化为电能。转化的电能可用于蓄电池充电，或经驱动电机和机械传动装置驱动车辆行驶。

图 2-12 中带箭头的实线和虚线表示车辆在行驶过程中能量的流动情况。从燃油箱、发动机、发电机、整流器流出的能量是单向的，可以经电机控制器、驱动电机直到机械传动装置，提供车辆行驶所需的能量，也可以经 DC/DC 变换器到达蓄电池组，提供维持蓄电池组 SOC 的能量。从蓄电池组、DC/DC 变换器、电机控制器、驱动电机直到机械传动装置的能量流动可以是双向的。根据路况及控制策略，驱动电机可以在电动机和发电机之间切换，驱动车辆时作为电动机使用，提供整车行驶所需的动力；制动减速时作为发电机使用，将整车动能的一部分转化为电能，经 DC/DC 变换器给蓄电池组充电，这样就实现了能量的双向流动。

### 2. 串联式混合动力电动汽车的工作模式与运行工况

**（1）串联式混合动力电动汽车的工作模式** 串联式混合动力电动汽车根据行驶负荷的不同，存在以下七种工作模式：

1）纯电驱动模式。该模式下，发动机关闭，车辆仅由蓄电池组供电、驱动。

2）纯发动机驱动模式。该模式下，车辆驱动功率仅源于发动机-发电机组，蓄电池组既不供电，也不从传动系统中获取任何能量。

3）混合驱动模式。该模式下，驱动功率由发动机-发电机组和蓄电池组共同提供。

4）发动机驱动+蓄电池充电模式。该模式下，发动机-发电机组除提供车辆行驶所需的功率外，还向蓄电池组充电。

5）再生制动模式。该模式下，发动机-发电机组关闭，驱动电机切换为发电模式，通过消耗车辆的动能产生电功率，向蓄电池组充电。

6）蓄电池停车充电模式。该模式下，驱动电机不接收功率，车辆停驶，发动机-发电机组仅向蓄电池组充电。

7）蓄电池混合充电模式。该模式下，发动机-发电机组和处于发电模式的驱动电机都向蓄电池组充电。

在以低负荷行驶时，串联式混合动力电动汽车可采用纯电驱动模式或纯发动机驱动模式，纯电驱动模式主要用于对排放要求较高的市区道路环境。在以高负荷行驶（如超车或满载爬坡）时，串联式混合动力电动汽车采用混合驱动模式，电能由发动机-发电机组和蓄电池组共同提供。在正常行驶时，串联式混合动力电动汽车一般采用发动机驱动+蓄电池充电模式，这样发动机可以始终工作在效率较高、排放较低的单一工况，并带动发电机发电。在电机控制器的调节下，发电机产生的电能主要用于驱动电机，并通过机械传动装置驱动汽车行驶。当发电机产生的电能有剩余时，可以同时向蓄电池组充电。

**（2）串联式混合动力电动汽车的运行工况** 结合串联式混合动力电动汽车的运行工况，对其工作模式和能量流动进行分析，具体如下：

1）起动/正常行驶/加速工况。发动机通过发电机和蓄电池一起输出电能至功率转换器，经驱动电机通过机械传动装置驱动车轮。起动/正常行驶/加速工况下的能量流动如图 2-13 所示。

2）低负荷工况。发动机输出的功率大于车辆所需的功率，多余的能量通过发电机给蓄电池充电，直到其 SOC 达到预定的限值。低负荷工况下的能量流动如图 2-14 所示。

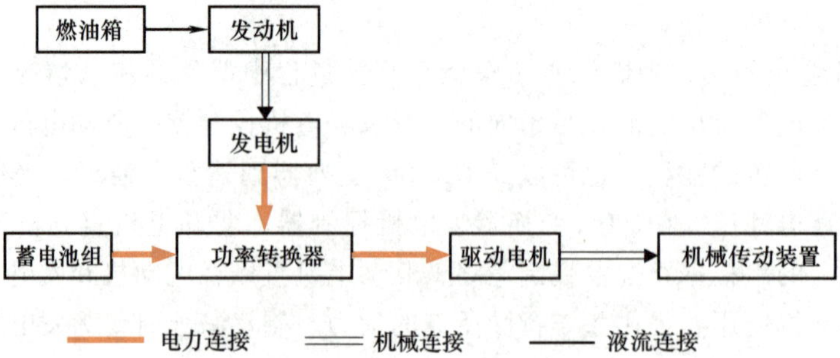


图 2-13　起动/正常行驶/加速工况下的能量流动

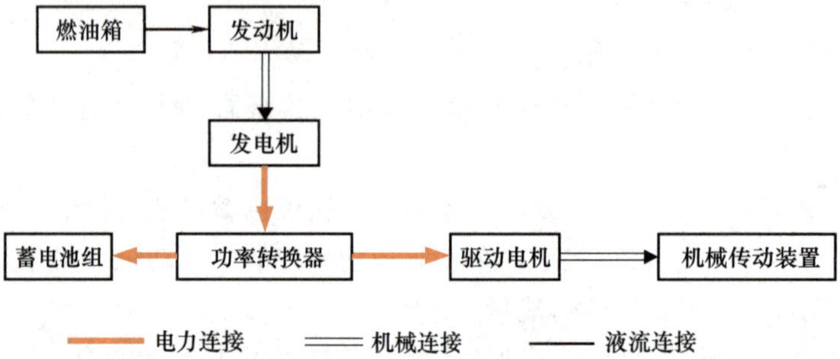


图 2-14　低负荷工况下的能量流动

3）减速/制动工况。驱动电机把驱动轮的动能转化为电能，并通过功率转换器为蓄电池充电。减速/制动工况下的能量流动如图 2-15 所示。

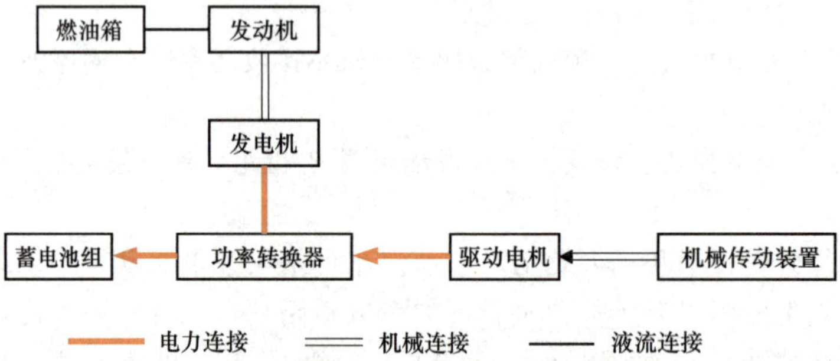


图 2-15　减速/制动工况下的能量流动

4）停车充电工况。停车时，发动机可以通过发电机和功率转换器给蓄电池充电。停车充电工况下的能量流动如图 2-16 所示。

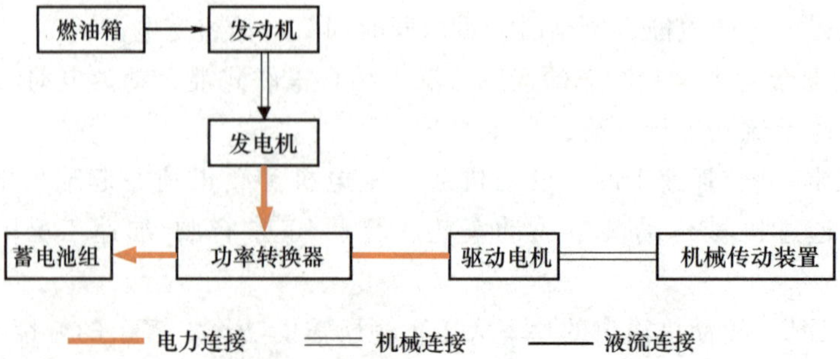


图 2-16　停车充电工况下的能量流动

## 2.2.3　并联式混合动力电动汽车的组成与工作原理

### 1. 并联式混合动力电动汽车的组成

并联式混合动力电动汽车由发动机、电机、电机控制器、蓄电池组（或其他类型的动力蓄电池）、动力合成器和机械传动装置等组成，如图 2-17 所示。如果蓄电池组可外接电网充电，则属于插电式并联混合动力电动汽车。发动机与电机的输出轴分别与动力合成器的输入端采用机械连接，输出动力通过动力合成器输出轴传递到机械传动装置（变速器、主减速器、差速器等），驱动车辆行驶。燃油箱与发动机之间采用管路连接，电机与电机控制器、电机控制器与蓄电池组之间均采用电气连接。

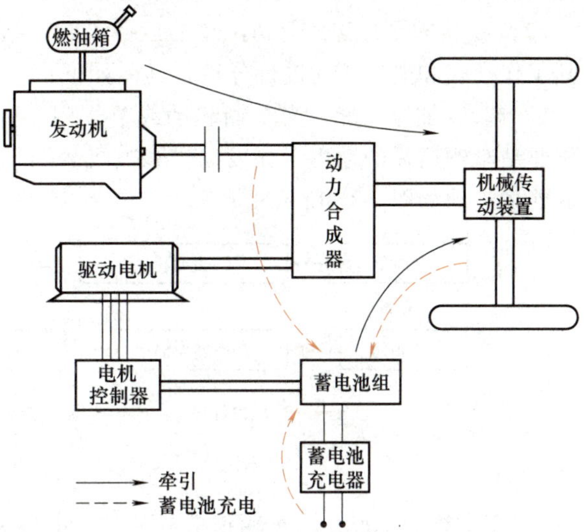

图 2-17　并联式混合动力电动汽车的组成

并联式混合动力电动汽车与串联式混合动力电动汽车的最大区别在于发动机与机械传动装置间存在机械连接，发动机能直接参与车辆驱动。图 2-17 中带箭头的实线和虚线表示车辆在行驶过程中能量的流动情况，与串联式混合动力汽车类似。

### 2. 并联式混合动力电动汽车的工作模式与运行工况

**（1）并联式混合动力电动汽车的工作模式**　并联式混合动力电动汽车根据行驶负荷的不同，存在以下六种工作模式：

1）纯电驱动模式。该模式下，发动机关闭，离合器分离，电机通过动力合成器提供动力，驱动车辆行驶。

2）纯发动机驱动模式。该模式下，车辆的驱动功率仅源于发动机，蓄电池组既不供电，也不从传动系统中获取任何能量。此时，电机关闭。

3）混合驱动模式。该模式下，驱动功率由发动机和蓄电池组共同提供，并通过动力合成器合成，向机械传动装置提供动力。

4）发动机驱动+蓄电池充电模式。该模式下，发动机除提供车辆行驶所需的功率外，还向蓄电池组提供充电功率。此时，发动机的功率由动力合成器分成两路，一路用于驱动车辆，另一路用于带动处于发电模式的电机发电。

5）再生制动模式。该模式下，发动机关闭，电机切换为发电模式，通过消耗车辆的动能产生电功率，向蓄电池组充电。

6）停车充电模式。该模式下，车辆停驶，发动机通过动力合成器带动电机发电，向蓄电池组充电。同时，机械传动装置应备有空档或在动力合成器与机械传动装置之间装有离合器。

在以低负荷行驶时，并联式混合动力电动汽车可采用纯电驱动模式或纯发动机驱动模式。纯电驱动模式主要用于对排放要求较高的市区道路环境。在以高负荷行驶（如超车或满载爬坡）时，并联式混合动力电动汽车采用混合驱动模式。在正常行驶时，并联式混合动力电动汽车一般采用发动机驱动+蓄电池充电模式，这样发动机的工作效率与工作区间会随着负荷的变化而变化。当发动机输出的功率有剩余时，可以同时向蓄电池组充电。

**（2）并联式混合动力电动汽车的运行工况** 结合并联式混合动力电动汽车的运行工况，对其工作模式和能量流动进行分析，具体如下：

1）起动/加速工况。当车辆起动或节气门全开加速时，发动机和电机同时工作，共同承担驱动车辆所需的动力，如发动机和电机分别承担总功率的 80% 和 20%。起动/加速工况下的能量流动如图 2-18 所示。

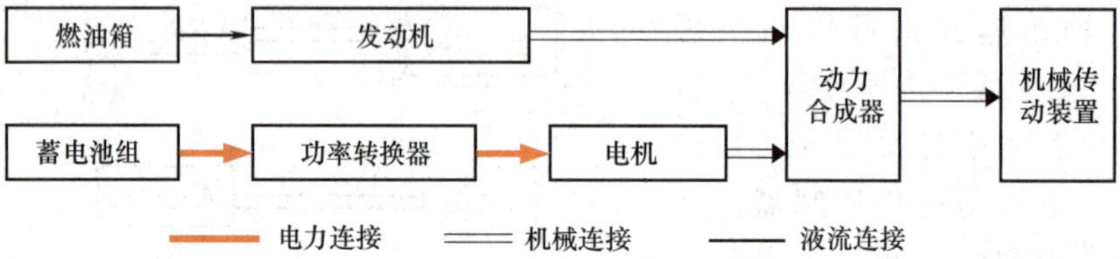


图 2-18 起动/加速工况下的能量流动

2）正常行驶工况。当车辆正常行驶时，电机关闭，仅由发动机提供车辆行驶所需的动力。正常行驶工况下的能量流动如图 2-19 所示。

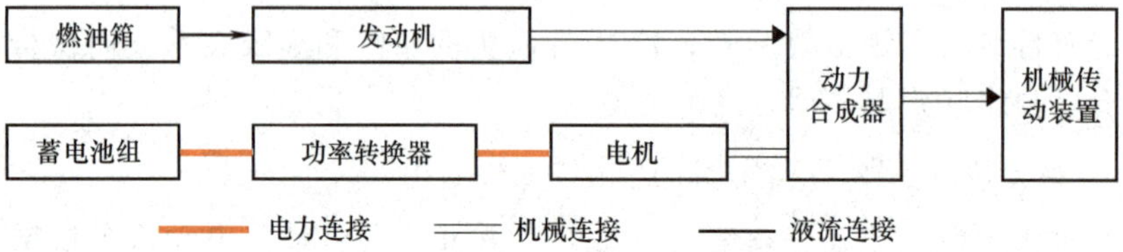


图 2-19 正常行驶工况下的能量流动

3）减速/制动工况。当车辆减速行驶或制动时，电机处于发电模式进行再生制动，通过功率转换器为蓄电池充电。减速/制动工况下的能量流动如图 2-20 所示。

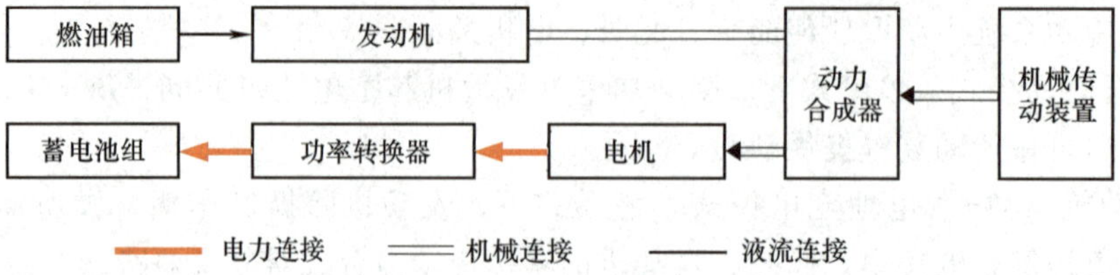


图 2-20 减速/制动工况下的能量流动

4）行驶中充电工况。当车辆轻载时，发动机输出功率驱动车辆行驶，多余的功率则驱动处于发电模式的电机工作，向蓄电池充电。行驶中充电工况下的能量流动如图 2-21 所示。

### 3. 并联式混合动力电动汽车的动力合成器

动力合成器又称为动力分配器，其作用主要有两个，分别对应不同的控制策略或工作模式：

1）将发动机和电机的两条动力传递路线合成为一条动力传递路线，最终驱动车辆行驶。

2）将发动机的转矩分解为两条路线，其中一条路线用于驱动车辆行驶，另一条路线用于向蓄电池组充电。

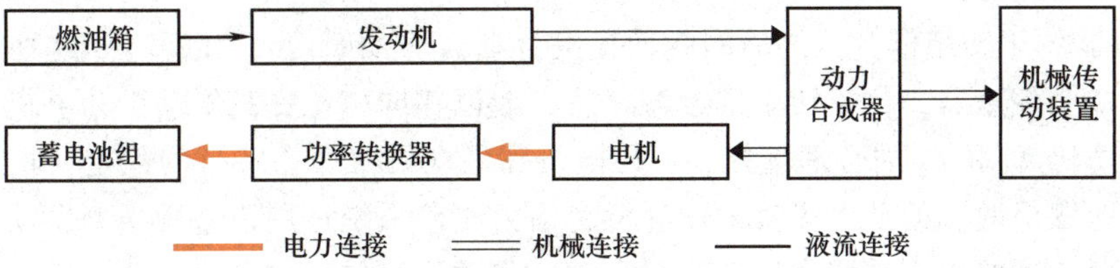


图 2-21　行驶中充电工况下的能量流动

### 4. 并联式混合动力电动汽车驱动系统的布置分析

根据发动机、电机动力合成的方式及有无离合器等情况，并联式混合动力电动汽车的驱动系统（混合动力驱动系统）存在较大差别。

当动力合成器单独采用转矩耦合时，并联式混合动力驱动系统可采用两轴式、单轴式和分离轴式三种布置形式。当动力合成器单独采用速度耦合或同时采用转矩耦合与速度耦合时，并联式混合动力驱动系统主要采用两轴式的布置形式。

#### （1）转矩耦合的并联式混合动力驱动系统

1）两轴式混合动力驱动系统。发动机和电机通过动力合成器的两输入轴进行动力合成后，经过机械传动装置驱动车辆行驶。变速器与动力装置的布置形式多样化，使得驱动系统的结构也多样化，主要有以下两种结构：

① 变速器位于转矩耦合器之前的两轴式混合动力驱动系统（图 2-22）。这种混合动力驱动系统具备两个变速器，分别是变速器 1 和变速器 2。变速器 1 位于发动机和转矩耦合器之间，变速器 2 位于电机和转矩耦合器之间。两个变速器可以是单档或多档的形式。多档变速器能形成多种牵引力-转速特性曲线。两个多档变速器为发动机和电机运行于各自的最佳区

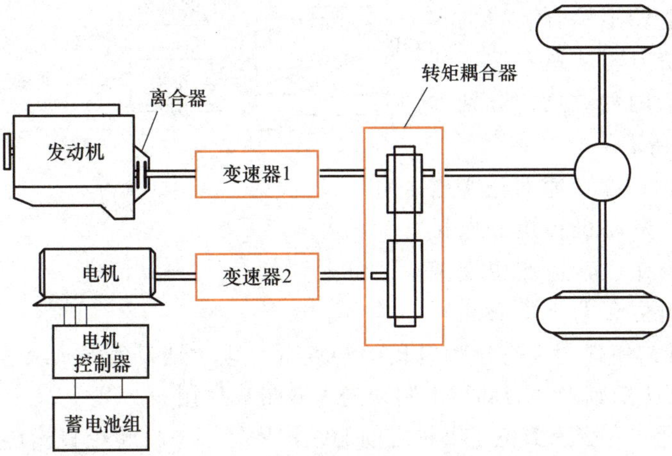


图 2-22　变速器位于转矩耦合器之前的两轴式混合动力驱动系统

域提供了更多的可能性，从而使这种混合动力驱动系统的性能和整体效率超过其他类型的混合动力驱动系统。但是两个多档变速器将使混合动力驱动系统复杂化，并且两个变速器换档复杂。为此，常见的布置形式是变速器 1 为多档、变速器 2 为单档，或者变速器 1 与变速器 2 均为单档。变速器 1 为单档而变速器 2 为多档的布置形式并不合适，因为它不能充分发挥发动机和电机的优势。

② 变速器位于转矩耦合器之后的两轴式混合动力驱动系统（图 2-23）这种混合动力驱动系统只有一个变速器，位于转矩耦合器之后，能以相同速比提高发动机和电机的转矩。转矩耦合器传动比 $k_1$ 和 $k_2$ 的合理选择，可使电机和发动机工作在各自的额定转速范围内，从而最大限度地发挥两者的动力优势。这种混合动力驱动系统适用于采用小型发动机和电机的情况。多档变速器的作用是增大低速时混合动力驱动系统的牵引力。

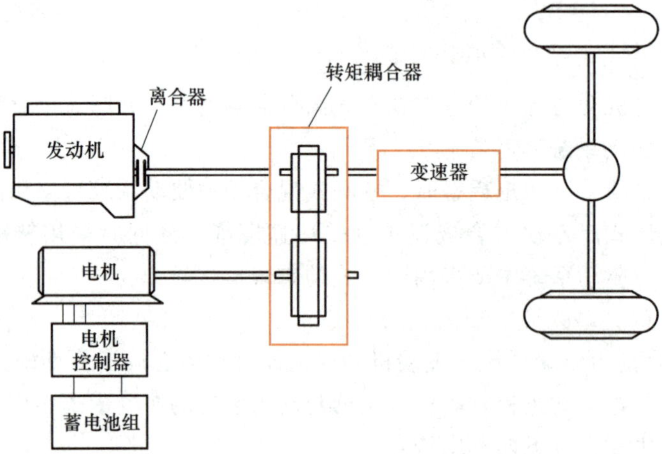


图 2-23　变速器位于转矩耦合器之后的两轴式混合动力驱动系统

2）单轴式混合动力驱动系统。对于转矩耦合的并联式混合动力驱动系统，简单且紧凑的布置形式是单轴式，其中电机转子起着转矩耦合装置的作用。单轴式混合动力驱动系统按照变速器的位置可分为两种结构，分别如图 2-24 和图 2-25 所示。

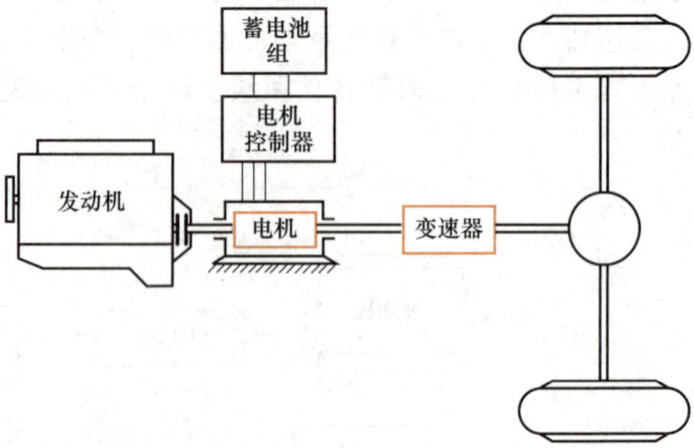


图 2-24　变速器位于电机之后的结构

如图 2-24 所示，在变速器位于电机之后的结构中，发动机转矩和电机传递到驱动桥的转矩、转速均由变速器调节，但是发动机和电机须有相同的转速范围。这种结构常用于有小型电机的轻度混合动力驱动系统。其中，电机起着起动机、发电机、发动机的辅助动力和再生制动的多重集成作用。

如图 2-25 所示，在变速器位于电机之前的结构中，当电机转矩直接传递给主减速器时，变速器仅能调节发动机转矩。这种结构可用于有大范围恒功率区的大型电机的混合动力驱动系统。变速器仅用于改变发动机的运行工作点，以改进车辆性能和发动机的运行效率。需要注意的是，当车辆停止且电机刚性地连接到驱动轮时，发动机不能带动电机工作于发电模式向蓄电池组充电。

3）分离轴式混合动力驱动系统（图 2-26）。这种系统中有两根轴，其中一根轴由发动机驱动，另一根轴则由电机驱动，牵引力通过前后驱动轮在路面上合成。

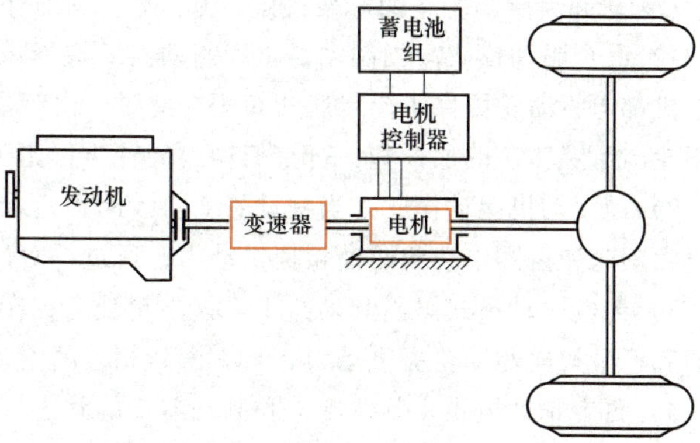

图 2-25　变速器位于电机之前的结构

分离轴式结构可以保持原始发动机和传动装置不变，只在另一根轴上加装一套电机驱动系统，形成四轮驱动模式。但是这种结构会占据原有车辆的大量空间，使装载乘员和行李的有效空间减小。

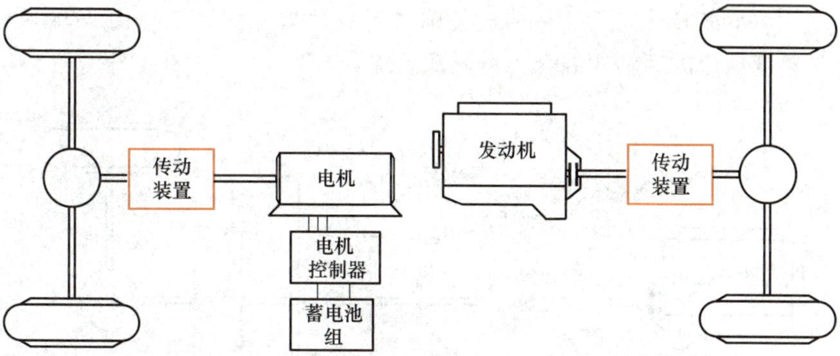

图 2-26　分离轴式混合动力驱动系统

**（2）速度耦合的并联式混合动力驱动系统**　图 2-27 所示为速度耦合的两轴式混合动力驱动系统。

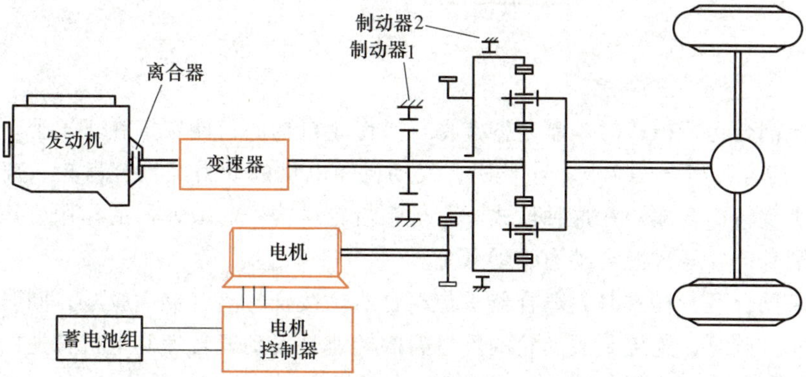

图 2-27　速度耦合的两轴式混合动力驱动系统

发动机通过离合器和变速器与行星齿轮机构的太阳轮连接。其中，变速器用来调整发动机的转矩特性，以满足动力匹配的要求。电机通过一对齿轮与齿圈连接，制动器 1 和制动器

2将太阳轮和齿圈与静止的车架锁定。其工作原理如下：

1）混合驱动模式。当制动器1和制动器2被释放时，太阳轮和齿圈可以旋转，发动机和电机都向驱动轮提供正向转速和转矩。此时，由行星齿轮机构的行星架提供的输出转速是太阳轮与齿圈转速的加权和；行星架输出的转矩正比于发动机转矩和电机转矩。

2）纯发动机驱动模式。当制动器2将齿圈锁定在车架上而制动器1被释放时，发动机通过太阳轮和齿圈单独向驱动轮提供动力，通过一对齿轮与齿圈相连的电机不工作。

3）纯电驱动模式。当制动器1将太阳轮锁定在车架上而制动器2被释放时，电机通过齿圈和行星架向驱动轮提供动力，与太阳轮相连的发动机关闭。

4）再生制动模式。制动器1和制动器2的状态同纯电驱动模式下的状态。此时，发动机关闭，电机以发电模式工作，按再生制动模式予以控制，实现能量回收。

5）发动机驱动+蓄电池充电模式。发动机的离合器、制动器1和制动器2的状态与混合驱动模式下的状态相同。此时，发动机通过行星齿轮机构的转速分解，将其功率分离为两部分，其中一部分用于驱动，另一部分用于带动电机发电，并向蓄电池充电。

**（3）同时采用转矩耦合与速度耦合的并联式混合动力驱动系统** 图2-28所示为同时采用转矩耦合与速度耦合的两轴式混合动力驱动系统。

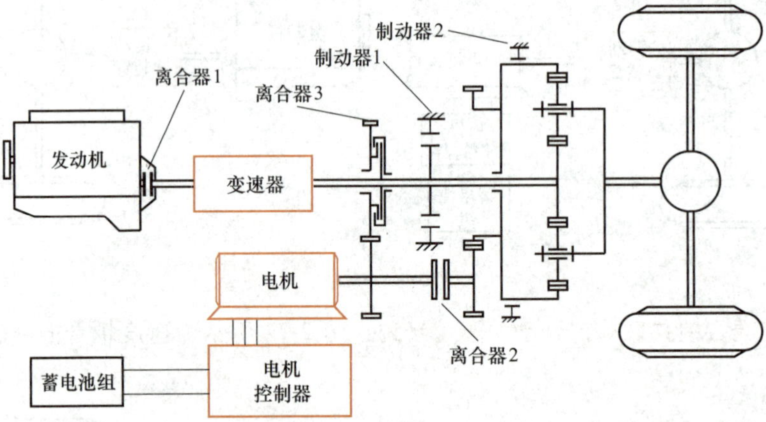


图2-28　同时采用转矩耦合与速度耦合的两轴式混合动力驱动系统

选择转矩耦合运行模式时，制动器2将行星齿轮机构的齿圈锁定在车架上，同时离合器1与离合器3接合，离合器2脱开。此时，发动机和电机的动力经耦合齿轮、离合器3直到太阳轮轴，实现转矩合成。在这种模式下，行星齿轮机构仅起减速器的作用，该系统可视为典型的转矩耦合的并联式混合动力驱动系统。

选择转速耦合运行模式时，离合器1与离合器2接合，离合器3脱开，同时制动器1和制动器2释放。此时，连接到驱动轮的行星架的转速是发动机转速和电机转速的组合，发动机转矩、电机转矩以及作用于驱动轮上的转矩保持不变。

动力合成器转矩耦合或转速耦合的选择，使得动力装置有更多可供选择的运行模式和运行区域，以便优化其性能。例如，在低车速时，转矩耦合模式能满足高加速性能和爬坡能力的需求；在高车速时，应采用转速耦合模式，以使发动机转速处于最佳运行区域。

## 2.2.4 混联式混合动力电动汽车的组成与工作原理

### 1. 混联式混合动力电动汽车的组成

混联式混合是在串联式混合和并联式混合的基础上综合而成的一种混合动力形式。混联式混合动力电动汽车的组成如图 2-29 所示。

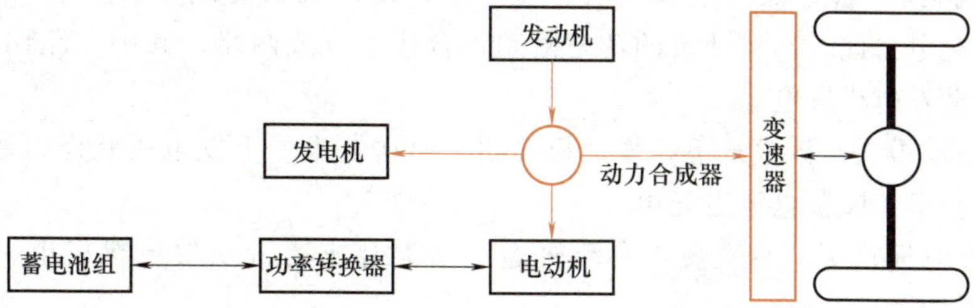


图 2-29 混联式混合动力电动汽车的组成

在混联式混合动力驱动系统中，动力合成器也称为动力分配器或功率分配器。发动机输出的功率一部分通过动力合成器分配给传动装置，驱动汽车行驶；另一部分功率则分配给发电机发电，发电机输出的电能输送给电动机或蓄电池组。电动机从蓄电池组或发电机获取电能，产生驱动力，通过动力合成器传递给驱动桥。

混联式混合动力电动汽车的动力合成器一般采用行星齿轮机构。以行星齿轮机构作为动力合成器的混联式混合动力驱动系统如图 2-30 所示，行星齿轮机构将发动机、发电机、电动机连接起来，太阳轮与发电机相连，齿圈与电动机及传动装置相连，行星架与发动机相连。发动机的一部分动力通过行星齿轮传给齿圈后，经机械传动装置传给驱动轮；另一部分动力传给太阳轮经发电机转化为电能。电动机的动力直接通过与齿圈一体的齿轮传给驱动装置。

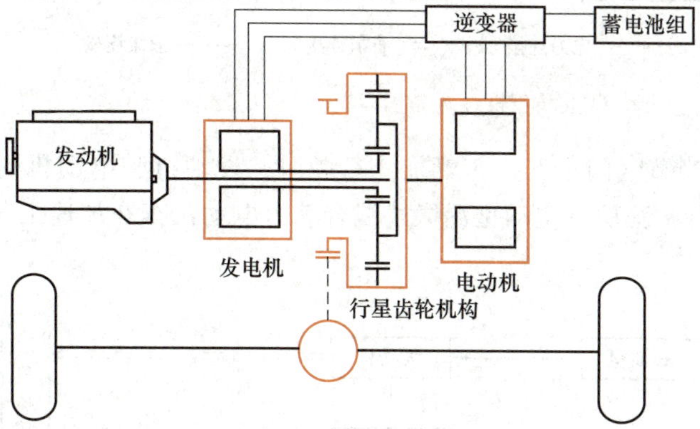


图 2-30 以行星齿轮机构作为动力合成器的混联式混合动力驱动系统

### 2. 混联式混合动力电动汽车的工作模式与运行工况

**(1) 混联式混合动力电动汽车的工作模式** 混联式混合动力电动汽车根据行驶负荷，存在以下六种工作模式：

1）纯电驱动模式。该模式下，发动机、发电机关闭，电动机通过动力合成器提供动力，驱动车辆行驶。

2）纯发动机驱动模式。该模式下，车辆驱动功率仅源于发动机，蓄电池组既不供电，也不从传动系统中获取任何能量。此时，发电机、电动机关闭。

3）混合驱动模式。该模式下，驱动功率由发动机和蓄电池组共同提供，并通过动力合成器合成，向机械传动装置提供动力。

4）发动机驱动+蓄电池充电模式。该模式下，发动机除提供车辆行驶所需的功率外，还向蓄电池组充电。此时，发动机的功率由动力合成器分成两路，其中一路用于驱动汽车，另一路用于带动发电机发电。

5）再生制动模式。该模式下，发动机关闭，驱动电机处于发电机状态，通过消耗车辆的动能产生电功率，向蓄电池组充电。

6）停车充电模式。车辆停驶，发动机通过动力合成器带动发电机发电，向蓄电池组充电。

**（2）混联式混合动力电动汽车的运行工况** 结合汽车运行工况，根据混联式混合动力电动汽车是发动机主动型，还是电力主动型，其工作模式是有区别的，具体分析如下：

1）发动机主动型混联式混合动力电动汽车的工作模式。

① 起动工况。该工况下，发动机关闭，蓄电池组为电动机提供电能，驱动车辆行驶。发动机主动型混联式混合动力电动汽车在起动工况下的能量流动如图 2-31 所示。

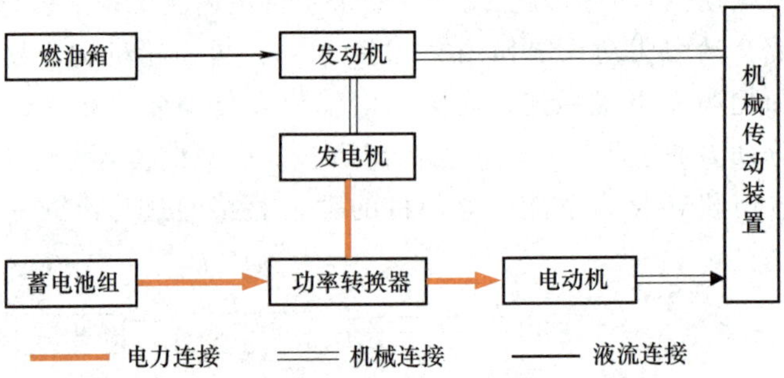


图 2-31 发动机主动型混联式混合动力电动汽车在起动工况下的能量流动

② 加速工况。当节气门全开，车辆加速行驶时，发动机和电动机同时工作，共同分担车辆行驶所需的动力。发动机主动型混联式混合动力电动汽车在加速工况下的能量流动如图 2-32 所示。

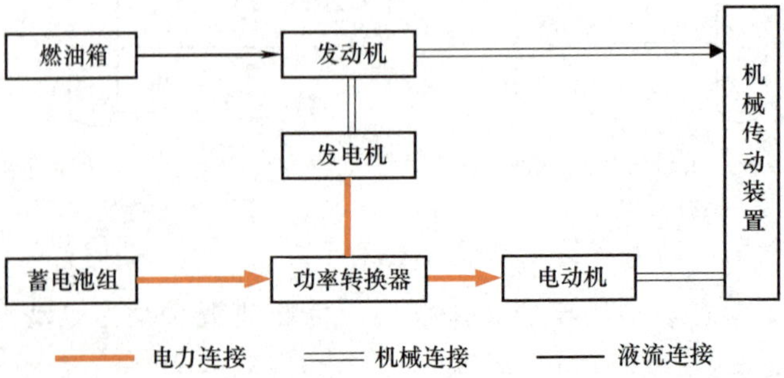


图 2-32 发动机主动型混联式混合动力电动汽车在加速工况下的能量流动

③ 匀速工况。该工况下，电动机关闭，发动机工作，以提供车辆所需的动力。发动机主动型混联式混合动力电动汽车在匀速工况下的能量流动如图 2-33 所示。

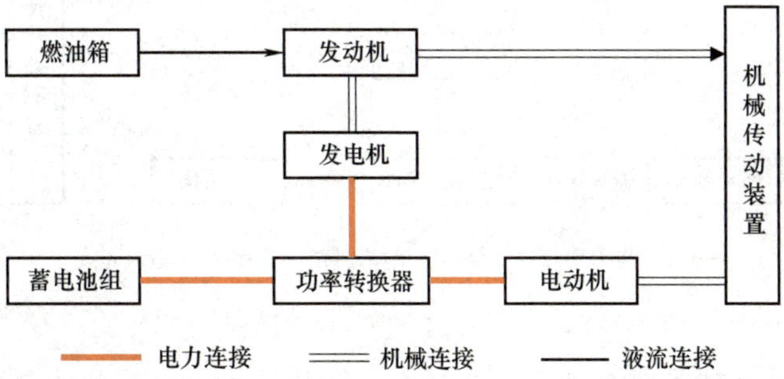


图 2-33 发动机主动型混联式混合动力电动汽车在匀速工况下的能量流动

④ 减速/制动工况。电机工作于发电模式进行再生制动，并通过功率转换器给蓄电池组充电。发动机主动型混联式混合动力电动汽车在减速/制动工况下的能量流动如图 2-34 所示。

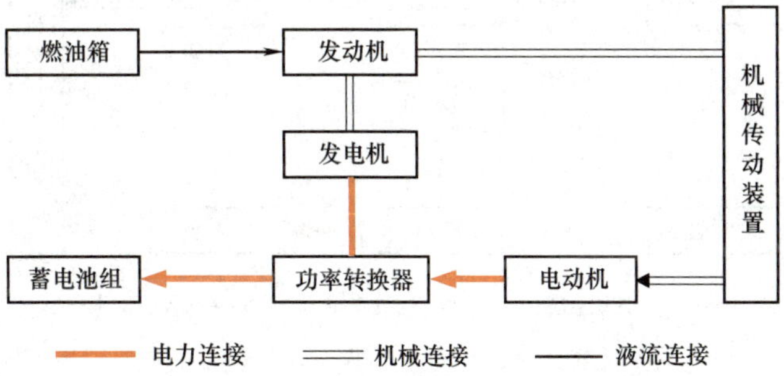


图 2-34 发动机主动型混联式混合动力电动汽车在减速/制动工况下的能量流动

⑤ 行驶中充电工况。该工况下，发动机输出的一部分动力用于驱动车辆，另一部分动力由发电机经功率转换器给蓄电池充电。发动机主动型混联式混合动力电动汽车在行驶中充电工况下的能量流动如图 2-35 所示。

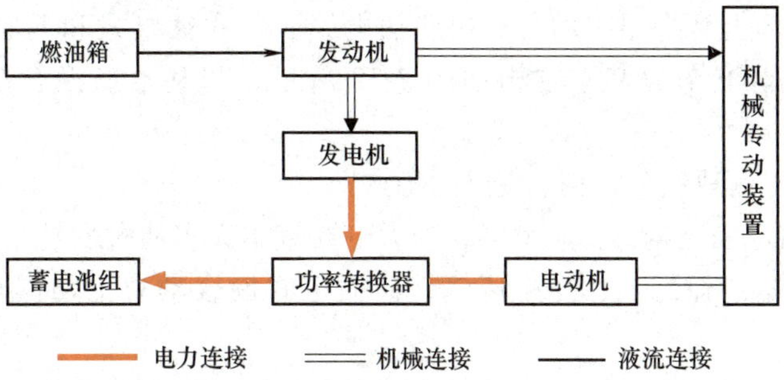


图 2-35 发动机主动型混联式混合动力电动汽车在行驶中充电工况下的能量流动

⑥ 停车充电工况。停车时，发动机可通过发电机给蓄电池充电。发动机主动型混联式混合动力电动汽车在停车充电工况下的能量流动如图 2-36 所示。

2）电力主动型混联式混合动力电动汽车的工作模式。电力主动型混联式混合动力电动

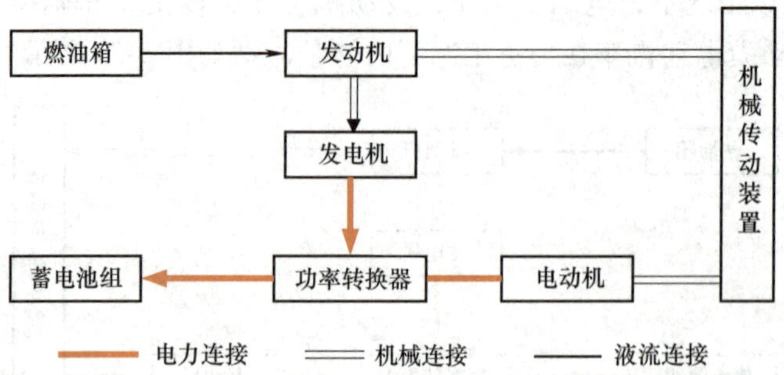


图 2-36 发动机主动型混联式混合动力电动汽车在停车充电工况下的能量流动

汽车与发动机主动型混联式混合动力电动汽车工作模式的主要区别在于匀速工况和加速工况，其他工况下的工作模式是一样的。

在匀速或加速工况下，电力主动型混联式混合动力电动汽车的发电机会发电，以提供电动机所需的电能，其能量流动分别如图 2-37 所示。

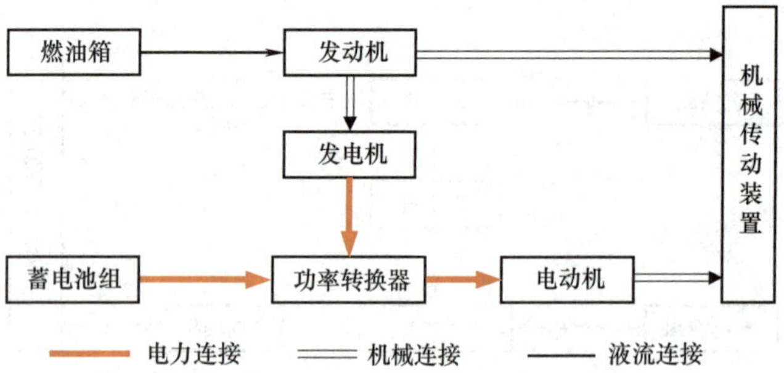


图 2-37 电力主动型混联式混合动力电动汽车在加速或匀速工况下的能量流动

## 2.2.5 插电式混合动力电动汽车的特点及工作模式

### 1. 插电式混合动力电动汽车的特点

插电式混合动力电动汽车（Plug-in HEV）能从电网充电，它是在上述三种基本混合动力电动汽车的基础上派生出来的，有串联插电式、并联插电式和混联插电式三种形式。插电式混合动力电动汽车的基本结构如图 2-38 所示，与基本型混合动力电动汽车差别不大。

插电式混合动力电动汽车有三个突出的特点：

1）可以直接由电网充电。基本型混合动力电动汽车大多通过发动机或能量回馈为蓄电池组充电，但是需要消耗燃油，产生废气，而插电式混合动力电动汽车可以直接由电网充电。

2）由于电力驱动占比较高，插电式混合动力电动汽车对发动机的依赖较少，控制策略相对简单。

3）蓄电池容量较大，能保证足够的纯电动续驶里程。

根据纯电动续驶里程的不同，可将插电式混合动力电动汽车分为 Plug-in HEV0、Plug-in HEV20、Plug-in HEV60，分别对应 0km、20km 和 60km 的纯电动续驶里程。纯电动续驶里

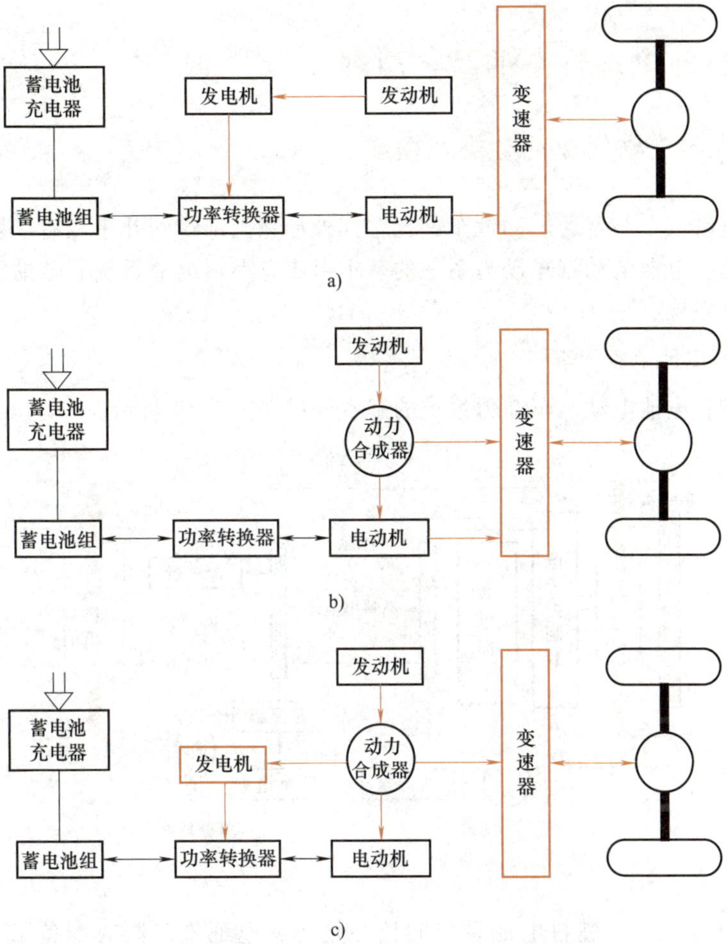


图 2-38　插电式混合动力电动汽车的基本结构

a）串联插电式混合动力电动汽车　b）并联插电式混合动力电动汽车

c）混联插电式混合动力电动汽车

程越长，蓄电池和发电机的功率越大，发动机功率和燃油箱容积相对越小。

### 2. 插电式混合动力电动汽车的工作模式

根据蓄电池 SOC 的变化特点，插电式混合动力电动汽车的工作模式可分为电量消耗模式、电量保持模式和常规充电模式三种。

**（1）电量消耗模式**　电量消耗模式分为电量消耗-纯电动模式和电量消耗-混合动力模式两种。在电量消耗-纯电动模式中，发动机关闭，蓄电池是唯一的能量源，其 SOC 会逐渐降低。该模式适用于起动、低速和低负荷等工况。

在电量消耗-混合动力模式中，发动机和电动机同时工作，蓄电池提供整车功率需求的主要部分，其 SOC 也会降低，发动机则用来补充蓄电池输出功率不足的部分，直至其 SOC 达到所允许的最低限值。该模式适用于加速、大负荷等工况。

**（2）电量保持模式**　在电量保持模式下，插电式混合动力电动汽车的工作模式与基本型混合动力电动汽车类似，发动机通过发电机给蓄电池充电以维持其 SOC 基本不变。

**（3）常规充电模式**　常规充电模式就是利用电网，通过车载充电机给蓄电池充电。

# 2.3 燃料电池电动汽车的结构原理

## 2.3.1 燃料电池电动汽车的分类及构成

燃料电池电动汽车与普通燃油汽车相比，其外形和内部空间几乎没有区别，不同之处在于动力系统。燃料电池电动汽车动力系统的基本组成有燃料电池系统、辅助蓄能装置、驱动电机和电子控制系统。

### 1. 直接燃料电池电动汽车

典型直接燃料电池电动汽车动力系统的基本构成如图 2-39 所示。

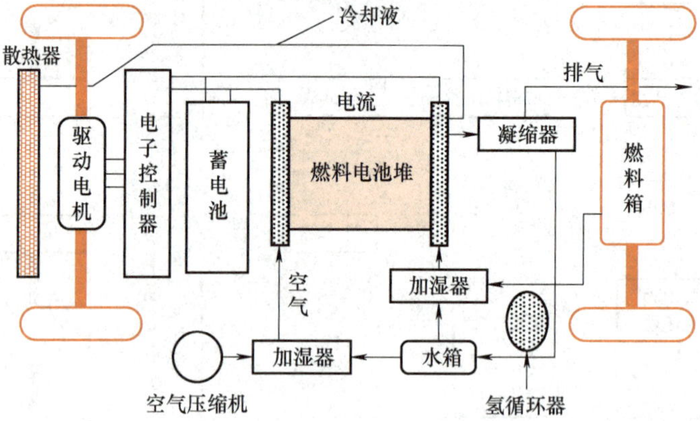


图 2-39 典型直接燃料电池电动汽车动力系统的基本构成

**(1) 燃料电池系统** 燃料电池系统的核心是燃料电池堆，同时配备了氢气供给系统、氧气供给系统、气体加湿系统、水循环系统及反应物生成处理系统等，以确保燃料电池堆正常工作。

1）氢气供给系统。氢气供给系统的功能包括氢的储存、管理和回收。由于气态氢需要采用高压方式储存，储氢气瓶必须有较高的品质。储氢气瓶的容量决定了一次充氢的续驶里程。轿车一般采用 2~4 个高压储氢气瓶，大客车上通常采用 5~10 个高压储氢气瓶来储存所需的氢气。

液态氢比气态氢需要更高的储存压力，还要保持低温。因此，使用液态氢对储氢气瓶的要求更高，并需要较复杂的低温保温装置。

针对不同的储氢压力，需要采用相应的减压阀、调压阀、安全阀、压力表、流量表、热交换器、传感器及管路等组成氢气供给系统。从燃料电池堆排出的水中含有少量的氢，可利用氢循环器进行回收。

2）氧气供给系统。氧气有纯氧和空气两种供给方式。当以纯氧方式供给氧气时，需要用氧气罐；当从空气中获得氧气时，需要用压缩机来提高压力，以确保供氧量，提高燃料电池反应的速度。空气供给系统除了需要有体积小、效率高的空气压缩机，还要配备相应的空气阀、压力表、流量表及管路，并对空气进行加湿处理，使空气具有一定的湿度。

3）水循环系统。燃料电池的反应过程会产生水和热量，需要通过水循环系统中的凝缩器进行冷凝并实施气水分离处理，部分水可用于加湿反应气体。此外，水循环系统还用于冷却燃料电池，确保燃料电池处于正常的工作温度。

**（2）辅助蓄能装置**　混合式燃料电池电动汽车还需要辅助蓄能装置。辅助蓄能装置可采用蓄电池、超级电容器、飞轮电池中的一种，组成双电源系统，或采用蓄电池+超级电容器、蓄电池+飞轮电池组成三电源系统。

燃料电池电动汽车配备辅助蓄能装置的作用如下：

1）在燃料电池电动汽车起动时，由辅助蓄能装置提供电能，带动燃料电池工作或车辆起步。

2）在燃料电池电动汽车运行过程中，当燃料电池输出的电能大于车辆驱动所需的能量时，辅助蓄能装置可以储存燃料电池剩余的电能。

3）在燃料电池电动汽车加速或爬坡时，辅助蓄能装置可协助供电，弥补燃料电池输出功率的不足，使电动机获得足够的电能，产生满足车辆加速或爬坡所需的电磁转矩。

4）为车辆的各种用电设备提供工作所需的电能。

5）车辆制动时，驱动电机转换为发电模式，将车辆的动能转化为电能并向辅助蓄能装置充电，实现车辆制动时的能量回收。

**（3）驱动电机**　驱动电机的作用是将电源提供的电能转换为电磁转矩，并通过传动装置驱动车辆行驶。与纯电动汽车和混合动力电动汽车一样，燃料电池电动汽车用驱动电机也可采用直流有刷电机、交流异步电机、交流同步电机、永磁无刷直流电机和开关磁阻电机等。

不同类型的电机具有不同的性能特点。燃料电池电动汽车通常结合整车的开发目标，综合考虑电机的结构与性能特点及其控制方式、控制器的结构特点等，选择适宜的驱动电机。

**（4）电子控制系统**　直接燃料电池电动汽车的电子控制系统（图 2-40）由燃料电池系统控制器、DC/DC 变换器、辅助蓄能装置能量管理系统、电机驱动控制器及整车协调控制器等组成，各功能模块通过 CAN 总线连接。

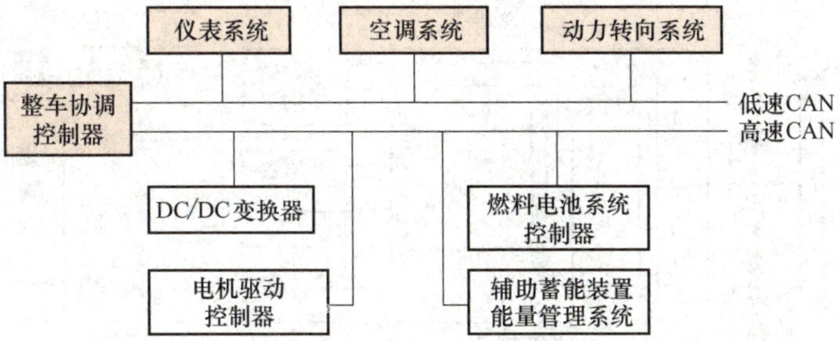


图 2-40　直接燃料电池电动汽车的电子控制系统组成

1）燃料电池系统控制器。燃料电池系统控制器用来控制燃料电池的燃料供给与循环系统、氧化剂供给系统、水/热管理系统，并协调各系统工作，确保燃料电池系统能持续向外供电。

2）DC/DC 变换器。DC/DC 变换器用于改变燃料电池的直流电压，它由电子控制器控制。电子控制器通过调节 DC/DC 变换器的输出电压，将燃料电池堆产生的较低电压升至电机所需的电压。DC/DC 变换器除了升压和稳压，还能在通过控制器的实时调节，使输出电压与蓄电池的电压相匹配，协调燃料电池和蓄电池负荷，限制燃料电池最大输出电流和最大功率，避免燃料电池因过载而损坏。

3）辅助蓄能装置能量管理系统。辅助蓄能装置能量管理系统对蓄电池的充电、放电、存电状态等进行监控，使辅助蓄能装置能正常地工作，实现车辆起动、加速、爬坡等工况下的协助供电，并在车辆运行时储存燃料电池富余的电能，实现汽车制动时的能量回馈。蓄电池能量管理系统通过对蓄电池电压、电流、温度等参数的监测，还可实现蓄电池的过充电、过放电控制，以及蓄电池荷电状态的估计与显示。

4）电机驱动控制器。电机的类型不同，其控制系统的电路结构和工作原理也不同。从总体上看，电机驱动控制系统的主要控制功能有电机的转速与转矩调节、电动工作模式控制（设有制动能量回馈的电动汽车）、电机过载保护控制等。

5）整车协调控制器。整车协调控制器基于设定的控制策略对各控制功能模块进行协调控制。一方面，控制器根据加速踏板传感器、制动踏板传感器、档位开关输入的电信号判断驾驶人的驾车意图，并输出控制信号，通过相关控制功能模块实现车辆的行驶工况控制；另一方面，控制器根据相关传感器和开关输入的电信号，获取车速、电机转速、是否制动、蓄电池和燃料电池的电压和电流等信息，判断车辆的实际行驶工况和动力系统的状况，并按设定的多电源控制策略输出相应的控制信号，通过相应的功能模块实现能量的分配与调节。此外，整车协调控制器还具有整车故障自诊断功能。

直接以纯氢为燃料电池的电动汽车对储氢装置的要求较高。但与重整燃料电池电动汽车相比，直接燃料电池电动汽车的结构简单、质量小、能量效率高、成本低。因此，当前的燃料电池电动汽车主要以纯氢为车载氢源。

### 2. 重整燃料电池电动汽车

**（1）动力系统的构成** 重整燃料电池电动汽车与直接燃料电池电动汽车的主要区别在于使用汽油、天然气、甲醇、甲烷、液化石油气等燃料，在汽车上通过重整器产生氢，并将氢提供给燃料电池堆。重整燃料电池电动汽车动力系统的基本组成如图 2-41 所示。

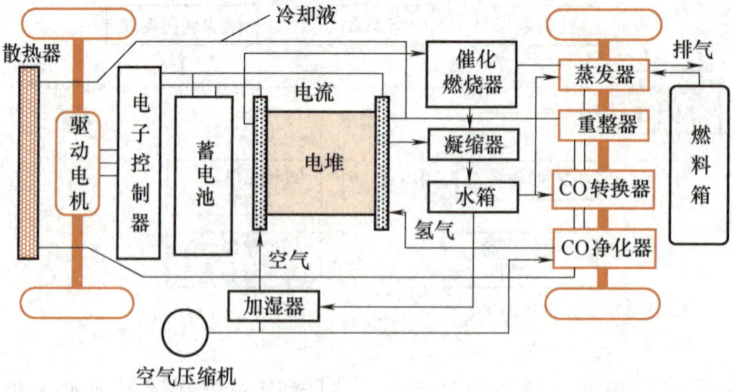


图 2-41 重整燃料电池电动汽车动力系统的基本组成

重整燃料电池系统中的氧气供给及管理系统、反应生成的水和热量处理系统及电力管理系统等与直接燃料电池系统基本相同，只是增加了重整器、蒸发器、CO（一氧化碳）转换器与 CO 净化器等装置，用来将汽油、天然气、甲醇、甲烷、液化石油气等燃料转换为纯氢。

**(2) 重整燃料电池产生氢气的过程**　重整燃料电池电动汽车采用的燃料不同，其制氢过程（重整技术）也会不同。

1）车载醇类制氢过程。醇类燃料（甲醇、乙醇、二甲醚等）的车载制氢过程大体相同，均需重整、变换、CO 脱除等步骤。以甲醇为燃料的车载制氢过程如图 2-42 所示。

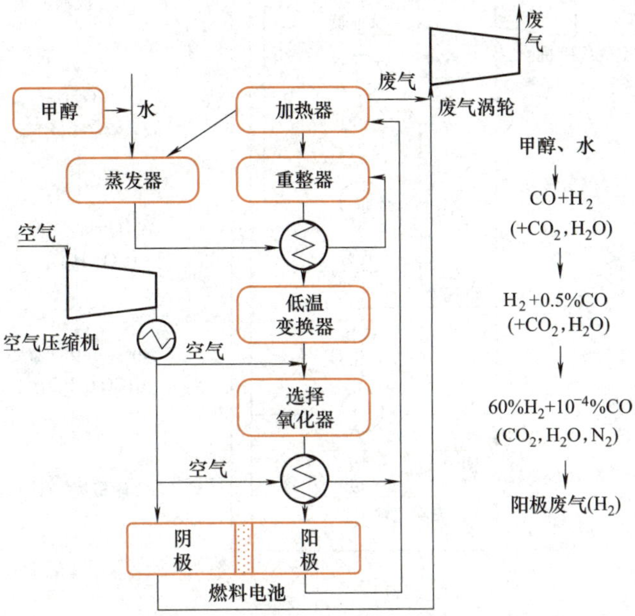


图 2-42　以甲醇为燃料的车载制氢过程

注：图中的百分数为体积分数

储存在普通容器中的甲醇先通过加热器加热，使甲醇和纯水的混合物在高温（621℃）下变成混合气，再进入重整器分离出氢。由于重整器产生的氢气中含有少量 CO，因此需要通过转换器中的催化剂将 CO 转换为 $CO_2$ 后排出，使之最终进入燃料电池的阳极废气中。CO 的含量不能超过规定的低限值（0.001%）。

2）车载烃类制氢过程。烃类燃料［汽油、柴油、液化石油气（LPG）及天然气等］制氢通常包括氧化重整、高温变换、脱硫、低温变换、CO 净化及燃烧等过程。以汽油为燃料的车载制氢过程如图 2-43 所示。

烃类车载制氢需要高温和脱硫，因此其重整过程比醇类难度大。由于天然气是气体燃料，车载储运较为困难，因而很少用于燃料电池电动汽车。

**(3) 重整燃料电池电动汽车的优缺点**　使用车载重整器制氢的燃料电池电动汽车的优点主要是燃料存储方便，只需要普通的容器，无须加压或冷藏。然而，车载重整器制氢也存在一些问题，主要如下：

1）燃料电池系统起动时间较长，动态响应较慢。对于配备辅助蓄能装置的重整燃料电池电动汽车来说，辅助蓄能装置能够解决这一问题。

2）重整装置不仅需要复杂的控制过程，其体积和质量也会减少车辆可利用的空间，增加更多的能量消耗。

3）若制取的氢气纯度不高，则可能使催化剂中毒并产生一些污染。

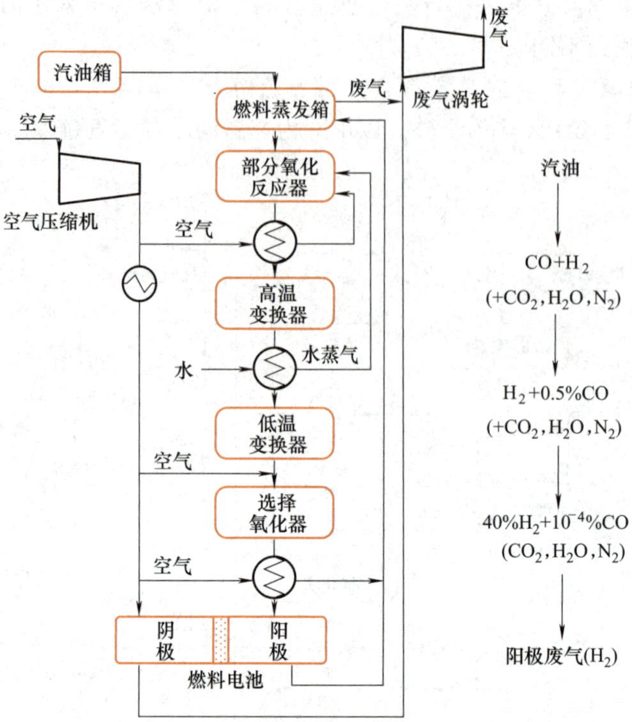


图 2-43　以汽油为燃料的车载制氢过程

由于存在上述不足，现已推出的采用重整技术的燃料电池电动汽车相对较少。

## 2.3.2　燃料电池电动汽车的工作方式

### 1. 燃料电池电动汽车的储氢方式

目前，燃料电池电动汽车大都以纯氢为燃料，为使燃料电池电动汽车能达到所要求的续驶里程，车上需要有一定储量的氢。车载储氢主要有压缩氢气、液态氢和金属储氢三种形式。

**(1) 压缩氢气形式**　氢气的密度小，需要通过压缩来增加其储存量。压缩氢气的压力一般为20~30MPa或更高，因而要求储氢气瓶能承受高压，并且质量小、使用寿命长。制作高压储氢气瓶的材料为铝或石墨材料，通常制成环形压力容器。这有助于提高容积效率，满足续驶里程的要求，并且便于在车上安装。

对于不同类型的燃料电池电动汽车，高压储氢气瓶的布置形式不同。燃料电池电动轿车的高压储氢气瓶通常安装在后座椅下或行李舱下，而大客车的高压储氢气瓶通常安装在车辆的顶部或裙部。

**(2) 液态氢形式**　相较于气态氢，液态氢具有较高的能量密度，可显著提高单位容积氢的质量，有利于降低运输成本，提高燃料电池电动汽车的续驶里程。然而，液态氢需要将气态氢冷却至-253℃才能得到，氢气的液化过程耗时较长，并且需要消耗大量的能量。另外，液态氢难以较长时间储存，只能储存在供应站，而在运输时也需要专用运输车辆。因此，液氢储存罐需要有良好的绝热性能，其外壳通常用绝热材料包裹，内部还设有液位计和压力调节（控制）装置等。

液态氢需要转换为氢气才能提供给燃料电池，而液态氢的汽化过程需要吸收热量，因此，在供氢系统中，还需要设置热交换器和压力调节系统。

**（3）金属储氢形式** 利用金属氢化物储氢，就是将氢气加压至3~6MPa，使进入容器的氢在高压下附着于金属小颗粒上，完成氢与金属的结合，同时释放热量。由于从金属小颗粒中释放氢时，需要吸收外部的热量，因此，金属储氢容器不仅需要有一定的耐压强度，还要有足够的换热面积，以满足充氢和放氢时的热量传递。为了尽可能多地储存氢，需要储氢金属表面呈小颗粒状，且在适当的温度范围和压力范围内储存或释放氢气。

金属储氢通常被认为是最安全的储氢方式。相比于高压储氢罐的储氢方式，金属储氢具有以下特点：

1）单位体积的储氢量有所提高，但单位质量的储氢量并不高。金属储氢罐包括容器和储氢材料，其单位质量的储氢量会低于高性能材料制成的高压储氢气瓶。

2）储氢压力较低（3~6MPa），远低于高压储氢气瓶的压力，因此安全性较高，既降低了充氢设备的要求，充氢能耗也较小。

3）金属氢化物对氢气中少量杂质（如 $O_2$、$H_2O$、CO 等）的敏感度高于燃料电池电极催化剂的敏感度，因此其对氢的纯度要求更高。

4）金属氢化物的机械强度较低，反复充放氢后会出现粉碎现象。当前金属储氢装置的金属氢化物反复充放氢的次数不多，价格也较高。

从总体上看，由于采用金属储氢形式的运行成本很高，目前采用这种形式储氢的燃料电池电动汽车较少。

### 2. 燃料电池电动汽车的工作模式

目前，燃料电池电动汽车多采用燃料电池+蓄电池的混合动力模式。当燃料电池电动汽车处于起步、加速、匀速、滑行、减速、制动等不同行驶工况时，其工作模式是不同的，大致可分为燃料电池模式、混合动力模式、蓄电池模式、能量回馈模式，如图 2-44 所示。

**（1）燃料电池模式** 当燃料电池电动汽车工作在燃料电池模式时，驱动电机的电力全由燃料电池提供。当蓄电池为非充足电状态（SOC<1）且燃料电池的电能供给电动机后尚有剩余时，燃料电池可向蓄电池充电，如图 2-44a 所示。燃料电池电动汽车处于低负荷、匀速、滑行等行驶工况时，通常工作在燃料电池模式。

**（2）混合动力模式** 混合动力模式是指燃料电池和蓄电池共同提供驱动电机所需的电力，如图 2-44b 所示。在燃料电池电动汽车加速行驶、高速行驶、上坡、超车或重载的情况下，当燃料电池输出的电功率不能满足驱动车辆所需的功率时，就由蓄电池提供瞬时能量来补充燃料电池电动汽车加速、上坡的动力需求，或由蓄电池持续协助燃料电池供电，以满足燃料电池电动汽车在持续高速或重载下对电源持续电功率输出的需求。

**（3）蓄电池模式** 蓄电池模式是指燃料电池停止输出电能，车辆单独由蓄电池提供电力，如图 2-44c 所示。当燃料电池还未启动，而蓄电池的 SOC 值大于最小临界值时，由蓄电池提供燃料电池电动汽车起步所需的电能。当燃料耗尽或燃料电池堆发生故障时，若蓄电池的 SOC 值大于最小临界值，则由蓄电池在短时间内独立供电。工作在蓄电池模式的燃料电池电动汽车，对蓄电池容量和输出功率的要求相对较高。

**（4）能量回馈模式** 能量回馈模式是指驱动电机处于发电模式，将车辆的动能转化为电能，并向蓄电池充电，如图 2-44d 所示。在燃料电池电动汽车下坡、遇红灯减速及非紧急制动等情况下，当蓄电池处于非充足电状态（SOC 值小于最大临界值）时，电机控制器就将驱动电机切换为发电模式，以便将车辆的动能转化为电能，通过向蓄电池充电来实现能量回馈。

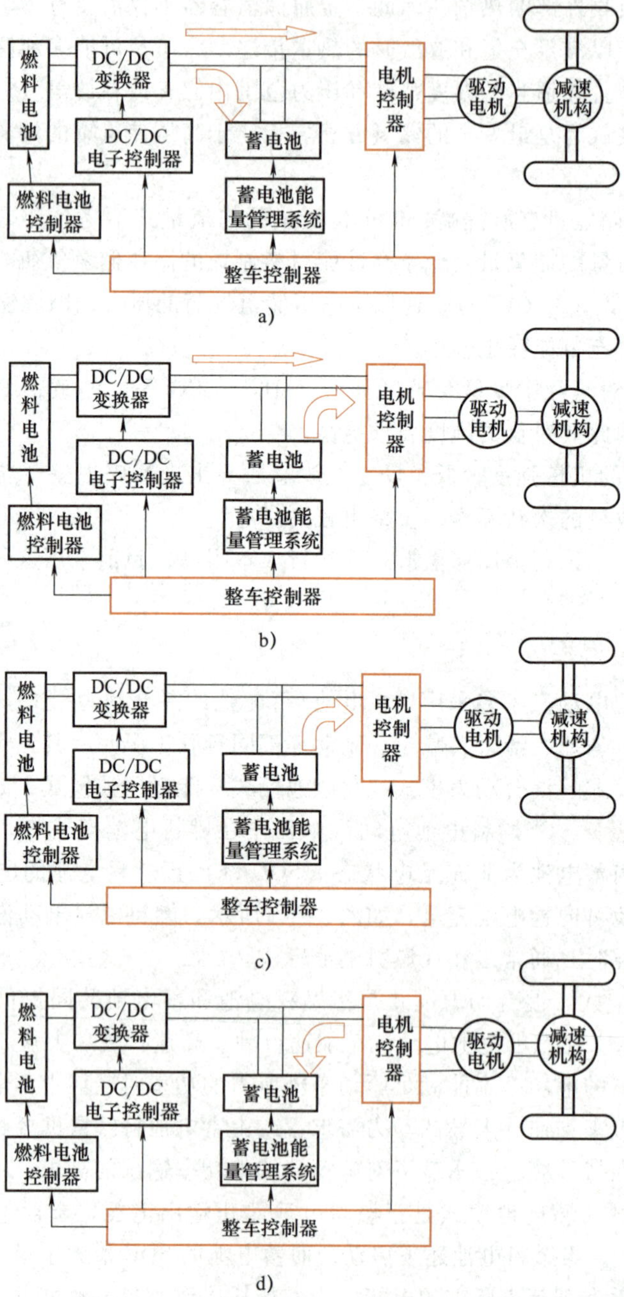


图 2-44 燃料电池电动汽车的工作模式

a）燃料电池模式 b）混合动力模式 c）蓄电池模式 d）能量回馈模式

## 思考题

1. 纯电动汽车的主能源子系统主要包括哪几部分？其主要作用是什么？

2. 蓄电池管理系统（BMS）的主要组成有哪些？如何对动力蓄电池进行监控管理？

3. 温度过高或过低对蓄电池有什么影响？

4. 混合动力电动汽车较纯电动汽车有哪些优点？

5. 混合动力电动汽车的主要结构有哪些？主要分为几类？

6. 混合动力电动汽车配备的动力合成器有哪些作用？

7. 重整燃料电池电动汽车与直接燃料电池电动汽车的区别是什么？它们主要的优缺点有哪些？

# 第3章　动力蓄电池的检测与维修

## 3.1　动力蓄电池的组成与工作原理

电动汽车用动力蓄电池的主要功能是为驱动电机提供电能，并通过充电装置储存外部电网及车载发电装置的电能。此外，它还参与整车制动能量回收，同时配备电池管理系统，以保证动力蓄电池的可靠性和安全性。

### 3.1.1　动力蓄电池的组成

动力蓄电池系统（图 3-1）主要包括动力蓄电池模块、蓄电池管理系统（BMS）、动力蓄电池箱及辅助元器件。其中，动力蓄电池模块由单体蓄电池通过串并联方式组合而成；动力蓄电池箱是动力蓄电池模块的载体，内部设有 BMS、数据采集装置、电池自动切断装置（BDU）等；辅助元器件主要包括熔断器、继电器、分流器、插接件、紧急开关、烟雾传感器等。

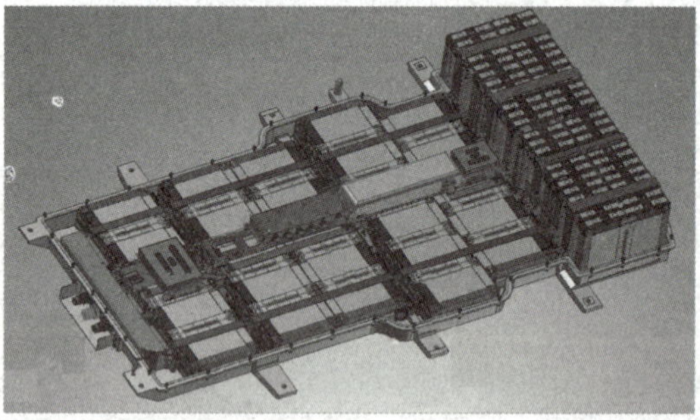

图 3-1　动力蓄电池系统

#### 1. 动力蓄电池模块

动力蓄电池模块（简称蓄电池组）是组成电动汽车动力蓄电池系统的基本单元。它由多个单体蓄电池（或蓄电池组件）组合而成。单体蓄电池是构成蓄电池组的最小单元，一般由电极、电解质隔膜和外壳等构成，可实现电能与化学能之间的直接转换，其内部结构如图 3-2 所示。

**(1) 电极**　电极是电池的核心组成部分，分为正极和负极。

1）正极（氧化电极）。正极活性材料在正极/电解质交界面接受外电路传送的电子，发生电化学反应，自身被还原。

2）负极（还原或燃料极）。负极活性材料在负极/电解质交界面发生释放电子的电化学反应，并将电子传给外电路，自身则被氧化。

电极一般由集流体、活性物质、黏结剂和导电剂等构成。其中，集流体可以根据需求采用金属箔、金属网等形式；活性物质是电池充/放电过程中，正、负极中发生电化学反应以储存或释放电能的物质，它是电池产生电能的源泉，也是决定电池基本特性的重要组成。

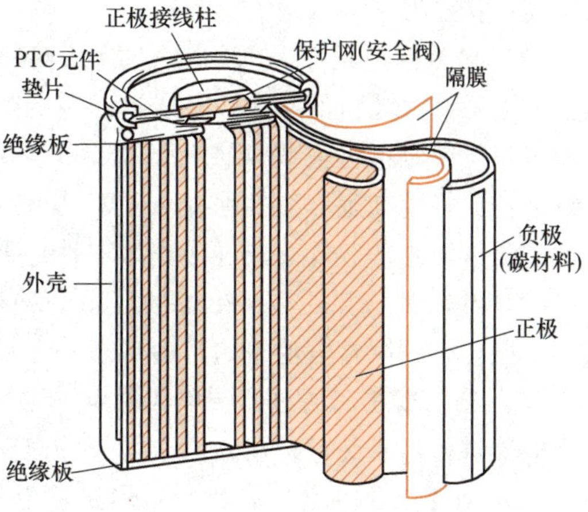


图 3-2 单体蓄电池的内部结构

**（2）电解质** 电解质是电池的主要组成之一，它是离子导体，在电池中充当电荷转移的介质。离子在电池内部的正、负极之间移动，实现电池内部电荷的转移，完成电流的全回路流通，从而向负载连续输出电能。

电解质分为液体电解质、固体电解质和凝胶聚合物电解质。液体电解质包括水溶液电解质和非水溶液电解质，典型水溶液电解质是将盐、酸或碱溶解在水中所形成的水溶液；典型非水溶液电解质是将无机盐或有机盐溶于某些极性有机溶剂或无机溶剂中，以提供离子电导。虽然固体电解质是固态，但它在电池工作温度下是一种离子导体。

**（3）隔膜** 隔膜是指为避免电池内极性相反的电极片直接接触造成内部短路的电池组件。通常将隔膜材料置于正极和负极之间以将它们分开，其四周被电解质环绕。对于固态电池来说，不需要专门的隔膜材料，因为固体电解质膜（Solid Electrolyte Membrane）既起到电解质的作用，又充当了隔膜材料。

**（4）外壳** 外壳是电池的容器。除了锌锰干电池中的锌电极可以兼作外壳，目前其他各类电池的活性物质和电极均不能用作电池的容器。因此，应根据实际情况选择合适的材料作为电池的外壳，并设计相应的极耳或极柱结构，以便形成完整的电池。

由于电池本身可以设计制造成各种形状和结构，如方形、圆柱形、扣式、扇平状等，电池的外壳也应根据实际需求设计成相应的形状和结构。

### 2. 蓄电池管理系统

蓄电池管理系统（BMS）能够智能化管理及维护各个单体蓄电池，防止电池出现过充电和过放电，延长电池的使用寿命，监控电池的状态，并向整车控制器（VCU）上报高压电池系统的基本参数及故障信息。它主要包括以下功能：

**（1）系统自检** 在电源接通时，对系统进行自检，若一切正常，发出可以正常工作信号；若有问题，发出故障信号，并切断强电开关。系统自检信息包括无任何一级和二级故障，以及 BMS 各执行器（控制器的输出端口信号自诊断）和传感器无故障。

**（2）充电保护、放电保护、热保护（温度过高/温度差异大）、过流保护、安全线保护**

当电池（包括系统整体和各个模块）出现过流、过压、欠压、单体蓄电池电压不平衡、温度过高、温度差异大的情况时，通知蓄电池管理系统，请求切断充放电回路，在一定时间后要求未被允许时，由电控 ECU 控制继电器自行将蓄电池组的充放电回路切断。若被保护电池的保护因素消失，则保护功能取消。监测安全线状态，当安全线状态为低电平时，主动切断高压接触器。

**（3）电池健康状态（SOH）失效判断和处理** 在蓄电池组的使用过程中，实时记录单体蓄电池及蓄电池组的参数，并通过一定的数学模型判断单体蓄电池及蓄电池组的有效性，若发现系统中有电池失效（或将要失效）、某电池与其他电池不一致性增大，则通过 CAN 总线通信方式通知远程监控系统，进行蓄电池组维护。SOH 定义主要分为两种状态，其中一种是蓄电池组的容量衰减过快，另一种是蓄电池组中个别电池的容量衰减过快。

**（4）故障预警和处理** 在蓄电池组的使用过程中，监控蓄电池组的相关参数，通过故障判定条件来判断蓄电池组的当前状态并上报远程监控系统。

**（5）充电控制** 通过监测单体蓄电池电压及实时充电电流，并利用 CAN 总线通信网络与充电器进行信息交付，达到恒压恒流的充电模式控制。

**（6）绝缘电阻测量** 能够实时测量蓄电池组对外壳（车身）的绝缘电阻，并根据绝缘电阻的大小来判断系统绝缘强度是否符合要求。

**（7）动力母线预充电功能** 整车上电时，需要动力蓄电池系统给高压母线的电容进行充电，在一定时间内，根据蓄电池组端电压与动力母线电压之差来确认预充电是否成功。

**（8）CAN 总线通信** 采用 CAN 总线通信的方式分别与子系统模块、电机控制器及充电器进行通信。

**（9）蓄电池组电压和电流测量** 实时测量蓄电池组当前的工作电压和工作电流，并根据采集的蓄电池组电压、电流数据及蓄电池组的 SOC，计算当前能够输出的最大放电功率及允许接受的最大充电功率。

**（10）SOC 预估** 在实时充放电过程中，在线监测蓄电池组容量，并随时给出蓄电池组整体的剩余容量。

**（11）系统低功耗** 根据 BMS 的实际情况，接通或关闭子系统的电源；在判断均衡完成的基础上，进入自关闭的超低功耗模式。

**（12）单体蓄电池电压测量** 通过模拟测量电路，实时测量每个单体蓄电池的电压，以供 BMS 进行分析。单体蓄电池电压测量精度±5mV。

**（13）BMS 内部多点温度测量** 通过模拟测量电路，实时测量 BMS 内部温度，以供 BMS 进行分析和热均衡控制。温度测量范围为-40~125℃；温度测量精度±0.5℃。

**（14）热均衡功能** 采用开放式风冷，通过分析内部温度，与整车空调一体化，控制散热风扇，保证 BMS 内部的温度均衡。每个蓄电池包应保证有 4 个温度探点。

BMS 包含数据采集单元和控制单元。数据采集单元采集动力蓄电池的电压、电流、温度，估算动力蓄电池的剩余电量（SOC），评估动力蓄电池的健康状态（SOH）；控制单元均衡动力蓄电池的电压，管理动力蓄电池的温度、控制动力蓄电池的充放电和预充电等。BMS 的电器架构如图 3-3 所示。

BMS 主要有分布式与集中式两种拓扑结构。分布式 BMS（图 3-4）采用 CAN 总线通信方式，电压、温度采集及均衡等功能分布到每个电芯上，通过 CAN 总线与主控制器通信，具有设计简单、结构简单、连线少、可靠性高、便于扩展的优点，但是每个单体都需要一块控制板，安装烦琐、成本高。集中式 BMS 的电压、温度采集及均衡等功能均由主控制器完成，直接用导线连接，但是连线多，可靠性不高，管理电池数量不能过多。

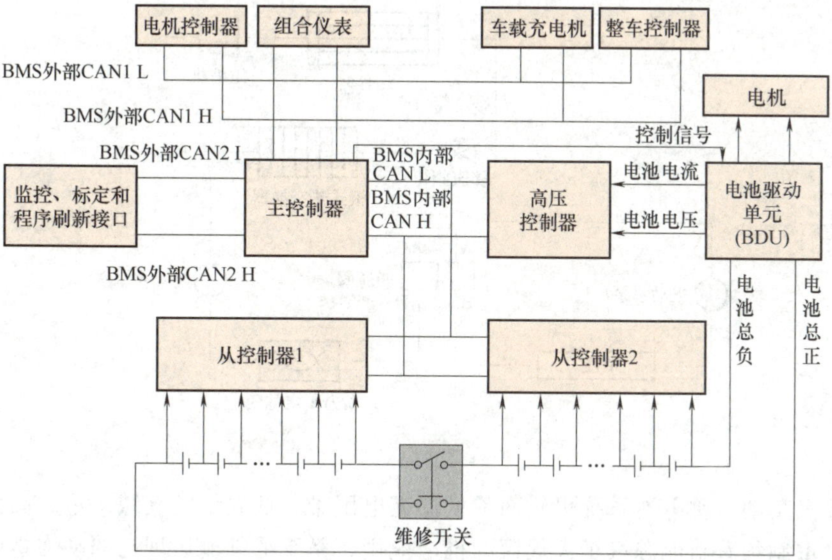


图 3-3　BMS 的电器架构

### 3. 动力蓄电池热管理系统

动力蓄电池热管理系统主要采用风冷、液冷和直冷技术。

**(1) 风冷技术**　风冷技术结构简单、成本低廉，包括自然冷却和强制风冷，广泛应用于丰田、本田、老款比亚迪（磷酸铁锂电池）等车型中。

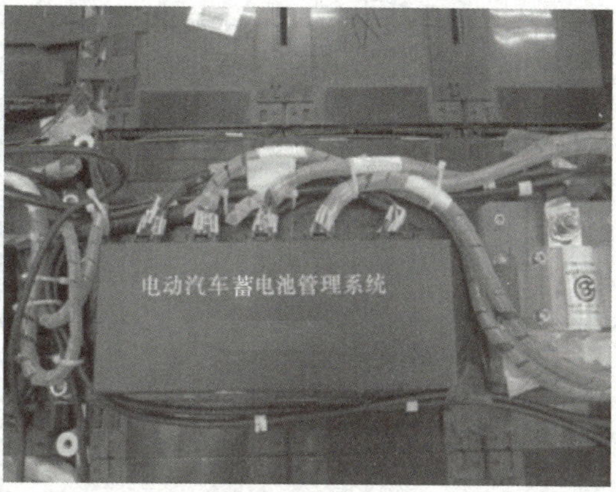


图 3-4　分布式 BMS

**(2) 液冷技术**　液冷技术的热管理系统有两种工作模式：一是慢冷模式，通常动力蓄电池包温度达到 25~30℃ 时电动水泵开始工作，将散热器的防冻液与动力蓄电池包的防冻液进行交换，以降低动力蓄电池包的温度，使单体蓄电池稳定在最佳温度；二是强制降温模式，一旦动力蓄电池包的温度达到 35℃，BMS 就开始控制冷却风扇运转，以降低防冻液温度，当温度降至 30℃ 时，冷却风扇停止运转，当动力蓄电池包温度超过 55℃ 时，组合仪表会警告提示，VCU 发送报文指令给 MCU，以降低驱动电机的输出功率。电动水泵负责防冻液的循环，冷却风扇增强散热器散热，冷却管路实现热交换功能。液冷技术更利于电池热管理，冷却液通过电池包内部管路，带走电池工作时产生的温度，目前应用广泛。

**(3) 直冷技术**　直冷技术能充分利用整车空调系统的制冷剂，将其引入电池内部蒸发器以达到冷却目的。直冷技术建立在整车空调系统的基础上，通过将板式热交换器的水管路与动力蓄电池包散热水管路相连，可实现动力蓄电池的快速降温。目前，液冷与直冷混合模式应用较为普遍，其结构如图 3-5 所示。当动力蓄电池包需要加热时，四通阀 A-C、B-D 导通；当动力蓄电池包需要冷却时，四通阀 A-B、C-D 导通。

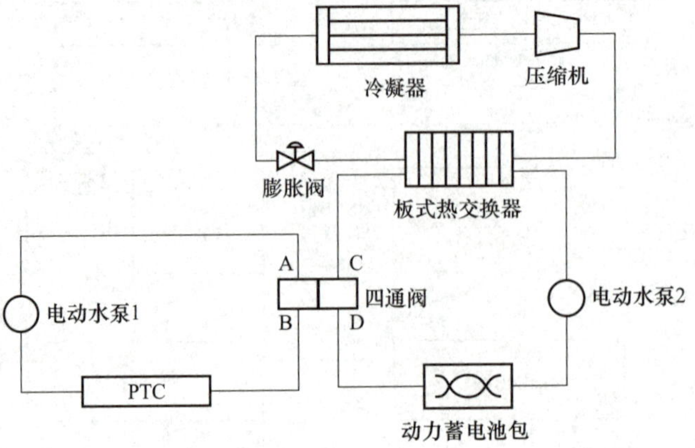


图 3-5 直冷与液冷混合模式的结构

新能源汽车动力蓄电池系统仍然面临低温充电困难、低温续航衰减严重、高温安全性差等问题，严重制约着新能源汽车大规模的推广应用，基于毛细输运理论的动力蓄电池包冷媒直冷技术被提出，其原理如图 3-6 所示。

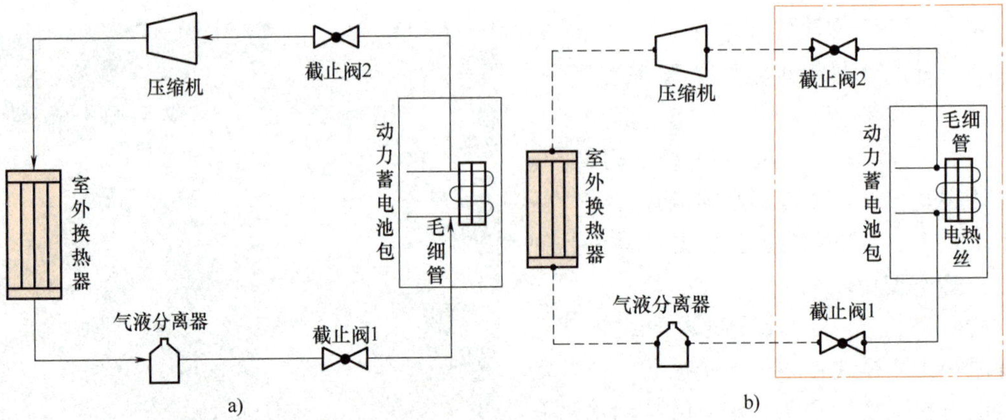


图 3-6 基于毛细输运理论的动力蓄电池包冷媒直冷技术原理

a）高温冷却 b）低温加热

1）高温冷却。截止阀 1、2 打开，当动力蓄电池包中的单体蓄电池产生一定热量后（达到动力蓄电池包降温需求的温度），由 BMS 或动力蓄电池包内的压力传感器把信号传递给系统的控制器，控制器驱动压缩机工作，压缩机把低温低压的气态冷媒压缩成高温高压的气态冷媒后，由室外换热器变成中温中压的液态冷媒，经过气液分离器把没有完全液化的冷媒完全液化，最终流入单体蓄电池表面的毛细管，此时冷媒受单体蓄电池表面温度影响被汽化，单体蓄电池产生的热量被冷媒吸收带走。

2）低温加热。截止阀 1、2 关闭，当单体蓄电池温度过低（达到动力蓄电池包升温需求的温度）时，由 BMS 把升温请求信号传递给系统的控制器，控制器驱动动力蓄电池包内的电热丝工作，电热丝产生大量的热被冷媒吸收并汽化，汽化的冷媒遇到低温的单体蓄电池被液化，冷媒液化产生大量的热量传递给单体蓄电池，单体蓄电池的温度升高，从而达到动力蓄电池包升温效果。

### 3.1.2 动力蓄电池的工作原理

动力蓄电池模块放置在一个密封且屏蔽的动力蓄电池箱中，动力蓄电池系统使用可靠的高低压插接件与整车进行连接。系统内的 BMS 实时采集各单体蓄电池的电压、各温度传感器的温度、电池系统的总电压和总电流，以及电池系统的绝缘电阻等数据，通过自己内部设定的阈值来判断电池系统工作是否正常，以对故障进行实时监控。动力蓄电池系统通过 BMS 使用 CAN 与 VCU 或充电机进行通信，对动力蓄电池进行充放电管理、热管理、SOC 估算、均衡控制及继电器控制等。动力蓄电池系统的功能为接收和储存由车载充电机、制动能量回收装置和外置充电装置提供的高压直流电，并为电机控制器、DC/DC 变换器、电动空调、PTC 等高压元件提供高压直流电。

#### 1. 动力蓄电池充放电

动力蓄电池系统的充电方式分为慢充、快充和制动能量回收三种。利用车载充电机充电的方式为慢充，外部电源为交流电，充电过程遵循以下策略：

1）单体蓄电池（电芯）的温度范围为 0~55℃时才可以充电，当有温度点高于 55℃或低于 0℃时，蓄电池管理系统将自动切断充电回路，无法继续充电，同时启动动力蓄电池温度控制系统将电芯温度控制在 0~55℃之间。

2）充电前检测箱体内部温度，若有低于 0℃的温度点，启动加热模式。首先闭合加热片，进行加热内循环，待所有温度点高于 5℃，停止加热；再启动充电程序，过程中出现加热片温度差高于 20℃时，间歇停止加热，待加热片温度差低于 15℃，重启加热片。

3）如果单体压差大于 300mV，则停止充电，报充电故障。

外部直流电直接与动力蓄电池连接的充电方式为快充，充电过程遵循以下策略：

1）电芯的温度范围为 5~55℃时才可以充电，当有温度点高于 55℃或低于 5℃时，蓄电池管理系统将自动切断充电回路，无法继续充电。

2）充电前检测箱体内部温度，若有≤5℃的温度点，启动加热模式。首先闭合加热片，进行加热内循环，待所有温度点高于 5℃，停止加热；再启动充电程序，过程中出现加热片温度差≥25℃时，间歇停止加热，待加热片温度差≤15℃，重启加热片。如果充电过程中的最低温度≤5℃，则停止充电模式，也不启动加热模式。

快充和慢充均采用恒流-恒压充电方法，在不同温度范围内先以恒定电流充电至动力蓄电池总电压或最高单体电压达到此温度条件下的规定电压，再以恒定电压充电至电流小于 0.8A 后停止充电。在充电过程中，如果单体压差大于 300mV，则停止充电，报充电故障。制动能量回收方式将电机产生的感应电动势，经 AC/DC 变换后向动力蓄电池充电。充电时，若串联的电压最高的蓄电池模块达到充电截止电压，则停止充电；放电时，若串联的电压最低的蓄电池模块达到放电截止电压，则停止放电。

#### 2. 动力蓄电池单体均衡

电池均衡的主要方法可分为化学均衡方法（未得到广泛应用）和物理均衡方法，物理均衡方法根据有无能量损失又分为被动均衡和主动均衡。

**（1）被动均衡（有损均衡）** 给每个单体蓄电池并联一个电阻分流，耗能均衡就是将容量多的电池中的多余能量消耗掉，实现整组电池电压的均衡，此即电阻耗能式。然而，由于每个单体蓄电池并联一个放电电阻，在损耗电能的同时会产生热量，又对蓄电池系统热管理提出了更高的要求。

**（2）主动均衡（无损均衡）** 将能量从单体能量高的电池转移到单体能量低的电池，通过储能元件实现不均衡电池间的能量转移，即能量转移式。这种方式普遍结构复杂，硬件成本高，对系统的可靠性设计也提出了较高要求，但其能量利用效率较高，是目前单体蓄电池均衡研究的一个热点。根据储能元件不同，主动均衡又可分为电容均衡、变压器均衡和电感均衡三类。

电池容量均衡通过从控制器将单体蓄电池的容量调节到一个目标值，从控制器检测单体电压信息，并根据信息打开均衡开关，形成一个放电回路，慢慢地将容量较高的单体蓄电池的容量降低，直至达到其他单体蓄电池的水平。电池容量均衡示意图如图 3-7 所示。

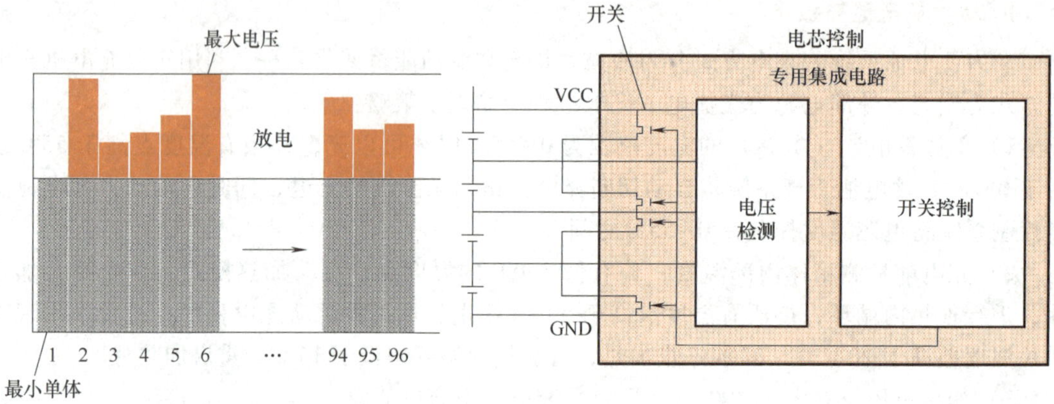


图 3-7 电池容量均衡示意图

### 3. 动力蓄电池性能参数采集

动力蓄电池性能参数采集包括监测单体蓄电池的电压、温度、电流和绝缘电阻等，它是所有蓄电池管理系统顶层计算、控制逻辑和动力蓄电池高压安全的基础。

**（1）监测单体蓄电池（或单元、模块）的电压** 通过计算单体蓄电池（或单元、模块）的电压总和，可以获取整个动力蓄电池的电压；可以根据单体蓄电池（或单元、模块）的电压差来判断其差异性；可监测单体蓄电池（或单元、模块）的运行状态。电压采集工具如图 3-8 所示。

图 3-8 电压采集工具

**（2）监测温度** 监测动力蓄电池主要依靠 NTC 温度传感器。借助蓄电池温度可以识别是否过载或有无电气故障。出现温度异常情况时，必须立即降低电流强度或完全关闭高压系统，以免动力蓄电池进一步损坏。此外，测量温度还用于控制冷却系统，确保蓄电池始终在有利于自身功率和使用寿命的温度范围内运行。电池温度传感器安装在动力蓄电池内的多个位置，如图 3-9 所示。根据高压蓄电池的温度变化，电阻值也会变化。动力蓄电池 ECU 根据电池温度传感器信号控制蓄电池冷却风扇。

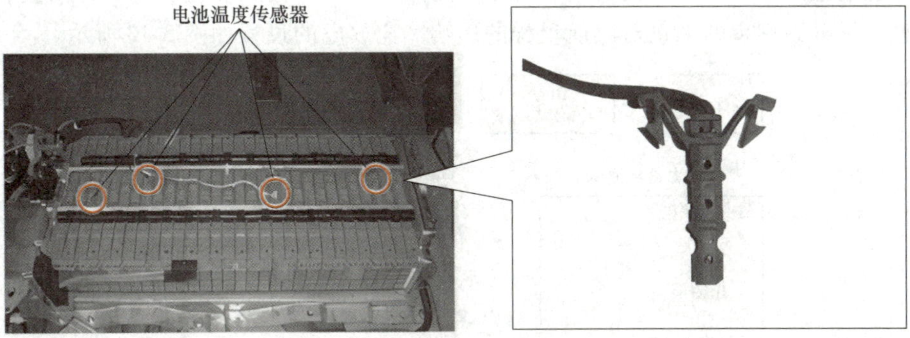


图 3-9　电池温度传感器的安装位置

**(3) 监测电流**　由于动力蓄电池内采用单体串联为整车提供电能，通常只需要测量一个电流。电流测量可使用智能分流器（图 3-10）或霍尔电流传感器（图 3-11）。

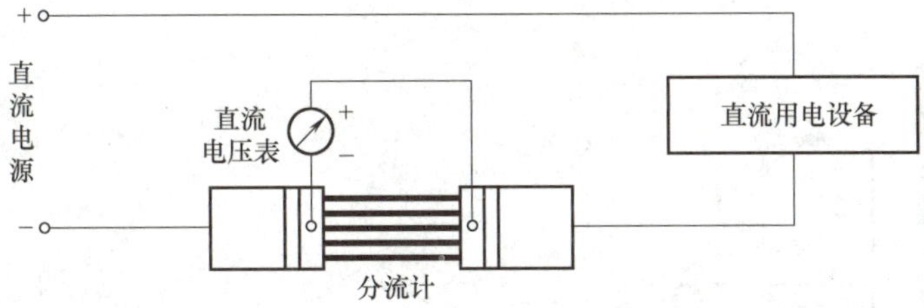


图 3-10　智能分流器测量电流

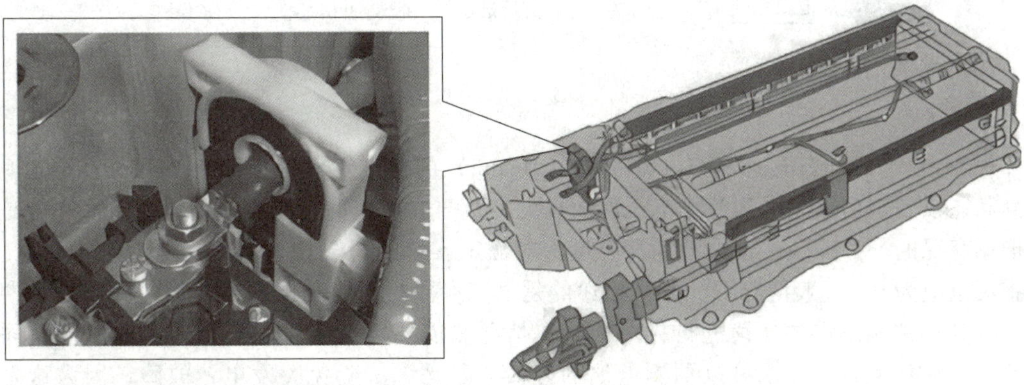

图 3-11　霍尔电流传感器测量电流

**(4) 绝缘电阻检测**　出于安全考虑，电动汽车高压电路与车身搭铁绝缘。通过动力蓄电池 ECU（蓄电池智能单元）的漏电检测电路，持续检测高压电路和车身搭铁之间的绝缘电阻。如果绝缘电阻低于规定级别，则存储一个 DTC（高压绝缘异常），并利用组合仪表显示（如主警告灯亮起）告知驾驶人。漏电检测电路如图 3-12 所示。

**(5) SOC 估算**　荷电状态（State of Charge，SOC）也称为剩余电量，代表电池使用一段时间或长期搁置不用后的剩余容量与其完全充电状态的容量的比值，常用百分数表示。其取值范围为 0~1，SOC=0 表示电池放电完全，SOC=1 表示电池完全充满电。随时预报纯电动汽车储能电池的 SOC，使电池的 SOC 值控制在 30%~70%的工作范围内，让驾驶人获得直接的信息，了解到剩余的电量对续航里程的影响。充放电的过程如图 3-13 所示。

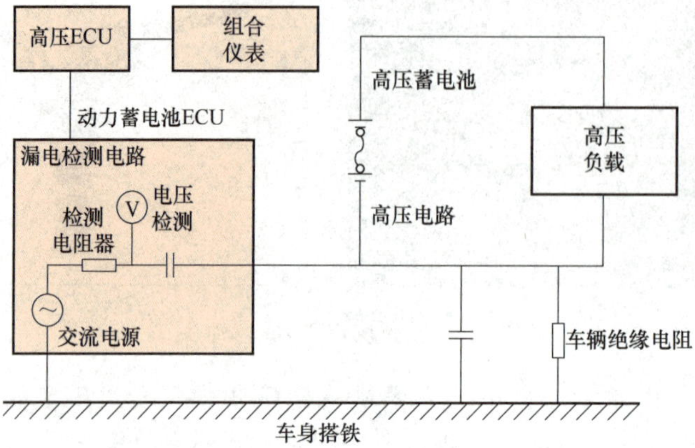


图 3-12 漏电检测电路

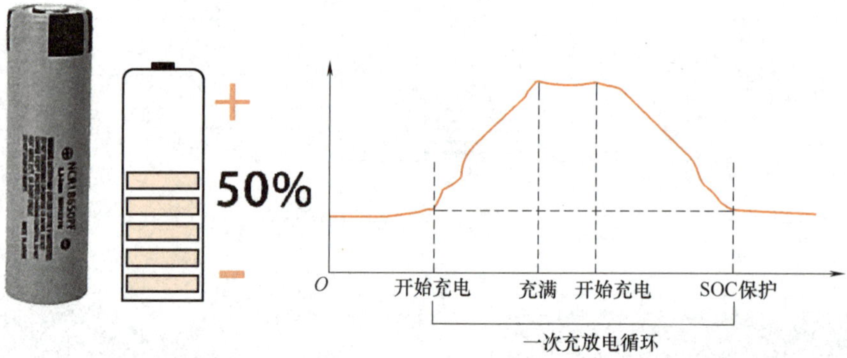


图 3-13 充放电的过程

**（6）SOH 估算** 电池 SOH（Section of Health）的标准定义是标准条件下动力蓄电池从充满状态以一定倍率放电到截止电压所放出的容量与其对应的标称容量的比值，该比值是电池健康状况的一种反映。蓄电池满充容量相对额定容量的百分比，新出厂电池为 100%，完全报废电池为 0。一般情况下，SOC 描述的是电流参数的短期变化，SOH 描述的则是长期变化。SOH 的测量不需要连续进行，对于多数情况只需要定期测量，测量周期取决于不同应用情况。SOH 测量外推法可以预测电池的寿命，但是无法避免突发电池故障，因为这是难以预料的。

**（7）电池寿命计算** 电池循环寿命可以用循环充放电的次数来表示。在理想的温度和湿度下，以额定充放电电流进行充放电，计算电池容量衰减到 80%时所经历的循环次数。日历寿命是指电池在使用环境条件下，经过特定的使用工况，达到寿命终止条件（容量衰减到 80%）的时间跨度。日历寿命与具体的使用要求紧密结合，通常需要规定具体的使用工况、环境条件、存储间隔等。循环寿命是一个理论参数，日历寿命更具有实际意义。但日历寿命的测算复杂、耗时长，因此一般电池厂家只给出循环寿命的数据。以电子产品为例，锂电池的使用寿命为 5~20 年，就平均值来说，在 8 年左右，汽车搭载的三元锂电池组的使用寿命约为 5 年，循环次数为 500~1000 次，如果超过这个次数，三元锂电池组的容量就会出现比较明显的下降。汽车磷酸铁锂电池的充电次数可以达到2000次，使用寿命可以达到7~8年。

### 4. 动力蓄电池接触器控制

动力蓄电池内一般有多个继电器，蓄电池管理系统至少需要完成对继电器的驱动供给和状态检测，继电器控制往往是和整车控制器（VCU）协调后确认控制器，而安全气囊控制器输出的碰撞信号一般与继电器控制器断开直接挂钩。

继电器一般包括主正、主负、预充继电器和充电继电器，同时搭配使用独立的配电盒，能对整个电流分配做更细致的保护。对于继电器控制而言，闭合、断开的状态以及开关的顺序都很重要。系统主继电器（SMR）是根据动力蓄电池ECU信号连接或切断高压供电电路的继电器，一般采用3个继电器来确保正常工作。

动力蓄电池为整车上电过程：

1）将起动钥匙置于ON档，蓄电池12V供电，全车高压控制器的部件（动力蓄电池、电机控制器、整车控制器、空调控制器、DC/DC控制器）进行低压上电唤醒→初始化→自检，确认无故障后，上报给VCU，确认动力蓄电池内部动力母线绝缘检测合格、各个继电器状态合格、各个电池模块的电压与温度状态合格后，上报给VCU。

2）VCU控制动力蓄电池负极母线继电器闭合。

3）动力蓄电池内部主控盒控制预充继电器闭合，动力蓄电池首先为负载端各个电容充电，在BMS检测到电容充满后，主控盒先闭合动力蓄电池正极母线继电器，再断开预充继电器。

### 5. 动力蓄电池CAN通信

蓄电池管理系统（主控模块）通过CAN总线将实时电池状态发送给整车控制器和电机控制器等设备，以便于整车采用更合理的控制策略，同时将蓄电池组的详细信息告知车载监控系统，从而完成电池状态数据的显示和故障警告等功能，为电池的维护和更换提供依据。

系统自检：BMS设置了强大的系统自检功能，系统上电后对电压、温度、通信、时钟及存储器等进行检测，确保系统工作正常。

系统监测：BMS对整车电池的离散性进行分析并根据不同故障类型进行警告，同时对电池充放电次数及历史数据进行记录，以便进行系统诊断及性能优化。

在动力蓄电池系统中，CAN通信可以用于以下方面：

**（1）蓄电池管理系统BMS通信**　BMS监测蓄电池模块的状态，包括电池的电压、温度、SOC等信息，并通过CAN通信与车辆其他部分（如驱动系统、充电系统等）进行通信，实现对动力蓄电池的有效管理和保护。

**（2）蓄电池模块通信**　动力蓄电池通常由多个蓄电池模块组成，每个模块又有多个单体蓄电池。这些模块之间需要进行信息交换，以便平衡单体蓄电池之间的状态，避免过充电或过放电等问题。

**（3）充电和放电控制**　CAN通信可以用于控制充电和放电过程。充电控制系统可以通过CAN总线向充电设备发送指令，而放电控制系统可以与车辆的动力系统进行通信，实现动力输出的调整。

**（4）故障诊断与报告**　CAN通信可以用于传递故障诊断信息和报告。当动力蓄电池系统出现故障时，通过 CAN 通信可以将相关信息传递给车辆的诊断系统，以便及时修复问题。

**（5）车辆状态监测** 动力蓄电池系统的状态可以影响整个车辆的性能和效率。通过 CAN 通信，可以实时监测动力蓄电池系统的各项参数，从而对车辆状态进行综合评估。

需要注意的是，CAN 通信协议本身只定义了通信的物理层和数据链路层，具体的通信内容和消息结构需要根据应用场景进行定义。

### 3.1.3 动力蓄电池的分类

动力蓄电池须有持续稳定的大电流放电能力，经过数十年的努力，涵盖物理电池、生物电池和化学电池的新型电池相继出现。动力蓄电池的分类如图 3-14 所示。物理电池是指利用物理原理制成的电池，如飞轮电池、太阳能电池、核能电池和温差电池，其特点是在常温常压条件下能进行能量转换；生物电池是利用生物酶、微生物或叶绿素制成的电池，如酶电池、生物太阳能电池；化学电池是一种直接把化学能转化为电能的电池，如镍氢电池。

a) b) c)

图 3-14 动力蓄电池的分类

a）物理电池——飞轮电池 b）生物电池——酶电池 c）化学电池——镍氢电池

目前，电动汽车使用的动力蓄电池主要是化学电池，典型代表有磷酸铁锂电池和三元锂电池。其中，磷酸铁锂电池具有很高的安全性及良好的循环寿命，虽然高温性能较好，但低温充放电性能较差（在低温下充电对电池寿命有很大的影响，低温也会导致放电容量及放电功率下降，因此冬季低温时整车会出现续驶里程缩短及动力性下降的现象）；三元锂电池的能量密度高、重量轻，是动力蓄电池的发展趋势，但其造价高、燃烧始点低，安全隐患较大。

通常所说的三元锂电池或者铁锂电池，都是按照正极活性材料来命名的。下面介绍四种常见锂电池类型及其主要性能参数，分别是钴酸锂（$LiCoO_2$）电池、锰酸锂（$LiMn_2O_4$）电池、镍钴锰酸锂（$LiNiMnCoO_2$ 或 NMC）电池及磷酸铁锂（$LiFePO_4$）电池。

**1. 钴酸锂（$LiCoO_2$）电池**

钴酸锂电池的高比能量使它成为手机、便携式计算机和数码相机电池的热门选择，它由氧化钴阴极和石墨阳极组成。阴极具有分层结构，在放电期间，锂离子从阳极移动到阴极，充电期间的流动方向则相反。

钴酸锂电池的缺点是循环寿命相对较短、热稳定性低和负载能力有限（比功率）。与其他钴混合锂离子电池一样，钴酸锂电池采用石墨阳极，其循环寿命主要受到固体电解质界面（SEI）的限制，主要体现在SEI膜的逐渐增厚，以及快速充电或者低温充电过程中的阳极镀锂问题。较新的材料体系增加了镍、锰和/或铝，以提高电池寿命、负载能力及降低成本。钴酸锂电池在比能量方面表现出色，但在功率特性、安全性和循环寿命方面表现一般。钴酸锂电池的性能参数见表3-1。

表3-1　钴酸锂电池的性能参数

| 项目 | 说明 |
| --- | --- |
| 组成 | $LiCoO_2$ 阴极，石墨阳极 |
| 简称 | LCO |
| 电压 | 标称值为3.6V，工作电压为3~4.2V |
| 比能（容量） | 150~200W·h/kg，特种电池可提供240W·h/kg |
| 充电（$C$率） | 0.7$C$~1$C$，充电至4.2V（大部分电池）；典型充电时长3h；1$C$以上的充电电流会缩短电池寿命 |
| 放电（$C$率） | 1$C$，放电截止电压为2.5V；1$C$以上的放电电流会缩短电池寿命 |
| 循环寿命 | 500~1000次（与放电深度、负荷、温度有关） |
| 热失控温度 | 150℃，满充状态容易带来热失控 |
| 应用 | 手机、便携式计算机、相机 |
| 特性 | 非常高的比能量，有限的比功率，被用作能量型电池，市场份额稳定 |

### 2. 锰酸锂（$LiMn_2O_4$）电池

锰酸锂电池具有低电池内阻特性，可实现快速充电和大电流放电。它可以在20~30A的电流下放电，但此电流下持续的高负荷会导致热量积聚，电池温度不能超过80℃。锰酸锂电池可用于电动工具、医疗设备、混合动力电动汽车和纯电动汽车中。锰酸锂电池的性能参数见表3-2。

表3-2　锰酸锂电池的性能参数

| 项目 | 说明 |
| --- | --- |
| 组成 | $LiMn_2O_4$ 阴极，石墨阳极 |
| 简称 | LMO 或 Li-Mn（尖晶石结构） |
| 电压 | 标称值为3.7V（3.8V）；工作电压为3~4.2V |
| 比能（容量） | 100~150W·h/kg |
| 充电（$C$率） | 典型值为0.7$C$~1$C$，最大值为3$C$，充电至4.2V（大部分电池） |
| 放电（$C$率） | 1$C$，一些电池可以达到10$C$，截止电压为2.5V |
| 循环寿命 | 300~700次（与放电深度、温度有关） |
| 热失控温度 | 典型值为250℃，高负荷会促进热失控 |
| 应用 | 电动工具、医疗设备、电动动力系统 |
| 特性 | 比钴酸锂电池更安全，通常与NMC电池混合以提高性能 |

### 3. 镍钴锰酸锂（$LiNiMnCoO_2$ 或 NMC）电池

镍钴锰酸锂电池是电动工具、电动自行车和其他电动动力系统的首选电池。它的阴极组合通常是镍、锰、钴各占1/3，也称为1-1-1，是一种独特的混合物，由于钴含量降低，也降低了原材料成本。钴的高成本导致电池制造商的选择从钴系转向镍阴极。镍基电池比钴基电池具有更高的能量密度、更低的成本和更长的循环寿命，但其电压略低。由于该体系的经济性和综合性能表现均比较好，NMC 混合锂离子电池越来越受到重视。镍、锰和钴三种活性材料可轻松混合，以适应能源存储系统（EES）的广泛应用。NMC 家族的多样性正在增长。镍钴锰酸锂电池的性能参数见表3-3。

表 3-3　镍钴锰酸锂（NMC）电池的性能参数

| 项目 | 说明 |
|---|---|
| 组成 | $LiNiMnCoO_2$ 阴极，石墨阳极 |
| 简称 | NMC（NCM、CMN、CNM、MNC、MCN 类似于不同金属组合） |
| 电压 | 标称值为3.6V（3.7V）；电池工作电压为3～4.2V |
| 比能（容量） | 150～220W·h/kg |
| 充电（*C*率） | 0.7*C*～1*C*，充电至4.20V，一些电池至4.30V；充电时长3h。1*C*以上的充电电流会缩短电池寿命 |
| 放电（*C*率） | 1*C*，在某些电芯上可达2*C*，截止电压为2.5V |
| 循环寿命 | 1000～2000次（与放电深度、温度有关） |
| 热失控温度 | 典型值为210℃，高负荷会促进热失控 |
| 应用 | 电动自行车、医疗设备、电动汽车 |
| 特性 | 提供高容量和高功率，使用混合电芯，具有多种用途，市场份额不断增加 |

#### 4. 磷酸铁锂（$LiFePO_4$）电池

磷酸铁锂电池具有良好的电化学性能和低电阻，这是通过纳米级磷酸盐阴极材料实现的。其主要优点是高额定电流和长循环寿命，良好的热稳定性。常用磷酸铁锂电池代替铅酸起动蓄电池。4个串联磷酸铁锂电池能产生12.8V电压，与6个2V铅酸蓄电池串联电压相似。磷酸铁锂电池的性能参数见表3-4。磷酸铁锂电池的特性曲线如图3-15所示。

表 3-4　磷酸铁锂电池的性能参数

| 项目 | 说明 |
|---|---|
| 组成 | $LiFePO_4$ 阴极，石墨阳极 |
| 简称 | LFP 或磷酸锂 |
| 电压 | 3.2V，标称值为3.3V；电池工作电压为2.5～3.65V |
| 比能（容量） | 90～120W·h/kg |
| 充电（*C*率） | 典型值为1*C*，充电至3.65V，充电时间为3h |
| 放电（*C*率） | 1*C*，在某些电芯上可达2*C*，40A 脉冲（2s），截止电压为2.5V（低于2V会导致损坏） |
| 循环寿命 | 1000～2000次（与放电深度、温度有关） |
| 热失控温度 | 270℃，即使充满电，电池也非常安全 |
| 应用 | 便携式和固定式，需要高负载电流和耐久性的应用场景 |
| 特性 | 具有非常平坦的电压放电曲线，但容量低。最安全的锂离子电池之一，用于特殊市场，自放电能力强 |

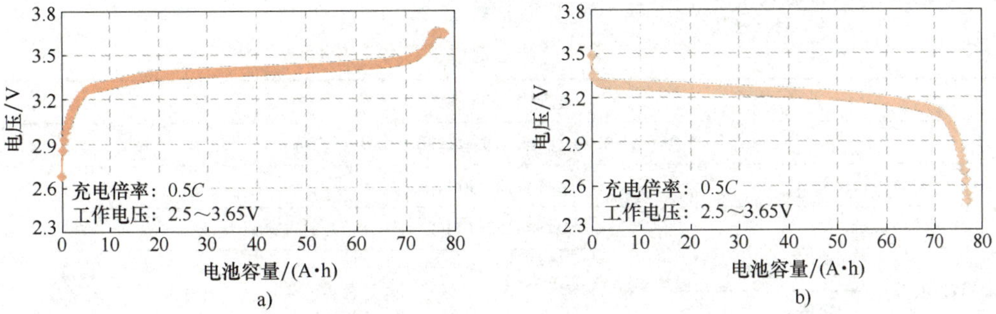


图 3-15 磷酸铁锂电池的特性曲线

a）常温充电曲线 b）常温放电曲线

## 3.2 动力蓄电池检测

动力蓄电池检测是对电动汽车动力蓄电池系统进行全面评估、监测和分析的过程，旨在确保电池的性能、健康状态和安全性，包括电池的充电状态、容量、内阻、温度、电压、电流等参数的监测和评估。

### 3.2.1 单体蓄电池电压一致性检测

限于单体蓄电池（电芯）的电压和容量，电动汽车需要将上百个电芯串联成蓄电池组，但单体蓄电池间总是存在无法消除的不一致性，特别是电芯电压的不一致性，这样电池在成组后，蓄电池组的能量密度、耐久性和安全性等关键性能都会因为电池间的不一致而下降。

当 SOC 低的电芯电量见底时，动力蓄电池不能再放电，因为这样会对 SOC 最小的电芯造成损伤，尽管蓄电池组实际还有很多剩余电量，充电同理，当 SOC 高的电芯已经充满，而 SOC 低的电芯还没有充满时，蓄电池组已无法继续充电，因为这样会对已经充满的电芯造成非常大的损坏（爆炸和着火），于是需要对电芯的电压进行测量，如图 3-16 所示。打开万用表，将万用表调到 20V 直流电压档，分别用万用表的红、黑表笔接触电芯的正、负极，读取万用表显示的电压值，磷酸铁锂电池的额定电压为 3.2V，最高不能高于 3.6V，最低不能低于 2.5V；三元锂电池的额定电压为 3.7V，最高不能高于 4.2V，最低不能低于 3.0V。电芯的电压过高或过低都会导致动力蓄电池不能充电或放电，仪表板上的高压电池故障警告灯也会点亮。

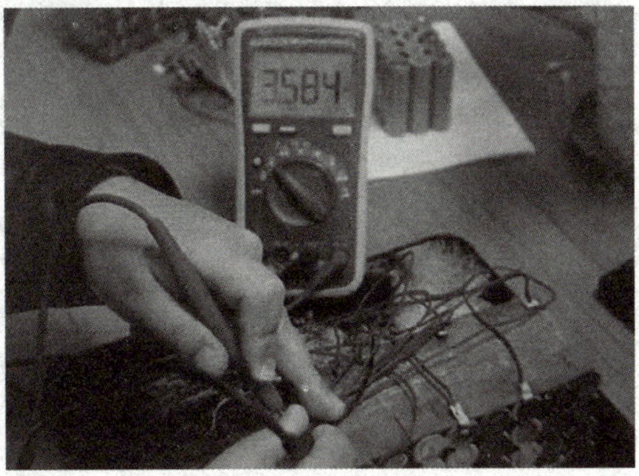


图 3-16 电芯电压测量

通过 CAN 总线获得的磷酸铁锂电池（产品型号 72V 130A · h）的电池组电压与电流见

表 3-5，电芯的电压见表 3-6。

表 3-5 磷酸铁锂电池组的电压与电流

| 电池组通信协议 | | | | | |
|---|---|---|---|---|---|
| 符合 CAN2.0B 标准，扩展帧 29bit ID 标识符 | | | | | |
| 比特率：250kbit/s | | | | | |
| ID：0x1821E5F1 | | | | | |
| 数据类型 | 数据 | | 值 | 英文名称 | 描述 |
| | 字节 | 位 | | | |
| uint16 | 0 | LSB | | TotalVol | 总电压(V) |
| | 1 | MSB | | | |
| | 2 | LSB | | TotalCurrent | 总电流(A) |
| | 3 | MSB | | | |
| | 4 | LSB | | HighestCellVol | 最高单体电压(mV) |
| | 5 | MSB | | | |
| | 6 | LSB | | LowestCellVol | 最低单体电压(mV) |
| | 7 | MSB | | | |

表 3-6 电芯的电压

| 数据类型 | 数据 | | 值 | 英文名称 | 描述 |
|---|---|---|---|---|---|
| | 字节 | 位 | | | |
| ID：0x1823E5F0 单体电压报文 | | | | | |
| uint16 | 0 | LSB | 0 | Index | 单体电压报文序列号 |
| | 1 | MSB | | | |
| | 2 | LSB | | BatteryCellVol1 | 第 1 节单体电压(mV) |
| | 3 | MSB | | | |
| | 4 | LSB | | BatteryCellVol2 | 第 2 节单体电压(mV) |
| | 5 | MSB | | | |
| | 6 | LSB | | BatteryCellVol3 | 第 3 节单体电压(mV) |
| | 7 | MSB | | | |
| ID：0x1823E5F0 单体电压报文 | | | | | |
| uint16 | 0 | LSB | 1 | Index | 单体电压报文序列号 |
| | 1 | MSB | | | |
| | 2 | LSB | | BatteryCellVol4 | 第 4 节单体电压(mV) |
| | 3 | MSB | | | |
| | 4 | LSB | | BatteryCellVol5 | 第 5 节单体电压(mV) |
| | 5 | MSB | | | |
| | 6 | LSB | | BatteryCellVol6 | 第 6 节单体电压(mV) |
| | 7 | MSB | | | |

（续）

| 数据类型 | 数据 | | 值 | 英文名称 | 描述 |
|---|---|---|---|---|---|
| | 字节 | 位 | | | |
| ID:0x1823E5F0　单体电压报文 | | | | | |
| uint16 | 0 | LSB | 2 | Index | 单体电压报文序列号 |
| | 1 | MSB | | | |
| | 2 | LSB | | BatteryCellVol7 | 第 7 节单体电压(mV) |
| | 3 | MSB | | | |
| | 4 | LSB | | BatteryCellVol8 | 第 8 节单体电压(mV) |
| | 5 | MSB | | | |
| | 6 | LSB | | BatteryCellVol9 | 第 9 节单体电压(mV) |
| | 7 | MSB | | | |
| ID:0x1823E5F0　单体电压报文 | | | | | |
| uint16 | 0 | LSB | 3 | Index | 单体电压报文序列号 |
| | 1 | MSB | | | |
| | 2 | LSB | | BatteryCellVol10 | 第 10 节单体电压(mV) |
| | 3 | MSB | | | |
| | 4 | LSB | | BatteryCellVol11 | 第 11 节单体电压(mV) |
| | 5 | MSB | | | |
| | 6 | LSB | | BatteryCellVol12 | 第 12 节单体电压(mV) |
| | 7 | MSB | | | |
| ID:0x1823E5F0　单体电压报文 | | | | | |
| uint16 | 0 | LSB | 4 | Index | 单体电压报文序列号 |
| | 1 | MSB | | | |
| | 2 | LSB | | BatteryCellVol13 | 第 13 节单体电压(mV) |
| | 3 | MSB | | | |
| | 4 | LSB | | BatteryCellVol14 | 第 14 节单体电压(mV) |
| | 5 | MSB | | | |
| | 6 | LSB | | BatteryCellVol15 | 第 15 节单体电压(mV) |
| | 7 | MSB | | | |
| ID:0x1823E5F0　单体电压报文 | | | | | |
| uint16 | 0 | LSB | 5 | Index | 单体电压报文序列号 |
| | 1 | MSB | | | |
| | 2 | LSB | | BatteryCellVol16 | 第 16 节单体电压(mV) |
| | 3 | MSB | | | |
| | 4 | LSB | | BatteryCellVol17 | 第 17 节单体电压(mV) |
| | 5 | MSB | | | |
| | 6 | LSB | | BatteryCellVol18 | 第 18 节单体电压(mV) |
| | 7 | MSB | | | |

（续）

| 数据类型 | 数据 | | 值 | 英文名称 | 描述 |
|---|---|---|---|---|---|
| | 字节 | 位 | | | |
| ID:0x1823E5F0 单体电压报文 | | | | | |
| uint16 | 0 | LSB | 6 | Index | 单体电压报文序列号 |
| | 1 | MSB | | | |
| | 2 | LSB | | BatteryCellVol19 | 第 19 节单体电压(mV) |
| | 3 | MSB | | | |
| | 4 | LSB | | BatteryCellVol20 | 第 20 节单体电压(mV) |
| | 5 | MSB | | | |
| | 6 | LSB | | BatteryCellVol21 | 第 21 节单体电压(mV) |
| | 7 | MSB | | | |
| ID:0x1823E5F0 单体电压报文 | | | | | |
| uint16 | 0 | LSB | 7 | Index | 单体电压报文序列号 |
| | 1 | MSB | | | |
| | 2 | LSB | | BatteryCellVol22 | 第 22 节单体电压(mV) |
| | 3 | MSB | | | |
| | 4 | LSB | | BatteryCellVol23 | 第 23 节单体电压(mV) |
| | 5 | MSB | | | |
| | 6 | LSB | | BatteryCellVol24 | 第 24 节单体电压(mV) |
| | 7 | MSB | | | |

### 3.2.2 动力蓄电池温度一致性检测

电动汽车在行驶过程中，动力蓄电池放电电流会有起伏波动。汽车在起动、加速等情况下，电流变化较大且产热不均衡。随着电动汽车的发展，动力系统功率要求不断提升，快速充放电需求增加，导致电池在大电流充放电时产生大量热量。电池内部产生的热量往往使位于电池组内部的单体电池温度快速上升，在过充电时甚至达到 199℃，比表面温度高 93℃。产生的高温可能会引燃周围的易燃材料，从而引发产品外部燃烧，造成安全隐患。对于单体电池而言，随着电池尺寸增加，电池内部产热的不均衡问题越发突出，正极反应的产热量甚至是其他部位的 3 倍。由于电池内外温度差异及散热局限，电池组内部各个单体电池之间产生了非常严重的温度分布不均衡问题，从而造成单体电池之间的性能不一致。另外，在低温情况（如小于 0℃）下，电池充放电能力都会降低，可能的原因包括电解质受冻凝固等。对于部分地区，冬季气温常低于-20℃，电池基本不能放电或放电深度较浅。温度过高或者过低都不利于动力蓄电池的性能发挥。通过 CAN 总线获得的磷酸铁锂电池（产品型号 72V130A · h）电芯的温度见表 3-7。

表 3-7　电芯的温度

| 数据类型 | 数据 | | 值 | 英文名称 | 描述 |
|---|---|---|---|---|---|
| | 字节 | 位 | | | |
| ID:0x1821E5F2 | | | | | |
| uint8 | 0 | | | SOC | 电量,0~100% |
| | 1 | | | HighestTemp | 最高温度,100℃ |
| | 2 | | | LowestTemp | 最低温度,-40℃ |
| | 3 | | | NC1 | 空,备用 |
| | 4 | | | NC2 | 空,备用 |
| | 5 | | | NC3 | 空,备用 |
| | 6 | | | NC4 | 空,备用 |
| | 7 | | | NC5 | 空,备用 |
| ID:0x1821E5F3 | | | | | |
| uint8 | 0 | | | HighestCellModule | 最高电压模块号,M0~M2 |
| | 1 | | | HighestCellIndex | 最高电压序列号,0~11 |
| | 2 | | | LowestCellModule | 最低电压模块号,M0~M2 |
| | 3 | | | LowestCellIndex | 最低电压序列号,0~11 |
| | 4 | | | HighestTempModule | 最高温度模块号 |
| | 5 | | | HighestTempIndex | 最高温度序号 |
| | 6 | | | LowestTempModule | 最低温度模块号 |
| | 7 | | | LowestTempIndex | 最低温度序号 |

### 3.2.3　动力蓄电池气密性检测

目前，大多数汽车制造商对电池组的防水、防尘等级定义为 IP67，动力蓄电池整体与外界隔离，通过密封圈、密封胶或其他方式来保证其内部结构无法与外界接触，从而可以有效防止电芯与空气接触发生老化、锈蚀，同时保证动力蓄电池内部不会因雨水、液体浸泡而产生断路、腐蚀等风险。在动力蓄电池完成拆装检修后，需用专用设备对整体气密性进行检测，包括冷却管路、动力蓄电池内部气密性两方面。

将测量设备的充气接头连接防爆透气阀（电池组安全部件，起到内部排气和外部密封作用）进行充气至 1000Pa，保压 60s 后测量气体泄露量。气密性测试合格后，还可进行浸水测试和防尘测试。

**(1) 浸水测试**　在进行浸水测试前，需要检查电芯的电压、温度和绝缘电阻，待电池系统各项参数正常后，将电池组完全浸入 1m 水深，持续 30min 后，测量电池系统各项参数是否改变，并打开电池组上盖检查外壳的进水情况。

**(2) 防尘测试**　与浸水测试过程类似，在确保电池系统各项参数正常后，放入防尘箱内，按照测试箱容积，滑石粉用量为 $2kg/m^3$，使用次数不超过 20 次，持续 8h，测试要求壳内无明显灰尘。

### 3.2.4 动力蓄电池绝缘检测

纯电动汽车的电压和电流等级都比较高，动力电压一般为300~700V（直流），根据GB 18384—2020《电动汽车安全要求》及GB 38032—2020《电动客车安全要求》的规定绝缘电阻检测电压为DC 100~1000V。对于绝缘阻值，上述标准中提出：在最大工作电压下，直流电路绝缘电阻的阻值应不小于100Ω/V，交流回路应不小于500Ω/V。纯电动汽车所有高压部分的绝缘性能都由动力蓄电池检测，整车控制系统没有高压绝缘检测功能。如果出现绝缘故障，首先需要用绝缘表检测动力蓄电池的绝缘性，如果动力蓄电池的绝缘阻值达不到规定值，需要进行动力蓄电池维修。

#### 1. 绝缘电阻测量方法

用绝缘表的正极表笔与动力蓄电池的1号端子充分连接，用负极表笔与动力蓄电池箱体充分连接，测得的绝缘阻值应大于500MΩ。之后，用同样方法测量动力蓄电池的2号端子，绝缘阻值同样需要大于500MΩ。动力蓄电池绝缘电阻测量如图3-17所示。

动力蓄电池
绝缘检测

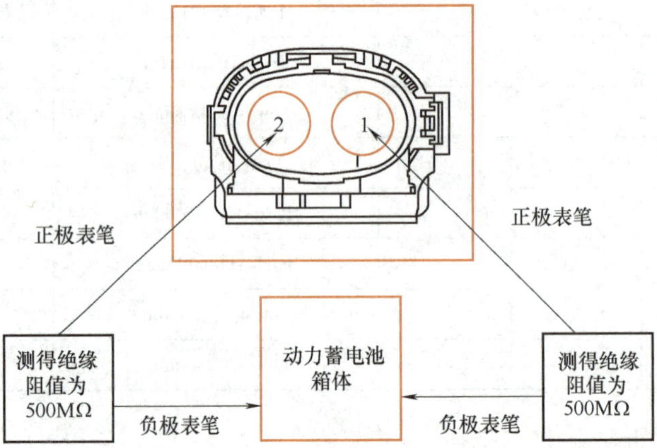


图3-17 动力蓄电池绝缘电阻测量

#### 2. 电池组漏电检测

用万用表（能精确到小数点后4位）分别测量动力蓄电池母线的正负电压，比较两个值的大小，选择电压值大的进行下一步操作（假如V+>V-）。电池组漏电检测如图3-18所示。

图3-18 电池组漏电检测

先用万用表测量动力蓄电池母线正电压 $U_1$，然后按图 3-19 所示并联一个电阻 $R$ 后测量电压 $U_2$，并通过下式进行计算判断：

$$\frac{\frac{U_1-U_2}{U_2}R}{330\text{V}}>500\Omega/\text{V}\text{，则不漏电} \tag{3-1}$$

$$\frac{\frac{U_1-U_2}{U_2}R}{330\text{V}}\leqslant 500\Omega/\text{V}\text{，则漏电} \tag{3-2}$$

电池组漏电检测实例如图 3-19 所示。

正极对地266.4V

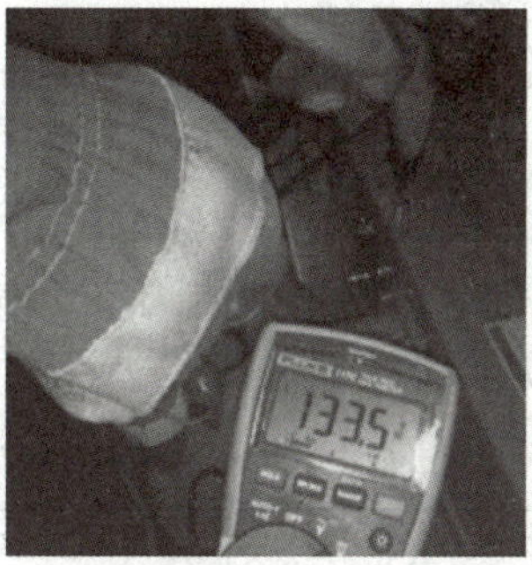

并联阻值为150kΩ的绝缘电阻后，正极对地133.5V

图 3-19 电池组漏电检测实例

计算结果如下：

$$(266.4-133.5)\text{V}\div133.5\text{V}\times150000\Omega\div330\text{V}=452.5\Omega/\text{V}<500\Omega/\text{V}$$

即电池组漏电。

### 3.2.5 电池健康状态检测

为了测定电池的健康状态，必须知道其实际的 SOC，或者在相同的 SOC 下测量 SOH。SOH 定义主要分两种状态：一种是电池组的容量衰减过快，另一种是电池组中个别单体电池的容量衰减过快。下面介绍一些常见的电动汽车电池健康状态检测方法。

**（1）SOC 估计** 监测电池的充电状态是非常重要的。通过测量电池的电压、电流和温度等参数，可以估计电池的 SOC，从而了解电池剩余的能量。

**（2）SOH 评估** SOH 评估能衡量电池容量相对于初始容量的变化，可以通过比较实际充放电容量与初始容量来实现。下降的 SOH 值可能表示电池容量衰减，需要更频繁地充电以维持相同的续驶里程。

**（3）温度监测** 电池的温度对其性能和寿命影响很大。温度过高可能导致电池老化加速，温度过低可能导致电池性能下降。监测电池模块和单体电池的温度有助于预防过热或过冷情况的发生。

**（4）电池平衡** 电池模块之间的不均衡可能导致某些模块的过充电或过放电，从而影响电池整体性能和使用寿命。定期的电池平衡操作可以通过 BMS 进行，确保各个模块之间的状态一致。

**(5) 充放电效率监测** 电池的充放电效率反映能量的损失情况。通过监测充电和放电过程中的电压和电流，可以评估电池的充放电效率和损耗情况。

**(6) 电池内阻测量** 电池内阻是电池性能的重要指标，它可以影响电池的放电能力和续驶里程。通过测量电池内阻，可以间接评估电池的状态。

**(7) 故障诊断和预警** 实时监测电池系统，如果出现异常情况，可以及时发出警告，以避免潜在的故障或安全风险。

上述方法通常由 BMS 来执行，BMS 会使用传感器采集数据，并进行数据分析和处理，以评估电池的健康状态。电动汽车制造商和电池供应商会根据实际情况制定适合的健康状态检测策略，确保电池的安全性能和使用寿命。

## 3.3 动力蓄电池维修

在维修动力蓄电池前需要注意：①不要使用任何金属，避免造成短路，也不要使用带磁的东西（如银行卡），避免被损坏；②放置危险警示标识；③为了引起他人注意，在整车高压系统检修时应放置“高压工作进行中，禁止触摸！”的标识。常用的维修工具见表 3-8。

表 3-8 常用维修工具

| 工具名称 | 示意图 | 用途描述 |
|---|---|---|
| 绝缘手套 |  | 拆解和安装高压零部件 |
| 皮手套（使用能够束紧手腕的皮手套） | 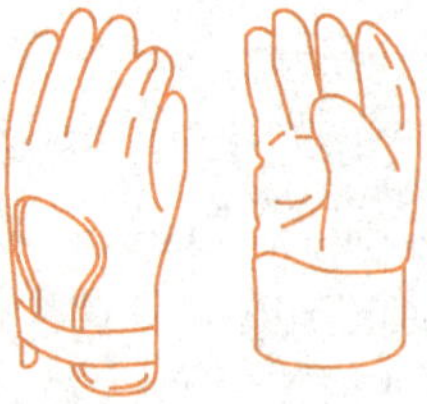 | 1. 拆解和安装高压零部件<br>2. 保护绝缘手套 |
| 绝缘鞋 |  | 拆解和安装高压零部件 |
| 防护眼镜 |  | 1. 拆解和安装高压零部件<br>2. 检修电线时，防止火光飞溅，以保护眼睛 |

（续）

| 工具名称 | 示意图 | 用途描述 |
|---|---|---|
| 绝缘帽 |  | 拆解和安装高压零部件 |
| 绝缘测试仪(万用表) | 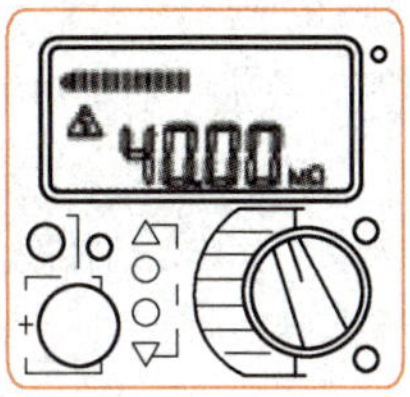 | 测量电压和绝缘电阻 |

动力蓄电池分三级故障：

**(1) 一级故障**　动力蓄电池在此状态下已经丧失功能，请求其他控制器立即（1s 内）停止充电或放电，如果其他控制器在指定时间内未做出响应，BMS 将在 2s 后主动停止充电或放电。

**(2) 二级故障**　动力蓄电池在此状态下已经丧失功能，请求其他控制器停止充电或放电（在一定延时时间内）。

**(3) 三级故障**　动力蓄电池性能下降，BMS 降低最大允许充电或放电电流。动力蓄电池常见故障见表 3-9。

表 3-9　动力蓄电池常见故障

| 序号 | 故障现象 | 处理方法 |
|---|---|---|
| 1 | 整车仪表显示系统中某一从控模块无电压和温度数据 | 查找插头是否松动 |
| 2 | 监控软件显示某个电池电压不在正常值范围内 | 对存在问题的电池模块电压和实际电压进行测量，如果差值大于 30mV，则可重新较准该电池的零点和增溢。 |
| 3 | 监控软件监测或车载仪表显示电流值为 0 | 出现该问题的原因，有可能是电流测量线脱落或者分流器损坏，应检查后更换 |
| 4 | 车载仪表无 BMS 数据显示 | 打开整车后盖，检查主控模块线束是否插入，是否有 12V 工作电压，以及该模块是否工作正常 |
| 5 | 监控时，出现温度不正常 | 确认温度设定是否正确，若设定正确，则需要 BMS 厂家进行检修 |
| 6 | 充电机通信不良 | 确认充电机 CAN 线是否正确连接或 CAN 协议有无改动 |

## 3.3.1　动力蓄电池绝缘故障

无论是电池自身存在绝缘故障，还是电池外电路的高压回路上存在绝缘故障，都会导致高压断开，在排查时要先断开动力蓄电池与外部的连接，然后用摇表测量各部件的绝缘值。

建议优先排查高压盒、电机控制器、空调压缩机及 PTC。维修步骤具体如下：

（1）故障诊断与定位　使用专业的绝缘电阻测量仪器，检测并定位绝缘失效点。这需要精确的测量和分析，以确定故障的准确位置。

（2）安全隔离　在维修之前，确保动力蓄电池系统已完全断电，不会产生电流或电压输出，包括断开电池连接器、断开高压电源等。

（3）材料选择与准备　选择符合规范的高质量绝缘材料，如绝缘胶带、绝缘套等，确保所选材料在高电压和高温环境下具有稳定的性能。

（4）绝缘材料修复或更换　根据绝缘失效点的性质，修复或更换受损绝缘材料。修复可能包括清洁、填充和固定，更换可能需要精确的操作。

（5）绝缘材料黏合与固定　在修复过程中，确保绝缘材料能够牢固黏合，并正确固定在相应位置，以保证绝缘状态的可靠性。

（6）绝缘测试和验证　在维修完成后，进行绝缘电阻测试，确保绝缘状态得到恢复。测试结果应与制造商的规范相符。

（7）整体系统测试　在维修过程结束后，进行整体电池系统测试，确保维修没有引发其他问题，如电池均衡性变差、电池管理系统功能受损等。

### 3.3.2　动力蓄电池断电故障

起动车辆时，若中控显示屏提示动力蓄电池故障，或动力蓄电池高压断开故障，则需要进行如下排查：

（1）读取故障码　首先使用专用诊断仪读取故障码，再进行下一步检查。

（2）检查供电熔丝　检查前机舱电器盒内的动力蓄电池低压供电熔丝是否熔断。

（3）检查动力蓄电池低压供电　确认供电熔丝正常后，进一步检查动力蓄电池低压供电。首先将车辆升起，断开动力蓄电池低压控制插件，将起动开关置于 ON 档；然后用万用表负极表笔接触车身搭铁，通过正极表笔分别测量动力蓄电池低压控制插件 B、H、L 端子的供电电压，正常情况下应为 12V。

（4）检查电源线通断　如果上一步的测量中无 12V 电源，则需要检查电源线有无短路或断路现象。可以使用万用表的通断档，分别测量动力蓄电池低压控制插件 B、H、L 端子到前机舱电器盒对应端子的通断情况。如果确认线束正常，则更换前机舱电器盒总成；如果线束有短路或断路现象，则更换低压电机线束。

（5）检查低压电机与整车控制器的连接　如果动力蓄电池负极继电器未吸合，则检查动力蓄电池低压控制插件 F 端子与整车控制器 97 号端子之间的通断状态。如果为断路状态，则应更换低压电机线束；如果为导通状态，则继续检查整车控制器和动力蓄电池负极继电器。动力蓄电池负极继电器的检查必须由动力蓄电池厂家的售后工程师进行，严禁其他人员私自拆解动力蓄电池箱进行检查。

（6）检测动力蓄电池内部预充电电阻　将万用表调至电阻档，分别用它的两支表笔与动力蓄电池低压控制插件的 P、R 端子充分连接，测得的阻值应为 120Ω。如果阻值不正确，应联系动力蓄电池厂家的售后工程师进行维修。

（7）检查动力蓄电池低压控制插件搭铁线　检测动力蓄电池低压控制插件的 G 端子与车身搭铁间是否导通，若不导通，应检查车身搭铁是否锈蚀或虚接。如果确定线束断路，应更换线束。

**(8) 检查动力蓄电池低压继电器搭铁线**　检测动力蓄电池低压控制插件的J端子与车身搭铁是否导通，若不导通，应检查车身搭铁是否锈蚀或虚接。如果确定线束断路，应更换低压电机线束；如果线束正常，应联系动力蓄电池厂家的售后工程师。

**(9) 检查动力蓄电池的维修开关**　如果整车线束及整车控制器的检查结果都正常，则将动力蓄电池拆下，检查维修开关是否松动。如果未松动，需要将维修开关从动力蓄电池上拆下。

### 3.3.3　动力蓄电池续驶能力降低

整车续驶里程根据动力蓄电池的电芯温度、总容量、电芯压差来计算。动力蓄电池的电芯温度在5~55℃时不会影响整车续驶里程。充电末端单体电压低于3.37V，动力蓄电池总容量为80%时，整车续驶里程会缩短，因为在这种情况下需要对动力蓄电池进行保护。下面主要介绍动力蓄电池续航能力降低的原因。

**(1) 容量衰减**　动力蓄电池的容量衰减是一种常见现象，随着使用时间的增加，电池的可用容量逐渐减少。这可能是由电池内部化学反应和材料损耗引起的。容量衰减会导致续驶里程缩短。

**(2) 电池不均衡**　蓄电池组中的电芯可能会出现不均衡的情况，即某些电芯的容量迅速衰减，导致整个电池组的续航能力下降。这可能是由电芯之间的差异、使用不当或BMS故障引起的。这里给出蓄电池组电压均衡的操作方法。

1）蓄电池组整体充电。

① 充电设备：320V/2kW车载充电机。

② 参数设置：电压上限为370V；充电电流为6A。

在充电过程中监控最高电压变化情况，在最高电压达到3.9V时立即关闭充电机，防止电芯发生过充。

2）电池模组整体充电。

① 充电设备：110V/100A测试柜。

② 参数设置：电压上限为3.65V×$n$（串数）；充电电流为15A；充电截止电流为1A。

在充电过程中监控整箱每个电池模块电压变化情况，在最高电压达到3.9V时立即关闭测试柜，防止电芯发生过充。

3）单个模块补充电。电芯电压低于3.34V时需要补充电。

① 充电设备：5V/100A测试柜。

② 参数设置：电压上限为3.65V；充电电流为15A；充电截止电流为1A。

4）单个模块放电。电芯电压高于3.60V时需要放电，放电分为下述两个过程。

① 过程1：放电。

a. 放电设备：5V/100A测试柜。

b. 参数设置：电压下限为3.2V；放电电流为15A。

静止10min后进行过程2。

② 过程2：充电。

a. 充电设备：5V/100A测试柜。

b. 参数设置：电压上限为3.65V；充电电流为15A；充电截止电流为1A。

**(3) 充电不完全** 在充电过程中，可能存在充电不完全的情况，即电池未能达到充满状态。这可能是由充电设备故障、充电时间不足或充电策略不当等因素引起的。不完全的充电会导致电池可用容量减少，从而缩短整车续驶里程。

**(4) 温度效应** 动力蓄电池对温度敏感，过高或过低的温度都可能对电池性能产生负面影响。在高温环境中，电池内部化学反应加速，导致容量衰减加剧；在低温环境中，电池中的活性物质的活性降低，电池放电能力变弱，导致整车续驶里程缩短。

**(5) BMS 故障** BMS 是监控和控制电池性能的关键系统，如果 BMS 出现故障，可能无法准确测量和管理电池状态，导致整车续驶里程缩短。BMS 故障维修方法如下：

1）检查错误代码。如果 BMS 配备了错误代码显示功能，首先检查错误代码以获取有关故障的更多信息。参考制造商提供的用户手册或技术文档，可以了解与错误代码相关的故障排除方法。

2）检查电源供应。确保 BMS 正常供电的前提下，检查蓄电池组的连接和电源线路，确保电源供应稳定并符合规范。

3）检查连接器和线束。检查 BMS 内部的连接器和线束，确保它们没有损坏、松动或接触不良，必要时进行清洁、修复或更换。

4）检查传感器和测量设备。BMS 依赖于各种传感器和测量设备来监测电池状态，因此需要确保这些传感器和设备工作正常，没有损坏或失效，必要时进行校准或更换。

5）软件诊断。使用专门的 BMS 诊断软件或工具连接 BMS，检查软件设置、配置和日志记录；通过故障码读取和数据分析，识别任何异常或故障。

6）电芯检查。对电芯进行检查，测量其电压、电流和温度等参数。如果存在电芯故障或不平衡，可能导致 BMS 故障。

7）BMS 固件更新。检查制造商是否提供了 BMS 固件的更新版本。如果有可用的固件更新，应按照制造商的指南进行固件升级。

### 3.3.4 动力蓄电池模组拆装

1）拆下高压护盖后，拆掉模组间所有的高压连接，如图 3-20 所示。

动力蓄电池模组拆装

图 3-20 拆卸高压护盖

2）先拆下横向拉杆、竖向拉杆、侧压板，再拆掉上盖板，如图 3-21 所示。

3）拆卸模组，如图 3-22 所示。

为了防止遭到电击，拆卸模组时，须用绝缘胶带将极耳包裹。

4）电池模组的安装步骤与拆卸步骤相反。

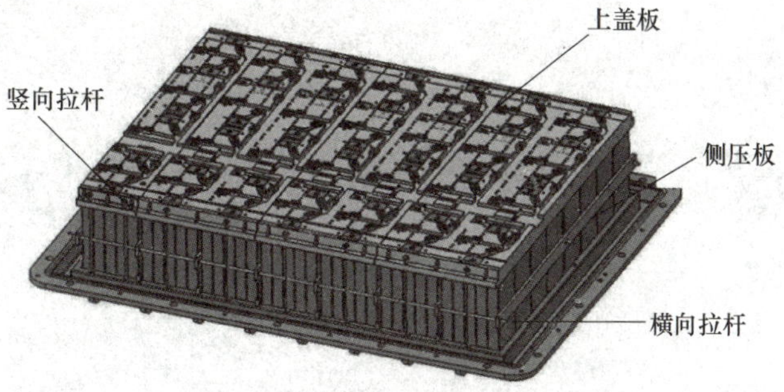


图 3-21　拆卸其他固定件

图 3-22　拆卸模组

## 思考题

1. 什么是电池平衡和蓄电池管理系统（BMS）？它们在电池维护中的作用是什么？
2. 如何使用仪器和工具来测量电池的电压、电流和温度？
3. 电池的使用寿命与充电次数和温度是否相关？如何延长电池的使用寿命？
4. 动力蓄电池的均衡方法有哪些？

# 第4章　电机系统的检测与维修

电机结构与原理

## 4.1　电机概述

### 4.1.1　驱动电机的类型

电机是将机械能转换为电能或将电能转换为机械能的一种装置。把机械能转换为电能的装置称为发电机，把电能转换为机械能的装置称为电动机。在一定条件和控制下，两者可以互相转换。例如，驱动电机在新能源汽车中被要求承担电动机和发电机的双重功能，即在正常行驶时发挥其主要的电动机功能，将电能转换为机械能；在减速和下坡滑行时又能进行发电，将车轮的惯性动能转换为电能。新能源汽车常用的电机有直流电机（DCM）、交流电机（ACM）、永磁电机（BDCM）和开关磁阻电机（SRM）等。新能源汽车采用的驱动电机类型如图 4-1 所示。

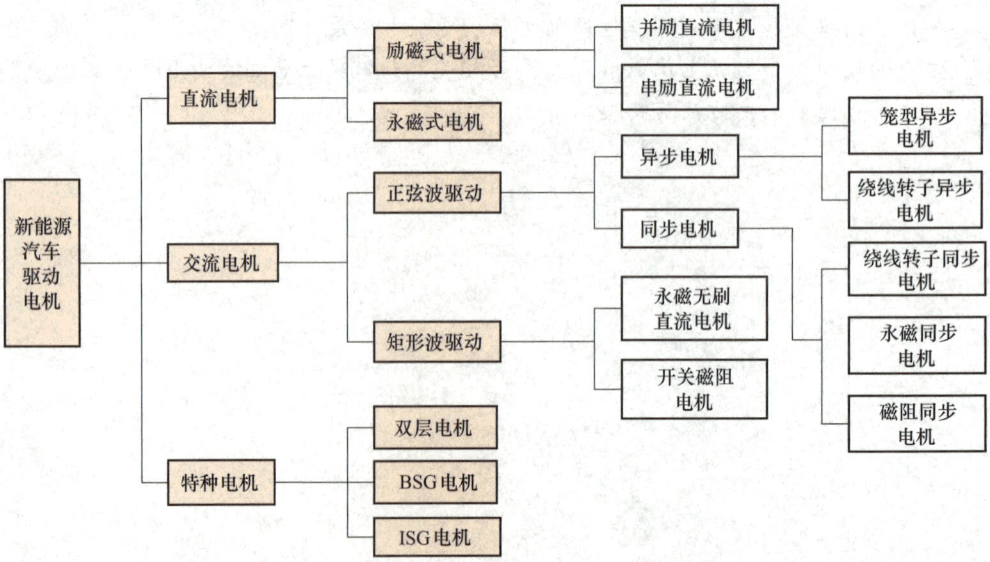

图 4-1　新能源汽车采用的驱动电机类型

目前多采用永磁同步电机作为新能源汽车动力输出，永磁体被镶入转子中，旋转磁场和定子线圈共同作用产生转矩。旋转变压器被同轴安装在电机上，用来检测转子旋转的角度，此角度被发送到电机控制模块。电机温度传感器检测电机定子内部的温度，并发送给电机控制模块。

### 4.1.2 驱动电机的技术要求

由于新能源汽车特殊的工作环境，它在行驶过程中需要频繁起动、加速、减速和停车等，在低速行驶或爬坡时需要高转矩，在高速行驶时需要低转矩。电机的转速范围应能满足汽车从零到最高行驶速度的要求，即电机具有较高的比功率（功率密度）。这就要求新能源汽车的驱动电机比一般工业应用的电机性能更高，应满足以下要求：

**（1）高电压** 在允许的范围内，尽可能采用高电压，这样可以减小驱动电机的尺寸和导线截面积，也可以降低功率转换器的成本。

**（2）高转速** 电动汽车采用的感应电机的转速可以达到8000~12000r/min。高转速电机的体积较小、重量较轻，有利于降低整车的装备质量。

**（3）工作可靠、重量轻、结构尺寸小** 驱动电机在较恶劣的环境下应能长期稳定可靠地工作，并且使用与维护方便；驱动电机的结构尺寸小、重量轻（是普通电机的1/3~1/2），有利于新能源汽车整车的空间布置，减轻车重，提高车辆的动力性和经济性。驱动电机可以采用铝合金外壳，各种控制装置和冷却系统等也应尽可能轻量化和小型化。

**（4）较大的起动转矩** 为了新能源汽车能有好的起动性能和加速性能，即使没有变速器，驱动电机也应能满足所需的转矩特性，从而获得起动、加速、行驶、减速、制动等工况下所需的功率与转矩。低速或爬坡时要求高转矩，高速行驶时要求低转矩，并且要求变速范围宽。

**（5）调速性能好** 为了适应新能源汽车行驶工况的频繁变化，驱动电机应有较宽的调速范围和理想的调速特性，可实现低速恒转矩调速和高速恒功率调速。此外，驱动电机应具有自动调速功能，以减轻驾驶人的操纵强度，提高驾驶舒适性，并能达到与内燃机汽车加速踏板同样的控制响应。

**（6）瞬时功率大、过载能力强** 新能源汽车的驱动电机需要有4~5倍的过载，以满足短时加速行驶与最大爬坡度的要求，而工业用电机只需要2倍过载。

**（7）效率高、低损耗、制动再生效率高** 驱动电机在整个运行范围内应有很高的效率，以节约电能，增加新能源汽车一次充电的续驶里程；在车辆减速时，驱动电机可以发电模式高效工作，实现制动能量回收，再生制动回收能力能达到总能量的10%~15%，进一步增加新能源汽车的续驶里程。

**（8）响应迅速，工作稳定** 以电磁转矩为控制目标，加速踏板和制动踏板的开度是电磁转矩给定的目标值，驱动电机的转矩响应迅速，转矩波动小。

**（9）具有高压保护设备** 动力蓄电池、电机等强电部件的工作电压能够达到300V以上，对电气系统的安全性提出了更高要求，均须符合汽车电气控制的相关安全性能标准和规定，应有高压保护设备。

**（10）高可靠性** 驱动电机应具有较高的可靠性，耐温和耐潮湿性能强，并且运行噪声低，能够在较恶劣的环境下长期工作；电磁兼容性好，结构简单，适合批量生产，使用维护方便。

### 4.1.3 交流感应电机的结构原理与特点

交流感应电机又称为异步电机，它的转子位于旋转磁场中，在旋转磁场的作用下，获得一个转动力矩使转子转动。

#### 1. 结构

交流感应电机主要由定子与绕组、笼型转子、轴承、转子轴及前、后端盖和风扇等部件组成，如图 4-2 所示。

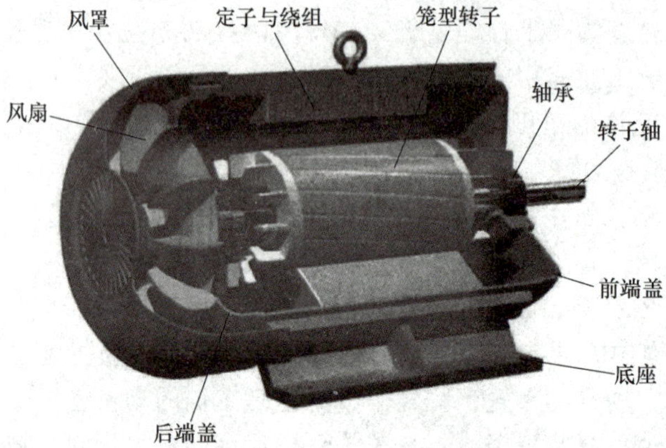


图 4-2 交流感应电机结构

**(1) 定子** 如图 4-3 所示，A-X、B-Y、C-Z 三个绕组按一定规律分别嵌放在定子槽内。定子是电机中固定不动的部分，其主要任务是产生一个旋转磁场。旋转磁场并不是用机械方法实现的，而是以交流电通过电磁绕组，使其磁极性质循环改变，因而相当于一个旋转磁场。按照所用交流电的种类，交流感应电机分为单相电机和三相电机两种。

**(2) 转子** 转子是可以转动的导体，主要由铁心和绕组组成。转子绕组由插在转子槽中的多根导条和两个环形端环组成，若去掉转子铁心，整个绕组的外形就像一个鼠笼，故称为笼型绕组，如图 4-4 所示。

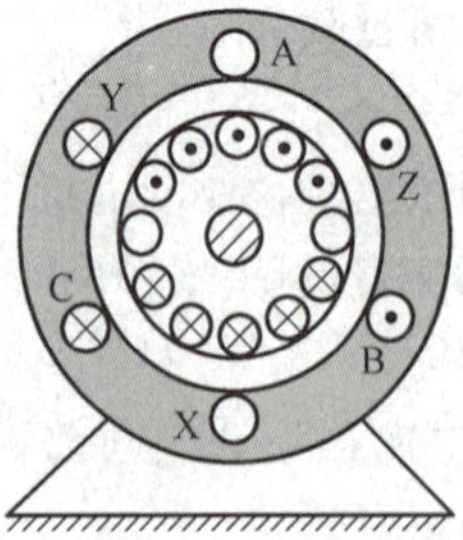


图 4-3 交流感应电机的定子绕组

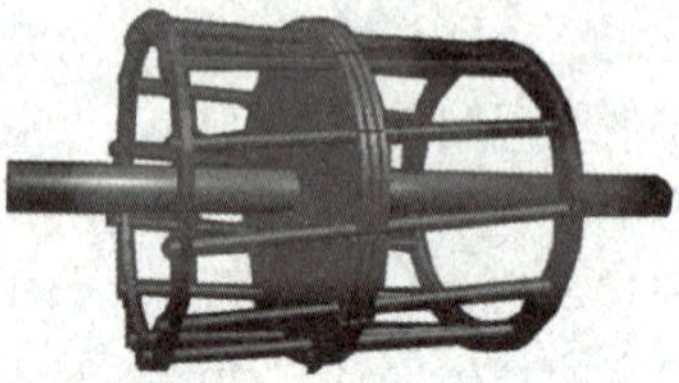

图 4-4 笼型绕组

#### 2. 工作原理

交流感应电机首先通过定子产生旋转磁场，转子绕组切割磁力线，产生感应电动势，从而使转子绕组中产生感应电流，感应电流又与磁场相互作用，产生电磁转矩使转子旋转。

### 3. 应用特点

交流感应电机具有功率密度低、调速范围窄、生产成本低、可靠性好、无退磁现象等特点，适用于高速公路网比较发达的区域。应用代表车型为特斯拉，如图 4-5 所示。

图 4-5 特斯拉驱动电机

## 4.1.4 永磁同步电机结构原理与特点

永磁同步电机采用永磁体来产生气隙磁通量，永磁体代替了直流电机中的磁感应线圈和感应电机中定子的励磁体。同步电机属于交流电机，其定子绕组与异步电机的定子绕组相似。永磁同步电机转子的转速与定子绕组所产生的旋转磁场的速度是一样的，因而称为永磁同步电机。

### 1. 结构

永磁同步电机主要由转子磁铁、定子绕组、霍尔传感器及壳体等部件组成，如图 4-6 所示。永磁同步电机的最大结构特点是其定子结构与普通感应电机的定子非常相似，它与其他电机的主要区别在于转子结构不同，其转子上设有高质量的永磁体磁极。根据转子上放置永磁体位置的不同，永磁同步电机通常分为内嵌式、面贴式和插入式三种。永磁同步电机实物如图 4-7 所示。

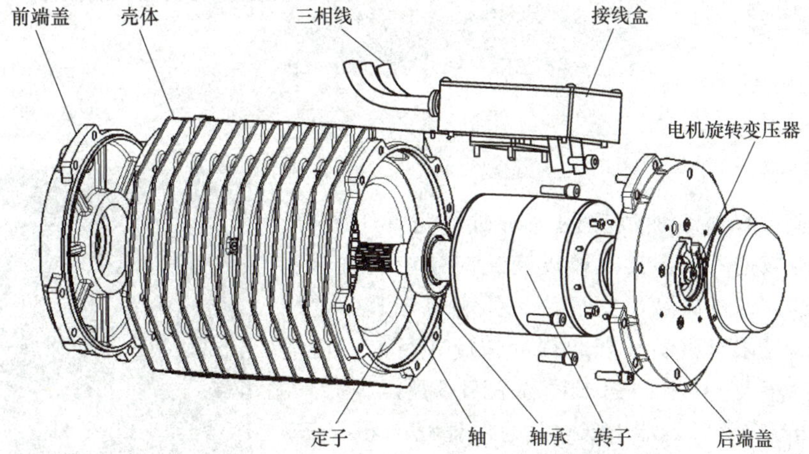


图 4-6 永磁同步电机的组成

图 4-7 永磁同步电机实物

### 2. 工作原理

永磁同步电机首先给定子绕

组通入三相交流电，定子绕组中会形成旋转磁场。由于转子上安装了永磁体且磁极是固定的，根据同极相斥、异极相吸的原理，定子绕组中产生的旋转磁场会带动转子旋转，从而产生驱动力，最终使转子的转速与定子绕组中产生的旋转磁场的速度相等。永磁同步电机及其驱动系统与外部的电气接口包括高压部分、低压部分和通信接口；永磁同步电机与驱动器之间的接口包括高压部分和信号接口，如图 4-8 所示。

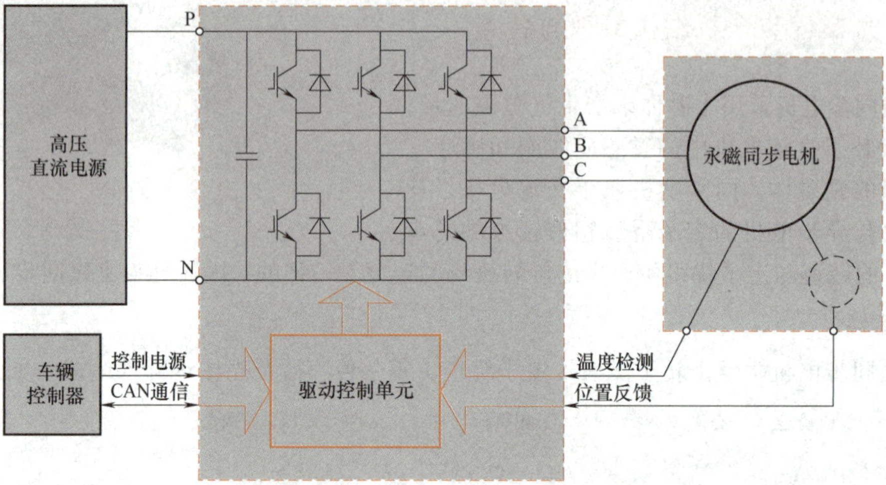


图 4-8　永磁同步电机电气接口原理

### 3. 应用特点

永磁同步电机所需的钕铁硼永磁材料是稀土资源，因此生产成本较高，在温度大幅度变化时还会引发退磁现象。但是这种电机的功率密度高、调速范围宽，适用于高速公路网受限、需要频繁起停的情况，目前广泛应用于新能源汽车上，如比亚迪 E6，如图 4-9 所示。

图 4-9　比亚迪 E6 驱动电机

为了在电机及其控制器出现故障时保证汽车可靠、安全地行驶，并保护部件不会损坏，应设置以下保护功能：

**（1）位置传感器信号错误**　位置传感器信号对于永磁同步电机是非常重要的信号，电机何时进行换相都是依据位置传感器信号进行控制的，如果此信号错误，会导致电机运转异常，甚至损坏电机控制器。此故障对系统来讲是致命故障，如果检测到位置传感器信号错误，立即锁死控制器，系统停止运转。

**（2）过流保护**　当流过电机的电流超过控制器最大限流或发生短路大电流时，控制器输出故障信号，并锁死控制器输出。

**（3）控制器过温保护**　当检测到控制器散热器的温度超过 80℃时，控制器最大输出电流为控制器峰值电流的一半；当散热器温度超过 100℃时，关闭输出。当检测到功率模块的温度达到 90℃时，转矩降到 80%；达到 95℃时，转矩降到 50%；达到 100℃时，关闭输出。

**（4）欠压保护**　当输入直流母线的电压低于 260V 时，输出欠压警告信号，但控制器不锁死输出，只提醒用户电池处于欠压状态。在电机运行过程中检测到母线电压低于 220V

时，输出极低电压警告，并锁死控制器的输出。因为当母线电压低到一定程度时，控制器内控制部分的电压输出将出现不稳定的现象，有可能造成功率器件的误导通，造成控制器损坏。

**（5）电芯过温保护**　当电芯温度达到设定值时，电机控制器会降功率运行，根据电芯温度的不同，功率降低也不同。当电芯温度超过极限值时，电池会中断输出，以免对电池造成伤害。

**（6）通信故障报警**　在使用 CAN 总线方式进行电机运行控制时，如果电机控制器在 3s 内没有收到 VCU 的指令，将判断为通信故障，停止控制器输出，即使通信恢复正常，控制器也处于锁定状态，除非对控制器进行复位。

**（7）运行过程中换档**　为了防止在车辆行驶过程中出现误换档操作，引发危险，在车辆没有完全静止的情况下，变换档位的操作（除了空档），不予生效，避免出现反接制动的情况，对系统及其他部件造成损坏。

## 4.2　电机检测

驱动电机的检测主要有缺相检测、绝缘检测、电流检测、转速检测。在整车上进行驱动电机的任何检测项目之前，都要正确穿戴高压安全防护用具，断开低压蓄电池负极，拆下维护插接器，并释放高压部件的剩余电压，严禁带电操作。

### 4.2.1　缺相检测

缺相是指驱动电机内部某相绕组发生不通电或阻值过大/过小的故障，其主要原因为某相绕组烧蚀、绕组断路或接线端子烧蚀等。下面以江淮 iEV6S 驱动电机（图 4-10）为例，说明驱动电机缺相的检测方法。

1）拆卸驱动电机高压接线盒盖板。

2）检查驱动电机的动力电缆接头（图 4-11）有无烧蚀现象。

3）拆卸 U、V、W 三相绕组，用万用表电阻档分别测量 AB、BC、AC 之间的阻值，相互之间的差值大于 0.5Ω 即判定为驱动电机缺相，需要更换驱动电机。

图 4-10　江淮 iEV6S 驱动电机

图 4-11　动力电缆接头

### 4.2.2　绝缘检测

引起绝缘故障的原因主要有驱动电机内部进水、绝缘层受热失效或绕组烧蚀对地短路

等。电机出现绝缘故障时，往往会报告电机控制器故障或整车绝缘故障，进行电机绝缘检测前须断开高压电路，用数字式兆欧表进行检测。

1）打开电机接线盒盖板，拆卸动力电缆，将电缆与安装底座完全分离，如图 4-12 所示。

2）数字式兆欧表选择测试电压 500V 量程，分别测量三相绕组的对地绝缘阻值，测试结果均应大于 20MΩ。若低于此值，则表示驱动电机损坏，应进行更换。

图 4-12　拆卸动力电缆

### 4.2.3　空载电流检测

检测三相交流电机的空载电流，是指在电机未带任何负载的运行状态下，借助钳形表检测绕组中的运行电流。驱动电机空载电流检测方法如图 4-13 所示。

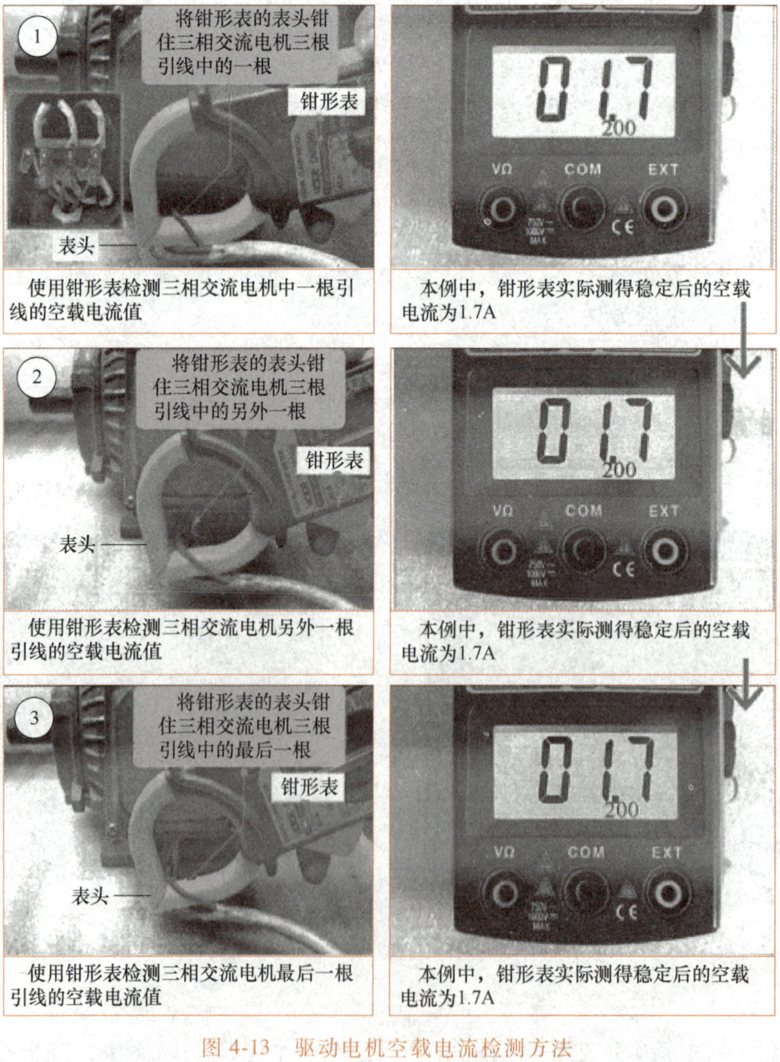
1
将钳形表的表头钳住三相交流电机三根引线中的一根
钳形表
表头
使用钳形表检测三相交流电机中一根引线的空载电流值
01.7
200
VΩ COM EXT
本例中，钳形表实际测得稳定后的空载电流为1.7A
2
将钳形表的表头钳住三相交流电机三根引线中的另外一根
钳形表
表头
使用钳形表检测三相交流电机另外一根引线的空载电流值
01.7
200
VΩ COM EXT
本例中，钳形表实际测得稳定后的空载电流为1.7A
3
将钳形表的表头钳住三相交流电机三根引线中的最后一根
钳形表
表头
使用钳形表检测三相交流电机最后一根引线的空载电流值
01.7
200
VΩ COM EXT
本例中，钳形表实际测得稳定后的空载电流为1.7A

图 4-13　驱动电机空载电流检测方法

若测得的空载电流过大或三相空载电流不均衡，则表明电机存在异常。一般情况下，空载电流过大的原因主要有电机转子与定子之间的空隙过大、电机线圈的匝数过少、电机绕组连接错误。

### 4.2.4　转速检测

电机的转速是指电机运行时每分钟旋转的次数，测试电机的实际转速并与铭牌上的额定转速进行比较，可判断电机是否存在超速或堵转现象，检测电机的转速一般使用专用的电机转速表，检测方法如图 4-14 所示。

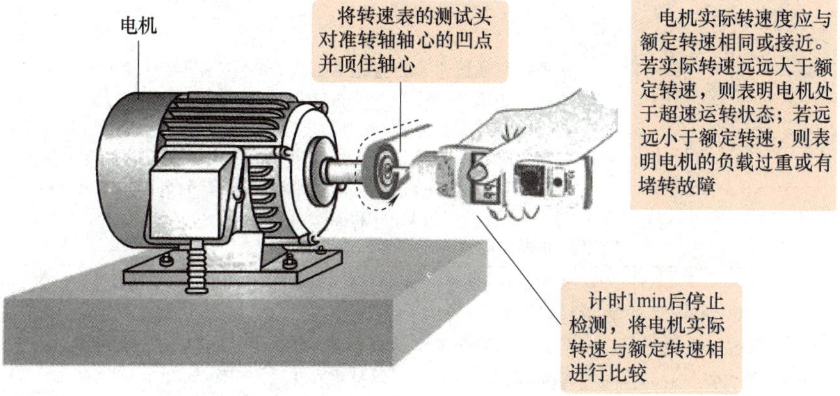


图 4-14　电机转速检测方法

## 4.3　电机维修

造成电动汽车电机故障的原因可能有多种，包括电机本身的问题、电动汽车系统其他部件的故障及外部因素等。

### 4.3.1　电机电气系统故障

**（1）电池供电问题**　电池电量不足、电池故障等可能导致电机无法正常工作。

**（2）电子控制单元（ECU）故障**　电子控制单元故障可能导致电机无法控制或控制不稳定。

**（3）线路连接问题**　线路连接松动、损坏等可能影响电机的正常供电。

**（4）绕组故障**　电机绕组可能出现短路、开路或相互短路等问题，影响电机正常运行。

**（5）冷却系统问题**　电机冷却系统故障可能导致电机过热，影响其性能和使用寿命。

以逸动纯电动汽车为例，介绍典型电机故障及其排除方法，见表 4-1。

表 4-1　典型电机故障及其排除方法

| 序号 | 故障 | 排除方法 |
|---|---|---|
| 1 | 逆变器温度过低（<-40℃） | 1. 整车上电，清除故障信息后，再次读取故障信息，若此故障仍存在，则进行下一步<br>2. 读取电机逆变器的温度，若其值明显低于环境温度，应更换电机控制器 |

（续）

| 序号 | 故障 | 排除方法 |
|---|---|---|
| 2 | 电机过温<br>（一级，温度≥140℃） | 1. 整车上电，清除故障信息后，重新上电，再次读取故障信息，若此故障仍存在，则进行下一步<br>2. 检查电机系统水泵是否正常工作，若不工作，应更换水泵<br>3. 检查冷却系统的冷却液是否充足，若缺液，应补充<br>4. 检查电机端到控制器端插接件连接是否正常，电机端温度传感器信号第 7 针和第 8 针分别与控制器端第 3 针和第 4 针是否导通，若不导通，应更换线束<br>5. 若线束正常，待电机完全冷却至室温，检查电机端温度传感器中的电阻，阻值应为 1±0.2kΩ，若超出此范围，应更换电机，并再次检查有无此故障，若阻值正常，应更换电机控制器 |
| 3 | 电机过温<br>（二级，温度≥145℃） | 1. 整车上电，清除故障信息后，重新上电，再次读取故障信息，若此故障仍存在，则进行下一步<br>2. 检查电机系统水泵是否正常工作，若不工作，应更换水泵<br>3. 检查冷却系统的冷却液是否充足，若缺液，应补充<br>4. 检查电机端到控制器端插接件连接是否正常，电机端温度传感器信号第 7 针和第 8 针分别与控制器端第 3 针和第 4 针是否导通，若不导通，应更换线束<br>5. 若线束正常，待电机完全冷却至室温，检查电机端温度传感器中的电阻，阻值应为 1±0.2kΩ，若超出此范围，应更换电机，并再次检查有无此故障，若阻值正常，应更换电机控制器 |
| 4 | 电机控制器过温<br>（一级，温度≥80℃） | 1. 整车上电，清除故障信息后，重新上电，再次读取故障信息，若此故障仍存在，则进行下一步<br>2. 检查电机系统水泵是否正常工作，若不工作，应更换水泵<br>3. 检查冷却系统的冷却液是否充足，若缺液，应补充<br>4. 待控制器冷却至室温，再次读取电机控制器壳体温度，若明显高于室温，应更换电机控制器 |
| 5 | 电机控制器过温<br>（二级，温度≥85℃） | 1. 整车上电，清除故障信息后，重新上电，再次读取故障信息，若此故障仍存在，则进行下一步<br>2. 检查电机系统水泵是否正常工作，若不工作，应更换水泵<br>3. 检查冷却系统的冷却液是否充足，若缺液，应补充<br>4. 待控制器冷却至室温，再次读取电机控制器壳体温度，若明显高于室温，应更换电机控制器 |
| 6 | IGBT 过温<br>（一级，温度≥85℃） | 1. 整车上电，清除故障信息后，重新上电，再次读取故障信息，若此故障仍存在，则进行下一步<br>2. 检查电机系统水泵是否正常工作，若不工作，应更换水泵<br>3. 检查冷却系统的冷却液是否充足，若缺液，应补充<br>4. 待控制器冷却至室温，再次读取电机控制器逆变器温度，若明显高于室温，应更换电机控制器 |
| 7 | IGBT 过温<br>（二级，温度≥90℃） | 1. 整车上电，清除故障信息后，重新上电，再次读取故障信息，若此故障仍存在，则进行下一步<br>2. 检查电机系统水泵是否正常工作，若不工作，应更换水泵<br>3. 检查冷却系统的冷却液是否充足，若缺液，应补充<br>4. 待控制器冷却至室温，再次读取电机控制器逆变器温度，若明显高于室温，应更换电机控制器 |
| 8 | 电机过流 | 1. 整车上电，清除故障信息后，重新上电，再次读取故障码，若此故障仍存在，则进行下一步<br>2. 目测电机控制器和电机接线盒内 U、V、W 三相高压线之间有无短路，以及高压线束固定螺栓是否松动<br>3. 检测电机接线盒内 U、V、W 三相高压端子对壳体的电阻，阻值应大于 20MΩ，若不是，应更换电机<br>4. 若无短路，电机接线盒内 U、V、W 三相高压端子对壳体的电阻阻值也大于 20MΩ，应更换电机控制器 |

（续）

| 序号 | 故障 | 排除方法 |
| --- | --- | --- |
| 9 | 电机控制器直流过压<br>（一级，电压≥380V） | 1. 充电状态报告该故障：停止充电，上电后清除故障信息，重新上电，再次读取故障信息，若此故障仍存在，应更换电机控制器<br>2. 正常电动运行状态：检查直流变换器或电池管理系统是否报告过压故障，若无，重新上电，若此故障仍存在，应更换电机控制器 |
| 10 | 电机控制器直流过压<br>（三级，电压≥400V） | 1. 充电状态报告该故障：停止充电，上电后清除故障信息，重新上电，再次读取故障信息，若此故障仍存在，应更换电机控制器<br>2. 正常电动运行状态：检查直流变换器或电池管理系统是否报告过压故障，若无，重新上电，若此故障仍存在，应更换电机控制器 |
| 11 | 功率模块故障 | 1. 整车上电，清除故障信息后，重新上电，再次读取故障信息<br>2. 若此故障仍存在，检测电机接线盒内 U、V、W 三相高压端子对壳体的电阻，阻值应大 20MΩ，若不是，应更换电机<br>3. 若无短路，电机接线盒内 U、V、W 三相高压线对壳体的电阻阻值也大于 20MΩ，应更换电机控制器 |
| 12 | 电机旋转变压器错误 | 1. 从电机端拔掉第 8 针插接件，测量电机端的激励正负、sin 正负、cos 正负两端的电阻，阻值应为(24±2.4)Ω、(120±12)Ω、(120±12)Ω，若不是，应更换电机<br>2. 若是，则检查 8pin 到电机控制器 23pin 的线束是否导通、有无退针和接触不良的问题<br>3. 若以上检查均正常，应更换电机控制器 |
| 13 | 电机控制器欠压<br>（一级，电压≤240V） | 1. 整车上电，清除故障信息后，重新上电，再次读取整车数据流，观察电池电压、直流变换器电压、电机控制器电压是否接近，若三者相差 10V 左右且都低于 240V，应给车辆充电<br>2. 若电机控制器电压明显低于其他两个电压（10V 以上），应更换电机控制器 |
| 14 | 电机控制器欠压<br>（二级，电压≤200V） | 1. 整车上电，清除故障信息后，重新上电，再次读取整车数据流，观察电池电压、直流变换器电压、电机控制器电压是否接近，若三者相差 10V 左右且都低于 240V，应给车辆充电<br>2. 若电机控制器电压明显低于其他两个电压（10V 以上），应更换电机控制器 |
| 15 | 电机控制器直流过流 | 1. 目测电机控制器和电池直流高压线之间有无短路（线束表面破损、变黄、烧焦等异常现象）<br>2. 检测直流高压线对壳体的电阻，阻值应大于 20MΩ<br>3. 若无短路，电机接线盒内 U、V、W 三相高压线对壳体的电阻阻值也大于 20MΩ，应更换电机控制器 |
| 16 | 预充电故障 | 1. 整车上电，清除故障信息后，重新上电，再次读取整车数据流，观察电池电压、直流变换器电压、电机控制器电压是否接近，若三者相差 10V 左右且都低于 240V，应给车辆充电<br>2. 若电机控制器电压明显低于其他两个电压（10V 以上），应更换电机控制器<br>3. 若电机控制器与 DC/DC 变换器电压明显过低，电池电压正常，应检查动力蓄电池系统 |
| 17 | 放电故障 | 1. 检查电机系统三相线束是否连接可靠<br>2. 检查电池内的主继电器是否烧毁，若没有，应更换电机控制器 |
| 18 | 电机过速<br>（一级，转速≥10000r/min） | 1. 整车上电，清除故障信息后，重新上电，再次读取故障信息，若此故障仍存在，则进行下一步<br>2. 从电机端拔掉 8pin 插接件，测量电机端的激励正负、sin 正负、cos 正负两端的电阻，阻值应为(17±3)Ω、(38±3)Ω、(38±3)Ω，若不是，应更换电机<br>3. 检查电机端 8pin 插接件、线束是否可靠连接，以及 8pin 到电机控制器 23pin 的线束是否导通<br>4. 若电机及线束连接正常，应更换电机控制器 |

（续）

| 序号 | 故障 | 排除方法 |
|---|---|---|
| 19 | 电机过速<br>（二级，转速≥10200r/min） | 1. 整车上电，清除故障信息后，重新上电，再次读取故障信息，若此故障仍存在，则进行下一步<br>2. 从电机端拔掉 8pin 插接件，测量电机端的激励正负、sin 正负、cos 正负两端的电阻，阻值应为(17±3)Ω、(38±3)Ω、(38±3)Ω，若不是，应更换电机<br>3. 检查电机端 8pin 插接件、线束是否可靠连接，以及 8pin 到电机控制器 23pin 的线束是否导通<br>4. 若电机及线束连接正常，应更换电机控制器 |

## 4.3.2 电机传动系统故障

电机传动系统包含变速器、减速器、联轴器等，其故障会影响电动汽车的性能和可靠性。常见的电机传动系统故障原因如下：

**(1) 减速器故障** 减速器的齿轮损坏、磨损或断裂可能导致传动不正常，引起噪声、振动和性能下降。

**(2) 联轴器损坏** 联轴器是连接电机和传动系统的关键组件，联轴器损坏可能导致传动不稳定，甚至无法传递动力。

**(3) 轴承故障** 传动系统中的轴承损坏可能导致部件间的摩擦增加，影响效率和使用寿命。

**(4) 传动带/链异常** 电动汽车使用传动带/链来传递动力，如果传动带/链松动、磨损或断裂，会导致电机传动系统失效。

**(5) 电机支架或安装不良** 不良的电机支架或安装可能导致传动不稳定，影响传动效率和性能。

下面主要介绍减速器故障。

### 1. 减速器的结构

减速器为二级单速比式，主要由输入轴、中间齿轮轴、差速器及输出齿轮轴组成。减速器的附件有加油螺塞、放油螺塞及通气塞等。驱动电机的动力输出轴通过花键直接与减速器输入轴的齿轮连接。减速器总成如图 4-15 所示，其剖视图如图 4-16 所示。

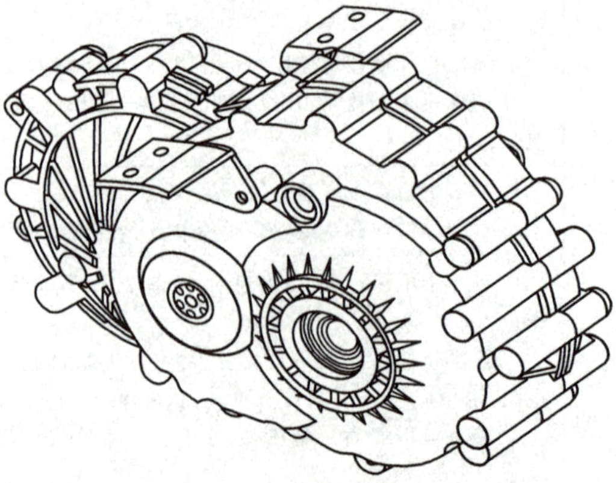

图 4-15 减速器总成

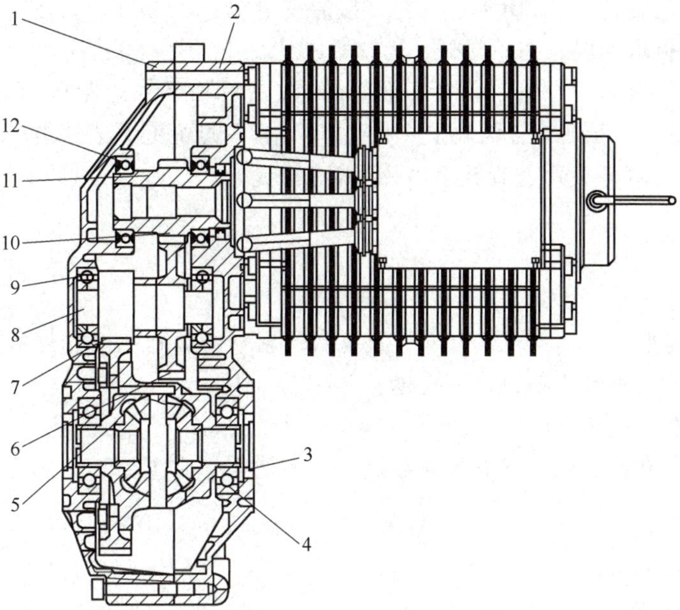


图 4-16　减速器剖视图

1—左壳体　2—右壳体　3—差速器油封　4—差速器轴承
5—差速器　6—中间轴从动齿轮　7—中间轴齿轮　8—中间轴
9—中间轴轴承　10—输出轴齿轮　11—输入轴　12—输入轴轴承

### 2. 减速器的拆装

在进行部件检查或维修前须移除高压维修开关，并将其放入口袋随身携带，以防止工作中被其他人连接。在开始操作高压系统前，须穿戴绝缘防护用具（包括手套、鞋和面罩）。确认由某人负责高压工作，保证其他人不碰车。不工作时，用绝缘盖板或类似的物品盖住高压部件，防止他人触碰。拆卸减速器的步骤如下：

1）断开高压插件，切断高压电路。

2）防止电击危害，在开始高压操作前穿戴绝缘防护用具。

3）断开与电机控制器连接的旋转变压器线插件。

4）移除电机控制器。

5）排出减速器齿轮油。

6）从车上拆卸驱动电机和减速器总成。

7）从总成上拆卸减速器。

减速器安装步骤与拆卸步骤相反。

## 4.3.3　电机控制器与驱动电机的匹配

匹配目的：实现驱动电机与电机控制器电角度的匹配，使整车运行平稳，减少异响、噪声及抖动。

匹配对象：需要更换电机控制器或驱动电机才能行驶的车辆。

匹配步骤如下：

1）将开关钥匙旋转至“LOCK”位置，接通主电源（电源总开关在向上抬起的位置）。

2）将加速踏板踩到底，在不松开加速踏板的情况下，把开关钥匙旋转至“ON”位置。

3）向前或向后沿同一方向匀速将车推行1m左右后松开加速踏板，不要停车，继续向前推行3~5m后停车，看到组合仪表上“READY”指示灯亮起，表明匹配成功。

4）关闭电源（将开关钥匙旋转至“LOCK”位置）。

## 思考题

1. 不同类型的电机，如交流电机和直流电机，它们的工作原理有何不同？
2. 当电机出现问题时，如何诊断故障？
3. 如何防止电机过热？
4. 基于新兴技术，电机检测和维修领域可能会发生哪些变化？

# 第5章　电控系统的检测与维修

## 5.1　电控系统的组成与原理

纯电动汽车的电控系统主要由高压电源、电机驱动器、电机控制器、蓄电池管理系统（BMS）、车载充电机和电控单元（ECU）等组成。本章主要从电机驱动、再生制动与助力转向三方面进行介绍。新能源汽车的主要控制器如图 5-1 所示。

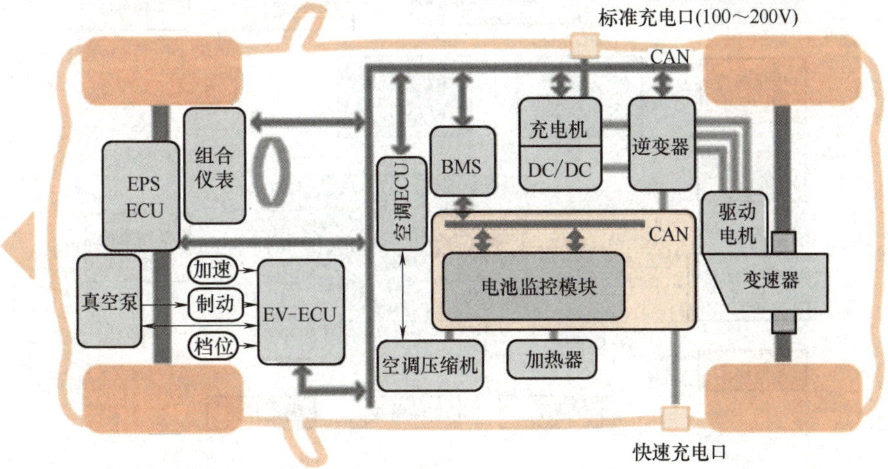


图 5-1　新能源汽车的主要控制器

SVPWM 三相逆变器

### 5.1.1　电机驱动控制系统

驱动系统是汽车中的关键系统，汽车的运行性能与驱动系统的类型和性能有关。纯电动汽车的驱动系统一般由整车控制器、电机、逆变器、DC/DC 变换器、减速器及驱动轮构成。以使用 2kW 交流异步电机的驱动系统为例，电机驱动控制系统由 2 个直流电源供电：为电机驱动供电的高压 60V 动力电源和为控制器供电的低压 12V 电源。电机控制器对所有输入信号进行处理，并将电机驱动控制系统运行状态的信息发送给整车控制器。电机控制器内含功能诊断电路，当它诊断出异常时，会激活一个错误代码发送给整车控制器。电机控制器具有以下功能：

1）接收、处理来自驾驶人的驾驶操作指令，接收来自总控单元、电子加速踏板、档位开关、制动开关、电机霍尔传感器等的信息，使车辆按驾驶期望行驶。

2）与组合仪表、充电机、锂电池组、总控单元等进行可靠通信，通过 CAN 总线输出车辆信息给仪表，以便于驾驶人观察。

3）接收、处理各个零部件信息，结合 BMS 提供当前的能源状况信息，采取降功率、过压保护、过流保护等措施。

4）动态检测系统信息，记录出现的故障。

5）视故障的类别对整车进行分级保护，紧急情况下可以断电。

6）协调管理车上其他电器设备。

电机控制器是一个多输入、多输出的复杂系统，因此按照模块化思想设计硬件系统的各个模块，主要包括最小应用系统模块、电源模块、CAN 通信模块、数模输入输出模块。

虽然高压电源采用直流 60V 供电方式，但是电机驱动板所对应的逆变电路可兼容 800V 以下直流高压供电。低压直流电源为 12V，低压直流电源为电机控制器供电是纯电动汽车上常用的供电方式，既有利于故障诊断、保护，也有利于简化电源电路等。在纯电动汽车中，低压直流电源来自铅酸蓄电池和 DC/DC 变换器。电机驱动控制系统的结构框图如图 5-2 所示。

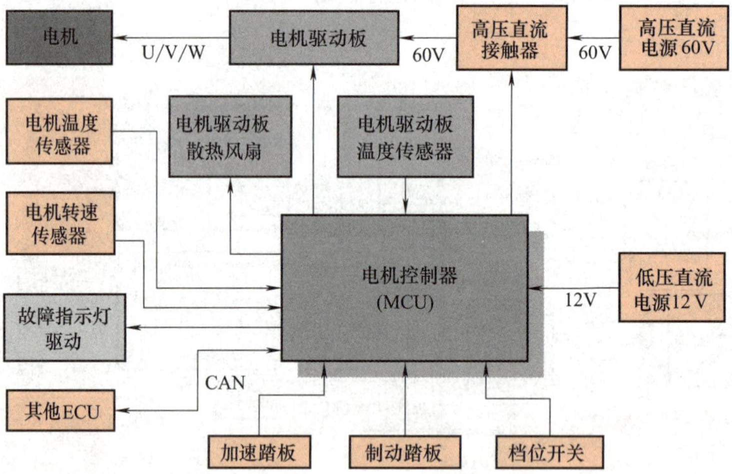


图 5-2 电机驱动控制系统的结构框图

### 1. 加速踏板

加速踏板是控制电机转速的操作装置，在 D 档位或 R 档位时，加速踏板会控制电机转动。电机平台采用的加速踏板并非传统电位计式，而是霍尔式。加速踏板的外观如图 5-3 所示。

加速踏板传感器会根据加速踏板位置，输出对应的 2 路位置信号，但是有别于传统加速踏板位置信号。在此 2 路位置信号中，一路为数字开关量信号（不动作时为 0V，踩到一定角度时为 12V），另一路为模拟量信号（变化范围：0.7～4.2V）。加速踏板传感器的外部接线电路如图 5-4 所示。

图 5-3　加速踏板的外观

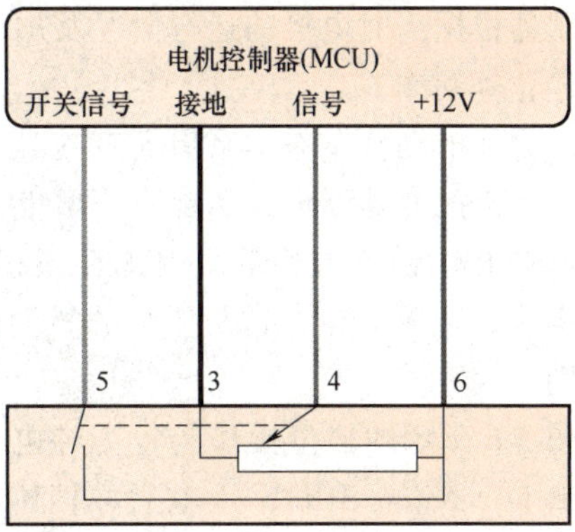


图 5-4　加速踏板传感器的外部接线电路

该传感器需要+12V 直流电源供电，它与 MCU 的供电采用了不同的供电线路（每个线路具备熔丝）。这样设计的目的是在传感器供电出现故障（短路接地，对应熔丝熔断）时，保证 MCU 的电源不受另外一路电源影响，仍然会给 MCU 的电源转换器供电，MCU 则可以使用诊断功能进行故障诊断。

为了保证传感器输入信号的准确性，并有一定的故障保护能力，在传感器输入端短路接+12V 电源或搭铁时，保证输入 MCU 的电压不会超过允许范围。传感器信号输入电路如图 5-5 所示。

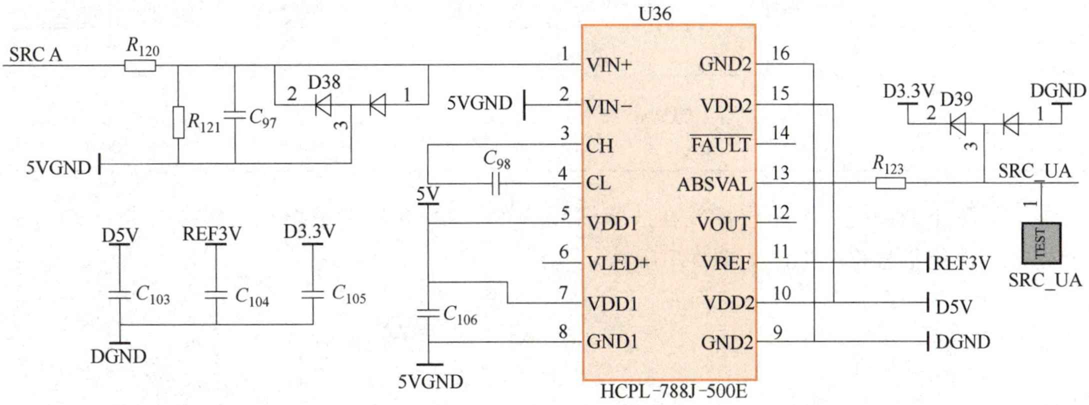


图 5-5　传感器信号输入电路

该电路采用 HCPL-788J-500E 芯片，该芯片可以将传感器输出信号电压调整到 0V ~ 3.3V，从而能够适配 A/D 采集芯片电压。

通过 HCPL-788J-500E 芯片对加速踏板输入的模拟信号进行光电隔离，将信号从芯片处分离。此时外部电路出现短路（对电源 12V），但由于使用了芯片进行隔离，外部短路不会影响内部电路，从而能够保护 MCU 免受损坏。该电路通过电阻 $R_{120}$ 与 $R_{121}$ 对加速踏板电压信号进行一定比例的分压。$C_{97}$ 电容的作用是对输入的信号进行滤波，使输入信号更稳定，抖动更小。D38 为两个二极管，其作用为抑制尖峰电压。$R_{123}$ 为限流电阻，旨在保护 MCU 免受损坏。

## 2. 档位开关

档位开关是控制汽车档位的输入装置，它将驾驶人需要的档位信息输入电机控制器，电机控制器根据当时电机的运行情况及加速踏板、制动踏板的状态等信息，控制电机正转、反转、停止等动作。

因为纯电动汽车基本采用无变速器结构（部分车型宣称的两档变速器仅限于将电机转速通过固定的变速器齿轮实现降速增矩，实际无档位），并且采用了电子换档机构，所以是无变速器 P 位锁止机构的。因此在很多电动汽车设计时，档位操作装置无 P 位，这与传统的燃油汽车有本质上的操作区别。

图 5-6　档位操作装置

图 5-6 所示的档位操作装置为纯电子的档位旋钮，它具有 R 位、N 位、D 位。上电后，档位旋钮对应的档位指示灯会点亮，以提示驾驶人当前的档位，档位信号输入电机控制器后，电机控制器会根据档位情况及加速踏板、制动踏板的状态来控制电机的转动、方向，同时将档位信息传到 CAN 总线，由仪表显示当前档位。

在该档位旋钮的接口中，PIN1 接 12V 电源，PIN2 接地线供电，PIN3 为公共端接地线，PIN4 ~ PIN6 为标识档位信号的电压输入端。档位与接口输出关系见表 5-1。

表 5-1　档位与接口输出关系

| 档位 | PIN4 电压/V | PIN5 电压/V | PIN6 电压/V | 组合逻辑(4/6) |
|---|---|---|---|---|
| R | 0 | 12 | 12 | 011 |
| N | 12 | 0 | 12 | 101 |
| D | 12 | 0 | 0 | 100 |

为了防止档位旋钮及相应接线在故障情况下可能对 MCU 造成损坏，需要对输入信号进行处理，档位信号输入电路如图 5-7 所示。

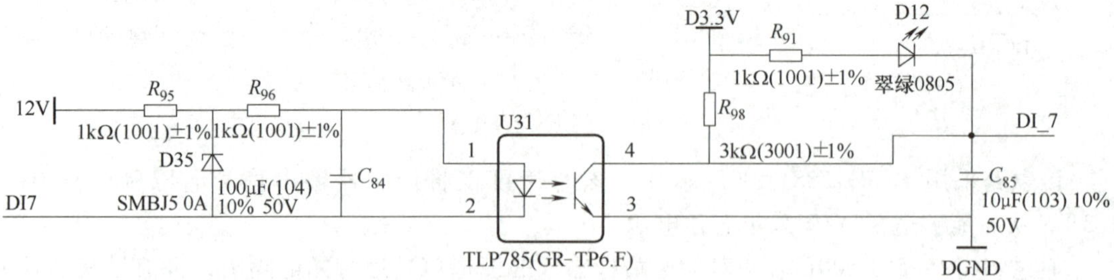

图 5-7　档位信号输入电路

在该电路中，DI7 为档位信号，当 DI7 为低电平信号时，U31 被控制端饱和导通，DI_7 输出低电平信号，LED 灯（D12）点亮；当 DI7 为高电平信号时，U31 输出端（3 引脚与 4 引脚）处于截止状态，DI_7 输出高电平信号，LED 灯（D12）熄灭。电容 $C_{84}$ 和 $C_{85}$ 的作用是滤波。稳压二极管（D35）的作用是防止过压损坏器件。该电路同样采用了光电隔离，将高压 12V 与低压 3.3V 进行分离，防止高压部分的故障影响低压部分的电路。

### 3. 制动踏板

制动踏板是控制汽车制动的装置，在实车中，制动踏板需要配合真空助力器、制动主缸、制动轮缸、ABS 等共同完成制动工作。在电机驱动控制系统中，制动踏板主要是在汽车制动时提示电机控制器切断电机的驱动输出，并进行制动能量回收，同时该信息被发送到 CAN 网络，告知 ABS、车身控制器，控制车轮防抱程度及制动灯动作。

制动踏板传感器分为机械开关型和霍尔型，大部分电动汽车使用前者。

机械开关型制动踏板传感器实际是一个常开的机械开关（此时开关内的弹簧处于压缩状态，被制动踏板压住），在有踩踏制动踏板的动作时（制动踏板不再压住开关），该开关闭合。该开关有 2 根引线，一根接电源，另一根接制动灯、ABS、电机控制器等。踩下制动踏板时，输出电动汽车的低压电源给制动灯，制动灯点亮，同时这个电源电压作为制动信号输入 ABS、电机控制器。

霍尔型制动踏板传感器是一个霍尔传感器，类似于工业用的接近开关，对磁性金属敏感。该开关需要+12V 供电，另外还需要传感器电源接地。制动踏板传感器有 2 路信号输出，输出时一路为高电平，另一路为低电平；在制动状态发生改变时，传感器输出信号也发生改变，即高电平变低电平，低电平变高电平。这种设计的目的是设计冗余和信号准确性确认。制动踏板传感器信号输入电机控制器的电路如图 5-8 所示。

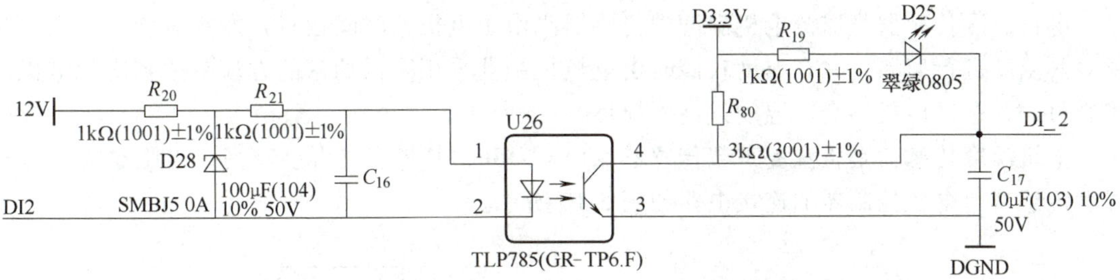


图 5-8　制动踏板传感器信号输入电机控制器的电路

在该电路中，DI2 为制动踏板传感器信号，当 DI2 为低电平信号时，U26 被控制端饱和导通，DI_2 输出低电平信号，LED 灯（D25）点亮；当 DI2 为高电平信号时，U26 输出端（3 引脚与 4 引脚）端处于截止状态，DI_2 输出高电平信号，LED 灯（D25）熄灭。电容 $C_{16}$ 和 $C_{71}$ 的作用是滤波。稳压二极管（D28）的作用是防止过压损坏器件。该电路同样采用了光电隔离，将高压 12V 与低压 3.3V 进行分离，防止高压部分的故障影响低压部分的电路。

### 4. 电机驱动板温度传感器

电机驱动板温度传感器是监测电机驱动板温度的传感器。由于电机驱动板会驱动大功率电机，发热量比较大，需要监测其温度，并在温度较高时由电机控制器驱动散热风扇散热。

电机驱动板温度传感器是正温度系数传感器 KTY84-150，其特点是温度越高，电阻越大。电机驱动板温度传感器与电机控制器的连接电路如图 5-9 所示。

该电路可以进行一定的故障检测和电路保护，在电路出现故障时，不会使核心 MCU 出现损坏。电机控制器中对驱动板温度检测的控制策略：温度高时驱动散热风扇对驱动板进行

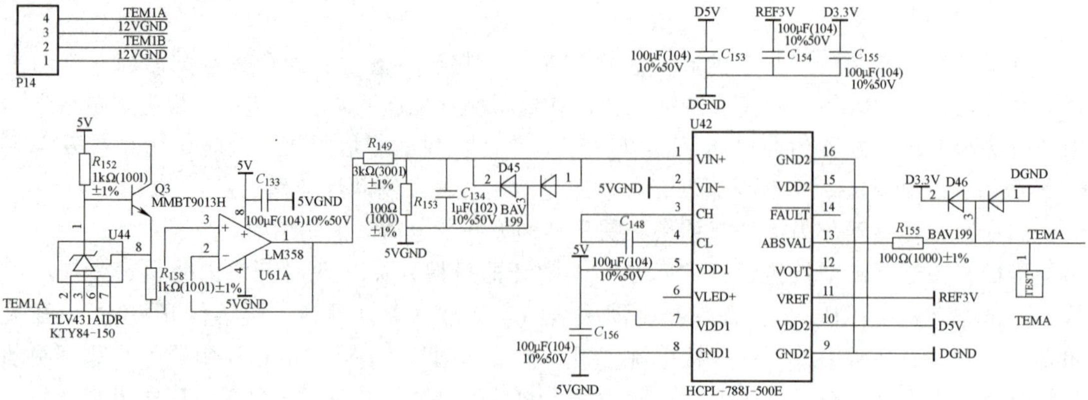


图 5-9 电机驱动板温度传感器与电机控制器的连接电路

散热；在电机驱动板温度传感器出现故障（如短路、断路）时，采用故障模式驱动散热风扇对驱动板进行强制散热。使用 LM358D 运放的作用是对信号进行放大。使用 HCPL-788J-500E 芯片的作用为光电隔离，即将高压部分与低压部分进行分离，从而保护 MCU 免受损坏。该芯片将输入信号进行一定比例的降低后输出，并具有过流过载信号输出功能。

## 5. 电机温度传感器

电机温度传感器是监测电机温度的传感器。由于电机长时间运行，发热量会比较大，需要对其温度进行监测，并在温度较高时由电机控制器采用降低功率的方法来达到冷却电机的控制目的，保证电机不会因温度过高而损坏。

电机温度传感器是正温度系数传感器 KTY84-150，其特点是温度越高，电阻越大。电机温度传感器与电机控制器的连接电路如图 5-10 所示。

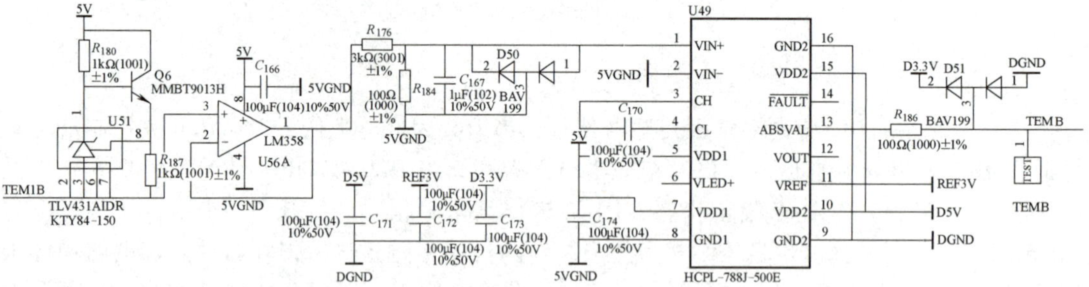


图 5-10 电机温度传感器与电机控制器的连接电路

该电路可以进行一定的故障检测和电路保护，在电路出现故障时，不会使核心 MCU 出现损坏。电机控制器中对电机温度检测的控制策略：不同的温度采用不同的控制模式，在正常温度范围内电机控制器可以全功率输出驱动电机；超出正常温度范围时，根据超出温度的范围，限制电机功率输出并发送警告信号，温度过高到危险值时直接关闭电机控制器的输出；在驱动板温度传感器出现故障（如短路、断路）时，采用故障模式限制输出驱动功率并发送警告信号。电阻 $R_{187}$ 与热敏电阻构成分压电路，由于热敏电阻对温度极其敏感，导致分得的电压发生改变，最终根据电压变化计算相应的温度。使用 LM358D 运放的作用是对信号进行放大。使用 HCPL-788J-500E 芯片的作用为光电隔离，即将高压部分与低压部分进行分离，使输入信号降压输出，从而保护 MCU 免受损坏。就算高压部分出现短路，也不会影响内部电路，损坏 MCU。该芯片还具有过流过载信号输出功能。

### 6. 电机转速传感器

电机转速传感器是监测电机转速的传感器，能反馈电机的控制效果，从而根据这个反馈来调节输出。常用的电机转速传感器分为光电式、磁电式、霍尔式三类，旋转变压器（图 5-11）作为一种高精度的角度传感器，因在环境耐受能力和抗干扰能力等方面具有优势，在测量电动汽车电机转速中得到广泛应用。旋转变压器是一种特殊类型的变压器，它的基本原理是通过旋转一个变压器的绕组，使其在一个变压器的相同铁心上同时实现升压和降压。励磁回路的电阻为 20Ω±10%，正弦回路的电阻为 46Ω±10%，余弦回路的电阻为 50Ω±10%。设计的旋转变压器角度解析电路如图 5-12 所示。

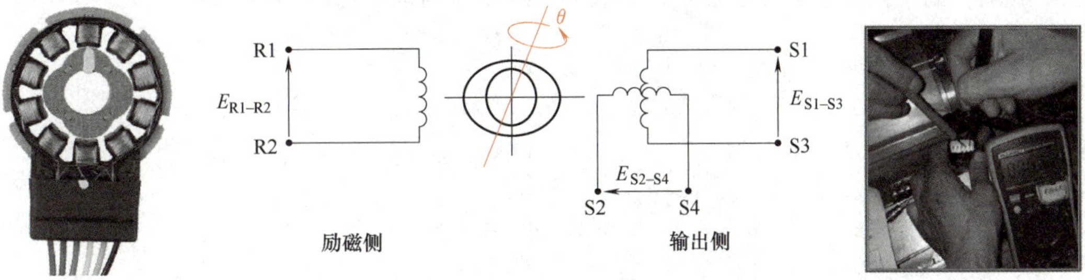


a)　　b)　　c)

图 5-11　旋转变压器

a）实物图　b）原理图　c）实物电阻测量

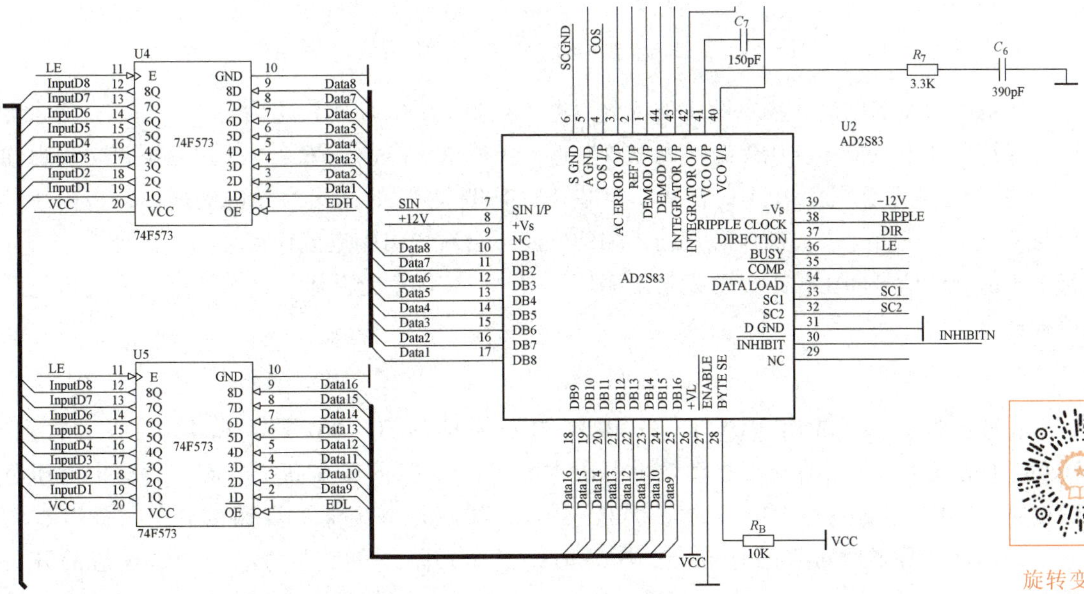


图 5-12　旋转变压器角度解析电路

旋转变压器
电路设计

### 7. 电流传感器

在电机控制器中，电流传感器是用于测量相电流的传感器，通过该传感器对单相电流的测量，电机控制器可以判断电机转矩控制的效果。采用霍尔电流传感器对相电流进行非接触式测量，霍尔电流传感器如图 5-13 所示。

霍尔电流传感器是有源传感器，它在供电后，根据被测量导线的电流情况，输出对应值的电压/电流信号。

根据交流异步电机的结构特点和基尔霍夫电流定律，在实际相电流测量应用过程中，只需要测量 U、V、W 三相中的任意两相电流，即可计算第三相电流，因此在实际应用时，只采用 2 个电流传感器对三相输出进行测量。霍尔电流传感器信号输入电机控制器的电路如图 5-14 所示。

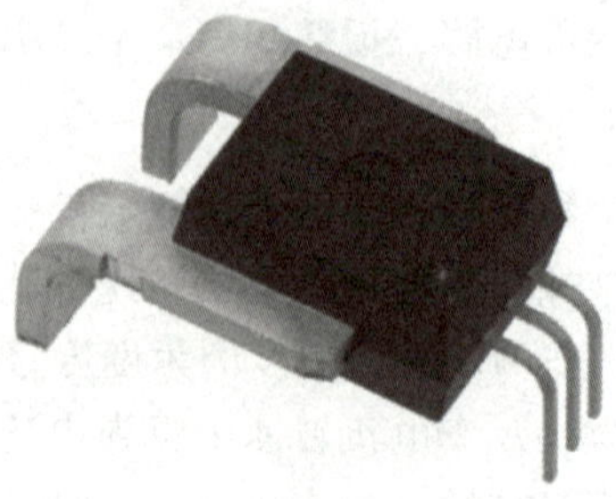

图 5-13 霍尔电流传感器

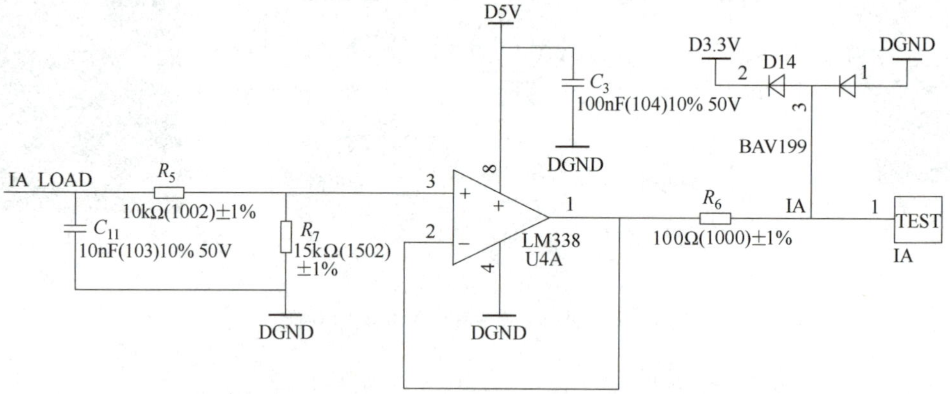


图 5-14 霍尔电流传感器信号输入电机控制器的电路

该电路为霍尔电流采样电路中的部分电路，电阻 $R_5$ 和 $R_7$ 的作用为分压，即减小输入电压，保护芯片不被损坏。D14 的作用是双向抑制尖峰电压。电阻 $R_{37}$ 的作用是限流，确保输入 MCU 的电流不会损坏 MCU。使用 HCPL-788J-500E 芯片的作用为光电隔离，即将高压部分与低压部分进行分离，确保芯片输入端的短路不会对输出端造成任何影响。此外，它也能将高压部分的信号降压输出，并发送给 MCU，保护 MCU 免受损坏。该芯片还具有过流过载信号输出功能。

### 8. 电机驱动器

在电机驱动中，常用 MOSFET 或 IGBT 进行驱动输出，MOSFET 和 IGBT 各有特点。MOSFET 的成本低、易驱动，驱动输出电压也不高；IGBT 的成本高、电流大，输出电压范围很宽。IGBT 作为一种大功率的电力电子器件，实际是一个非通即断的开关，没有放大电压的功能，导通时可以看作导线，断开时则当作开路，它是电力电子领域理想的开关器件。

采用 IGBT 作为功率输出部件，可以兼顾两种电动汽车的电机驱动需求。IGBT 采用英飞凌半导体公司的 FS100R12KT3，如图 5-15 所示。

该模块的接线图如图 5-16 所示。

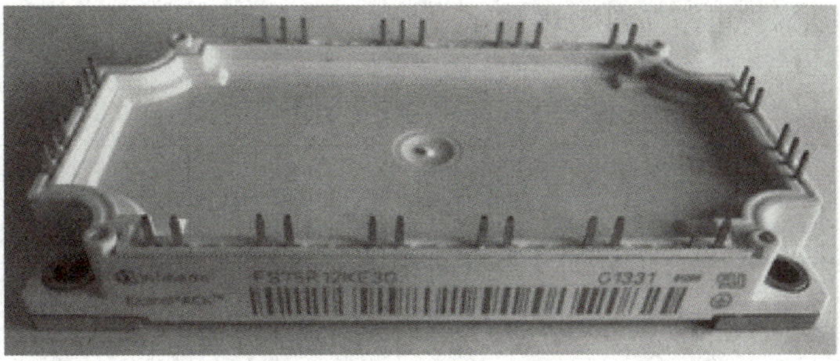

图 5-15　FS100R12KT3（IGBT 模块）

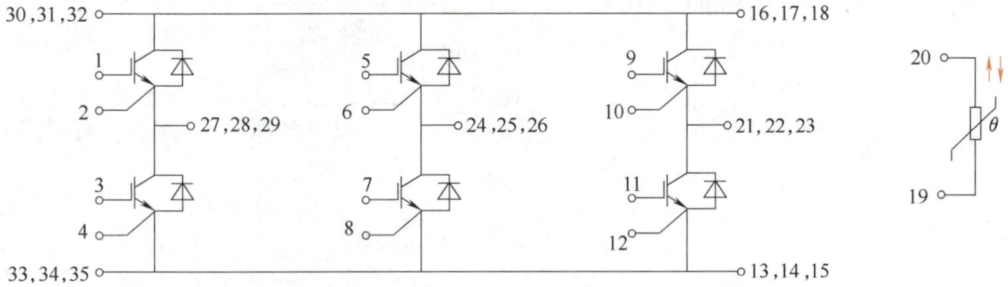


图 5-16　FS100R12KT3（IGBT 模块）的接线图

IGBT 不同于普通晶体管，它是电压控制器件。另外，由于三相交流异步电机采用 6 个 IGBT 组成的 3 个半桥驱动，这就需要考虑一个半桥内上下桥臂之间的参考地线不一致、3 个半桥上桥臂之间的参考地线不一致的情况。为了达到上述不同参考地线的驱动目的，就需要对驱动电路进行相应的设计。

单个 IGBT 的驱动电路采用 HCPL-316J 作为主芯片，该芯片输出可达 2A，并带有过流保护的驱动光耦。兼容 TTL/CMOS 电平，具备软关断技术，集成过流、欠压保护和故障反馈输出功能；工作温度范围为-40～150℃。HCPL-316J 用于三相电机（兼容同步/异步）控制的标准用法如图 5-17 所示。

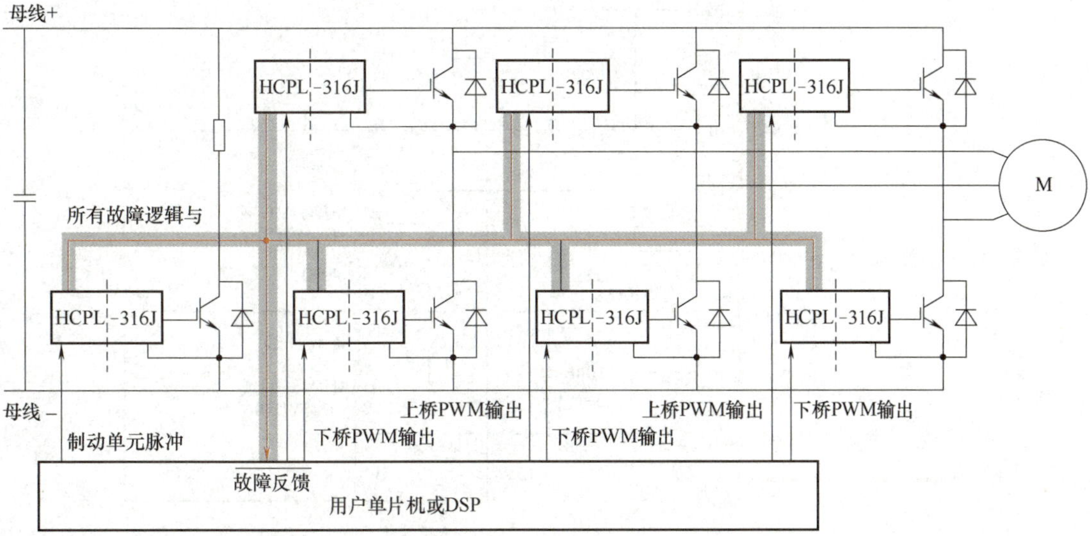


图 5-17　HCPL-316J 用于三相电机控制的标准用法

典型 IGBT 驱动保护电路如图 5-18 所示。

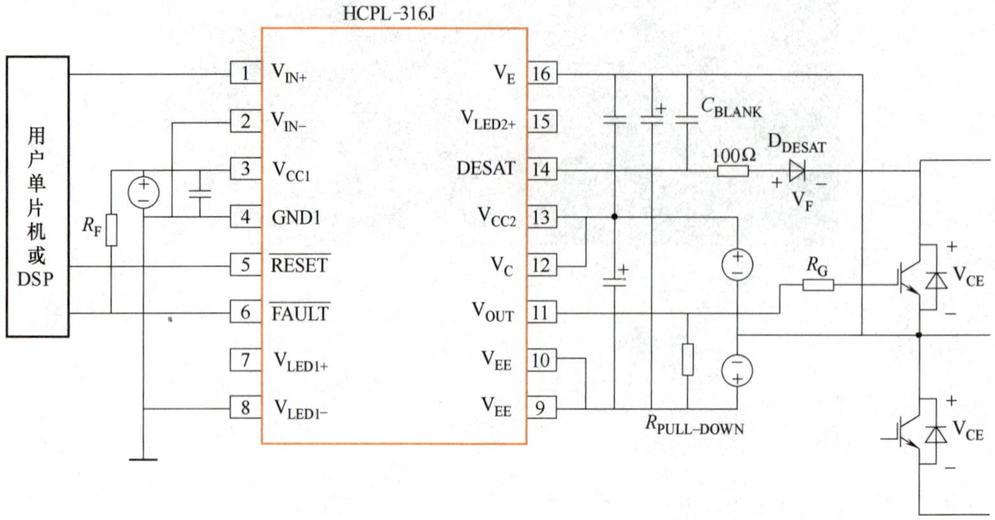


图 5-18　典型 IGBT 驱动保护电路

HCPL-316J 保护过程：DESAT（饱和压降检测）实时监测集电极与发射极的饱和电压，当此电压超过 7V 时，$V_{OUT}$（输出）端子电压变低，输出驱动信号驱动 IGBT。

当发生故障（输出正向电压欠压或 IGBT 短路）时，FAULT（故障输出）引脚输出为低电平，通过光耦输出故障信号，用户单片机开始进入外中断服务程序。

HCPL-316J 输出端子 $V_{OUT}$、FAULT 受控于 $V_{IN}$、DESAT 的工作情况，HCPL-316J 可以使用 $V_{IN+}$或 $V_{IN-}$来定义高电平或低电平有效。当低电平有效时，$V_{IN+}$必须为高电平，$V_{IN-}$为触发信号端。一旦 UVLO 没有使能，$V_{OUT}$ 输出就有效，14 脚 DESAT 检测端子为最高优先级，UVLO 要先确认 DESAT 是否已经使能。安捷伦公司推荐的推挽输出参考电路如图 5-19 所示。

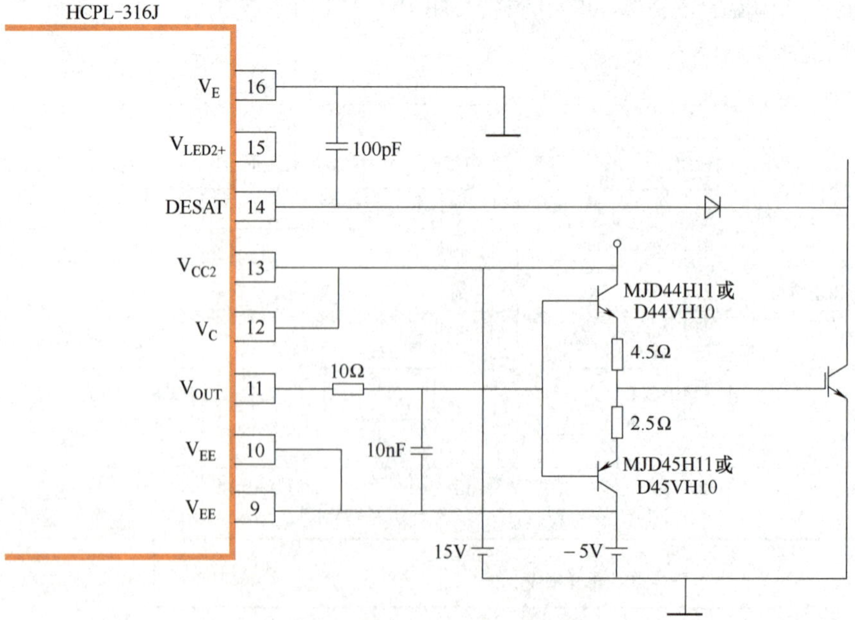


图 5-19　安捷伦公司推荐的推挽输出参考电路

推挽输出参考电路中的驱动侧采用+15V 和-5V DC 的双路双极性电源，以达到和推荐推挽输出参考电路一样的效果。

$V_{OUT}$ 输出控制 NPN、PNP 晶体管的导通与关断，产生的输出电压控制 IGBT 模块栅极电压，以达到快速可靠开启和快速可靠关闭的目的。IGBT 快速接通和关断有利于提高工作频率，减小开关损耗，但在大电感负载下 IGBT 的开关频率不宜过大，因为高速接通和关断时会产生很高的尖峰电压，极有可能造成 IGBT 或其他元器件被击穿。采用 100μF 无极性电容的目的是过滤尖峰电压，并能延长晶体管的导通和关断时间，提高开启和关闭的可靠性。

100μF 电容是一个非常重要的器件，主要用于充电延时。当系统启动，芯片开始工作时，由于 IGBT 集电极 C 端的电压远远大于 7V，若没有 100μF 电容，则会错误地发出短路故障信号，使输出直接关断。当芯片正常工作后，假使集电极的电压瞬间升高，随后立刻恢复正常，若没有 100μF 电容，也会发出错误的故障信号，使 IGBT 误关断。但是该电容过大会使系统反应变慢，并且在饱和情况下，也可能使 IGBT 在延时期间被烧坏，起不到正确的保护作用。

在集电极检测电路中用二极管 D3、D5，能够反向耐压，从而提高驱动电压等级。$R_4$、$R_{10}$ 和 $C_{46}$ 起到对故障信号放大和滤波的作用，当有干扰信号时，能让微机正确接受信息。输出电压 $V_{OUT}$ 经过两个快速晶体管推挽输出，使驱动电流最大能达到 20A，从而能够快速驱动 1700V、200~300A 的 IGBT。

### 9. CAN 总线通信电路

CAN 总线通信电路采用高速 CAN 总线通信物理层，使用 NXP 公司的 PCA82C250T/YM 总线驱动器，并采用 250kbit/s 的通信速度。CAN 总线通信电路原理图如图 5-20 所示，$R_{11}$ 为终端电阻（120Ω），用于阻抗匹配，主要匹配信号源和传输线之间的阻抗，终端电阻 $R_{11}$ 吸收传输信号能量，实现传输信号能量极少反射，避免振荡；减少噪声，降低辐射，防止过冲。在串联应用情况下，串联的终端电阻和信号线的分布电容与后级电路的输入电容组成 RC 滤波器，削弱信号边沿的陡峭程度，防止过冲。在整个电路中，CAN 的发送和接收都采用光电隔离进行保护，其好处在于电路出现故障时，外部高压短路可被光电隔离芯片分割，从而保护了内部电路，使 ECU（DSP）端子免受损坏（烧毁）。CAN 发送通过光电隔离将 3.3V 范围内的电平信号，变成 5V 范围内的电平信号；CAN 接收通过光电隔离将 5V 范围内

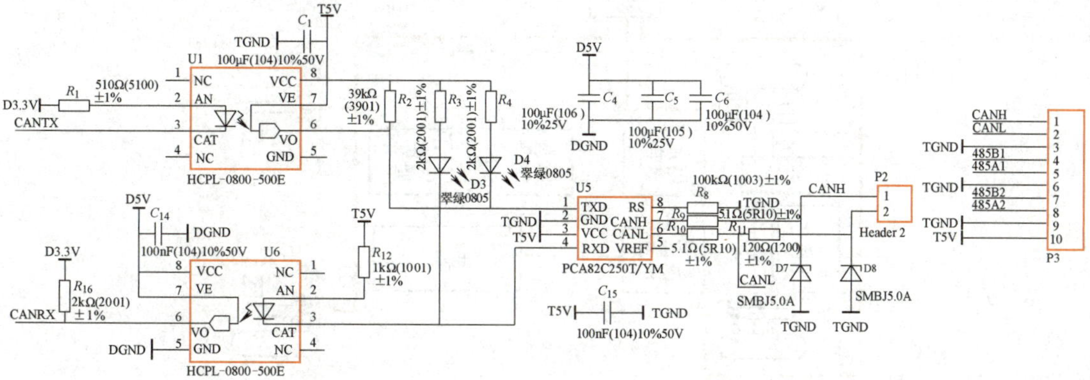


图 5-20　CAN 总线通信电路原理图

的电平信号变成 3.3V 的电平信号。D7 与 D8 两个二极管的作用是稳压，从而保护 ECU（DSP）免受损坏。

### 5.1.2 再生制动控制系统

电动汽车再生制动控制系统是电动汽车能量管理系统的一个重要组成部分，其主要功能是将汽车在制动过程中产生的动能转化为电能并储存于电池中，以增加电池的能量储备，提高电动汽车的续驶里程。在制动过程中，再生制动控制系统会对电机进行控制，使它成为一个发电机，从而将车辆的动能转化为电能，并通过逆变器将电能存储于电池中。再生制动控制系统主要包括以下组成部分：

**（1）制动踏板传感器** 用于检测驾驶人踩下制动踏板的动作，并将信号发送给车载 ECU。

**（2）电机控制器** 控制电机的转速和输出电流，使它成为发电机，将车辆动能转化为电能。

**（3）DC/DC 变换器** 将高压直流电转换为低压直流电，以供车载电子设备使用。

**（4）能量回收系统** 将电动汽车制动时产生的电能回收并储存于电池中。

**（5）再生制动系统** 可以根据车速和制动力度来调节电机反向运行力度和时间，以实现更精准和可靠的制动效果。

**（6）电池管理系统** 用于监测和管理电池的状态，包括电池的充电状态、电压、温度等，以保证电池的安全和使用寿命。

再生制动控制系统的结构如图 5-21 所示，通过将电动汽车的动能转化为电能并储存于电池中，减少摩擦制动器的使用，提高能量利用效率，延长电动汽车的续驶里程。在汽车行驶过程中，当制动踏板被踩下时，电机控制器会收到信号，立即切断电机的电源，同时将电机切换为发电模式。

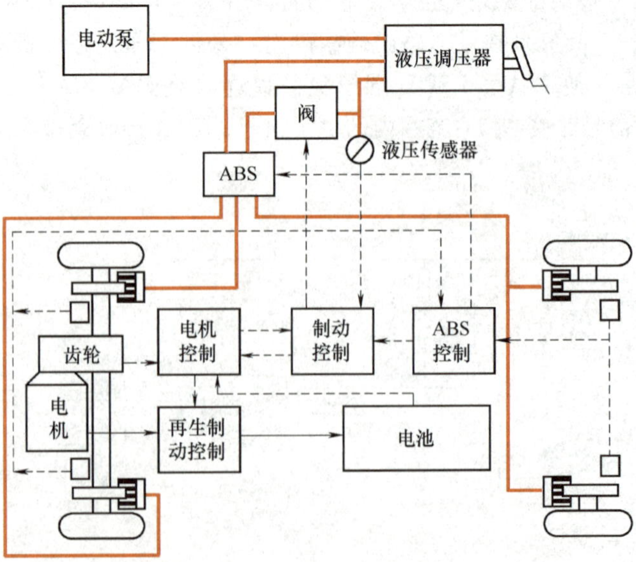


图 5-21 再生制动控制系统的结构

电动汽车再生制动控制系统会将电机设置为发电模式，产生反向电流，并将其转化为电能，储存于电池中。同时，转矩传感器会监测车轮的转矩变化，控制电机转矩输出，以控制车辆的制动力度，保证车辆平稳制动。电池管理系统会监测电池的电量和温度等参数，以保证电池的安全和稳定工作。当电池的电量达到一定程度时，再生制动控制系统会自动停止回收能量，以防止电池过充电和损坏。再生制动所产生的电能较小，因此一般再生制动只能提供汽车总能量10%~30%的回收效率，但对于一些混合动力电动汽车，再生制动能够提供更高的能量回收效率。

除了在制动过程中回收能量，再生制动控制系统还可以在车辆减速和行驶时进行能量回收。例如，在车辆减速时，系统可以控制电机逆向运行，将车辆的动能转化为电能并储存于电池中。在车辆行驶过程中，当电机转速高于车辆行驶速度时，也可以将电机设置为发电模式，将多余的电能回收并储存于电池中，以提高能量利用效率，延长电动汽车的续驶里程。

### 5.1.3　电动助力转向控制系统

电动助力转向控制系统（EPS）是由转向电动机、转向力矩传感器、转向控制单元及功率放大模块（未画出）组成，如图5-22所示。转向控制单元根据各传感器输出信号计算所需的转向助力，并通过功率放大模块控制转向电动机的转动，电动机的输出经过减速机构降速增矩后驱动齿轮齿条机构产生相应的转向控制助力。

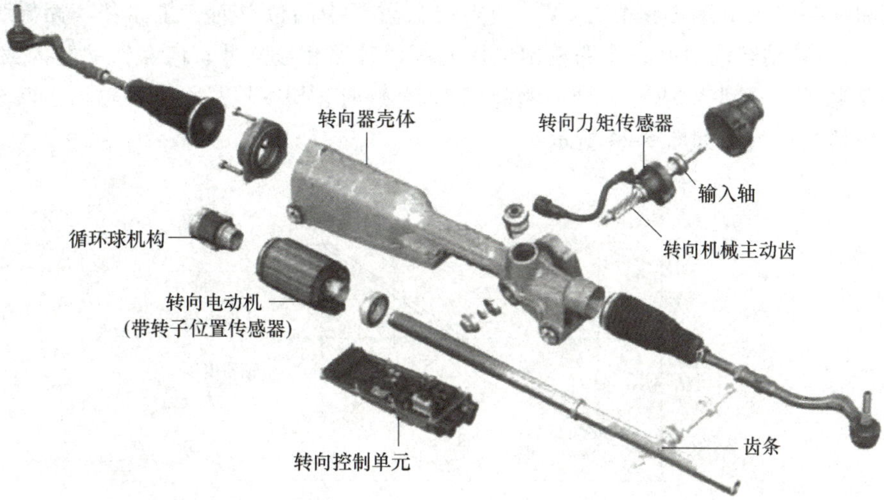


图5-22　电动助力转向控制系统

#### 1. 转向电动机

转向电动机是电动助力转向控制系统的核心部件，其作用是提供转向助力。安装在转向器上的电动机总成由一个蜗杆、一个蜗轮和一个直流电动机组成。当蜗杆与安装在转向器输出轴上的蜗轮啮合时，能降低电动机转速并把输出力矩传递给输出轴。

#### 2. 转向力矩传感器

转向力矩传感器由两个带孔圆环、线圈、线圈盒及电路板组成。它获得转向盘操作力大小和方向的信号，并把它们转换为电信号传递给转向控制单元。两个带孔圆环分别安装在输出轴和输入轴上。当输入轴相对输出轴转动时，电路板计算输入轴相对输出轴的旋转方向和旋转量。当转向盘被转动时，转矩传递给扭力杆，输入轴和输出轴之间出现角度偏差，电路板检测角度偏差及方向，通过计算得到转矩大小和方向并转换为电压信号传递给转向控制单元。

### 3. 转向控制单元

转向控制单元是电动助力转向控制系统的中枢控制器。它负责处理转向相关传感器的信号，计算转向电动机的输出力矩，并向转向电动机发送控制信号。

起动开关置于 ON 档时，EPS 控制器收到起动信号，可以开始工作，此时车速为零，驾驶人转动转向盘时，转向电动机以最大助力输出。随着车速提升，EPS 控制器根据自身标定的输出助力曲线，实时调整转向电动机的输出力矩，保证驾驶人在任何车速下都能获得最佳的转向助力，即低速时转向轻便，高速时转向稳重。如果车辆在行驶过程中由于故障而导致转向助力失效，驾驶人仍然可以自行操作转向盘，不会出现转向机构卡死的现象。转向助力控制流程如图 5-23 所示。

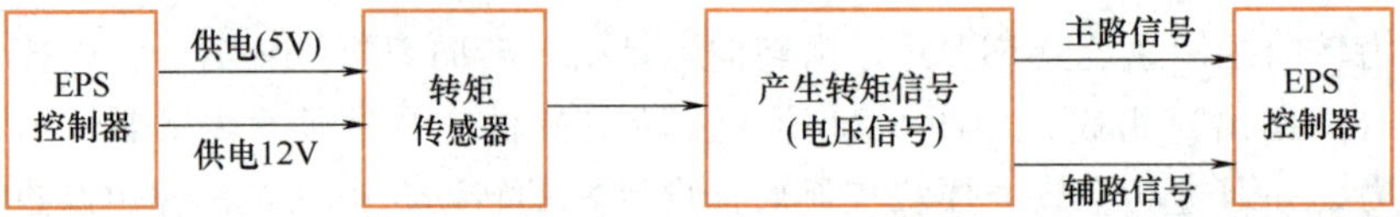


图 5-23　转向助力控制流程

主路和辅路输出电压之和恒为 5V。当转向盘置于中间位置时，主路和辅路输出电压各为 2.5V；向右转动转向盘时，主路输出电压升高，辅路相应降低；向左转动转向盘则相反。当任意一路电压升高到 3.5V（另外一路降到 1.5V）时，EPS 以最大助力输出。转矩传感器主路、辅路信号电气图如图 5-24 所示。

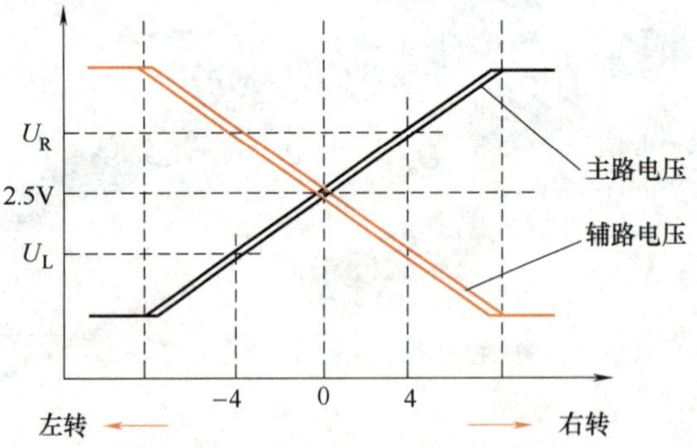


图 5-24　转矩传感器主路、辅路信号电气图

## 5.2 电控系统检测

### 5.2.1 电机控制器检测

读取电机故障码进行故障区域划定，通过数据流监测获得电机的电流、电压、转速等信息，以判断电机控制器是否正常，也可通过环路测试检查电机控制器的电路和连接，以判断

是否存在断路、短路及接触不良等问题，下面介绍详细的检测方法。

### 1. 外观检查

首先检查电机控制器外壳是否完整，有无裂纹、变形、磨损等现象。特别是在电机控制器受到碰撞或其他机械力的情况下，需要格外注意电机外壳是否损坏。之后，检查电机控制器散热器的散热鳍片是否完整，有无腐蚀、锈迹等情况。如果散热不良，会导致电机控制器温度升高，影响其性能和使用寿命。同时，还需要检查电缆和插头是否完好，有无变形、裂纹、松动等情况，特别是经常使用的接口部分。此外，还要检查电机控制器的标贴和标识是否清晰、有无磨损，以及标识和实际性能是否相符。

### 2. 连接检查

由于电机控制器内部的连接涉及电缆、接头、插头等，需要检查电缆的固定是否牢固，有无拉伸、断裂、开裂、磨损等情况；检查接头和插头是否连接牢固，有无松动、脱落、氧化等情况，特别是在振动较大的环境中；检查焊接点是否牢固，有无开裂、烧焦、氧化等情况；检查电机控制器外部与整车控制器、电流采样传感器、位置信号传感器的连接线路有无拉伸、断裂、开裂、磨损等情况。电机控制器与外部器件的连接示意图如图5-25所示。

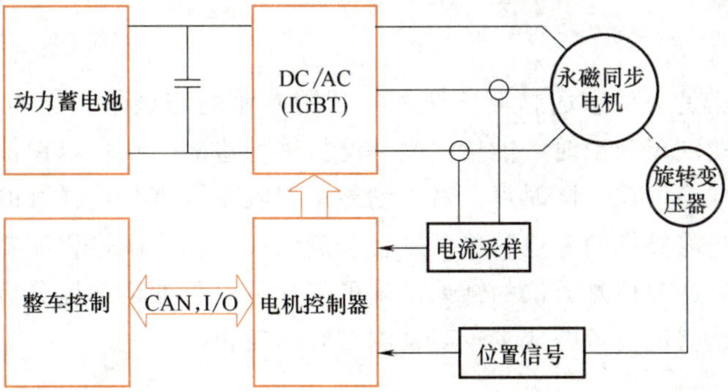


图5-25 电机控制器与外部器件的连接示意图

### 3. 功能测试

对于电机控制器的功能测试，应使用专业测试设备或者通过实际控制电机进行，需要测试以下项目：

**(1) 加速** 检查电机控制器的加速性能是否正常，包括电机的起动时间、加速度、加速时间等。

**(2) 制动** 检查电机控制器的制动性能是否正常，包括制动距离、制动时间等。

**(3) 转向** 检查电机控制器的转向性能是否正常，包括转向平稳性、转向力度等。

**(4) 转速** 检查电机控制器的转速控制性能是否正常，包括转速响应时间、转速波动等。

**(5) 负载能力** 检查电机控制器的负载能力是否正常，包括负载的稳定性和承受能力等。

以上测试需要根据具体的电机控制器型号、规格和要求进行，测试时需要注意安全，同时进行记录和数据分析，并根据测试结果进行修理、更换或升级。

总体来说，电机控制器的检测应综合考虑外观、连接、电路和功能等方面，需要专业的测试仪器和技能，确保电机控制器的性能和安全。在实际应用中，需要定期检测和维护电机控制器，以延长其使用寿命并确保电机系统的稳定性和安全性。

### 5.2.2 制动能量回收系统检测

电动汽车的制动能量回收是一项重要的技术，它能够将制动能量转化为电能并存储于电池中，以提高车辆的续航能力和能源利用效率。在电动汽车制动能量回收系统的设计、制造和维护过程中，需要进行严格的检测和测试，以确保其性能和安全。下面介绍电动汽车制动能量回收系统的检测方法。

#### 1. 道路测试法

道路测试法是一种常用的检测方法，通过在实际道路上进行测试，可以监测电动汽车在制动过程中的能量回收情况。测试时，需要选取一个安全的测试路段和测试条件，确保测试过程不会影响其他车辆和行人的安全。

测试数据可以通过车载监控系统或数据记录仪进行记录和分析，从而获取电动汽车在不同速度和制动力下的能量回收效率。这种检测方法的结果具有可靠性和实际性，但是测试过程受到外部条件的影响较大，可能会产生一些误差。

#### 2. 动力学台测试法

动力学台测试法是一种室内检测方法，它利用专业的测试平台模拟道路行驶和制动过程，并可以监测电动汽车制动时的能量回收情况。这种检测方法可以模拟各种路况和行驶情况，测试数据更加准确可靠，同时可以对制动能量回收系统进行更详细的分析和测试。

动力学台测试法需要借助专业的测试平台和测试仪器，测试过程需要按照一定的步骤由专业人员进行操作。这种检测方法的结果准确可靠，可以更加详细地分析制动能量回收系统的性能和故障，但是测试设备的成本较高，测试时间较长。

#### 3. 电气参数测试法

电气参数测试法是一种比较直接的检测方法，它通过检测制动能量回收系统的电气参数，如电流、电压、功率等来评估其性能。测试可以通过专业的测试仪器进行，测试数据更加准确可靠，同时可以帮助确定制动能量回收系统的具体故障。

电气参数测试法的优点是测试过程简单直接，测试结果具有可靠性和准确性，缺点是无法直接模拟道路实际情况，测试结果可能存在误差。

在进行电动汽车制动能量回收系统的检测时，需要注意以下内容：

**（1）检测前准备** 在进行任何测试前，应确保电动汽车制动能量回收系统的状态良好，包括电池电量、电机运行状态、制动系统状态等，需要根据实际情况选择合适的测试方法和测试条件。

**（2）测试数据采集** 在进行测试时，需要使用专业的测试仪器和数据采集系统，以确保测试数据的准确性和可靠性。测试数据应包括电动汽车在不同速度和制动力下的能量回收效率、电气参数等。

**（3）测试结果分析** 在获得测试数据后，需要对测试结果进行分析和评估，以确定制动能量回收系统的性能和故障情况。分析过程应包括数据处理、结果分析和故障诊断等。

**（4）故障排除** 如果在测试过程中发现制动能量回收系统存在故障或问题，应及时进行排查和修复，需要根据具体情况选择合适的修复方法和技术，以保证电动汽车制动能量回收系统正常运行。

总之，电动汽车制动能量回收系统是电动汽车的重要组成部分，需要进行严格的检测，以确保其性能和安全。在进行检测时，需要选择合适的方法和条件，并使用专业的测试仪器和数据采集系统，以获取准确可靠的数据。结果应经过分析和评估，以便及时发现和解决问题，确保电动汽车正常运行。

### 5.2.3　电动助力转向系统检测

#### 1. 检测标准

对于电动助力转向系统，应根据 GB/T 15746—2011《汽车修理质量检查评定方法》进行检测，并对检测结果进行评价和判定。在进行电动助力转向控制系统的检测时，需要注意以下内容：

1）安全第一。在检测过程中，需要保证工作环境安全，避免人员受到伤害和车辆损坏。

2）操作规范。检测人员需要熟练掌握操作技能，规范操作流程，避免操作失误。

3）工具准确。检测工具需要准确可靠，确保检测结果的准确性。

4）检测条件。检测条件需要符合标准要求，如温度、湿度等条件需要符合相关标准规定。

5）维护保养。电动助力转向系统需要定期维护保养，避免因长期使用而导致零部件老化、磨损等问题。

#### 2. 检测项目

**（1）故障码扫描**　使用 OBD 扫描工具连接车辆的诊断接口，读取电动助力转向系统的故障码。

**（2）角度传感器校准**　进行转向盘角度传感器的校准，确保转向盘角度与车辆轮胎的实际转向一致。

**（3）电流和电压测量**　使用合适的测量设备检测电动助力转向系统的电流和电压，确保系统工作在正常范围内。

**（4）转向助力力度测试**　在安全条件下，测试电动助力转向系统在不同速度下的力度和响应，确保它能够提供适当的助力力度。

**（5）故障仿真测试**　使用专业的设备模拟不同的驾驶情况和故障情景，验证系统的响应和安全性能。

**（6）通信测试**　检查电动助力转向系统与车辆其他部分的通信是否正常，确保信息传递顺畅。

**（7）系统噪声检测**　在汽车低速行驶时，注意电动助力转向系统是否存在异常的噪声或振动，以检测潜在问题。

**（8）动态行驶测试**　在合适的道路条件下进行动态行驶测试，以评估电动助力转向系统在不同驾驶情况下的表现。

## 5.3 电控系统维修

### 5.3.1 IPM 故障

控制器内部的智能功率控制模块（Inverter Power Module，IPM）是电动汽车电机驱动控制系统中的一个重要组成部分，它一般包括驱动电路（由 MOSFET、IGBT 等组成）、电流传感器、温度传感器、保护电路、隔离电路和驱动电路等，主要控制电机的转速和转矩。IPM 故障主要体现在以下方面：

**（1）失去动力或动力不足** IPM 负责将电池电压变换为交流电供应给电机，当 IPM 出现故障时，电动汽车可能会失去动力或者严重动力不足。

**（2）电机运行异常** IPM 出现故障，会导致电机的电流和电压不稳定，表现为电机振动、异响、转速波动等。

**（3）控制系统故障提示** 电动汽车的控制系统会通过传感器来监测 IPM 的工作状态，当 IPM 出现故障时，会出现相应的故障警告信息。

当 IPM 因过热、过电压或过电流、湿度或腐蚀、振动或冲击产生故障时，需要及时进行维修和更换，避免影响电动汽车的正常工作和驾驶安全。IPM 故障维修主要包括以下步骤：

**（1）故障检测** 如果电动汽车出现异常现象，如电机转速降低、动力下降、车辆抖动等，可能是 IPM 出现了故障。此时需要使用电动汽车诊断仪等设备对 IPM 进行故障检测，以确定 IPM 是否存在故障。

**（2）拆卸 IPM** 如果确定 IPM 存在故障，需要从电动汽车上拆下 IPM，以便进行维修。IPM 的拆卸需要按照相关操作规程进行，以避免对其他部件造成损坏。

**（3）检查 IPM** 拆下 IPM 后，需要对其进行外观检查，包括是否有焊点脱落、器件损坏等问题。同时还需要进行电路测试，检查 IPM 是否存在短路、断路等问题。

**（4）更换故障部件** 如果 IPM 中的某个功率半导体器件出现故障，需要对它进行更换，应使用专业的工具和设备，如焊接工具、热风枪等。

**（5）校准 IPM** 在更换故障部件后，还需要对 IPM 进行校准。IPM 的校准需要使用专业的设备和工具，如电动汽车诊断仪、电流表等。校准过程主要包括设置 IPM 的输出参数，确保 IPM 的输出与电机的需求相匹配。

**（6）安装 IPM** 校准完成后，需要将 IPM 重新安装在电动汽车上，并进行相关的测试和校准。安装 IPM 需要按照相关操作规程进行，以保证 IPM 与其他部件的连接和配合良好。

**（7）测试 IPM** 安装完成后，还需要进行 IPM 的测试。测试过程主要包括静态测试和动态测试。静态测试主要检查 IPM 的电路连接是否正确，有无短路、断路等问题。动态测试则需要对 IPM 进行转速、转矩、温度等参数的测试，以保证 IPM 正常工作。为了防止 IPM 再次出现故障，需要采取一些预防措施。例如，增加散热措施，保持 IPM 的温度在安全范围内；做好防水工作，避免水分进入 IPM 导致损坏；定期检查 IPM，发现问题及时处理；提高驾驶人的安全意识，避免操作不当导致 IPM 故障。

## 5.3.2 电压保护故障

电动汽车电池组的电压一般在300V以上，如果电池组的电压过高或过低，会导致电子控制器无法正常工作，从而影响电动汽车的性能和安全。

### 1. 电动汽车电压保护故障的主要原因

电动汽车电压保护故障的主要原因包括以下五点：

**(1) 电池组电压过高或过低** 电动汽车电池组的电压过高或过低，均会导致电子控制器无法正常工作。电池组电压过高会导致电子控制器过载，过低会导致电子控制器无法正常工作。

**(2) 充电或放电系统故障** 电动汽车的充电或放电系统出现故障，如充电机故障、充电插座故障、放电插座故障等，会导致电动汽车电压保护故障的发生。

**(3) 电子控制器故障** 电动汽车的电子控制器出现故障，如电子控制器过热、电子控制器损坏等，会导致电动汽车电压保护故障的发生。

**(4) 极端温度下使用电动汽车** 在极端温度下使用电动汽车，如极寒或高温环境，电池组的性能会受到影响，从而导致电动汽车电压保护故障的发生。

**(5) 长时间不使用电动汽车** 长时间不使用电动汽车，电池组的电量会下降，甚至耗尽，导致电动汽车无法正常起动。

### 2. 电动汽车电压保护故障的排除方法

对于电动汽车电压保护故障的排除方法，需要根据具体情况来确定。一般来说，如果发现电动汽车出现电压保护故障，需要立即停车并进行检查。如果是因为电池组的电压过高或过低，需要对电池组进行维修或更换。如果是因为充电或放电系统故障，需要维修或更换相关设备。如果是因为电子控制器故障，需要维修或更换电子控制器。此外，还需要遵守电动汽车的使用规范，注意电动汽车充电、放电和使用安全。电动汽车电压保护故障的预防也是非常重要的，以下是一些预防措施：

**(1) 定期检查电池组电压** 定期检查电池组电压，可以及时发现电池组电压过高或过低的情况，从而采取相应方法进行处理。

**(2) 定期维护充电或放电系统** 定期对电动汽车的充电或放电系统进行维护，可以及时发现故障并进行修复，从而避免电压保护故障的发生。

**(3) 定期检查电子控制器** 定期检查电子控制器的工作情况，可以及时发现故障并进行修复，从而避免电压保护故障的发生。

**(4) 遵守使用规范** 遵守电动汽车的使用规范，包括充电、放电和使用安全等方面，可以有效预防电压保护故障的发生。

**(5) 正确使用电动汽车** 正确使用电动汽车，包括在极端温度下使用电动汽车、长时间不使用电动汽车等方面，可以有效预防电压保护故障的发生。

### 3. 电动汽车电压保护故障的维修策略

电动汽车电压保护故障是一种比较常见的故障，对于这种故障的处理，需要综合考虑各种因素，从而确保电动汽车的安全和稳定性。

电动汽车电压保护故障可能是由多种因素引起的，包括电池组问题、充电或放电系统问题、电子控制器问题及其他部件问题等。因此，在进行电动汽车电压保护故障的维修时，需要针对具体情况进行分析并做综合考虑。

**（1）电池组问题** 电池组是电动汽车的重要组成，如果电池组存在问题，可能会导致电压过高或过低的故障。例如，如果电池组中的某个单体电池失效或损坏，就会导致电压不稳定或电压过低。在这种情况下，需要更换电池组或已损坏的单体电池，以恢复电动汽车的正常运行。

**（2）充电或放电系统问题** 充电和放电系统也是电动汽车的重要组成，如果充电或放电系统存在问题，可能会导致电压保护故障。例如，如果电动汽车的充电系统发生故障，则可能导致电池组充电不足或充电过度，从而引起电压保护故障。在这种情况下，需要检查充电系统的电源、充电电路、充电控制器等部件，找出故障原因，以便及时修复或更换故障部件。

**（3）电子控制器问题** 电子控制器是电动汽车的重要控制部件，负责管理和控制电动汽车的各项功能。如果电子控制器出现问题，可能会导致电动汽车的电压保护故障。例如，如果电子控制器的电压保护功能失效，则可能导致电压过高或过低的故障。在这种情况下，需要更换电子控制器或修复电子控制器的电压保护功能，确保电动汽车安全运行。

**（4）其他部件问题** 除了上述部件，电动汽车的其他部件也可能对电压保护产生影响。例如，电机、传动系统等部件发生故障，都可能导致电压保护故障。在这种情况下，需要检查相关部件的工作状态，找出故障原因，以便采取相应的维修措施。

总之，对于电动汽车电压保护故障的维修，需要针对具体情况进行综合考虑，采取相应的维修措施。在进行维修前，需要先对电动汽车进行全面的故障诊断，找出故障原因。通常可以通过检查电动汽车的故障码、传感器数据及电压表等工具进行故障诊断。如果电动汽车的电压保护故障是由电池组问题引起的，需要更换电池组或已损坏的单体电池，以恢复电动汽车的正常运行。在更换电池组或单体电池时，需要注意电池组的类型和规格，确保新电池与原电池兼容，并符合电动汽车的工作要求。如果电动汽车的电压保护故障是由充电或放电系统问题引起的，需要检查充电电源、充电电路、充电控制器、放电电路、放电控制器等部件，并找出故障原因。在修复或更换故障部件时，需要注意部件的类型和规格，确保新部件与原部件兼容，并符合电动汽车的工作要求。如果电动汽车的电压保护故障是由电子控制器问题引起的，需要更换电子控制器或修复电子控制器的电压保护功能。在更换电子控制器时，需要注意控制器的类型和规格，确保新控制器与原控制器兼容，并符合电动汽车的工作要求。在修复电子控制器的电压保护功能时，需要进行专业的维修和检测，确保修复后的控制器能够正常工作。

电动汽车电压保护故障的维修要求具备一定的专业知识和技能，因此建议将维修工作交由专业的电动汽车维修机构或技术人员进行。在维修电动汽车的电压保护故障时，需要确保安全第一，并遵循相关的操作规程和维修流程。

### 5.3.3 档位故障

电动汽车的档位故障可能涉及多个系统和部件，包括传感器、电机控制器、变速器、传动系统、线路和电源等。因此，维修时需要对这些系统和部件进行逐一检查和测试，以确定可能的故障原因，并实施相应的维修操作。下面介绍一些常见的电动汽车档位故障及其维修方法。

**（1）档位显示不正确**　如果电动汽车的档位显示不正确，可能是因为传感器损坏、线路连接松动或损坏、控制器故障等问题。此时，需要对传感器、线路和控制器进行检查和测试，以确定具体的故障原因，并采取相应的维修措施。例如，如果是传感器损坏，需要更换传感器或进行修复；如果是线路连接松动或损坏，需要重新连接或更换线路；如果是控制器故障，需要更换控制器或进行修复。

**（2）档位无法切换**　如果电动汽车的档位无法切换，可能是因为传感器失灵、电机控制器故障、变速器或传动系统异常等问题。此时，需要对传感器、电机控制器、变速器和传动系统进行全面的检查和测试，以确定具体的故障原因，并采取相应的维修措施。例如，如果是传感器失灵，需要更换传感器或进行修复；如果是电机控制器故障，需要更换控制器或进行修复；如果是变速器或传动系统问题，需要进行维修或更换。

**（3）档位切换困难**　如果电动汽车的档位切换困难，可能是因为变速器或传动系统异常、传感器精度、电机控制器故障等问题。此时，需要对变速器、传动系统、传感器和电机控制器进行检查和测试，以确定具体的故障原因，并采取相应的维修措施。例如，如果是变速器或传动系统异常，需要进行维修或更换；如果是传感器精度问题，需要调整传感器精度；如果是电机控制器故障，需要更换控制器或进行修复。

**（4）档位滑动**　如果电动汽车的档位在行驶中出现滑动现象，可能是因为变速器或传动系统异常、离合器故障、线路故障等问题。此时，需要对这些部件或系统进行逐一检查和测试，以确定具体的故障原因，并采取相应的维修措施。例如，如果是变速器或传动系统异常，需要进行维修或更换；如果是离合器故障，需要更换离合器；如果是线路故障，需要重新连接或更换线路。

**（5）档位卡住**　如果电动汽车的档位卡住，可能是因为传感器损坏、电机控制器故障、变速器或传动系统异常等问题。此时，需要对传感器、电机控制器、变速器和传动系统进行全面的检查和测试，以确定具体的故障原因，并采取相应的维修措施。例如，如果是传感器损坏，需要更换传感器或进行修复；如果是电机控制器故障，需要更换控制器或进行修复；如果是变速器或传动系统异常，需要进行维修或更换。

**（6）档位异响**　如果电动汽车的档位出现异响，可能是因为变速器或传动系统异常、离合器故障等问题。此时，需要对变速器、传动系统、离合器进行检查和测试，以确定具体的故障原因，并采取相应的维修措施。例如，如果是变速器或传动系统异常，需要进行维修或更换；如果是离合器故障，需要更换离合器。

在进行电动汽车档位故障的维修时，需要使用专业的工具和设备，并遵循相关的安全规范和操作流程。建议将维修工作交由经验丰富的电动汽车维修技术人员或专业机构来完成，以确保维修的质量和效果。同时，定期对电动汽车进行维护保养，可以有效减少故障的发生和维修成本。

### 5.3.4　缺相故障

电动汽车的缺相故障是指电机中的一相或多相电路中出现故障或断路的情况。如果出现缺相故障，会导致电动汽车失去一定的动力，可能出现电机加速度不足、车速下降、转矩减小、噪声变大等问题，甚至会对电机和电控系统造成严重损坏。电动汽车缺相故障的主要原因如下：

1）电机绕组中的一相或多相出现断路，导致电流无法正常流通。

2）电机控制器中的相位逆序或出现故障，导致电流流向错误的电机绕组。

3）电池组中某个单体电池出现故障，导致整个电池组的电压不足或不稳定，从而引起电机缺相。

4）电机连接线路中的接触不良或线路断路，导致电流无法正常流通。

针对不同的缺相故障原因，可以采取对应的维修措施：

1）对于电机绕组中的断路，需要对电机进行拆卸和检查，以确定断路位置并进行修复或更换。

2）对于电机控制器中的相位逆序或故障，需要对控制器进行检查和测试，以确定具体的故障原因，并进行相应的修复或更换。

3）对于电池组中某个单体电池出现故障的情况，需要对单体电池进行检查和测试，以确定具体的故障原因，并进行相应的修复或更换。

4）对于电机连接线路中的接触不良或线路断路，需要对线路进行检查和测试，以确定具体的故障原因，并进行相应的修复。

### 5.3.5 控制器保护锁死故障

当电动汽车中的控制器出现保护锁死故障时，控制器会停止电机运转，从而避免电机和控制器进一步损坏。这种保护措施在控制器内部设置了一个逻辑电路，如果控制器检测到电机、电池、控制器自身等方面出现故障，就会触发保护锁死功能，从而防止进一步损坏。在保护锁死状态下，电动汽车无法起动或移动，显示仪表会显示相关的故障码或警告信息，以提示驾驶人故障发生的原因。

造成保护锁死故障的原因可能有多种，包括电池电压不稳定、电机过载、控制器内部元件损坏或过热等。在实际应用中，控制器保护锁死故障的具体表现也可能会因车型、控制器型号和故障类型等因素而有所不同。

对于保护锁死故障，需要进行故障排除和维修。首先需要使用诊断工具读取控制器的故障码或警告信息，并根据故障码或警告信息定位故障的根本原因。例如，如果是因为电池电压不稳定而导致的保护锁死故障，需要检查电池电压和电池连接器，以确保其稳定和可靠。如果是因为电机过载导致的保护锁死故障，需要检查电机的负载和电机控制器的电流保护设置，以确保其正常运行。之后，可以根据故障类型进行相应的维修或部件更换，如换电池、更换电机或更换控制器内部的故障元件。

## 思考题

1. 电动汽车的电控系统包括哪些主要组件和功能？
2. 电机驱动控制系统出现问题时，如何检查和修复？
3. 如何解析旋变信号？
4. 电动汽车的电控系统与其他系统进行通信，如何处理与这些系统的互联性问题？
5. 如何应对紧急电控系统故障？如制动系统或驱动系统的失效。

# 第6章　充电系统的检测与维修

## 6.1　充电系统的组成与原理

充电系统的作用主要是在驻车状态下为电动汽车的动力蓄电池组（以下简称电池组）提供车载充电，即将电网交流电源转换为直流电源，按照蓄电池管理系统（BMS）的要求，为电池组充电。充电系统与蓄电池管理系统进行 CAN 通信，按照蓄电池管理系统指令实现充电启停、充电电压和电流控制。充电系统具备自检、故障诊断、过温保护、过流保护、过压保护等基本功能，它主要由车载充电机、DC/DC 变换器、普通充电插头总成、充电桩专用充电插头总成和充电插座总成组成。

电动汽车传导充电接口及通信协议标准是保证电动汽车和充电基础设施互联互通的基础性标准，主要遵从 GB/T 18487.1—2023《电动车辆传导充电系统　第 1 部分：通用要求》、GB/T 20234.1—2023《电动汽车传导充电用连接装置　第 1 部分：通用要求》、GB/T 20234.2—2015《电动汽车传导充电用连接装置　第 2 部分：交流充电接口》、GB/T 20234.3—2023《电动汽车传导充电用连接装置　第 3 部分：直流充电接口》和 GB/T 27930—2023《非车载传导式充电机与电动汽车之间的数字通信协议》。

电动汽车供电设备一般按照输出电压分类，交流包括单相 220V 和三相 380V；直流包括 200~500V、350~700V、500~950V。高于 950V 的供电设备由车辆制造商和供电设备制造商协商决定。插头/插座积尘会造成电阻增加等问题。直流充电电流优选值为 80A、100A、125A、160A、200A 和 250A。长时间大电流充电会引起接口过温，产生安全隐患，因此规定在大于 16A 的场合（交流充电和直流充电），座端应设置温度监控装置，同时供电设备和车辆应具备温度监测和过温保护功能。

纯电动汽车充电系统的低压部分主要负责低压供电及控制信号。车载充电机的低压部分包括：

**（1）12V 模块供电**　供充电过程中 BMS、VCU、仪表等用电。

**（2）CAN 通信**　BMS 通过 CAN 通信控制车载充电机的工作状态。

**（3）充电接口相关低压部分**　CC 信号[1]检测充电线可耐受的电流；CP 信号[2]受电网控

[1] CC 信号，即充电连接确认信号，主要用于确认充电连接是否建立。

[2] CP 信号，即控制确认信号，主要用于交流充电桩。它是充电桩和汽车之间的唯一通信信号，通过车辆充电插座与车辆之间的通信线路，向车辆发送信号，控制电动车的充电电流。

制充电机最大功率。

**(4) DC/DC 变换器低压部分** 通过使能信号控制 DC/DC 变换器开关，提供整车低压系统用电。

电动汽车高压系统组成如图 6-1 所示。

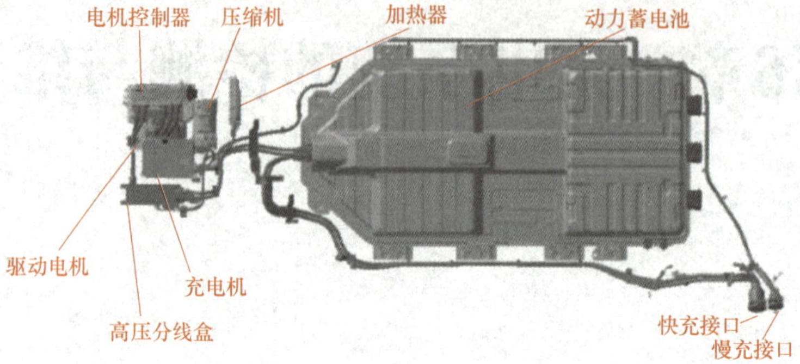


图 6-1 电动汽车高压系统组成

### 6.1.1 交流充电的结构与原理

交流充电系统又称为慢充系统，动力蓄电池的充电过程由 BMS 进行控制及保护。车载充电机的工作状态及指令均由 BMS 发出的指令控制，包括工作模式指令、动力蓄电池允许最大电压、充电允许最大电流和加热状态电流值。

采用单相电供电时，交流电网电源导体应被连至相 1（L1）和中线（N）之间，L2 和 L3 可以被留空或不连接。采用三相电供电时，交流电网电源导体应被连至相 1（L1）、相 2（L2）、相 3（L3）和中线（N）之间。交流充电供电接口如图 6-2 所示，其引脚的定义见表 6-1。

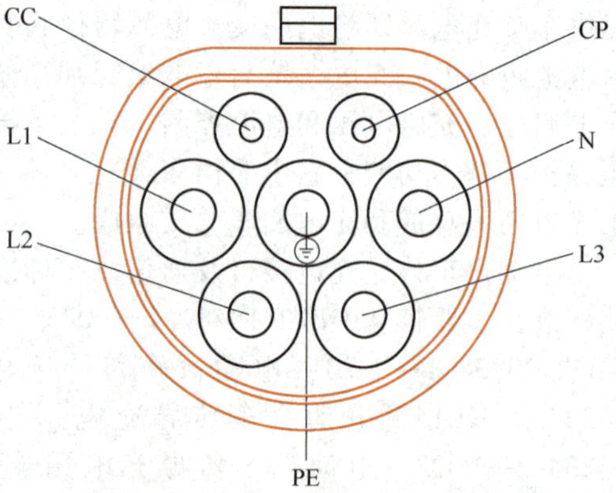


图 6-2 交流充电供电接口

**表 6-1 交流充电供电接口各引脚的定义**

| 引脚触头编号 | 标识 | 额定电压和额定电流 | 定义 |
|---|---|---|---|
| 1 | L1 | 250V,10A/16A/32A | 交流电源(单相) |
| | | 440V,16A/32A/63A | 交流电源(三相) |
| 2 | L2 | 440V,16A/32A/63A | 交流电源(三相) |
| 3 | L3 | 440V,16A/32A/63A | 交流电源(三相) |
| 4 | N | 250V,10A/16A/32A | 中线(单相) |
| | | 440V,16A/32A/63A | 中线(三相) |
| 5 | GND | — | 保护接地(PE),连接供电设备地线和车辆电平台 |
| 6 | CC | 0~30V,2A | 充电连接确认 |
| 7 | CP | 0~30V,2A | 控制导引 |

如图 6-3 所示，车辆控制装置通过测量检测点 3 与 PE 之间的电阻值来判断当前充电连接装置（电缆）的额定容量。未连接时，S3 处于闭合状态，CC 未连接，检测点 3 与 PE 之间的电阻值为∞；半连接时，S3 处于断开状态，CC 已连接，检测点 3 与 PE 之间的电阻值为 $R_C+R_4$；全连接时，S3 处于闭合状态，CC 已连接，检测点 3 与 PE 之间的电阻值为 $R_C$。交流充电控制时序图如图 6-4 所示。交流充电控制导引电路状态转换图如图 6-5 所示。

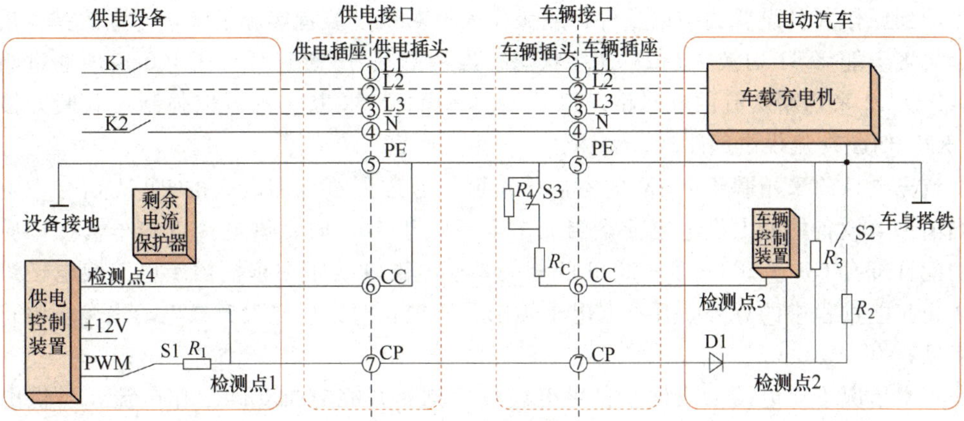


图 6-3　交流充电控制导引电路

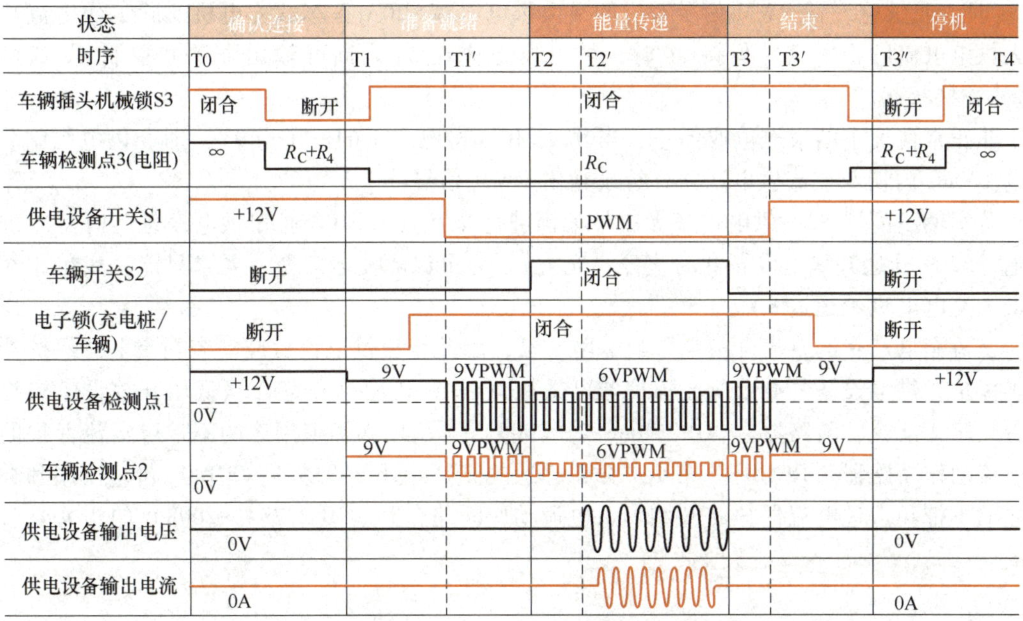


图 6-4　交流充电控制时序图

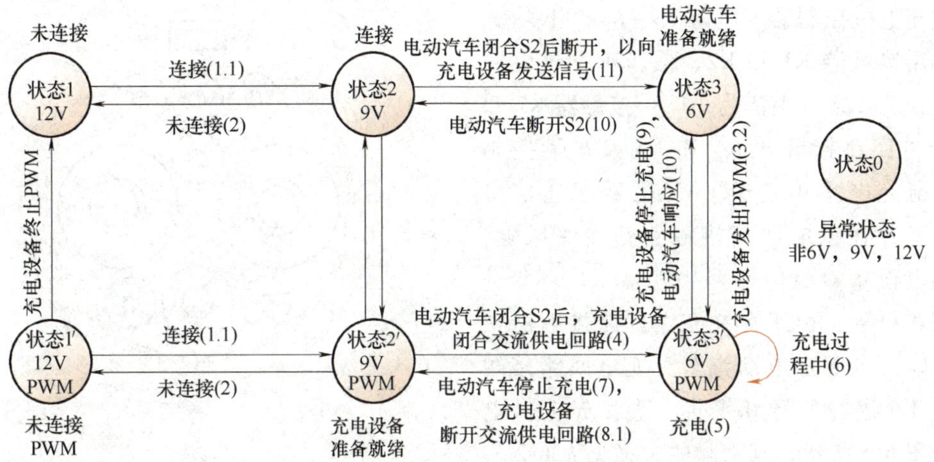


图 6-5　交流充电控制导引电路状态转换图

当达到操作人员设置的结束条件，或操作人员对供电装置实施了停止充电的指令后，供电控制装置应能将 S1 切换到+12V 连接状态，当检测到 S2 断开时，在 100ms 内通过断开接触器 K1 和 K2 来切断交流供电回路，超过 3s 未检测到 S2 断开则可以强制带载断开接触器 K1 和 K2，切断交流供电回路。

交流充电目前采用基于 PWM 的占空比映射，通过测量检测点 2 的 PWM 信号占空比来确认当前供电设备的最大供电电流，当充电电流大于 16A 时，供电接口和车辆接口应具有锁止功能且符合 GB/T 20234. 1—2023 的相关要求。供电插座和车辆插座应安装电子锁止装置，防止充电过程中的意外断开。当电子锁未可靠锁止时，供电设备或电动汽车应停止充电或不启动充电。

非正常情况下充电结束或停止：供电设备检测车载充电机实际工作电流，当供电设备 PWM 信号对应的最大供电电流≤20A 且车载充电机实际工作电流超过最大供电电流 2A 并保持 5s 时，或供电设备 PWM 信号对应的最大供电电流>20A 且车载充电机实际工作电流超过最大供电电流的 1.1 倍并保持 5s 时，供电设备应在 5s 内断开输出电源并控制 S1 切换到+12V 连接状态。

非正常情况下结束充电或停止：当 S2 断开（检测点 1 的电压为 9V）时，供电控制装置应在 100ms 内切断交流供电回路，持续输出 PWM 信号。

若车辆不配置 S2，供电设备无法与车辆进行交互（S2 闭合通知供电设备此时可以进行充电，S2 断开通知供电设备此时应停止充电），为了保障充电安全，要求只能采用单相充电且最大充电电流不超过 8A。

交流充电产生的直流分量会影响电网质量，因此交流供电设备应安装剩余电流保护器来提供保护，供电设备的剩余电流保护器可采用 A 型或 B 型，并符合《低压开关设备和控制设备　第 2 部分：断路器》（GB 14048. 2—2008）、《家用和类似用途的不带过电流保护的剩余电流动作断路器（RCCB）　第 1 部分：一般规则》（GB 16916. 1—2014）和《家用和类似用途的不带和带过电流保护的 B 型剩余电流动作断路器》（GB 22794—2008）的相关要求。

### 6.1.2　直流充电的结构与原理

直流充电安全保护系统的基本方案包括非车载充电机控制器、电阻 $R_1 \sim R_5$、开关 S、供电回路接触器 K1 和 K2、低压辅助供电回路（电压为 12V，电流为 10A）接触器 K3 和 K4、充电回路接触器 K5 和 K6 及车辆控制器。直流充电采用基于 CAN 的数字通信协议，由于存在供电回路接触器粘连的风险，要求供电设备对供电回路接触器 K1、K2 进行监测和警告；由于存在充电回路接触器粘连的风险，也要求电动汽车对充电回路接触器 K5、K6 进行监测和警告。直流充电供电接口如图 6-6 所示，其引脚的定义见表 6-2。

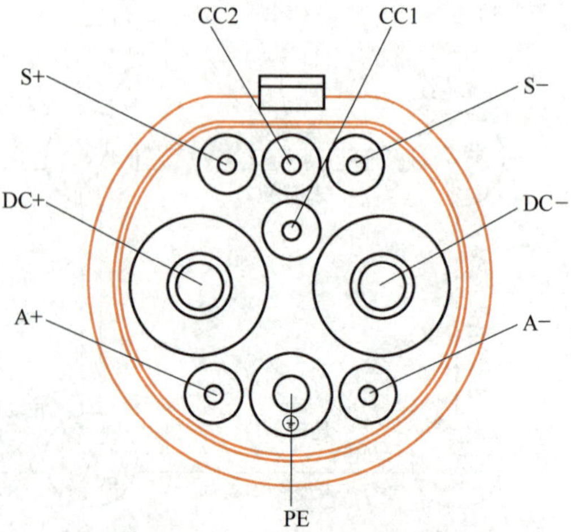


图 6-6　直流充电供电接口

表 6-2　直流充电供电接口各引脚的定义

| 引脚触头编号 | 标识 | 额定电压和额定电流 | 定义 |
|---|---|---|---|
| 1 | DC+ | 750V/100V,10A/125A/200A/250A | 直流电源(正) |
| 2 | DC− | 750V/100V,10A/125A/200A/250A | 直流电源(负) |
| 3 | PE | — | 保护接地 |
| 4 | S+ | 0~30V,2A | 充电通信 CAN_H |
| 5 | S− | 0~30V,2A | 充电通信 CAN_L |
| 6 | CC1 | 0~30V,2A | 充电连接确认 |
| 7 | CC2 | 0~30V,2A | 充电连接确认 |
| 8 | A+ | 0~30V,2A | 低压辅助电源(正) |
| 9 | A− | 0~30V,2A | 低压辅助电源(负) |

直流充电时，车辆接口应具有锁止功能且符合 GB/T 20234. 1—2023 的相关要求。车辆插头端应安装机械锁止装置，供电设备应能判断机械锁是否可靠锁止。车辆插头应安装电子锁止装置，当电子锁处于锁止位置时，机械锁应无法操作，供电设备应能判断电子锁是否可靠锁止。当机械锁或电子锁未可靠锁止时，供电设备应停止充电或不启动充电。直流充电必须安装急停装置，能够切断供电设备和电动汽车之间的能量传输，急停装置应安装在供电设备上，并具备防止人为误操作的设置。直流充电控制导引电路如图 6-7 所示。直流充电控制时序图如图 6-8 所示。

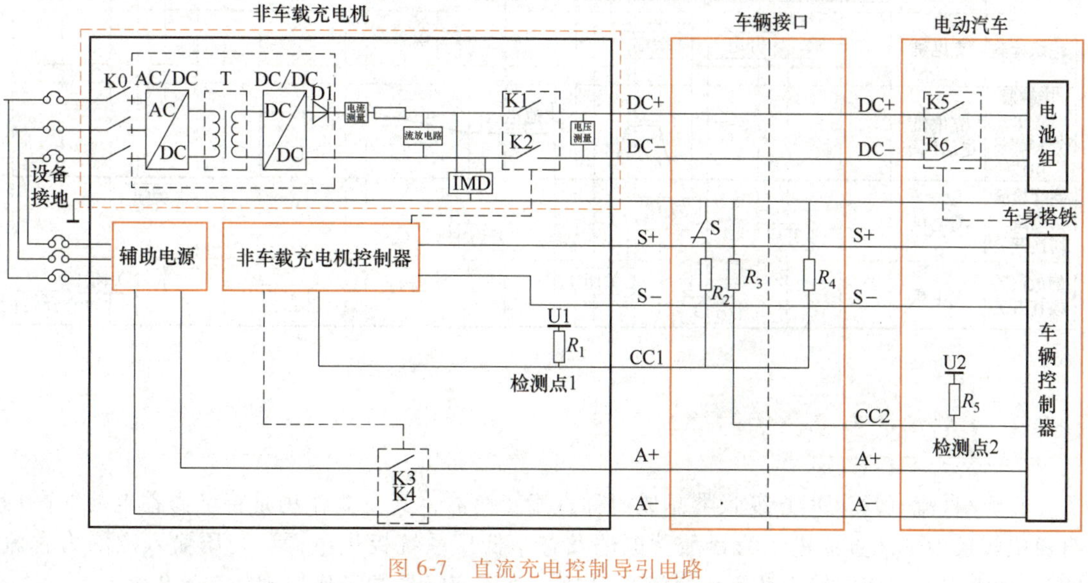


图 6-7　直流充电控制导引电路

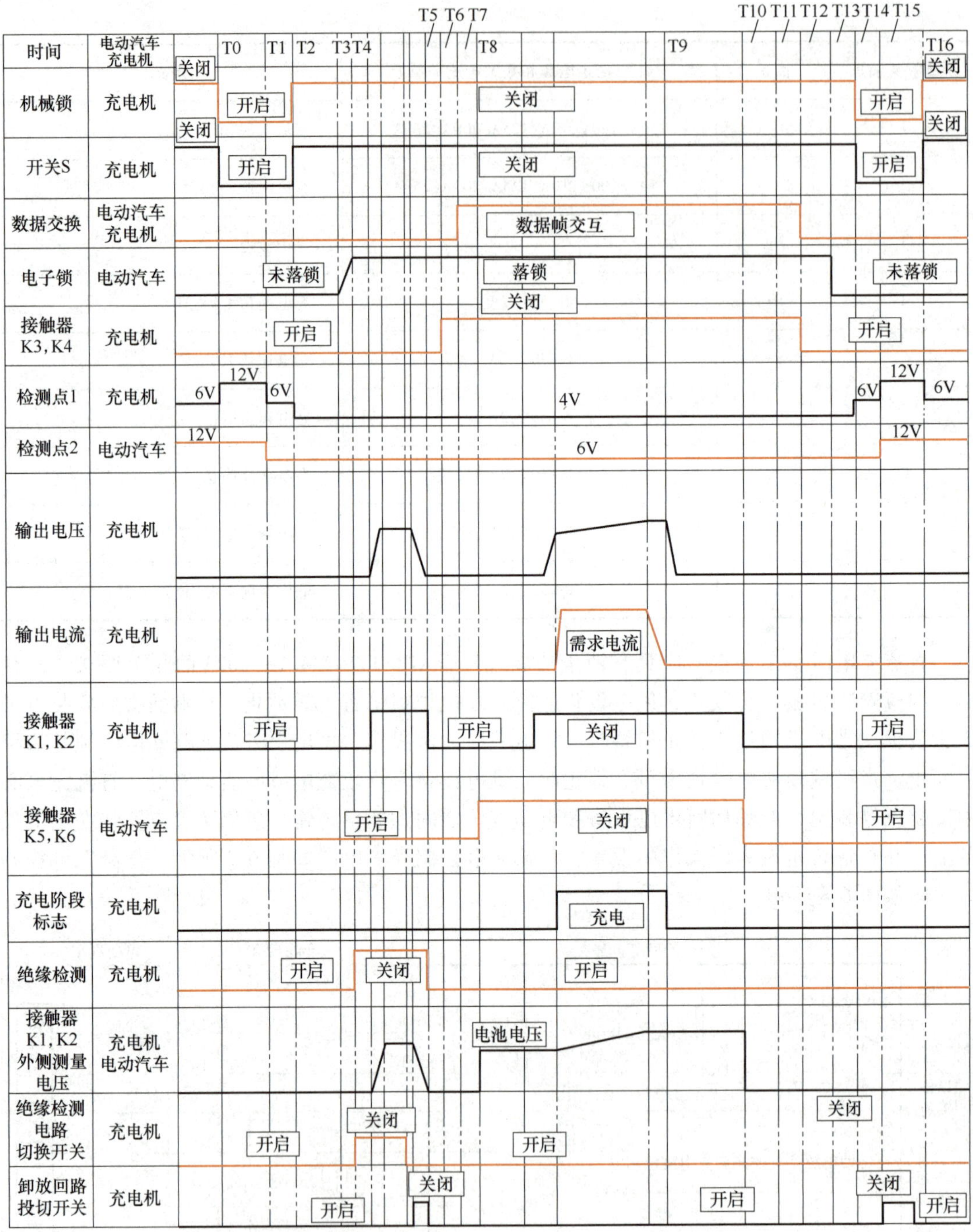


图 6-8 直流充电控制时序图

## 6.1.3 DC/DC 变换器的结构与原理

直流/直流（DC/DC）变换器总成简称直流变换器，其主要作用是将动力蓄电池的高压直流电转换为低压直流电，为铅酸蓄电池及整车低压系统提供电源。高压输入范围为直流 290~420V，低压使能输入范围为直流 9~14V。直流变换器的工作原理如图 6-9 所示。

直流变换器插接件接口定义如图 6-10 所示。

直流变换器控制信号插接件示意图如图 6-11 所示，其针脚定义见表 6-3。

直流变换器高压输入插接件示意图如图 6-12 所示，其针脚定义见表 6-4。

低压输出端描述：低压输出端为直接引线输出，正极连接到熔断器线束总成熔丝盒内，连接熔丝端，输出负极直接连接到车身上。

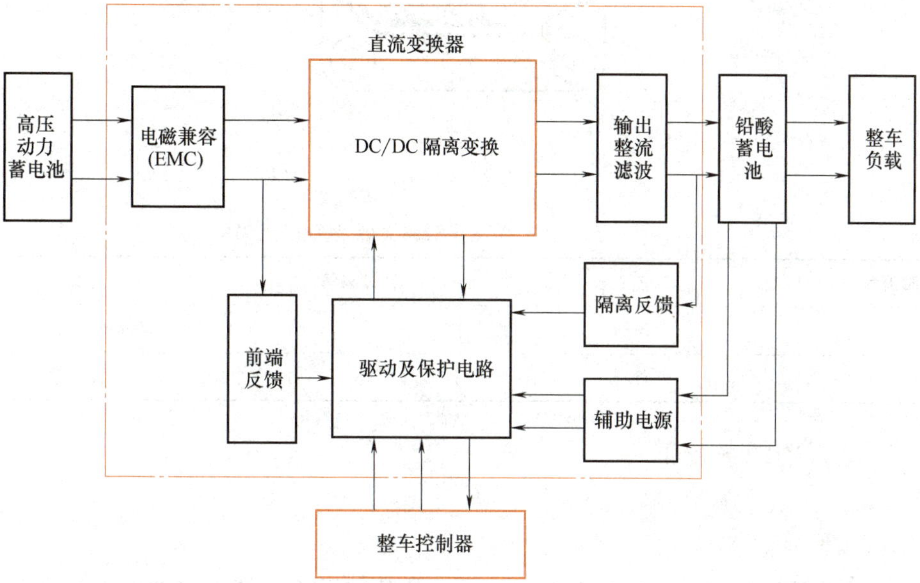


图 6-9 直流变换器的工作原理

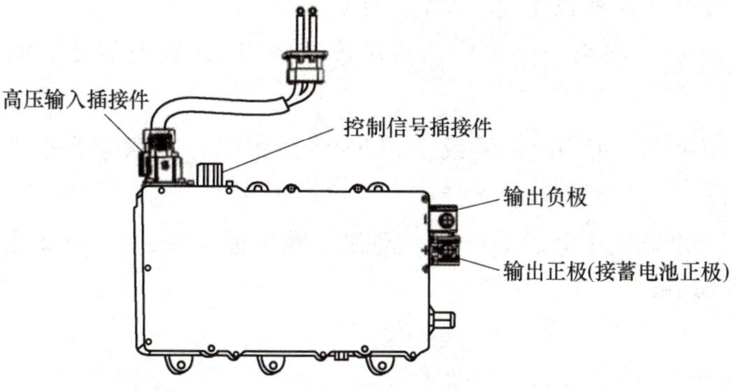


图 6-10 直流变换器插接件接口定义

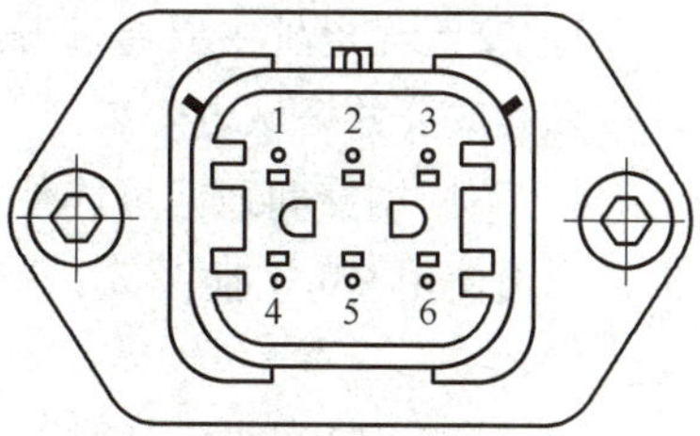


图 6-11 直流变换器控制信号插接件示意图

表 6-3 直流变换器控制信号插接件针脚定义

| 针脚编号 | 定义 | 针脚编号 | 定义 |
|---|---|---|---|
| 1 | CAN_H | 4 | CAN_L |
| 2 | 高压互锁 | 5 | 高压互锁 |
| 3 | 空 | 6 | 空 |

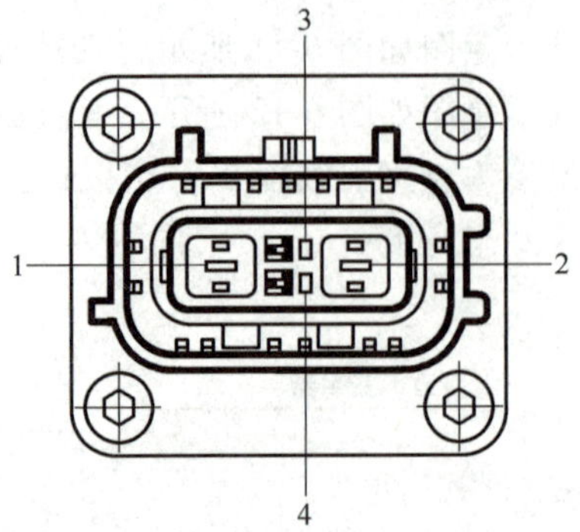


图 6-12　直流变换器高压输入插接件示意图

表 6-4　直流变换器高压输入插接件针脚定义

| 针脚编号 | 定义 | 针脚编号 | 定义 |
|---|---|---|---|
| 1 | 正极 | 3 | 高压互锁 |
| 2 | 负极 | 4 | 高压互锁 |

## 6.1.4　充电系统的关键部件

### 1. 交流充电桩

交流充电桩是为电动汽车提供交流电能充电的基础设施，其电路如图 6-13 所示。交流充电桩通常用于低功率充电，适用于日常使用和长时间停车充电，具有以下特点：

1）交流充电桩的充电速率通常较低，一般以千瓦（kW）计算。

2）交流充电桩适用于日常停车场所（如家用停车位、商场停车场等），以及需要长时间停车的场合。

3）交流充电桩主要通过普通家用电源（单相 220V 或三相 380V）供电，这意味着它可以在私人或公共区域内安装。

4）不同国家和地区可能使用不同的交流充电插头标准。例如，欧洲通常使用 Type 2 插头，中国使用 GB/T 插头等，应加以区分。

#### （1）端口定义

1）J1 接 12V 电源，J2 接 CP、PE。

2）J3 接交流接触器。

3）J4 接有源启动信号，5V/3.3V 驱动电流 10mA 左右。

4）J5 接无源启动开关信号。

#### （2）充电流程

1）CP 接在+12V 位置。

2）插入电枪，CC 接到 PE，供电端给出启动信号（J4/J5），接触器 K2 得电吸合，CP 接到 PWM 端。

3）采样 CP 端 PWM 电压，当降到 6V 时，接触器 K1 得电吸合，J3 接通，开始充电。

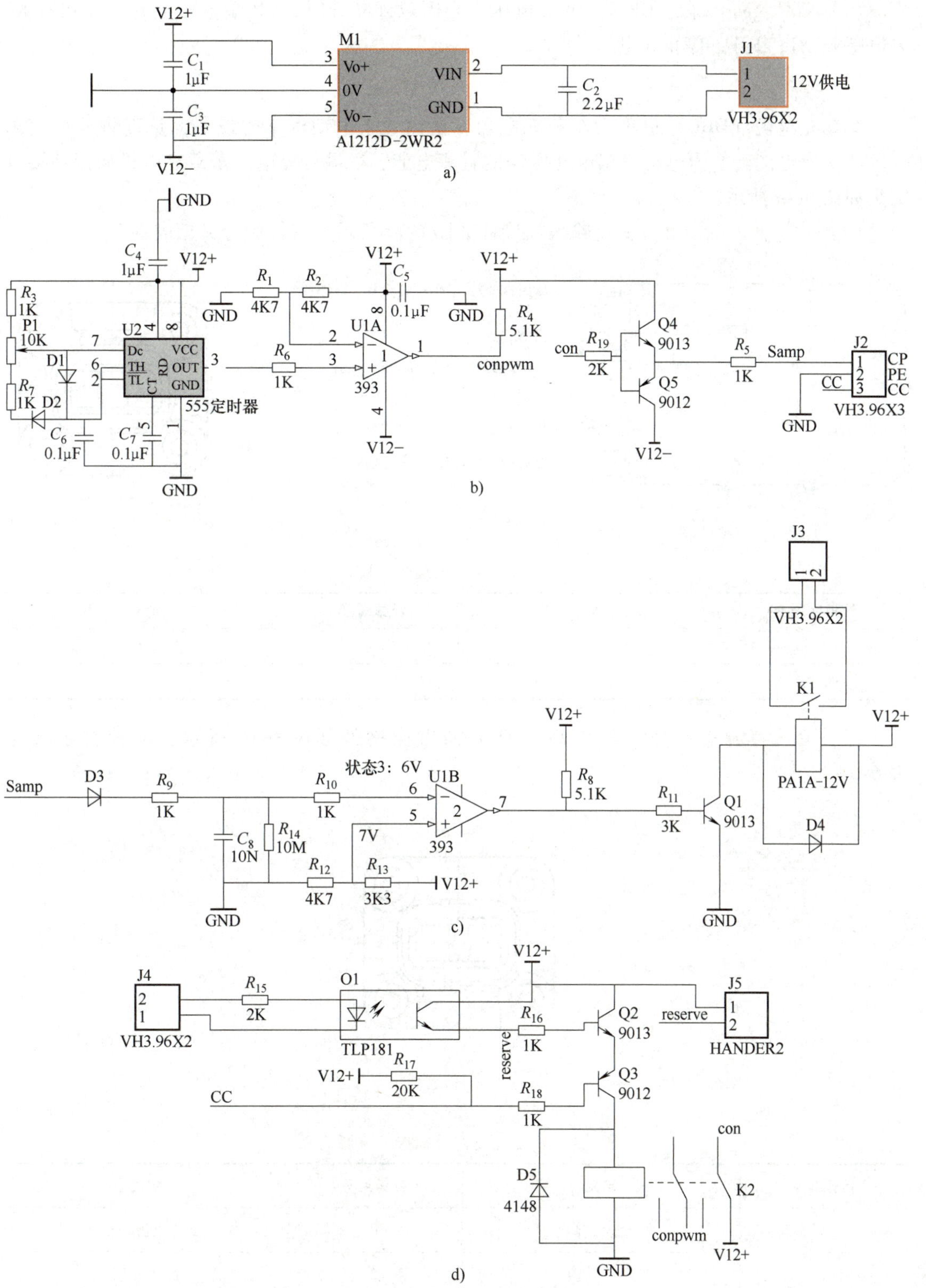


图 6-13 交流充电桩的电路

a）端口 1 b）端口 2 c）端口 3 d）端口 4 与 5

**(3) 意外断开** 采样 CP 端 PWM 电压，当因意外断开时，CP 端电压上升，接触器 K1 失电断开，J3 断开，停止充电。

### 2. 车载充电机

车载充电机（OBC）也称为车载充电器，是内置于电动汽车的设备，负责将外部电源提供的交流电能转换为电动汽车电池所需的直流电能，以进行充电。车载充电机插接件接口定义如图 6-14 所示。

**(1) 交流输入插接件** 交流输入插接件如图 6-15 所示，其针脚定义见表 6-5。

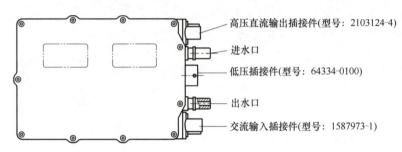

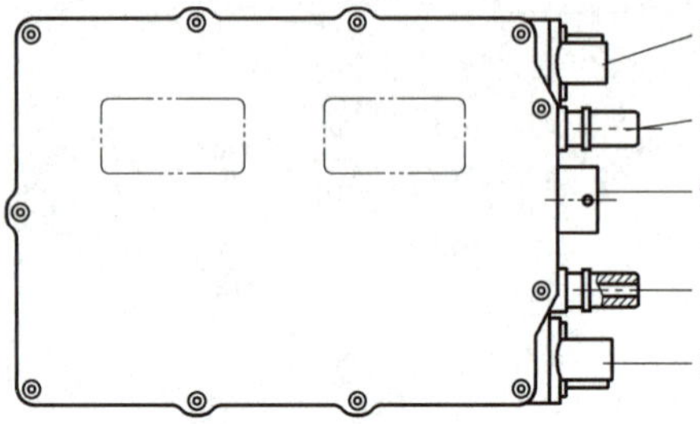


图 6-14 车载充电机插接件接口定义

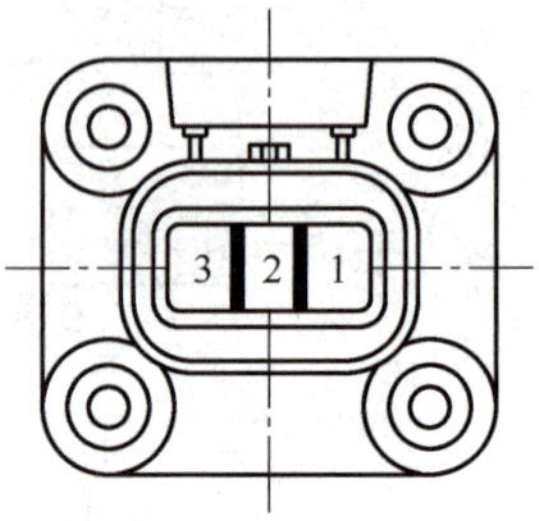


图 6-15 交流输入插接件

表 6-5 交流输入插接件针脚定义

| 针脚编号 | 定义 | 针脚编号 | 定义 |
|---|---|---|---|
| 1 | 火线(L) | 3 | 零线(N) |
| 2 | 地线(PE) | | |

**(2) 高压直流输出插接件** 高压直流输出插接件如图 6-16 所示，其针脚定义见表 6-6。

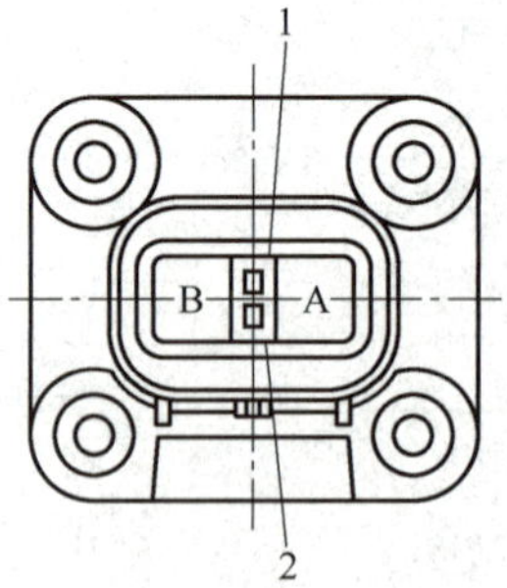


图 6-16 高压直流输出插接件

表 6-6 高压直流输出插接件针脚定义

| 针脚编号 | 定义 | 针脚编号 | 定义 |
|---|---|---|---|
| A | 高压直流输出+ | B | 高压直流输出- |
| 1 | 高压互锁 | 2 | 高压互锁 |

**(3) 低压插接件** 低压插接件如图 6-17 所示，其针脚定义见表 6-7。

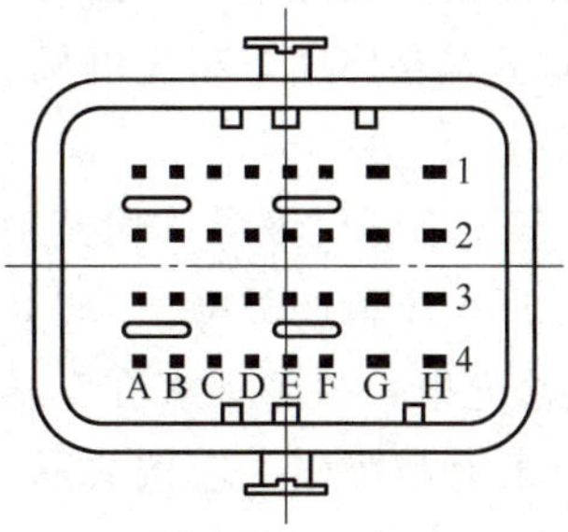


图 6-17　低压插接件

表 6-7　低压插接件针脚定义

| 针脚编号 | 定义 | 针脚编号 | 定义 |
|---|---|---|---|
| 1A | 预留 | 3A | 控制导引信号(CP) |
| 1B | 预留 | 3B | 预留 |
| 1C | 预留 | 3C | 预留 |
| 1D | 预留 | 3D | 预留 |
| 1E | 指示灯输出[LED(+12V,50mA)] | 3E | 预留 |
| 1F | 指示灯输出[LED(+12V,50mA)] | 3F | 预留 |
| 1G | 预留 | 3G | 预留 |
| 1H | 低压输入+[KL30(+12V,1A)] | 3H | 预留 |
| 2A | 硬线唤醒输出(HW,WAKEUP,OUTPUT) | 4A | CAN 高(HS_CAN_H) |
| 2B | 预留 | 4B | CAN 低(HS_CAN_L) |
| 2C | 预留 | 4C | 高压互锁(HVIL+) |
| 2D | 预留 | 4D | 高压互锁(HVIL-) |
| 2E | 预留 | 4E | 预留 |
| 2F | 指示灯输出接地(LED_GND) | 4F | 预留 |
| 2G | 预留 | 4G | 低压输入-(KL31_GND) |
| 2H | 预留 | 4H | 预留 |

## 6.2 充电系统检测

直流充电接口通过直流充电高压线束连接到动力蓄电池，充电时 BMS 与直流充电桩直接进行交互，直流充电桩输出的直流电不需要经过车载充电机转换就可以直接给动力蓄电池充电。插入直流充电枪后，A+、A-（低压 12V 辅助电源）唤醒 BMS，BMS 又唤醒 VCU，VCU 控制高压系统启动。车辆通过 BMS 与直流充电桩交互，直流充电桩输出直流电给动力蓄电池充电。

电动汽车的交流充电方式需要使用车载充电机，由于受到车载充电机功率的限制且需要交、直流转换，为慢充；直流充电不需要使用车载充电机，充电设备直接以直流大电流的方式给动力蓄电池充电，为快充。

1）遇到无法充电的新能源汽车，首先应该尝试用其他的充电桩或充电枪对车辆进行充电，由此来判定是充电桩的故障，还是车辆的故障。

2）如果更换充电桩后依然无法充电，故障大多在车辆自身。首先用故障诊断仪读取整车故障码，查看是否存在故障码，若有故障码，应按故障码的提示进行故障维修，如电池组单体压差过大、单体电压过高/过低、电池内部绝缘故障、电池温度不在充电允许的范围内等。若存在电池组单体电压过高/过低、电池内部绝缘故障或电池温度故障，应拆卸电池组进行解体维修。

3）当车辆无故障码或故障码指示为绝缘值不正常时，可参照绝缘检测故障的排除方法对整车绝缘性能进行检测。

4）若整车无故障码，应重点检查车载充电机，可根据电路图并利用万用表对车载充电机上的每一根线路进行详细检测，以判断线路是否正常，若不正常，应维修该线路（例如充电机的高压输入是否为220V，低压电源的供应是否为12V，搭铁线是否良好，以及通信线路是否正常）。

5）当检测完所有的故障点后车辆还是无法进行充电（充电机不工作或接触器不吸合）时，应检查BMS的供电、搭铁和通信线路是否正常。若不正常，应对线路进行维修；若正常，应更换BMS。

## 6.2.1 慢充故障检测

慢充故障检测

### 1. 无充电电流

当出现车载充电机的电源指示灯和工作指示灯均正常点亮，但无充电电流的故障现象时，应检查动力蓄电池的状态。首先确保高压线束插接件连接牢固，在充电状态下，连接故障诊断仪，进入动力蓄电池充电状态监控系统，根据动力蓄电池充电状态界面显示的数据进行以下检查和分析：

1）检查车辆端充电枪解除锁止按钮是否卡滞、是否完全复位。

2）检查高压控制盒内的车载充电机的熔断器是否损坏，若损坏，应更换。

3）检查高压线束高压控制盒插接件的E脚和车载充电机插接件B脚的导通情况，在正常情况下，其阻值应小于$0.5\Omega$。若不符合标准，则更换慢充线束总成。

4）检查高压线束高压控制盒插接件的F脚和车载充电机插接件A脚的导通情况，在正常情况下，其阻值应小于$0.5\Omega$。若不符合标准，则更换慢充线束总成。

5）恢复车辆高压线束，在确保安全的情况下，测量充电时高压线束车载充电机插接件A—B脚之间的电压，如果电压与动力蓄电池低压一致，说明车载充电机损坏，应更换。

### 2. 无动力蓄电池数据

在对车载充电机的数据进行分析时，如果系统中没有显示动力蓄电池的数据，则应检测充电唤醒信号及充电指示灯是否点亮，以北汽新能源EV200为例，进行以下检测：

1）如果充电指示灯不点亮，则检查前机舱低压电器盒 FB02 熔丝是否损坏。若损坏，则对低压电机线束进行检测；若未损坏，则检查熔丝低压供电。

2）如果低压供电无电压，则测量熔丝盒的供电端子与 FB02 熔丝。若不导通，则更换低压电器盒；若导通，检查低压主熔丝。

3）如果低压供电有电压，则检测 FB02 熔丝与熔丝盒背面 A6 插接件的 A8 端子导通情况。如果不导通，则更换低压电器盒；如果导通，则检查低压电机线束。

4）检测低压电机线束前机舱低压电器盒黑色插接件 J6 的 A8 脚与车载充电机低压插接件 16 脚的导通情况。如果不导通，则检查此线束，必要时进行修复或更换；如果导通且插接件端子良好，则继续检测唤醒信号。

5）检测低压线束车载充电机的低压插接件 15 脚与正常控制器 VCU 插接件 113 脚的导通情况。如果不导通，则检查此线束，必要时进行修复或更换；如果导通且插接件端子良好，则继续检测唤醒信号。

6）连接低压线束，在充电状态下测量 VCU 插接件 113 脚的电压情况。如果无电压，则更换充电机；如果有电压且线束恢复后仍然没有充电指示，则检查充电连接确认信号。

7）连接低压线束，在充电状态下测量 VCU 插接件 36 脚的电压，应低于 0.5V，否则，应检查充电线束和车载充电机。

8）检查动力蓄电池唤醒信号，检测 VCU 插接件 81 脚与动力蓄电池低压插接件 C 脚的导通情况。如果不导通，则检查线束，必要时进行修复或更换；如果导通，则继续检查动力蓄电池连接线束。

9）检查动力蓄电池总负继电器控制信号，检测 VCU 插接件 97 脚与动力蓄电池低压插接件 F 脚的导通情况。如果不导通，则检查线束，必要时进行修复或更换；如果导通，则继续检查线束。

10）安装好线束后，在充电状态下，检测动力蓄电池低压插接件 C 脚的唤醒信号电压，应为 12V（与低压蓄电池电压一致），否则，应检查 VCU 供电，读取 VCU 故障码。如果动力蓄电池低压插接件 C 脚无唤醒信号电压，则更换进行测试。

使用交流充电桩对动力蓄电池进行电量补充时，慢充系统对充电条件有以下要求：

1）充电线连接确认信号正常。

2）充电机供电电源 220V 和 12V 正常，充电机工作正常。

3）充电唤醒信号 12V 输出正常。

4）充电机、VCU、BMS 之间通信正常。

5）动力蓄电池单体温度为 0~45℃。

6）单体电池最高电压与最低电压之差小于 0.3V。

7）单体电池最高温度与最低温度之差小于 15℃。

8）绝缘性能大于 20MΩ。

9）实际单体最高电压不大于额定单体电压 0.4V。

10）高低压电路连接正常（远程控制开关处于关闭状态）。

### 6.2.2　快充故障检测

排除“快充桩与车辆无法通信”故障，首先应检查线路连接情况，然后检查快充系统各部件低压辅助电源、连接确认信号、快充 CAN 线路等的针脚情况，以及电压、电阻等是否符合要求。排除“快充桩与车辆通信正常，无充电电流”故障时，由于没有低压通信的问题，应检查高压供电线路的熔丝、线束、继电器等有无问题，并检查动力蓄电池 BMS 快充唤醒信号是否正常。

**（1）检查动力蓄电池的状态** 检查高压线束插接件连接是否牢固。如果牢固，则进行下一步；如果不牢固，则检修高压插接器。

**（2）检查快充桩与快充接口连接**

1）检查车辆快充接口各连接端子有无损坏。

2）检查快充接口和快充枪有无烧蚀和锈蚀现象。

3）检查快充接口 PE 与车身搭铁是否导通。

4）检查快充接口 CC1 与 PE 之间的阻值是否符合要求，应为 1000Ω 左右。

**（3）检测充电唤醒信号**

1）检查快充接口及快充线束是否损坏。

2）检查低压电器盒是否损坏，逐步检查熔丝电阻、熔丝电压（12V）。

3）检查快充接口 A+与低压保险盒是否导通，若不导通，应更换或维修。

**（4）检查车辆端连接确认信号**

1）检查快充接口 S-与快充线束整车低压线束插件 S-是否导通。

2）检查快充接口 S+与快充线束整车低压线束插件 S+是否导通，若不导通，应更换或维修。

3）检查快充线束 S+与 S-之间的阻值，应为 60Ω 左右。

4）检查快充线束整车低压线束插件 S-与动力蓄电池低压插件 T 针及数据采集终端插件 2 针是否导通，阻值应小于 0.5Ω。

5）检查快充线束整车低压线束插件 S+与动力蓄电池低压插件 S 针及数据采集终端插件 1 针是否导通，阻值应小于 0.5Ω。

6）断开快充线束与数据采集终端和动力蓄电池低压插件，检查快充线束整车低压线插头 S+与 S-之间的阻值，应为∞。分别检查动力蓄电池和数据采集终端快充 CAN 总线间的电阻值，应为 120Ω，若不是，应更换或维修。

7）检查快充线束整车低压线束插件 A-与车身搭铁是否导通，若不导通，应更换或维修。

## 6.3 充电系统维修

### 6.3.1 车载充电机电气故障

车载充电机更换

#### 1. OBC 12V 电池电压过高

1）插入充电枪，重新充电，用故障诊断仪进入 VCU，清除历史故障码，读取当前故障码。若仍有此故障，则继续下一步。

2）用万用表检测小电池正负极之间的电压是否在 9~16V 之间，若是，则更换 OBC；若不是，则继续下一步。

3）取下小电池正负极上的线束，用万用表检测小电池正负极之间的电压是否在 9~16V 之间，若不是，则更换小电池。

4）插入充电枪，重新充电，用故障诊断仪进入 VCU，清除历史故障码，读取当前故障码。

### 2. OBC CP 内部电压异常

1）插入充电枪，重新充电，用故障诊断仪进入 VCU，清除历史故障码，读取当前故障码。若仍有此故障，则继续下一步。

2）换一个充电桩进行充电，用故障诊断仪进入 VCU，清除历史故障码，读取当前故障码。若仍有此故障，则更换充电机。

3）插入充电枪，重新充电，用故障诊断仪进入 VCU，清除历史故障码，读取当前故障码。

### 3. OBC 输出过压关机

1）插入充电枪，重新充电，用故障诊断仪进入 VCU，清除历史故障码，读取当前故障码。若仍有此故障，则继续下一步。

2）换一个充电桩进行充电，用故障诊断仪读取 VCU 数据流，判断电池组电压是否大于 430V，若是，则查找电池组电压大于 430V 的原因；若不是，则更换 OBC。

3）插入充电枪，重新充电，用故障诊断仪进入 VCU，清除历史故障码，读取当前故障码。

### 4. OBC 输出低压关机

1）插入充电枪，重新充电，用故障诊断仪进入 VCU，清除历史故障码，读取当前故障码。若仍有此故障，则继续下一步。

2）换一个充电桩进行充电，用故障诊断仪读取 VCU 数据流，判断电池组电压是否小于 220V，若是，则查找电池组电压小于 220V 的原因；若不是，则更换 OBC。

3）插入充电枪，重新充电，用故障诊断仪进入 VCU，清除历史故障码，读取当前故障码。

### 5. OBC 输入低压关机

1）插入充电枪，重新充电，用故障诊断仪进入 VCU，清除历史故障码，读取当前故障码。若仍有此故障，则继续下一步。

2）用万用表测量插线板或者配电柜端的电网电压，判断其值是否低于（80±4）V（AC），若不是，则更换 OBC。

3）插入充电枪，重新充电，用故障诊断仪进入 VCU，清除历史故障码，读取当前故障码。

### 6. OBC 输入过压关机

1）插入充电枪，重新充电，用故障诊断仪进入 VCU，清除历史故障码，读取当前故障码。若仍有此故障，则继续下一步。

2）用万用表测量插线板或者配电柜端的电网电压，判断其值是否低于（273±8）V（AC），若不是，则更换 OBC。

3）插入充电枪，重新充电，用故障诊断仪进入 VCU，清除历史故障码，读取当前故障码。

### 7. OBC 温度过低关机

1）插入充电枪，重新充电，用故障诊断仪进入 VCU，清除历史故障码，读取当前故障码。若仍有此故障，则继续下一步。

2）检测前机舱内温度是否在-40℃以下，若是，则不处理；若不是，则更换 OBC。

3）插入充电枪，重新充电，用故障诊断仪进入 VCU，清除历史故障码，读取当前故障码。

### 8. OBC 温度过高关机

1）插入充电枪，重新充电，用故障诊断仪进入 VCU，清除历史故障码，读取当前故障码。若仍有此故障，则继续下一步。

2）观察水泵是否工作（用手触摸水泵，感觉有无振动），打开冷却液加注盖，观察冷却液液面是否在刻度线以上，运行 10min 后再次观察水泵工作情况和冷却液液面位置。若水泵不工作，则排查水泵不工作的原因；若冷却液液面在刻度线以下，则加满冷却液；若水泵、风扇都正常工作且冷却液加满仍然报过温故障，则更换 OBC。

3）插入充电枪，重新充电，用故障诊断仪进入 VCU，清除历史故障码，读取当前故障码。

### 9. OBC 输入过载

1）插入充电枪，重新充电，用故障诊断仪进入 VCU，清除历史故障码，读取当前故障码。若仍有此故障，则继续下一步。

2）插入充电枪，重新充电，用故障诊断仪进入 VCU，清除历史故障码，读取当前故障码。

### 10. OBC 输出过载

1）插入充电枪，重新充电，用故障诊断仪进入 VCU，清除历史故障码，读取当前故障码。若仍有此故障，则继续下一步。

2）检查电池组是否报告绝缘故障，若是，则用绝缘表分别测量充电机输出线束对车身的绝缘电阻是否大于 20MΩ，若小于 20MΩ 则查看充电机至电池组的线束是否破损及其两端的插接件是否进水，若是，则更换线束，若大于 20MΩ，则更换 OBC。

3）插入充电枪，重新充电，用故障诊断仪进入 VCU，清除历史故障码，读取当前故障码。

## 6.3.2 DC/DC 变换器故障

DC/DC 变换器故障

DC/DC 变换器（图 6-18）的主要功能为向车辆附属电器设备（车灯、仪表等）提供电能，并对辅助电源充电，其作用与传统汽车的交流发电机类似。为了在 DC/DC 变换器出现故障时保证系统可靠安全地运行，同时保护部件不被损坏，DC/DC 变换器设置了以下保护功能：

图 6-18　DC/DC 变换器

**（1）输入低压保护**　当 DC/DC 变换器输入端电压低至 200V 时，DC/DC 变换器锁死输出，故障指示灯点亮，电压升至 220V 时，DC/DC 变换器自动恢复工作。

**（2）输入反接保护**　如果 DC/DC 变换器输入端高压正负极接反，则 DC/DC 变换器进行反接保护，锁死输出，但不损坏，反接消除后 DC/DC 变换器正常工作。

**（3）输出短路保护**　DC/DC 变换器具有输出短路保护，当短路故障消除后，DC/DC 变换器可恢复工作。

**（4）过温保护**　当 DC/DC 变换器的温度达到 80℃时，DC/DC 变换器首先采取降低功率的方法降温，温度达到 90℃时则关机保护，待温度降至 80℃以下时自动恢复工作。

DC/DC 变换器硬件电路主要包括输入滤波电路、功率变换电路、输出整流滤波电路、控制电路、辅助电源等。主电路拓扑高压侧为全桥移相零电压软开关，低压输出侧为倍流整流电路，双滤波环，不仅保证了大电流输出，也具有较高效率。

### 1. 外观检查

1）检查 DC/DC 变换器外观是否符合以下要求：螺钉紧固，外表光滑平整、无确明显划伤，标签正确。

2）检查电源转换器标签是否正确。

### 2. 电气检查

电源转换器输入端接 320V DC，输出端接 12V 负载，可以是灯泡、大功率电阻等，须保证电流大于 40A，但小于 70A。下面以阻值为 0.3Ω、最大功率为 800W 的电阻为例来说明电气检查方法，输入电流为 46A。

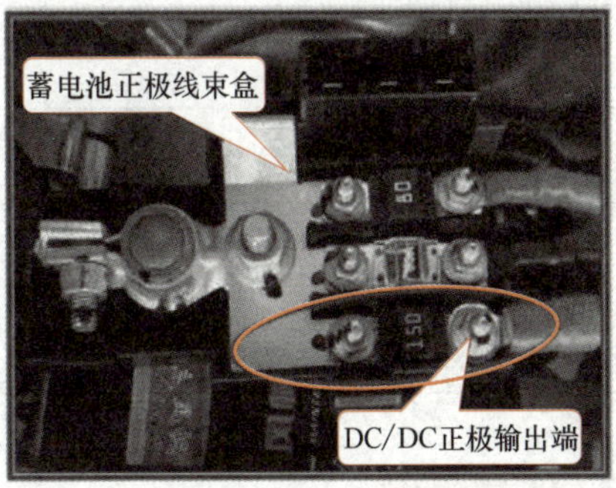

图 6-19　低压输出检测

将万用表转到直流电压档，测得输出端电压为 13.8V，如图 6-19 所示。将钳型电流表转到直流电流档，测量输出端红线的输出电流，判断是否为 46A。之后，并联一个 12V/25A 以上的电阻负载，测量 DC/DC 变换器的输出电压，应下降，电流为恒定的 70A。

将 DC/DC 变换器高压输入端插件拔下，用万用表测量线束端电压，若小于 200V，则可能为 DC/DC 变换器欠压保护，检查蓄电池电压是否正常；若测得的电压大于 200V，则判定 DC/DC 变换器故障，应更换新的 DC/DC 变换器。

在未插入钥匙或钥匙处于 OFF 档时，用万用表测量蓄电池的电压并记录。之后，将钥匙旋至 ON 档，用万用表测量蓄电池的电压，若后者电压高于前者且后者电压为 10～16V，则表明 DC/DC 变换器输出正常；否则，说明存在故障。

长安逸动纯电动汽车 DC/DC 变换器故障见表 6-8。

表 6-8 长安逸动纯电动汽车 DC/DC 变换器故障

| 序号 | 显示码 | 描述 | 检查及处理方法 |
|---|---|---|---|
| 1 | P1A00 | DC/DC 变换器硬件故障 | 清除故障信息,重新上电,若此故障仍存在,则更换 DC/DC 变换器 |
| 2 | P1A01 | DC/DC 变换器输入过压[(430±10)V] | 1. 重新上电,使用故障诊断仪读取整车数据流,比较电机控制器、BMS 与 DC/DC 变换器上报的高压电压值,若 DC/DC 变换器上报的电压值高于前两者 20V 以上,则更换 DC/DC 变换器<br>2. 若无上述情况,则清除故障信息,重新上电,若此故障仍存在,再次读取整车数据流。若 DC/DC 变换器上报的电压低于 420V,则更换 DC/DC 变换器;否则,应参考电池维修 |
| 3 | P1A02 | DC/DC 变换器输入欠压[(230±10)V] | 1. 重新上电,用故障诊断仪读取整车数据流,比较电机控制器、BMS 与 DC/DC 变换器上报的高压电压值,若 DC/DC 变换器上报的电压值低于前两者 20V 以上,则更换 DC/DC 变换器<br>2. 若无上述情况,则清除故障信息,重新上电,若此故障仍存在,再次读取整车数据流。若 DC/DC 变换器上报的电压高于 250V,则更换 DC/DC 变换器;若电压低于 240V,则参考电池维修 |
| 4 | P1A03 | DC/DC 变换器输出过压[(17±0.5)V] | 1. 整车下电,用万用表测量蓄电池电压,若电压高于 17.5V,则更换蓄电池<br>2. 若蓄电池电压低于 16.5V,则清除故障信息,重新上电。若故障消除,不做处理;否则,应更换 DC/DC 变换器 |
| 5 | P1A04 | DC/DC 变换器输出欠压[(9.5±0.5)V] | 1. 用万用表检查 DC/DC 变换器输出端子及线束是否存在短路现象,若有,则更换故障件<br>2. 若无上述现象,则清除故障信息,重新上电,用万用表测量重新上电前后的蓄电池电压。若上电前后蓄电池电压升高,说明故障消除,不做处理;否则,应更换 DC/DC 变换器 |
| 6 | P1A05 | DC/DC 变换器输出过流(160A±10%) | 1. 用万用表检查输出线束是否存在短路现象<br>2. 若无上述现象,则清除故障信息,重新上电,用万用表测量重新上电前后的蓄电池电压。若上电前后蓄电池电压升高,说明故障消除,不做处理;否则,应更换 DC/DC 变换器 |
| 7 | P1A06 | DC/DC 变换器输出过功率 | 清除故障信息,重新上电,若此故障仍存在,则更换 DC/DC 变换器 |
| 8 | P1A07 | DC/DC 变换器过温[(95±2)℃] | 检查整车冷却系统工作是否正常,若异常,应给予检修。若正常,则清除故障信息,重新上电,若此故障一直存在,应更换 DC/DC 变换器 |
| 9 | P1A08 | 直流输出短路 | 用万用表检查输出线束是否存在短路现象,若无此现象,则清除故障信息,重新上电,若此故障仍存在,应更换 DC/DC 变换器 |
| 10 | U12A0 | DC/DC 变换器 CAN 通信故障 | 1. 检查 DC/DC 变换器电缆端 CAN_H、CAN_L(针脚 1 与针脚 4)的终端电阻是否为(60±15)Ω,若不符合,则检查线束<br>2. 若无上述情况,则清除故障信息,重新上电,若此故障仍存在,应更换 DC/DC 变换器 |

## 思考题

1. 什么是充电功率,它对充电速度有何影响?如何进行功率测试和优化?
2. 充电连接器和线缆的损坏或磨损会导致充电问题,如何检查和更换这些部件?
3. 当充电系统出现问题时,应如何诊断故障的根本原因?
4. 如何确保充电站和充电器的安全?
5. 如何确保充电数据的隐私和网络安全?

# 第7章　空调系统的检测与维修

## 7.1　空调系统的结构与原理

电动汽车的空调系统利用电动汽车的高压电池作为主要能源，通过电动压缩机来驱动制冷循环，而传统燃油汽车的空调系统主要通过发动机的机械能来提供动力，利用发动机驱动压缩机。由于电动汽车的空调系统直接利用电能驱动压缩机，无须将机械能转换为制冷能，因此能够更有效地利用能源，提供更好的制冷效果。电动汽车的空调系统具备预冷和预热功能，用户可以在停车充电期间预先调整车内温度，提高舒适度，无须起动车辆。一些电动汽车的空调系统采用热泵技术，能够根据需求在制冷和供暖之间切换。热泵技术利用制冷剂的特性，可以在制冷模式下从车内吸热并排放到车外，而在供暖模式下从车外吸热并于车内释放，从而提供更好的制冷和供暖效果。

### 7.1.1　制冷系统的结构与原理

#### 1. 基本结构

制冷系统的组成如图 7-1 所示。

**(1) 压缩机**（Compressor）　压缩机是制冷系统的核心部件，负责将低温低压的气体冷媒压缩成高温高压的气体。

**(2) 冷凝器**（Condenser）　冷凝器通过散热器和风扇的辅助，将高温高压的气体冷却成高压液态冷媒。

**(3) 膨胀阀**（Expansion Valve）　膨胀阀控制冷媒的流量和压力，将高压液态冷媒转变为低温低压的雾化状态。

**(4) 蒸发器**（Evaporator）　蒸发器位于车内，通过低压雾化的冷媒吸收车内空气的热量，实现车内降温。

**(5) 风扇**（Fan）　风扇用于增加空气流动，将冷却后的空气送入车内，提供舒适的驾乘环境。

**(6) 控制单元**（Control Unit）　控制单元负责监测车内温度和压力，根据需求控制压缩机、风扇及其他组件运行，以调节制冷效果和温度。

**(7) 冷媒（Refrigerant）** 常用的新能源汽车制冷剂是 R134a 或 R1234yf，它们具有良好的制冷性能和环保性。

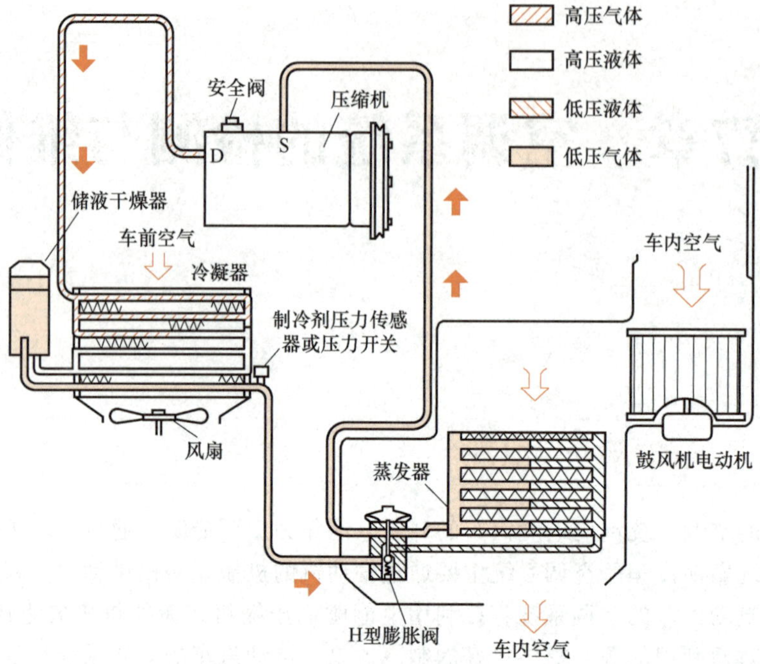


图 7-1 制冷系统的组成

**2. 工作原理**

电动汽车制冷系统的工作原理与传统汽车的空调系统类似，也是通过制冷循环来实现车内空气降温的。冷媒先在压缩机的作用下，从低温低压（0℃，0.15MPa）状态转变为高温高压（70~80℃，1.5MPa）状态，然后通过冷凝器散热，转变为高压（1.0~1.2MPa）液态冷媒。膨胀阀控制冷媒的流量和压力，使它变为低温低压（-5℃，0.15MPa）的雾化状态。冷媒通过蒸发器吸收车内空气的热量，实现车内空气降温，同时冷媒再次变成低压（0.15MPa）气体。最后，风扇将冷却后的空气送入车内，提供舒适的驾乘环境。

## 7.1.2 采暖系统的结构与原理

电动汽车的采暖系统和传统汽车有很大差别，主要因为它们的驱动功率不一样。电动汽车既不能利用发动机对制冷机进行供电，也不能利用发动机的废热对加热器进行加热。目前，电动汽车采暖分为半导体式（热电偶）、电动热泵加热式、PTC 加热式等。

**1. 基本结构**

电动汽车的采暖系统如图 7-2 所示。

**(1) 热水循环系统** 热水循环系统是电动汽车采暖系统的核心部分，它负责产生和循环热水以供暖。该系统由热水循环泵、热水储罐、加热器等组成。

**(2) 热水循环泵** 热水循环泵负责将热水从热水储罐中抽送到需要加热的部位，如车内暖风出风口或座椅加热器等处。

**（3）热水储罐**　热水储罐用于存储热水，以保证系统稳定供暖。

**（4）加热器**　加热器将热水加热并通过热交换器将热能传递给空气或座椅等，实现车内加热效果。

**（5）控制单元**　控制单元负责监测车内温度和设定温度，根据需求控制热水循环泵、加热器等组件运行，以实现舒适的车内温度。

**（6）热交换器**　热交换器是加热器和车内空气或座椅之间的热能传递装置，通过热传导实现热能交换。

**（7）风扇**　风扇用于增加空气流动，将加热后的空气送入车内各个区域，以提供舒适的车内环境。

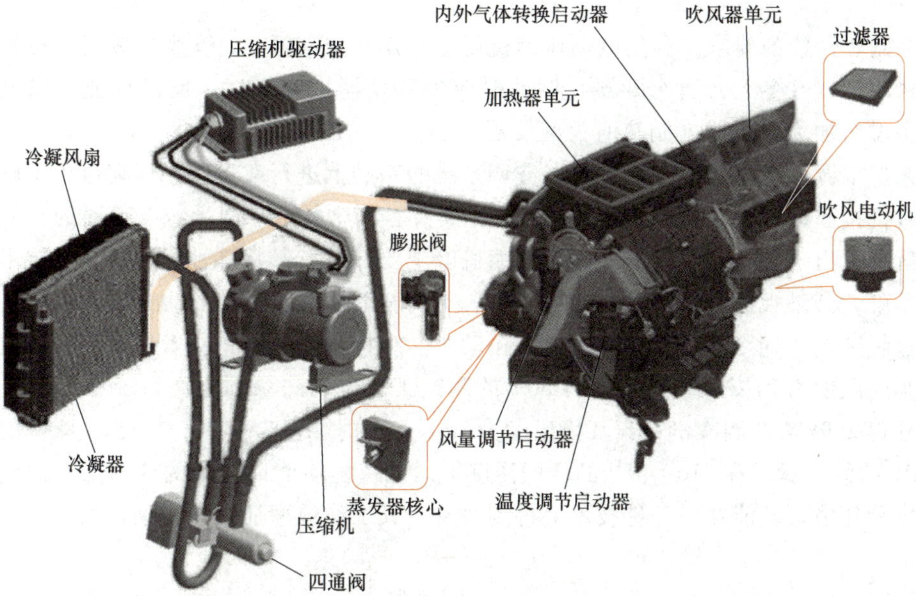


图 7-2　电动汽车的采暖系统

## 2. 工作原理

**（1）PTC 制热原理**　PTC 为正温度系数热敏陶瓷，PTC 半导体在低温状态下具有很小的电阻值。PTC 制热装置的基本组成包括鼓风机和 PTC 芯体，外界空气在鼓风机的作用下通过 PTC 芯体进行热交换，使空气温度升高，以达到制热目的，如图 7-3 所示。

PTC（图 7-4）就是一个通电发热装置，属于热敏电阻类型，发热原理相对简单，主要依靠电流对电阻进行加热来发热。与一般电路所用的电阻丝不同，电动汽车的 PTC 采用一种半导体热敏电阻器。对于单个电动汽车的空调器，由空调器驱动装置提供高压电流给 8 个 PTC 加热单元，每个加热单元可产生 500W 左右的电功。它能够直接升高空气的温度，这样就可以作为取暖设备的热源，用于提供能量。

某型汽车的冷水进入 PTC 流道内，以 S 型流线先后被 9 个 PTC 模块加热，最终流出热水，此过程中的水阻<5kPa，系统流量达 15L/min。

**（2）热泵制热原理**　目前，在热泵型空调系统中，低温制热是亟待解决的问题。制冷循环逆转理论上可以用于制热，但在环境气温低的情况下，制热性能会下降，无法满足低温

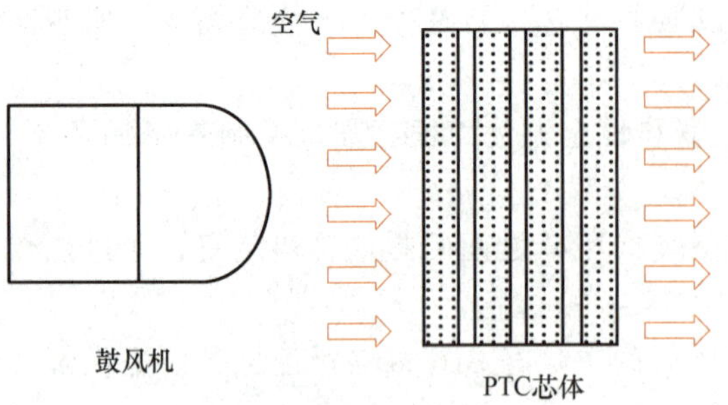

图 7-3　PTC 加热示意图

图 7-4　PTC 元件

区具备高制热性能的要求。利用电动压缩机压缩冷媒并使其循环。车辆行驶时，冷媒在冷凝器中受风冷却，在冬天，当冷凝器（制热时改为蒸发器）结霜时，制热性能难以发挥，这就需要考虑增加为冷凝器（制热时为蒸发器）加温除霜的系统。

热泵型空调系统是在原有燃油汽车空调系统的基础上进行改进的，压缩机由永磁直流无刷电动机直接驱动，该系统的工作原理如图 7-5 所示。热泵型空调系统与普通的空调系统并无本质区别，由于在电动汽车上使用，压缩机等主要部件有其特殊性。国外热泵技术已具备一定的基础，其最大优点是制冷/制热效率高。全封闭电动涡旋压缩机由直流无刷电动机驱动，通过制冷剂回气冷却，具有噪声低、振动小、结构紧凑、质量小等优点。在环境温度为 40℃，车内温度为 27℃，相对湿度为 50%的测试工况下，热泵型空调系统稳定时能以 1kW 的能耗获得 2.9kW 的制冷量；当环境温度为 10℃，车内温度 25℃时，它能以 1kW 的能耗获得 2.3kW 的制热量。在-10~40℃的环境温度下，该系统均能以较高的效率为电动汽车提供舒适的驾乘环境。若能在零部件技术上得到改进，其工作效率还可以得到提高。

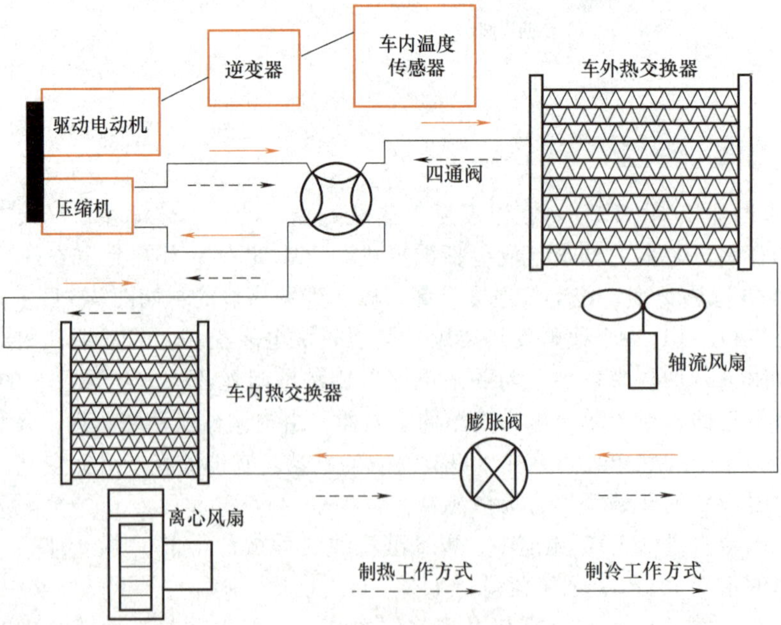

图 7-5　热泵型空调系统的工作原理

**(3) 热泵+PTC的制热方式**　部分中、高档汽车会使用热泵+PTC的制热方式，以确保车内温度。若想达到较快的升温效果，初始电池的冷却装置应为低温状态，此时采取PTC供热升温，通过处理使冷却剂升温达到要求，接着由热泵继续加热处理。

许多人喜欢进入新能源汽车后就打开暖气，这样不用像传统燃油汽车那样，需要等待发动机变热。为了增强电动汽车的制热性能，使其制热性能达到与常规空调系统相同的水平，不少厂家在电动汽车上加装了多组采暖装置，旨在减少空调制热所消耗的电能，以此延长汽车的续驶里程。

### 7.1.3　空调系统的关键部件

#### 1. 制冷系统的关键部件

制冷系统的关键部件包括电动压缩机、蒸发器、膨胀阀和冷凝器。

**(1) 电动压缩机**　压缩机（A/C压缩机）是制冷系统的重要组成部分，其主要作用是压缩制冷剂，将制冷剂转变为高温高压的气态，从而实现制冷效果。相较于传统的机械压缩机，电动压缩机（图7-6）采用电动驱动而非机械传动，具有以下特点：

1）高效能。电动压缩机采用电动驱动，能够精确控制压缩机的转速和工作状态，从而提高制冷系统的效能。它能够根据实际需求进行智能调节，减少能耗和压缩损失。

2）低噪声。电动压缩机相比传统机械压缩机具有较低的噪声水平，能够提供更加安静的驾乘环境。

3）节约能源。电动压缩机能够根据车辆的能源状态和需求进行智能控制，优化制冷系统的工作效率，减少车辆电池的负荷，提高能源利用效率。

4）环保。电动压缩机使用环保制冷剂，如R134a、R1234yf等，可以减少对大气环境的污染和温室气体排放。

5）紧凑设计。电动压缩机的设计紧凑，可以更好地适应新能源汽车的空间限制，并提供更多的灵活性和安装选项。

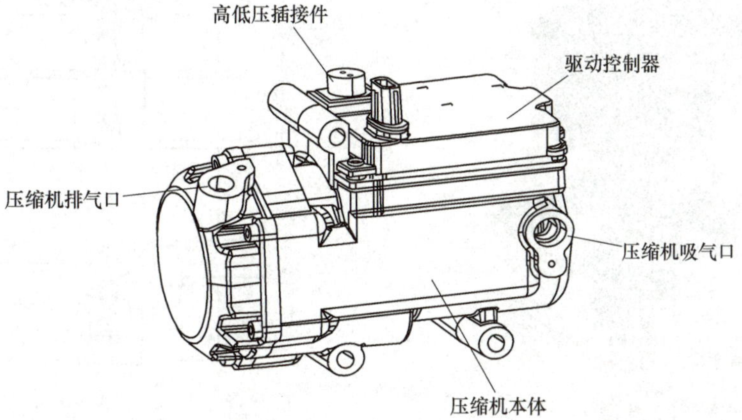


图7-6　电动压缩机

**(2) 蒸发器**　蒸发器是制冷系统的另一个重要组成部分，主要用于实现制冷循环中的蒸发过程。蒸发器通过将制冷剂从液态转变为气态，吸收车内热量，从而降低车内温度。制冷剂进入蒸发器后，遇到低压环境和车内空气的热量时会发生蒸发。制冷剂蒸发导致蒸发器表面温度降低，进而冷却车内空气，实现空调系统的制冷作用。此外，蒸发器还起到湿度控制的作用，当空气中的水分接触到低温的蒸发器表面时，会凝结成水滴，从而减少车内湿度。

蒸发器（图 7-7）通常采用铝制或铜制的管翅式换热器结构，通过管路和翅片的设计，增加其表面积，提高热量交换效率。蒸发器与其他空调系统组件，如压缩机、冷凝器、膨胀阀等相互配合，共同完成汽车空调系统的制冷循环。

图 7-7　蒸发器

**（3）膨胀阀**　膨胀阀（图 7-8）作为制冷系统的重要组成部分，主要用于控制制冷剂的流量和压力，调节制冷系统的制冷效果。它位于压缩机和蒸发器之间，起到连接和调节这两个部件的作用。膨胀阀通过调节制冷剂流动的通道截面积，控制制冷剂在系统中的压力。当制冷剂流过膨胀阀时，阀门会自动调整开启程度，以适应系统的需求，确保制冷剂在蒸发器中达到适合的压力和温度。膨胀阀中通常包含一个调节元件，它们通过膨胀效应来调节阀门的开启程度。热敏膨胀阀根据蒸发器的温度变化来调节阀门的开闭，电子膨胀阀则通过电子信号实现精确调节。膨胀阀将高压液态制冷剂转变为低压混合相（液态和气态）。当制冷剂经过膨胀阀的窄缩通道时，其压力会降低，从而引起制冷剂的膨胀和蒸发。在此过程中，制冷剂从高压侧进入低压侧的蒸发器，并吸收车内空气的热量，实现制冷作用。

通过膨胀阀的调节作用，制冷剂在蒸发器中完成蒸发后，将变为低温低压的气态制冷剂，继续循环回到压缩机进行再次压缩和冷却。膨胀阀的合理调节和控制，能够确保制冷系统的正常运行和高效制冷效果。H 型膨胀阀的内部结构如图 7-9 所示。

图 7-8　膨胀阀

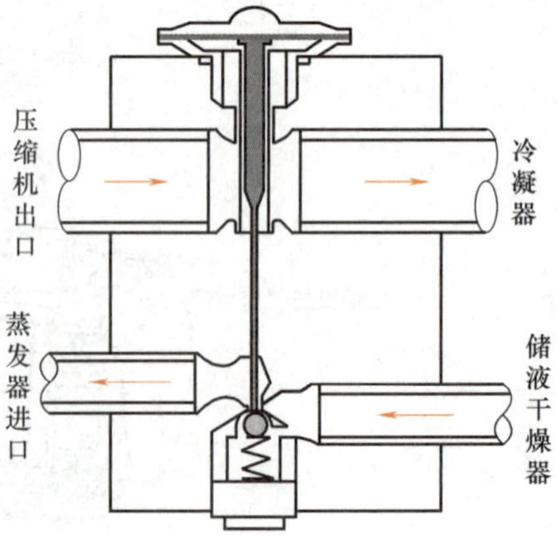

图 7-9　H 型膨胀阀的内部结构

**（4）冷凝器**　冷凝器（图 7-10）位于汽车空调系统中的高压侧，主要功能是将高温高压的气态制冷剂释放热量并转变为液态。冷凝器通过与外界空气进行热交换，使制冷剂的温度和压力降低，从而完成制冷剂的冷却和凝结过程。

### 2. 采暖系统的组成

制热系统由电子水泵、PTC加热器、暖风四通阀和暖风芯体组成。

**(1) 电子水泵** 电子水泵（Electronic Water Pump）（图7-11）是一种带有电控驱动单元的泵，主要由过流单元、电动机单元、电控单元三部分组成。借助电控单元，可以自由调节泵的工作状态。电子水泵的功率较小，一般在1000W以下，电动机主要为直流无刷电动机。它具有结构紧凑、使用方便、功能强大、使用寿命长、性能稳定、低噪声和低耗能等优点。

图7-10 冷凝器

图7-11 电子水泵

**(2) PTC加热器** PTC加热器（图7-12）是一种辅助电加热设备，采用PTC（Positive Temperature Coefficient，正温度系数）材料，这种材料在一定温度范围内，其电阻值会随温度的升高而增加。当PTC材料温度升高时，其电阻值急剧增加，从而限制电流通过。PTC加热器中的主要组件是PTC电加热元件。当水温较低时，PTC电加热元件的电阻值较低，通过的电流较大，加热功率较高，实现迅速升温。随着水温升高，PTC电加热元件的电阻值逐渐增加，通过的电流减小，加热功率逐渐降低，实现自动温度控制。PTC材料具有过热保护机制，当水温超过PTC材料的最高工作温度时，其电阻值急剧增加，通过的电流迅速减小，从而限制了加热功率，防止水温过高引发安全问题。PTC加热器的性能参数见表7-1。

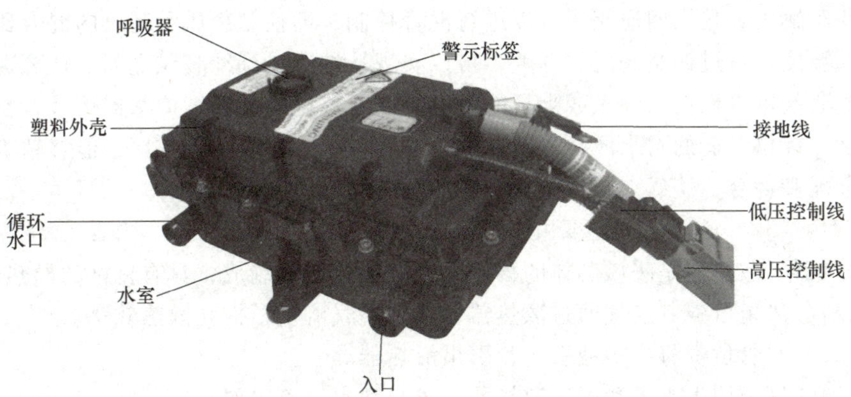


图7-12 PTC加热器

表 7-1 PTC 加热器的性能参数

| 序号 | 技术性能 | 参数 |
|---|---|---|
| 1 | 额定电压 | 高压 691V，低压 12V |
| 2 | 工作电压范围 | 600~850V(DC) |
| 3 | 功率 | 3000W |
| 4 | PTC 加热器总成绝缘耐压 | 电压≥2200V(AC)/3500V(DC)，持续 1min，漏电流<5mA |
| 5 | 绝缘电阻 | 电压 1000V(DC)，持续 1min，阻抗>100MΩ |
| 6 | 峰值电流 | ≤30A |
| 7 | 工作温度 | -30~105℃ |
| 8 | 存储温度 | -40~120℃ |
| 9 | 自动保护水温 | 105℃ |
| 10 | 破坏压力 | ≥5bar($1bar=10^5Pa$) |
| 11 | 防护等级 | IP67 |
| 12 | 使用寿命 | 10 年 |
| 13 | 系统舒适性、安全性控制 | 自带水温传感器、IGBT 温度传感器、电压采集、电流采集和对应的自动保护程序 |
| 14 | 良好的节能性 | 水温升高达到预定温度后，PTC 材料有自动低功率维持水温的特性 |

**(3) 暖风四通阀** 暖风四通阀（Warm Air Four-Way Valve）（图 7-13）是用于控制汽车空调系统中暖风和冷风分配的装置。它通常由电动驱动器和阀门组成，通过电动驱动器控制阀门的开启和关闭，从而控制暖风和冷风的分配。此外，暖风四通阀还可以根据来自空调控制系统的信号，将阀门调整到特定位置，实现所需的温度设置。

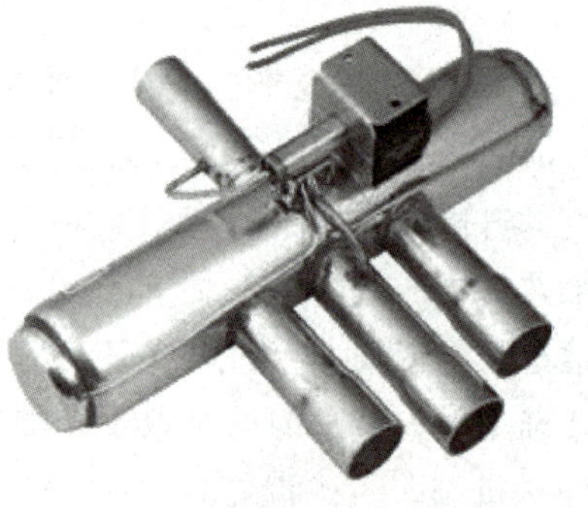
图 7-13 暖风四通阀

当需要加热时，暖风四通阀会将暖风通道打开，将冷风通道关闭，使热风从出风口流出；当需要冷却时，暖风四通阀会关闭暖风通道，打开冷风通道，使冷风从出风口流出。

在一些车辆中，暖风四通阀还可以进行混合控制，即控制冷风和暖风的混合比例，以调节出风口的温度。通过调整阀门的开度，可以实现从纯冷风到纯暖风之间的任意混合比例。

暖风四通阀可以根据驾驶人或乘员的设定，以及车内外的温度传感器信号，自动调节出风口的温度，提供舒适的驾乘体验。它在汽车空调系统中起着关键作用，能够精确控制暖风和冷风的分配和混合，使驾乘人员获得所需的温度和舒适度。

**(4) 暖风芯体** 暖风芯体主要由以下部分组成：

1）散热器。散热器是暖风芯体的核心部分，由铝或铜制成，具有良好的导热性。

2）风扇。风扇可强制空气通过散热器，增加空气流量，提高散热效率。

3）水管。水管负责将冷却液引入和引出散热器。

4）框架。框架用于支承和固定散热器、风扇和水管等组件。

暖风芯体是汽车空调系统中不可或缺的部分，可为车内提供舒适的暖风。

## 7.2 空调系统检测

### 7.2.1 空调系统检查方法

#### 1. 故障树分析法

目前，故障树分析法（FAT）已成为针对复杂系统故障分析的重要手段，并得到了大量应用，它包括以下步骤：

**（1）问题定义和目标设定**　定义需要分析的空调系统，明确分析目标，例如确定导致制冷效果下降的主要故障模式。

**（2）系统概述和功能分析**　理解空调系统的工作原理和组成部件，确定其中的关键元素，如压缩机、冷凝器、蒸发器、冷媒循环等。

**（3）顶层事件识别**　将需要分析的故障模式识别为顶层事件，如“制冷效果下降”。

**（4）基本事件识别**　根据空调系统的组成和工作原理，识别导致顶层事件的基本事件，可以是各种可能的故障，如压缩机故障、冷凝器堵塞、冷媒泄漏等。

**（5）逻辑门关系**　根据逻辑关系和故障模式，确定基本事件之间的逻辑门关系。考虑不同事件之间的相互作用。

**（6）故障树绘制**　使用专业的故障树分析工具或软件，绘制故障树，将顶层事件、基本事件和逻辑门关系按照层次结构组织起来。

**（7）分析故障树**　通过分析故障树，识别导致制冷效果下降的可能故障路径，找出可能的关键故障模式。

**（8）概率估算**　对每个基本事件进行概率估算，可以基于历史数据、制造商提供的信息、专家意见等。

**（9）风险评估**　根据概率估算和分析结果，评估每个故障模式的风险，确定哪些可能对制冷效果产生更大影响。

**（10）改进措施制订**　根据分析结果，制订改进措施，可能涉及定期维护、故障预警系统、备用部件存储等。

**（11）分析验证和故障模拟**　对所得到的故障模式进行验证，可以通过实际测试或故障模拟来验证分析的准确性。

**（12）文档和报告**　将整个故障树分析过程及分析结果进行文档化，以备将来参考和分享。

**（13）持续改进**　故障树分析是一个持续改进的过程。随着系统的使用和维护，可能会有新的数据和信息需要更新和改进分析。

在进行空调系统的故障树分析时，涉及空调工程知识、制冷循环原理、故障诊断技术等专业知识。同时，通过与空调系统有关的工程师和专家合作和交流，获得准确的数据和意见，有利于分析的有效性和准确性。

#### 2. 故障码诊断法

故障码诊断法是一种常用于现代汽车和家用空调系统的故障诊断方法。通过读取系统生成的故障码，可以帮助技术人员迅速识别和定位问题，从而更有效地进行修复工作。故障码诊断法包括以下步骤：

**（1）获取故障码** 对于汽车空调系统，使用第二代车载诊断（OBD-Ⅱ）扫描工具连接车辆的 OBD-Ⅱ接口，读取存储于发动机控制模块（ECM）中的故障码。

**（2）解读故障码** 使用故障码手册、技术手册、在线数据库等资源，将获取的故障码转化为具体的问题描述。故障码可能以数字和字母的组合形式呈现，每个组合对应一个特定的故障类型。

**（3）确定诊断方向** 根据解读后的故障码，确认可能出现的问题类型。例如，故障码可能涉及传感器、电路、控制模块等。

**（4）检查传感器和电路** 针对传感器故障，使用万用表检测传感器的电阻、电压等参数，确保传感器工作正常。检查相关电路和线束，确保没有断路、短路或损坏的情况。

**（5）检查控制模块** 如果故障码指示控制模块故障，可以通过检查控制模块的连接、电源和接地等来确认是否需要更换控制模块。

**（6）清除故障码** 使用故障码扫描工具清除系统中的故障码，这样可以重置系统，以验证修复是否成功。

**（7）测试和验证** 在完成修复后，启动空调系统，观察其运行情况，检查空调能否正常制冷、吹风和调节温度。

电动汽车空调系统的故障分析与排除见表 7-2。

表 7-2 电动汽车空调系统的故障分析与排除

| 空调控制器故障码 | 故障描述 | 可疑部位 |
|---|---|---|
| B2A4E | 压力传感器断路 | 压力传感器回路 |
| B2A4F | 压力传感器短路 | |
| B2A50 | 高压接触器烧结 | 高压接触器 |
| U0146 | 与网关失去通信（包括车速、水温、放电允许、软关断信号） | 网关、线束 |
| U0253 | 与空调压缩机失去通信 | 空调压缩机、线束 |
| U0254 | 与 PTC 失去通信 | PTC、线束 |
| B2AB0 | 电流采样电路故障 | 空调压缩机 |
| B2AB1 | 电动机缺相故障 | |
| B122A | 冷却液温度传感器断路 | PTC |

### 3. 仪器仪表诊断法

**（1）歧管压力表诊断** 针对制冷装置的故障检查，在对电气系统的常见故障做出初步分析之后，利用相应的检测技术和设备来完成相关问题的排查工作。通过分析压力波动的详细数据，能够得到制冷装置产生故障的本质因素及故障位置所在。在一般情况下，采取歧管压力表（图 7-14）来检测制冷装置高低压两端的压力。

1）排出制冷剂。

① 将制冷剂加注仪连接至空调系统。

② 在中央软管开放部位放置干净的抹布。

③ 逐步开启高压手动阀门，排出制冷剂。

2）制冷系统真空操作。

① 确认起动钥匙处于“OFF”位置。

② 将制冷剂加注仪连接到压缩机接头部位，关闭制冷装置高低压两端接口。

③ 确认制冷剂是否从系统中排出。

④ 将中央管路连接到真空泵吸气部位。

⑤ 启动真空泵进行抽气之后，开启制冷剂加注仪的高压及低压阀门。

⑥ 等待10min之后，低压检测仪标尺显示数值应大于0.96kg/cm$^2$，否则判断为系统漏气，并按照下述步骤修理。

a. 重新启动真空泵进行抽气。

b. 继续抽真空直到标尺显示0.96kg/cm$^2$。

⑦ 实施15min左右的真空操作后，关闭制冷剂加注仪的压力阀门及真空泵，从真空泵分开管路，这样就可以加注制冷剂，如图7-15所示。

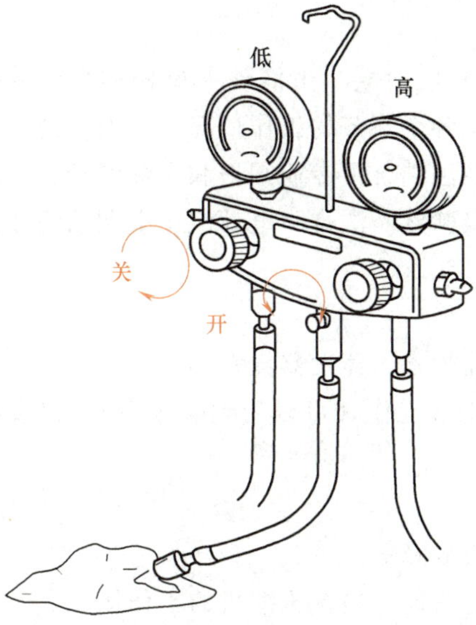


图7-14　歧管压力表

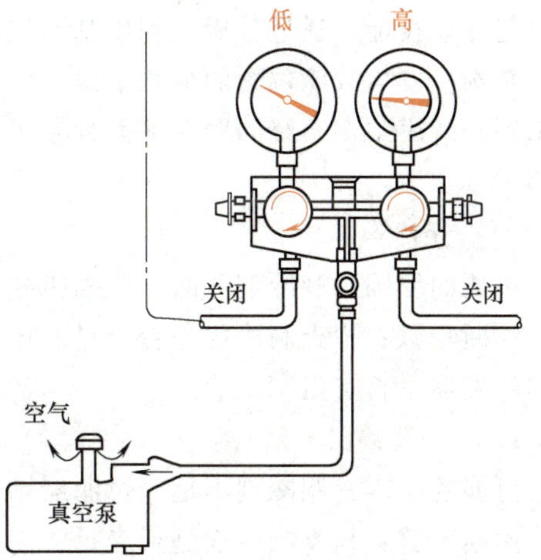


图7-15　制冷系统真空操作示意图

3）加注制冷剂（气态）。

① 将制冷剂容器连接到调整阀门。

② 开放低压阀门，调整阀门使低压标尺数值低于4.2kg/cm$^2$。

③ 起动车辆并开启空调。

④ 加注规定量的制冷剂后，关闭低压阀门。

⑤ 若制冷剂加注过慢，可以把容器放到40℃左右的水中。

**（2）万用表检测诊断**　在电动汽车空调系统中，使用万用表进行检测可以帮助识别电路问题、传感器故障等，从而更好地进行故障诊断和维修。使用万用表进行电动汽车空调系统检测的方法如下：

1）选择合适的量程。在使用万用表之前，确保选择合适的量程。如果无法确定应该选择哪个量程，可以先选择一个稍微高于预期值的量程。

2）检查电源供应。确保电动汽车的电源已经关闭，以免存在触电风险。在电池的正极和负极之间使用万用表测量电压，确认电池电压是否正常。

3）检查传感器电阻。对于空调系统的传感器（如温度传感器、压力传感器等），可以使用万用表测量其阻值。选择万用表的电阻测量模式（Ω），用表笔分别连接传感器的两个引脚，记录阻值，并与技术手册或制造商提供的规格表进行比较，确保阻值在正常范围内。

4）检查线路和连接。检查空调系统的线路、插头和连接是否损坏、腐蚀或松动。

选择万用表的电阻测量模式（Ω），用一个表笔连接线路的一端，用另一个表笔连接线路的另一端，检查有无不正常的阻值。

5）检查电压信号。如果怀疑某个传感器的电压信号有问题，可以使用万用表测量其电压。在直流电压测量模式下，用一个表笔连接信号引脚，用另一个表笔接地（负极），测量电压值。

6）检查继电器和开关。在连续性检测模式下，用一个表笔连接继电器或开关的一个引脚，用另一个表笔连接继电器或开关的另一个引脚，检测其是否有连续性。

#### 4. 经验诊断法

经验诊断法是在不拆分汽车（或者是部分拆分）的时候，由修理人员根据自己掌握的知识与专业技能，通过分析，利用基本仪器知道汽车各个环节的工作情况，从而找到故障原因，并选择发生故障位置的检测手段。由于经验诊断法结合了专业知识和实际经验，可以帮助识别和解决空调系统问题。下面列举了一些采用经验诊断法排除电动汽车空调系统故障的示例。

##### （1）无冷风输出

可能的原因：制冷剂泄漏、压缩机故障、冷凝器异常、蒸发器异常等。

诊断步骤：检查制冷剂是否充足、压缩机是否正常工作（可以听到嘶嘶声），以及冷凝器和蒸发器是否有阻塞。

##### （2）冷风输出不足

可能的原因：制冷剂不足、过滤器堵塞、压缩机故障等。

诊断步骤：检查制冷剂是否充足，清洁或更换过滤器，检查压缩机的工作情况。

##### （3）散发异味或霉味

可能的原因：蒸发器或风道有细菌滋生、污垢积聚等。

诊断步骤：检查蒸发器和风道，可能需要清洁或更换相应部件。

##### （4）电源供应问题

可能的原因：电池电压不足、电气连接问题。

诊断步骤：使用万用表测量电池电压，检查电气连接是否牢固。

##### （5）控制模块故障

可能的原因：控制模块损坏、程序错误。

诊断步骤：使用诊断工具检查控制模块的故障码，可能需要重新编程或更换控制模块。

##### （6）传感器故障

可能的原因：温度传感器、压力传感器故障。

诊断步骤：使用万用表测量传感器的电阻或电压，并与规格表对比，判断是否需要更换传感器。

(7) 制冷剂泄漏

可能的原因：密封件老化、部件损坏。

诊断步骤：使用制冷剂检漏剂检查系统中是否有泄漏点，定位并修复泄漏。

(8) 噪声问题

可能的原因：压缩机异常、风扇问题。

诊断步骤：仔细听噪声来源，检查压缩机和风扇的工作情况。

(9) 控制面板问题

可能的原因：控制面板损坏、电路连接问题。

诊断步骤：检查控制面板是否响应操作、电路连接是否牢固。

(10) 线路问题

可能的原因：线束出现腐蚀、短路等问题。

诊断步骤：使用万用表检测线束的连通性和电阻，查找线路问题。

5. 零件替换诊断法

替换法是一种比较测试方法，通过更换机器部件和电器部件，或者用已知的、性能良好的部件来替代原部件。例如，当一个零件出现问题时，可以用一个好的零件来代替原零件，并进行测试。零件替换诊断法是在电动汽车空调系统发生故障时，通过逐步更换可能有问题的零（部）件来确定故障原因，具体步骤如下：

(1) 收集信息 记录空调系统的故障症状、时间、环境等信息，查找以前的维护和维修记录。

(2) 诊断故障码 使用故障码扫描仪读取系统中存储的故障码，了解可能的问题方向。

(3) 开始替换 根据故障码和经验，选择最有可能导致问题的部件进行替换。例如，如果故障码指示温度传感器问题，可以考虑更换温度传感器。

为了确保准确诊断，每次只替换一个零（部）件，这样可以确定有问题的零（部）件。

(4) 测试替换的零（部）件 完成零（部）件替换后，重新启动空调系统，测试系统能否正常工作。

(5) 分析结果 观察新零（部）件能否解决问题，如果问题得到解决，说明替换的零（部）件有问题；如果问题依然存在，则将该零（部）件装回，不要丢弃，继续考虑更换另一个可能引起问题的零（部）件，逐步排除可能的故障原因，直到问题解决。

### 7.2.2 空调检修专用工具

电动汽车空调系统的检修需要使用一些专用工具和设备，以确保准确诊断故障并进行有效维修，主要包括空调压力表、制冷剂回收机、制冷剂充注设备、真空泵等，其主要作用如下：

(1) 压力监测 空调压力表用于监测空调系统中的制冷剂压力，以判断制冷剂是否在正确的压力范围内。这有助于确定空调系统是否有充足的制冷剂，以及制冷循环是否正常。

(2) 制冷剂回收和充装 制冷剂回收机负责将废弃的或泄漏的制冷剂从空调系统中回收和处理，以确保环境友好的处理方式。制冷剂充注设备负责将新的制冷剂注入空调系统。

**（3）真空抽气** 真空泵用于从空调系统中排除空气和湿气，以创造适合制冷剂循环的真空环境。这有助于防止制冷剂中的湿气影响空调系统的性能。

**（4）漏气检测** 漏检工具用于检测空调系统中是否存在制冷剂泄漏。这有助于定位泄漏位置，以便于修复和补充制冷剂。

**（5）温度和湿度监测** 温度和湿度检测仪用于监测空调系统中的温度和湿度，以判断系统的工作状态和效果。

**（6）电气诊断** 空调控制单元扫描工具可以读取空调系统的故障码和诊断信息，从而帮助技术人员定位元器件的故障。

空调检修专用工具见表 7-3。

表 7-3 空调检修专用工具

| 名称 | 图片 | 名称 | 图片 |
|---|---|---|---|
| 数字万用表 |  | 高强度不可见光灯 | 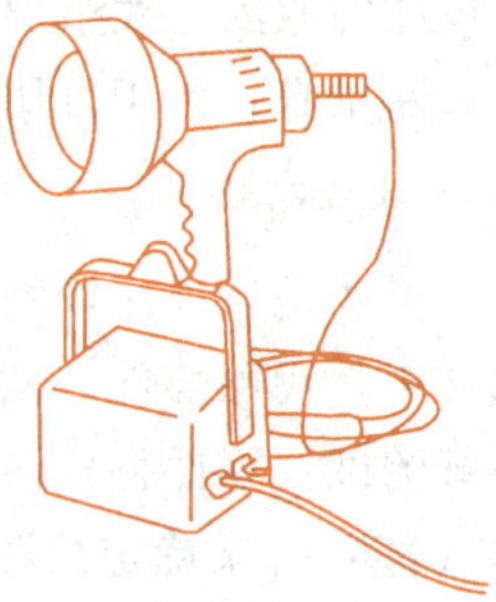 |
| 拆线钳 |  | R134a 歧管测量仪 | 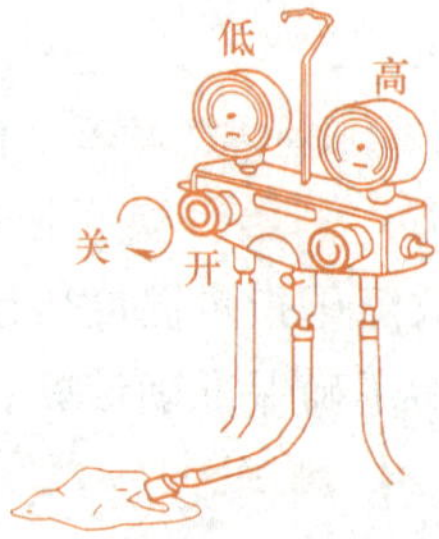 |
| 卤素泄漏检测器 | 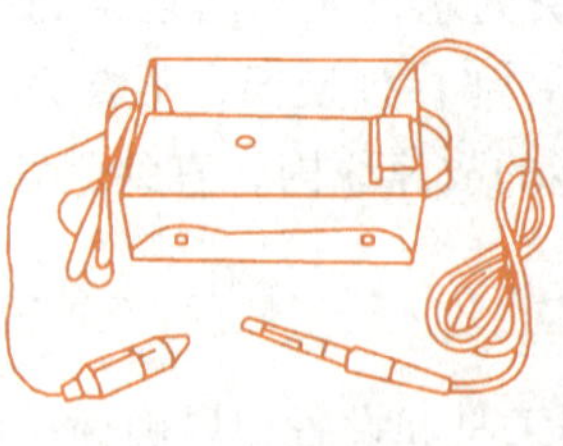 | 示踪颜色注射器 | 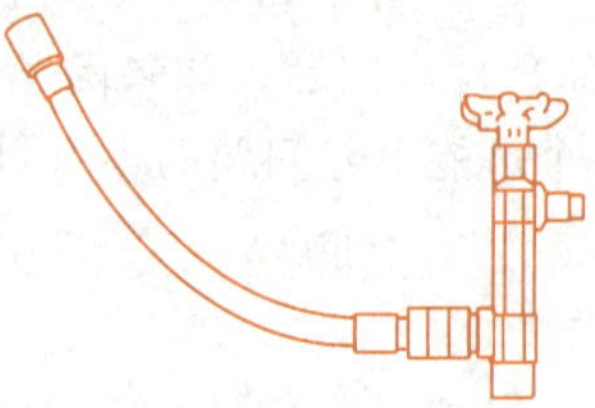 |
| R134a 示踪颜料 | 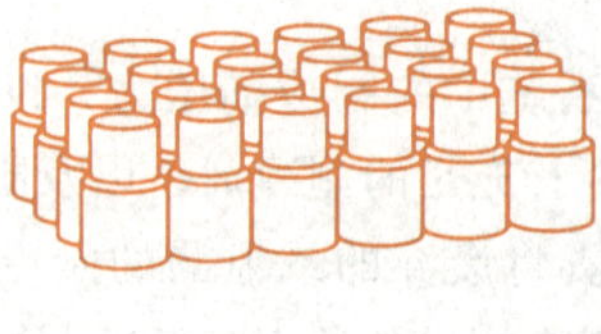 | 精密温度计 | 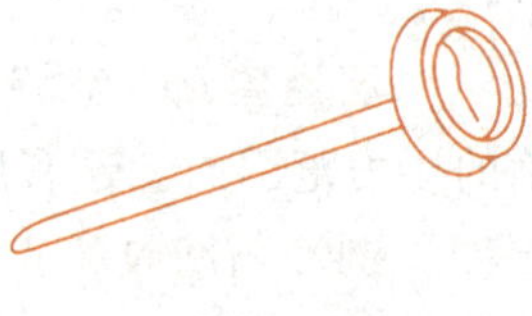 |

（续）

| 名称 | 图片 | 名称 | 图片 |
|---|---|---|---|
| 正向流动控制阀 | 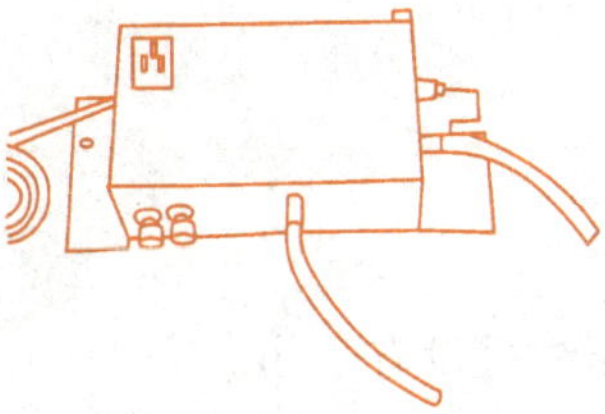 | 轴封保护装置 |  |
| 可再装式回收罐 | 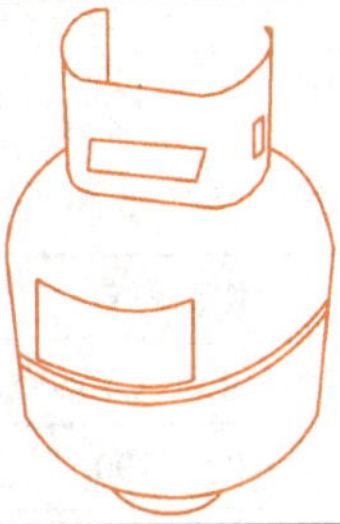 | 压力实验适配器 | 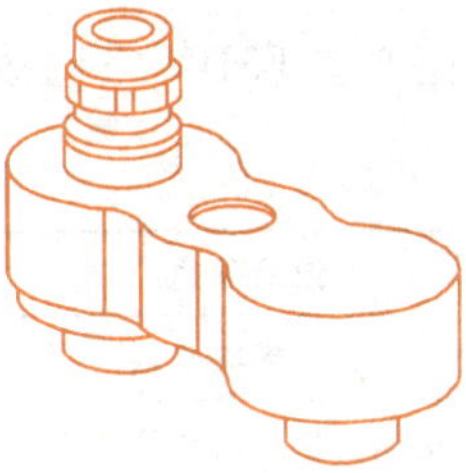 |
| 空调系统唇形密封拆卸工具 | 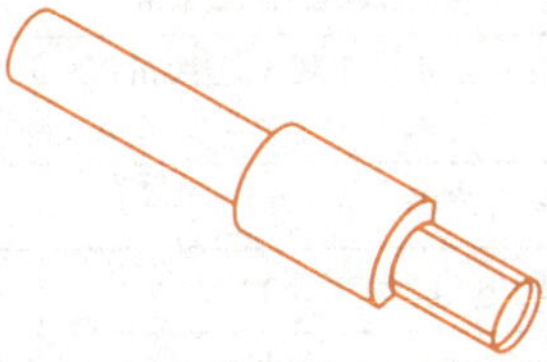 | O 形密封圈拆卸工具 |  |
| 气门芯拆卸装工具 | 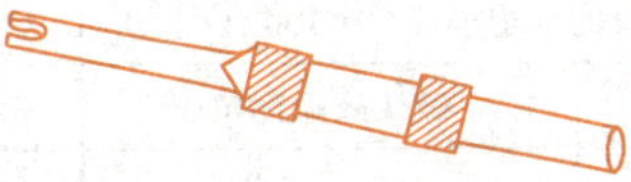 | O 形密封圈安装工具 | 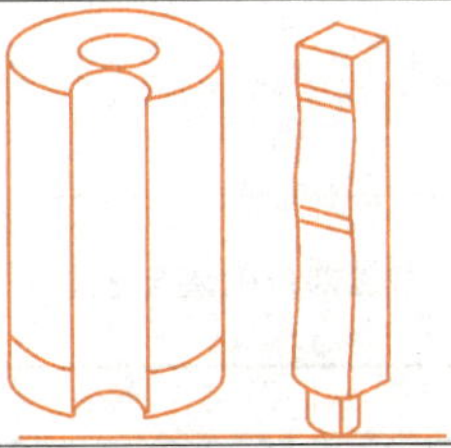 |
| 弹簧卡钳 |  | 无源测试灯 | 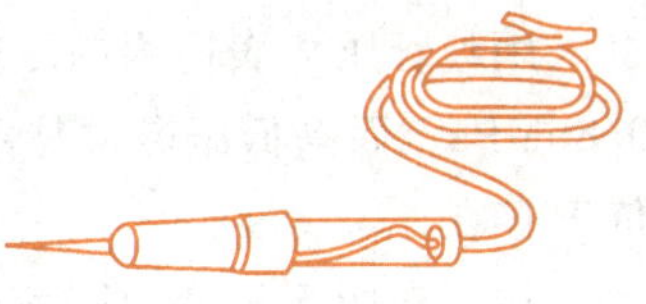 |
| 制冷剂回收\再生、重注系统 |  | 热气枪 | 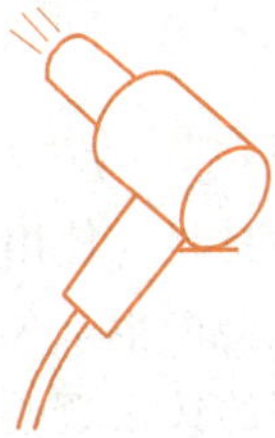 |

# 7.3 空调系统维修

## 7.3.1 制冷系统故障

### 1. 故障现象确认

制冷系统的故障现象为无冷风，初步判断压缩机没有工作。

### 2. 故障检测与排除

比亚迪 F3DM 空调故障检测与排除见表 7-4。

表 7-4 比亚迪 F3DM 空调故障检测与排除

| 作业项目 | 作业内容 | | |
|---|---|---|---|
| 故障现象确认 | 比亚迪 F3DM 电动汽车的空调不制冷 | | |
| 模块通信状态及故障码检查 | B2A6700 | | |
| 确定故障范围 | 空调压缩机异常 | | |
| 基本检查 | 线路/连接器外观及连接情况(正常)<br>零件安装等(正常) | | |
| 部件/线路测试 | 部件/线路范围 | | 测试结果 |
| | 电动机的三相线圈电阻(约 1.5Ω) | | 正常 |
| | 驱动电动机的三相交流电压(330V) | | 正常 |
| | 制冷管中制冷剂高、低压侧的静态压力(0.6MPa) | | 正常 |
| | 压缩机制冷剂进口的管道温度(0~10℃) | | 异常 |
| 故障部位确认与排除 | 故障类型 | 确认故障部位 | 排除方法 |
| | 元件故障 | 空调压缩机 | 更换 |

压缩机驱动电动机的标准三相交流输入电压为 330V。测量所得的驱动电动机三相交流电压处于正常范围内，于是可以判断变频器运行正常。

用歧管压力表检测制冷剂的静态高低压，正常压力值为 0.6MPa，测量发现高低压超过 0.86MPa，而高低压通常是由制冷剂过量引起的，回收部分制冷剂后，启动空调，发现故障依旧存在。

在用新的无故障的压缩机替换旧压缩机后，打开 A/C 开关启动空调系统，发现压缩机机身温度略有下降，制冷效果恢复正常。压缩机正常工作时，压缩机制冷剂进口的管道温度通常为 0~10℃，经过压缩机对制冷剂的压缩和加热，压缩机制冷剂出口的管道温度可以达到 80~90℃。

### 3. 故障原因分析

永磁材料在使用过程中所需的最高温度称为居里温度。实际使用时，当温度达到这个数值后，就会产生永久性的失磁现象。对于各种永磁物质，这个温度值差异较大。例如，现在大量采用的钕铁硼的居里温度只有 310℃。因此，在运行时必须对其运行温度进行严格控制，否则，极易导致电动机因温度过高而失磁，进而导致电动机失效。

制冷系统常见故障见表7-5，其中最常出现的是电动压缩机故障，见表7-6。故障排查简要流程如下：

1）检查系统压力是否正常，若不正常，表现为电子风扇不工作。

2）检查电动压缩机的高、低压输入是否正常、是否存在短路或断路现象。

3）若上述检查均正常，可怀疑空调控制面板或VCU出现故障，于是检查电动压缩机的控制信号是否正常（需要软件支持）。

4）若无法检出外围故障，则可认定为压缩机自身故障。

**表7-5　制冷系统常见故障**

| 序号 | 高压 | 低压 | 可能的故障原因 | 可能的故障点 |
|---|---|---|---|---|
| 1 | 高 | 高 | 系统整体压力高 | 1. 制冷剂加注过多<br>2. 系统内含空气（抽真空不良）<br>3. 冷冻油过量<br>4. 冷凝器散热不良 |
| 2 | 高 | 正常 | 高压侧故障 | 1. 冷凝器散热不良<br>2. 冷凝器内部联通（内漏）<br>3. 冷冻油过量 |
| 3 | 高 | 低 | 高低压分隔点堵塞 | 1. 膨胀阀堵塞<br>2. 蒸发器内部堵塞<br>3. 冰堵<br>4. 膨胀阀开度过小<br>5. 感温包泄漏 |
| 4 | 正常 | 高 | 低压侧故障 | 1. 膨胀阀开度过大<br>2. 制冷剂加注偏多 |
| 5 | 正常 | 低 | 高低压分隔点问题 | 1. 膨胀阀开度偏小<br>2. 制冷剂加注偏少<br>3. 感温包泄漏 |
| 6 | 低 | 高 | 压缩机压缩能力不足 | 1. 压缩机转速不足<br>2. 压缩机内部联通（内漏） |
| 7 | 低 | 正常 | 高压侧故障 | 1. 制冷剂加注偏少<br>2. 压缩机工作效率低 |
| 8 | 低 | 低 | 系统整体压力低 | 1. 制冷剂加注过少<br>2. 冷凝器堵塞<br>3. 储液罐堵塞 |

**表7-6　电动压缩机常见故障**

| 故障内容 | 故障现象 | 故障原因 | 故障排除方法 |
|---|---|---|---|
| 驱动控制器不工作，压缩机不工作 | 压缩机无起动声音，电源电流无变化 | 1. 12V（DC）或24V（DC）控制电源未接入驱动控制器<br>2. 控制电源电压不足或超压<br>3. 插接件端子接触不良或松脱 | 1. 检查驱动控制器控制电源插头端子是否松脱<br>2. 检查控制电源到驱动控制器之间线路的通断情况<br>3. 测量控制电源电压是否达到要求［对12V（DC）控制电源驱动控制器，控制电源应大于9V（DC），不得高于15V（DC）］ |

（续）

| 故障内容 | 故障现象 | 故障原因 | 故障排除方法 |
|---|---|---|---|
| 驱动控制器工作正常，压缩机工作不正常 | 压缩机发出异常声音 | 1. 电动机缺相<br>2. 冷凝器风机未正常工作，系统压差过大，电动机负载过大 | 1. 检查驱动控制器与电动机连接的三相插头及相关线路，确保其接触良好及导通<br>2. 确保冷凝器风机正常工作，待系统压力平衡后再次起动 |
| 驱动控制器工作正常，压缩机不工作 | 压缩机无起动声音，电源电流无变化，各端口电压正常 | 驱动控制器未收到空调系统的A/C开关信号 | 1. 检查A/C开关是否有故障<br>2. 检查与A/C开关相连的线路的通断情况是否断路<br>3. 检查A/C开关连接方式是否正确（接地）开启压缩机，接高电平或悬空关闭压缩机 |
| 驱动控制器自检正常，压缩机不工作 | 压缩机起动时有轻微抖动，电源电流出现变化后降为0 | 1. 冷凝器风机未正常工作，系统压差过大，电动机负载过大导致过流保护启动<br>2. 电动机缺相导致过流保护启动 | 1. 保证冷凝器风机正常工作，待系统压力平衡后再次启动<br>2. 检查驱动控制器与电动机连接的三相插头及相关线路，确保其接触良好及导通 |

## 7.3.2 采暖系统故障

电动汽车空调系统中的PTC故障会引起无暖风故障。

### 1. 故障现象确认

一辆北汽EV200在开启空调制热模式后无热风，但能清晰听见鼓风机工作的噪声。

### 2. 故障检测与排除

通过对几种典型的故障现象进行详细分析和总结，提出相应的排除方法。实施检修时，应查看代码问题，先查看简单故障，再进入复杂故障处理。北汽EV200的PTC故障检测与排除见表7-7。

表7-7 北汽EV200的PTC故障检测与排除

| 作业项目 | 作业内容 | | |
|---|---|---|---|
| 故障现象确认 | 北汽EV200的空调无暖风 | | |
| 模块通信状态及故障码检查 | P164398 | | |
| 确定故障范围 | 内部短路烧毁高压熔丝 | | |
| 基本检查 | 线路/连接器外观及连接情况 | | |
| 部件/线路测试 | 部件/线路范围 | | 测试结果 |
| | PTC阻值（约100Ω） | | 异常 |
| 故障部位确认与排除 | 故障类型 | 确认故障部位 | 排除方法 |
| | 元件故障 | PTC | 替换 |

通过故障诊断仪查看故障码，以确定故障部位之后，在显示屏上输入相应的代码和参数

并保存到硬盘中。

PTC 故障排查的简要流程如下：

1）检查系统连接是否正常、是否存在插接件漏插等现象。

2）检查高压熔丝（高压电输入 PTC 控制器）是否正常。

3）建议通过故障诊断仪查看故障提示。

### 3. 故障原因分析

1）冷暖模式设置不正确。

2）PTC 本体断路。

3）PTC 控制回路断路。

4）内部短路烧毁高压熔丝。

5）PTC 控制器损坏。

PTC 不工作

PTC 常见故障见表 7-8。

表 7-8　PTC 常见故障

| 故障内容 | 故障现象 | 故障原因 | 故障排除方法 |
|---|---|---|---|
| PTC 不工作 | 启动功能设置后仍排出凉风 | 1. 冷暖模式设置不正确<br>2. PTC 本体断路<br>3. PTC 控制回路断路<br>4. 内部短路烧毁高压熔丝 | 1. 检查冷暖设置是否选择较暖方向<br>2. 断开高压插件后，测量高压正负间的电阻是否正常<br>3. 断开低压插件后，测量两极间是否为导通状态<br>4. 更换 PTC 及高压熔丝 |
| PTC 过热 | 出风温度异常升高或从空调出风口嗅到塑料焦煳气味 | PTC 控制模块损坏粘连，不能正常断开 | 关闭制热功能，断电检查 PTC 加热器及 PTC 控制模块 |

## 7.3.3　部件性能不良

### 1. 压缩机故障

故障现象：制冷效果差，无冷气输出，压缩机发出异常噪声。

排除方法：检查压缩机的电气连接，测量压缩机的电流和压力，修复或更换故障压缩机。

### 2. 冷凝器/蒸发器问题

故障现象：制冷效果下降，输出的空气不凉。

排除方法：清洁冷凝器和蒸发器表面的污垢和灰尘，检查并修复冷凝器和蒸发器的堵塞、腐蚀或损坏情况，必要时更换受损部件。

### 3. 冷媒泄漏

故障现象：制冷能力减弱，冷气逐渐变暖。

排除方法：使用气体检测仪定位冷媒泄漏点，修复或更换受损的冷媒管道、连接件或密封件，并进行冷媒充填和系统密封性测试。

### 4. 控制模块故障

故障现象：空调无法正常启动或控制，显示屏无显示。

排除方法：检查控制模块的电源供应、连接器和电路板，修复或更换受损的传感器、继电器或其他元器件。

### 5. 风扇故障

故障现象：室内或室外风扇不转动，制冷效果差，系统过热。

排除方法：检查风扇电动机的电源供应和连接，清洁或更换受损的风扇叶片，修复或更换风扇电动机。

## 思考题

1. 如何检查和维护制冷剂水平？
2. 如何安全地添加或更换制冷剂？
3. 描述汽车空调系统的制冷循环，包括高压侧和低压侧。如何检查和调整这两侧的压力？
4. 如何进行系统压力测试和检测潜在的泄漏点？
5. 如何诊断温度传感器或压力传感器的故障？

# 第8章　底盘的检测与维修

## 8.1　底盘的组成与原理

### 8.1.1　悬架系统的结构与原理

#### 1. 悬架的定义及组成

悬架是汽车的车架（或承载式车身）与车桥（或车轮）之间一切传力连接装置的总称，它在汽车上的安装位置如图 8-1 所示。

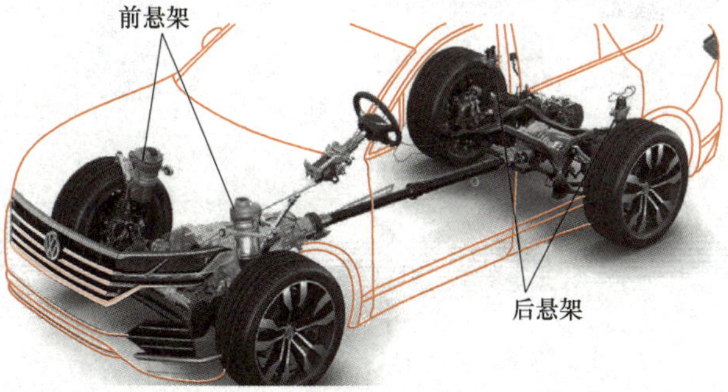


图 8-1　悬架在汽车上的安装位置

新能源汽车的悬架尽管有各种结构型式，但基本包括弹性元件、减振器、导向机构等，如图 8-2 所示。

#### 2. 弹性元件

汽车悬架系统中的弹性元件主要有钢板弹簧、螺旋弹簧、扭杆弹簧、气体弹簧、橡胶弹簧。

**(1) 钢板弹簧**　钢板弹簧作为汽车悬架使用最多的弹性元件，由若干长度不等、宽度相等、厚度不等或相等、曲率半径不等的合金弹簧片叠加组合成一根近似等强度的梁，其结构如图 8-3 所示，还包括弹簧夹、螺栓、套管、螺母等零部件。钢板弹簧最上面的一片（最长的一片）称为主片，其两端弯成卷耳，内装青铜或其他材料制成的衬套，用弹簧销与固

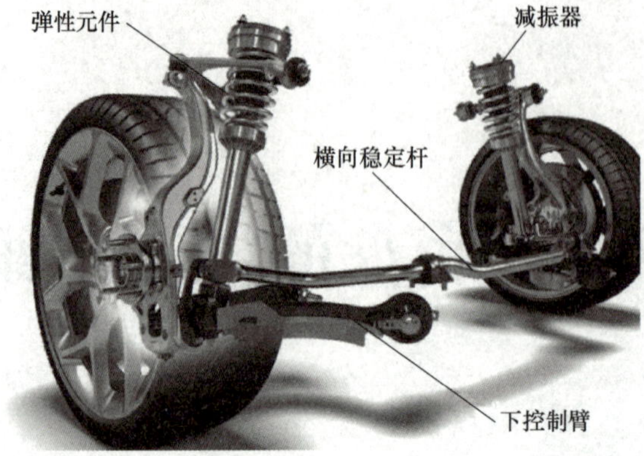


图 8-2　悬架系统的组成

定在车架上的支架或吊耳作铰链连接。钢板弹簧的中心部位用 U 形螺栓与车桥固定。

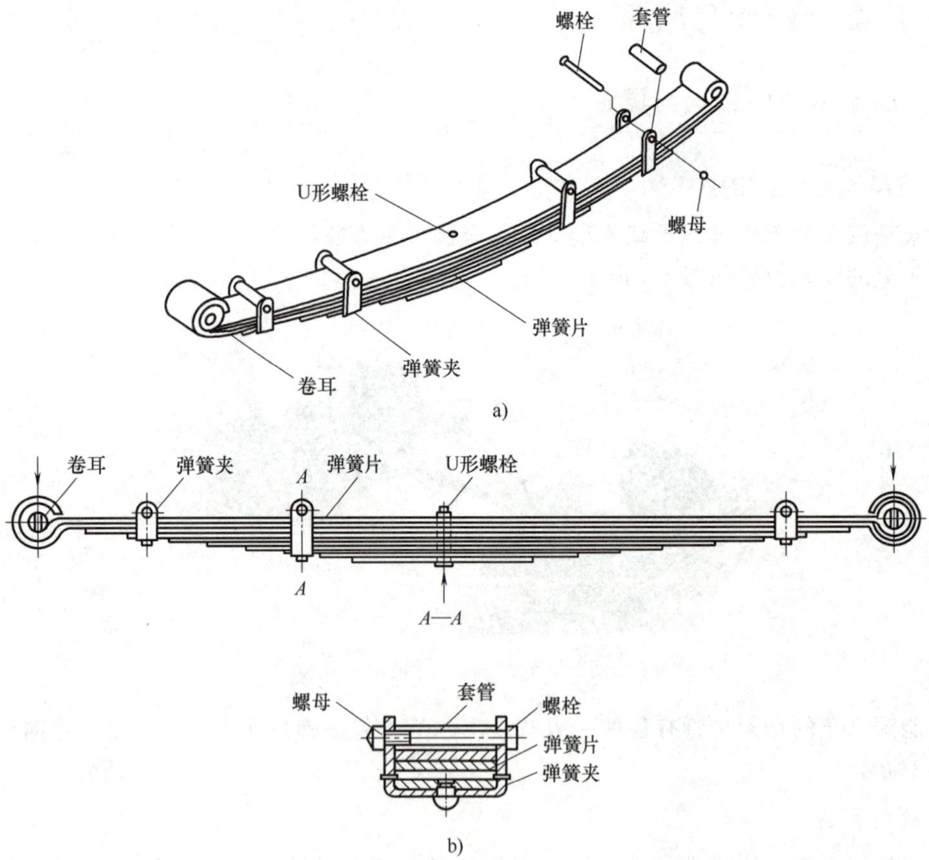


图 8-3　钢板弹簧的结构

钢板弹簧在载荷作用下变形，各片之间因相对滑动而产生摩擦，可使车架的振动衰减。各片之间处于干摩擦，同时将车轮所受冲击力传递给车架，因此增大了各片的磨损。组装时，各片之间应涂抹较稠的石墨润滑脂进行润滑，并定期维护。为了在使用期间长期存储润滑剂和防止污染，有时将钢板弹簧装在护套内。

近年来，越来越多的汽车开始使用变截面钢板弹簧，它由单片或2~3片变厚度断面的弹簧片构成，如图8-4所示。其弹簧片的断面尺寸沿长度方向是变化的，片宽则保持不变，这种少片变截面钢板弹簧克服了多片钢板弹簧质量大、性能差（由于存在片间摩擦，影响了汽车的行驶平顺性）的缺点。根据相关统计，在两种弹簧使用寿命相等的情况下，少片变截面钢板弹簧可减小质量40%~50%。因此，这种弹簧对实现车辆轻量化、节能和节省合金弹簧钢材大为有利，应用日渐广泛。

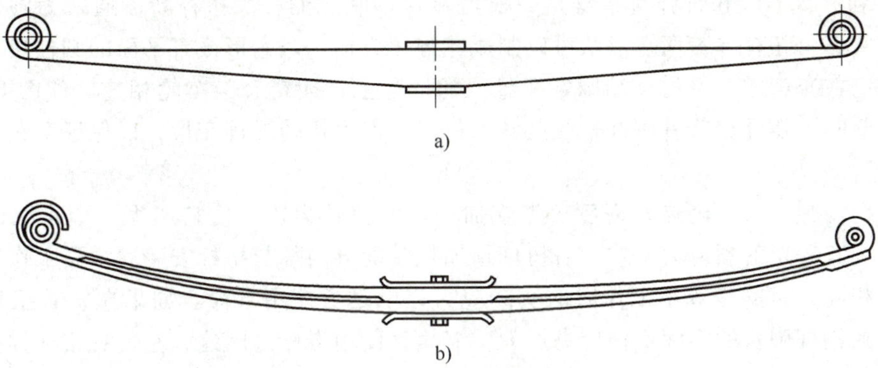

图8-4　变截面钢板弹簧

a）单片弹簧　b）双片弹簧

**（2）螺旋弹簧**　螺旋弹簧大都应用在独立悬架上，尤其是前轮独立悬架。在有些轿车上，后轮非独立悬架也使用螺旋弹簧作为弹性元件。

如图8-5所示，螺旋弹簧由特殊的弹簧钢棒卷制而成，可以制成圆柱形或圆锥形，也可

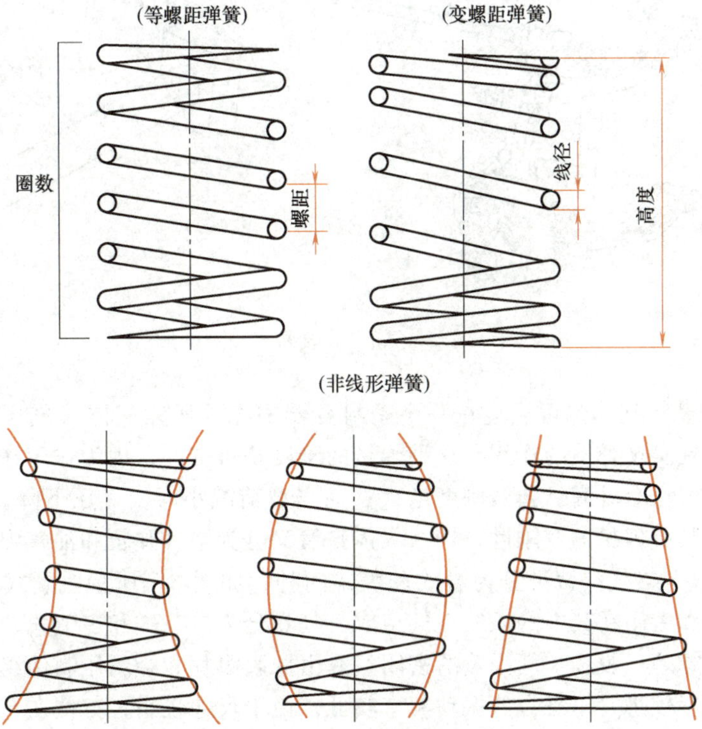


图8-5　螺旋弹簧

以制成等螺距或不等螺距的类型。圆柱形等螺距螺旋弹簧的刚度是不变的，圆锥形或不等螺距螺旋弹簧的刚度是可变的。

与钢板弹簧相比，螺旋弹簧具有无须润滑、防污性强、占用纵向空间小及弹簧自身质量小的优点，因而被现代轿车广泛采用。但是螺旋弹簧只能承受竖直载荷，用它作为弹性元件的悬架须加设导向装置。此外，螺旋弹簧变形时，不产生摩擦力，因此悬架中必须装有减振器，用于衰减因冲击而产生的振动。

**（3）扭杆弹簧**　扭杆弹簧本身是一根由弹簧钢制成的杆。扭杆断面通常为圆形，少数为矩形或管形。扭杆弹簧两端形状可以制成花键、方形、六角形或带平面的圆柱形等，以便将一端固定在车架上，将另一端固定在悬架的摆臂上，摆臂又与车轮相连。如图 8-6 所示，当车轮跳动时，摆臂会绕着扭杆轴线摆动，使扭杆产生扭转弹性变形，以保证车轮与车架的弹性联系。

制造扭杆弹簧时，经热处理后预先施加一定的扭转力矩，使它产生一个永久的扭转变形，从而具有一定的预应力。左、右扭杆预加扭转的方向都与扭杆安装后承受工作载荷时扭转的方向相同，目的是减小工作时的实际应力，以延长使用寿命。如果左、右扭杆换位安装，将导致扭杆弹簧的实际工作应力加大，缩短其使用寿命。因此，左、右扭杆弹簧均刻有不同的标记，不可互换。

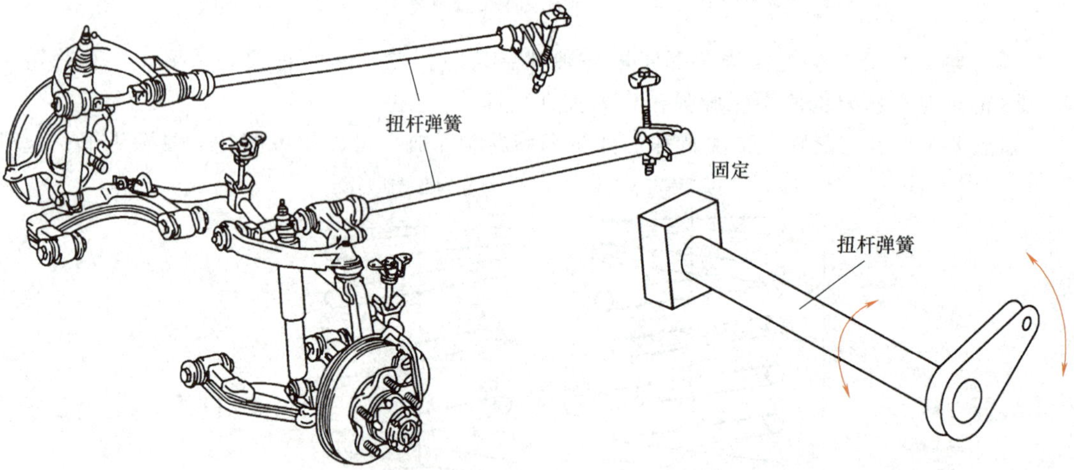


图 8-6　扭杆弹簧示意图

**（4）气体弹簧**　气体弹簧通过在一个密封容器中充入压缩气体（气压为 0.5~1MPa），利用气体可压缩性实现弹簧的作用。这种弹簧的刚度是可变的，因为作用在弹簧上的载荷增加时，容器中的气压会升高，弹簧刚度增大；而当载荷减小时，气压下降，弹簧刚度减小。因此，气体弹簧具有理想的变刚度特性。气体弹簧又分为空气弹簧和油气弹簧两种。

1）空气弹簧。空气弹簧可分为囊式和膜式两种，如图 8-7 所示。囊式空气弹簧由夹有帘线的橡胶气囊和密闭在其中的压缩空气组成，气囊分为单节式和多节式，节数越多，弹性越好，但密封性越差。膜式空气弹簧的密闭气囊由橡胶膜片和金属压制件组成。与囊式空气弹簧相比，其刚度较小，车身自然振动频率较低；由于尺寸较小，方便在车上布置，多用于轿车。

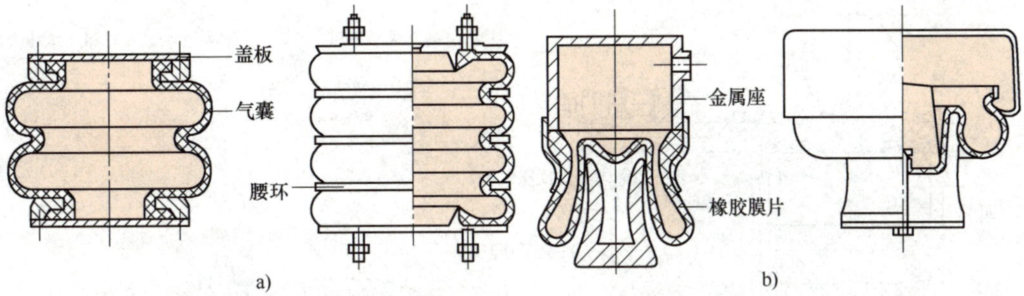


图 8-7　空气弹簧

a）囊式空气弹簧　b）膜式空气弹簧

2）油气弹簧。油气弹簧一般以惰性气体氮为弹性介质，用油液作为传力介质，由气体弹簧和相当于减振器的液压缸组成。油气弹簧可分为单气室油气弹簧、双气室油气弹簧、两级压力式油气弹簧等。

单气室油气弹簧又分为油气分隔式（图 8-8a）和油气不分隔式（图 8-8b）两种，前者可防止油液乳化且便于充气。单气室油气弹簧结构简单、工作可靠，加工要求较其他形式更低，维护也比较方便。

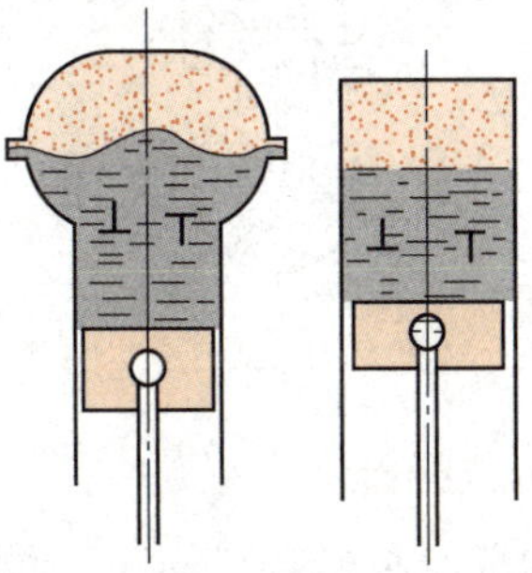


图 8-8　单气室油气弹簧

a）油气分隔式　b）油气不分隔式

双气室油气弹簧比单气室油气弹簧多一个作用力方向相反的反压气室和一个浮动活塞，如图 8-9 所示。当弹簧处于压缩行程时，主活塞上移，使主气室内的气压增高，弹簧的刚度增大。此时浮动活塞下方的油液，在反压气室的气体压力作用下经通道流入主活塞的下方，以补充活塞上移后空出的容积，反压气室内的气压则下降。当弹簧处于伸张行程时，主活塞下移，使主气室内的气压降低，主活塞下方的油液受到挤压，经通道流回浮动活塞的下方，推动此活塞上移，使反压气室内的气压增高，从而提高了伸张行程的弹簧刚度。这种油气弹簧消除了在伸张行程中活塞与缸体底部发生撞击的可能性。

如图 8-10 所示，两级压力式油气弹簧在工作活塞的上方设有两个并列的气室，但它们的工作压力不同。主气室内的气压与单气室油气弹簧的气压相近，补偿气室内的气压则较高，因此两个气室不同时参加工作，其作用相当于钢板弹簧的主簧和副簧。

油气弹簧具有良好的行驶平顺性，并且体积小、重量轻，但是对密封性要求很高，维护相对麻烦。目前，这种弹簧多用于重型汽车和部分小型客车。由于油气弹簧只能承受垂直载荷，采用这种弹簧的悬架也要加设导向装置。

**（5）橡胶弹簧**　橡胶弹簧利用橡胶自身的弹性起到弹性元件的作用，它可以承受压缩载荷和扭转载荷，如图 8-11 所示。由于橡胶的内摩擦较大，橡胶弹簧还具有一定的减振能力。橡胶弹簧多用作悬架的副簧和缓冲块，近年来逐渐应用于商用车的悬架系统中。

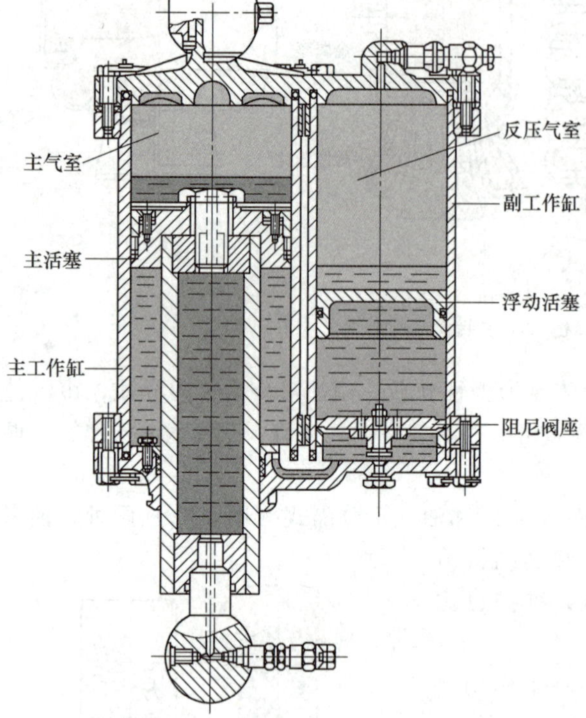


图 8-9　双气室（带反压气室）油气弹簧

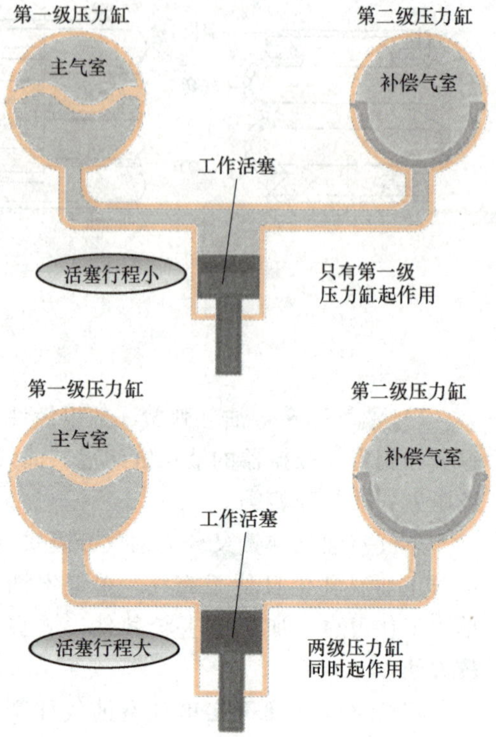


图 8-10　两级压力式油气弹簧

### 3. 减振器

为了加速车架与车身振动的衰减，改善汽车的行驶平顺性，大多数汽车悬架系统中都装有减振器。减振器在汽车悬架系统中是与弹性元件并联安装的，如图 8-12 所示。

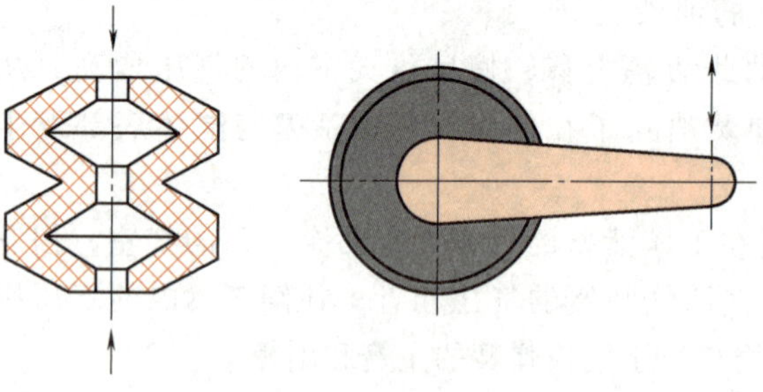

a)　　b)

图 8-11　橡胶弹簧

a）承受压缩载荷　b）承受扭转载荷

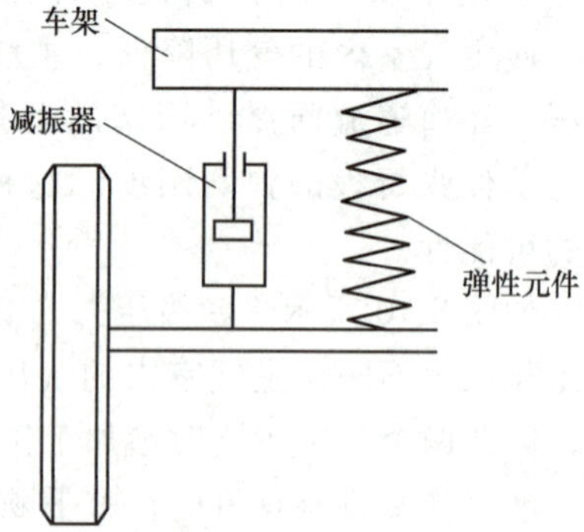


图 8-12　减振器和弹性元件并联安装

汽车悬架系统通常采用液力减振器，即利用液体流动的阻尼来消耗冲击振动的能量。当车架或车身与车桥间因振动而出现相对运动时，减振器中的活塞会上下移动，导致减振器内的油液反复从一个腔经过不同的孔隙流入另一个腔。孔壁与油液间的摩擦和油液分子间的内摩擦会消耗振动的能量，从而对振动形成阻尼力，使汽车振动能量转化为油液热能，并由减振器吸收排入大气中。

若减振器的阻尼力过大，振动衰减变得过快，会使悬架弹性元件的缓冲作用变差，甚至使减振器连接件及车架损坏。因此，减振器与弹性元件应协调工作，那么必须满足以下要求：

在悬架压缩行程（车桥和车架相互靠近）中，减振器的阻尼力较小，以便充分发挥弹性元件的弹性作用，缓和冲击，此时弹性元件起主要作用。

在悬架伸张行程（车桥和车架相互远离）中，减振器的阻尼力应较大，以便迅速减振，此时减振器起主要作用。

当车架或车身与车桥间的相对运动速度过高时，要求减振器能自动加大液流量，使阻尼力始终保持在一定限度内，避免车架或车身承受过大的冲击载荷。

减振器按工作原理分为单向作用式和双向作用式两种。在压缩和伸张两个行程中均能起到减振作用的减振器称为双向作用式减振器，只在伸张行程中起减振作用的减振器称为单向作用式减振器。汽车广泛采用双向作用筒式减振器。

**(1) 双向作用筒式减振器**　双向作用筒式减振器的基本组成如图 8-13 所示，它有 3 个同心缸筒，外面的缸筒是防尘罩，上部的吊耳与车架相连；中间是储油缸筒，内装有一定量的油液，下端的吊耳与车桥相连；里面是工作缸筒，内装满油液。此外，该减振器还有 4 个阀，即压缩阀、伸张阀、流通阀和补偿阀。流通阀和补偿阀是一般的单向阀，其弹簧很弱，当阀上的油压作用力与弹簧弹力同向时，阀处于关闭状态，完全不通油液；当油压作用力与弹簧弹力反向时，只要很小的油压，阀就能开启。压缩阀和伸张阀都是卸载阀，弹簧刚度较大，预紧力也较大，只有当油压增高到一定程度时，阀才能开启；当油压降低到一定程度时，阀自行关闭。

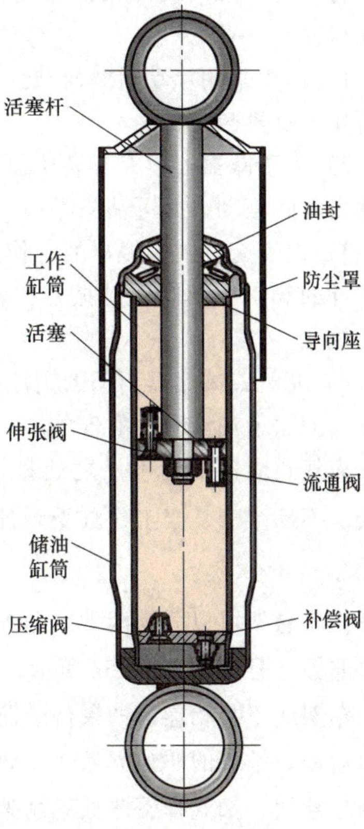

图 8-13　双向作用筒式减振器的基本组成

双向作用筒式减振器的工作原理可用压缩和伸张两个行程加以说明。

1）压缩行程。当车桥接近车架（或车身）时，减振器被压缩，活塞下移，使下腔室容积减小，油压升高，具有一定压力的油液会顶开流通阀进入活塞上腔室。由于活塞杆占据上腔室的部分容积，上腔室增加的容积小于下腔室减小的容积，导致部分油液不能进入上腔室，只能压开压缩阀，流回储油缸。油液流经上述阀孔时，会受到一定的节流阻力，为了克服这种阻力，需要消耗振动能量，从而使振动衰减。

2）伸张行程。当车桥相对远离车架（或车身）时，减振器被拉伸，活塞上移，使上腔室油压升高，上腔室的油液会推开伸张阀流入下腔室。同样由于活塞杆的存在，上腔室减小的容积小于下腔室增加的容积，导致上腔室流出的油液不足以充满下腔室所增加的容积，从而使下腔室产生一定的真空，储油缸筒中的油液在真空作用下就会推开补偿阀流入下腔室进行补充。

由上面的原理可知，之所以称为双向作用式减振器，就是因为它在压缩、伸张两个行程中都能起减振作用。

伸张阀弹簧的刚度和预紧力比压缩阀大，在同样的油压作用下，伸张阀及相应的常通缝隙的通道与面积总和小于压缩阀及相应的常通缝隙的通道与面积总和，这就保证了减振器在伸张行程内产生的阻尼力远大于压缩行程的阻尼力。

**（2）其他类型减振器** 充气式减振器是从20世纪60年代发展起来的一种新型减振器，如图8-14所示。其结构特点是在工作缸的下部设有一个浮动活塞，并在浮动活塞与工作缸一端形成的密闭气室中充入高压氮气。浮动活塞上装有大断面的O形密封圈，它把油和气完全分开。工作活塞上装有随其运动速度而改变通道截面积的压缩阀和伸张阀。当车轮上下跳动时，工作活塞在油液中做往复运动，使工作活塞的上腔和下腔之间产生油压差，压力油便推开压缩阀和伸张阀来回流动。由于阀对压力油产生较大的阻尼力，可使振动衰减。

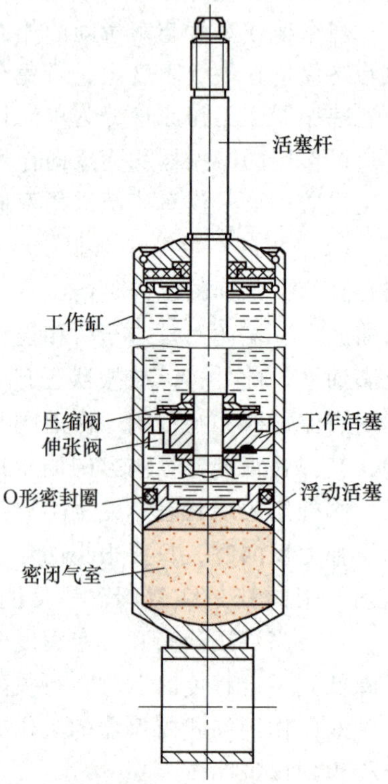

图8-14 充气式减振器

与双向作用筒式减振器相比，充气式减振器具有以下优点：

1）由于采用浮动活塞而减少了一套阀的系统，使结构简化、重量减轻。

2）由于减振器里充有高压氮气，能削弱车轮受到突然冲击时的振动，并可消除噪声。

3）由于充气式减振器的工作缸和活塞直径都大于相同条件件的双向作用筒式减振器，其阻尼力更大，工作可靠性更强。

4）充气式减振器内部的高压气体和油液被浮动活塞隔开，消除了油液乳化的现象。

充气式减振器的不足之处是油封要求高，充气工艺复杂，不易维修，当工作缸受到外界较大冲击而变形时，不能工作。

### 4. 悬架分类

汽车悬架可以分为两类：非独立悬架和独立悬架。

非独立悬架如图8-15a所示，其结构特点是两侧车轮通过整体式车桥相连，车桥通过悬架与车架或车身相连。如果行驶路面不平，一侧车轮被抬高，整体式车桥将迫使另一侧车轮产生运动。常见的非独立悬架主要有钢板弹簧非独立悬架、螺旋弹簧非独立悬架、空气弹簧非独立悬架、油气弹簧非独立悬架等。

独立悬架如图8-15b所示，其结构特点是每一侧车轮单独通过悬架与车架（或车身）相连，即车桥是断开的，每一侧车轮可以独立跳动，互不影响。按车轮的运动方式，独立悬架可分为车轮在横向平面内摆动的悬架（横臂式独立悬架），车轮在纵向平面内摆动的悬架（纵臂式独立悬架），车轮沿主销移动的悬架（烛式独立悬架和麦弗逊式独立悬架），以及多连杆式独立悬架。

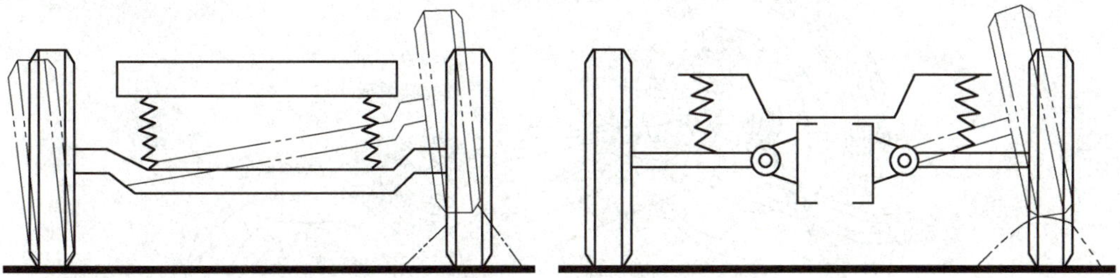


图 8-15 汽车悬架分类

a）非独立悬架 b）独立悬架

**（1）钢板弹簧非独立悬架** 在图 8-16 所示的钢板弹簧非独立悬架中，钢板弹簧中部通过 U 形螺栓（骑马螺栓）固定在前桥上。钢板弹簧的前端卷耳用弹簧销与前支架相连，形成固定式铰链支点，起传力和导向作用；后端卷耳则用吊耳销与可在车架上摆动的吊耳相连，形成摆动式铰链支点，从而保证了弹簧变形时两卷耳中心线间的距离有改变的可能。

减振器的上、下两个吊环通过橡胶衬套和连接销分别与车架上的上支架和车桥上的下支架相连。盖板上装有橡胶缓冲块，以限制弹簧的最大变形，并防止弹簧直接碰撞车架。

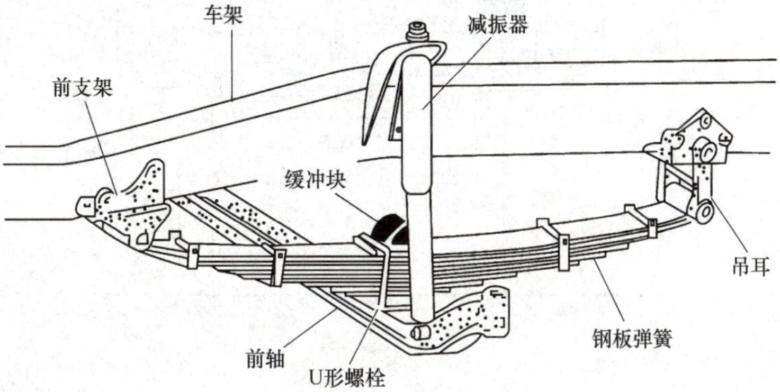


图 8-16 钢板弹簧非独立悬架

**（2）螺旋弹簧非独立悬架** 螺旋弹簧非独立悬架由螺旋弹簧、减振器、纵向推力杆和横向推力杆等组成，如图 8-17 所示。它一般只用于乘用车的后悬架。

**（3）空气弹簧非独立悬架** 空气弹簧非独立悬架主要由囊式空气弹簧、压缩机、车身高度控制阀及控制杆等组成，如图 8-18 所示。

囊式空气弹簧的上下端分别固定在车架和车桥（或与车桥相连的支架）上。由压缩机产生的压缩空气经油水分离器和压力调节器进入储气筒，压力调节器可使储气筒中的压缩空气保持一定的压力。储气罐通过管路与两个（或几个）空气弹簧相通，它们的空气压力均由车身高度控制阀控制。

采用空气弹簧非独立悬架时，容易实现车身高度的自动调节。在装有压缩机的汽车上，一般采用随载荷不同而改变空气弹簧的空气压力的方法来达到这个目的。高度阀固定在车架上，通过控制杆与车桥相连。车身高度控制阀内部有两个阀：通气源的充气阀和通大气的放气阀。这两个阀均由控制杆操纵。当汽车载荷增加，车桥移近车架时，控制杆上升，通过摇

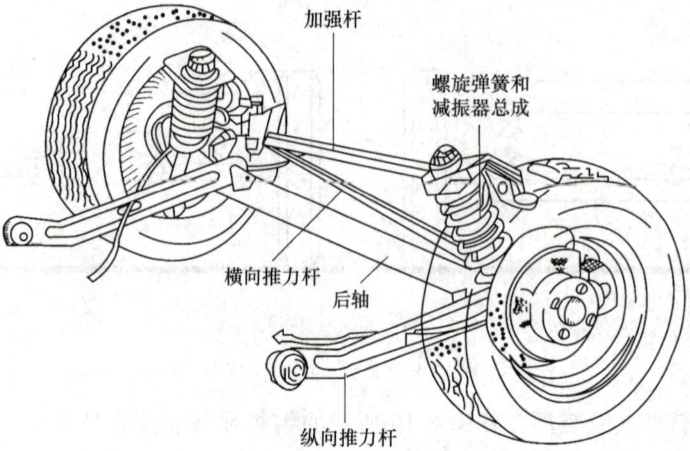


图 8-17　螺旋弹簧非独立悬架

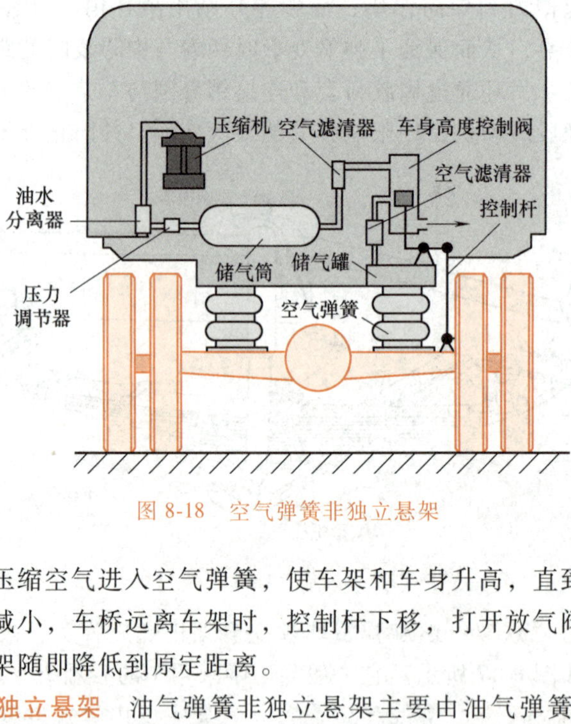


图 8-18　空气弹簧非独立悬架

臂机构打开充气阀，压缩空气进入空气弹簧，使车架和车身升高，直到恢复车身与车桥的原定距离为止。当载荷减小，车桥远离车架时，控制杆下移，打开放气阀，空气弹簧内的空气排入大气，车身和车架随即降低到原定距离。

**（4）油气弹簧非独立悬架**　油气弹簧非独立悬架主要由油气弹簧（兼起减振器作用）、横向推力杆、纵向推力杆等组成。以图 8-19 所示的 SH3540 型（32t）工矿自卸车的油气弹簧非独立悬架为例，两个油气弹簧的两端分别固定在前桥的支架和纵梁的支架上。悬架两侧各有一根下纵向推力杆，装在前桥和纵梁之间。一根上纵向推力杆安装在前桥的支架和纵梁的内侧支架上。上、下两根纵向推力杆构成平行四边形，既可传递纵向力，承受制动力引起的反作用力矩，又可保证车轮上下跳动时的主销倾角不变，有利于汽车操纵稳定性。一根横向推力杆装在左侧纵梁与前桥右侧的支架上，用于传递侧向力。两纵梁下方装有缓冲块，避免在很大的冲击载荷下前桥直接碰撞车架。

**（5）横臂式独立悬架**　横臂式独立悬架分为单横臂式和双横臂式两种，目前单横臂式独立悬架应用较少。

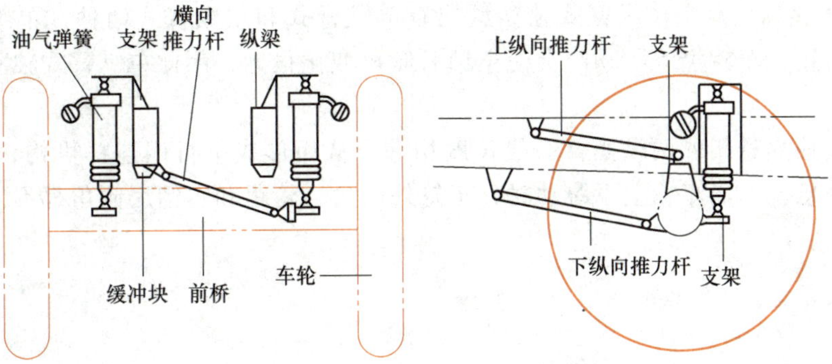


图 8-19　SH3540 型（32t）工矿自卸车的油气弹簧非独立悬架

双横臂式独立悬架的两个横摆臂有等长的和不等长的，如图 8-20 所示。对于横摆臂等长的独立悬架，当车轮上下跳动时，虽然车轮平面不倾斜，主销轴线的方向也不发生变化，但轮距会发生较大变化，从而引起车轮的侧滑和轮胎磨损。对于横摆臂不等长的独立悬架，当车轮上下跳动时，虽然车轮平面、主销轴线、轮距都发生变化，但如果选择长度比例合适，可使车轮和主销的角度及轮距变化不大，这种独立悬架被广泛应用在乘用车的前轮上。图 8-21 所示为奥迪乘用车不等长双横臂式螺旋弹簧独立悬架。

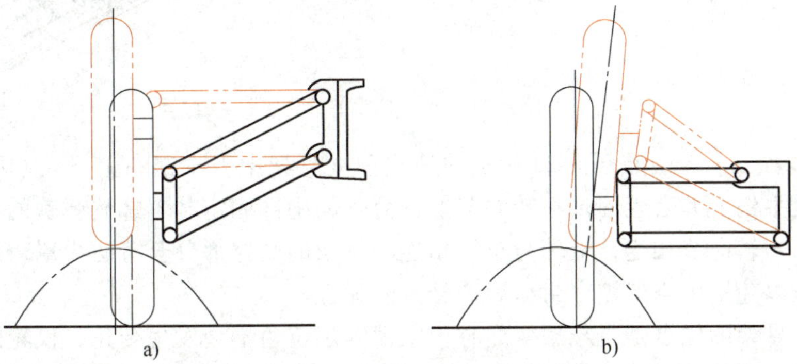


图 8-20　双横臂式独立悬架

a）横摆臂等长的悬架　b）横摆臂不等长的悬架

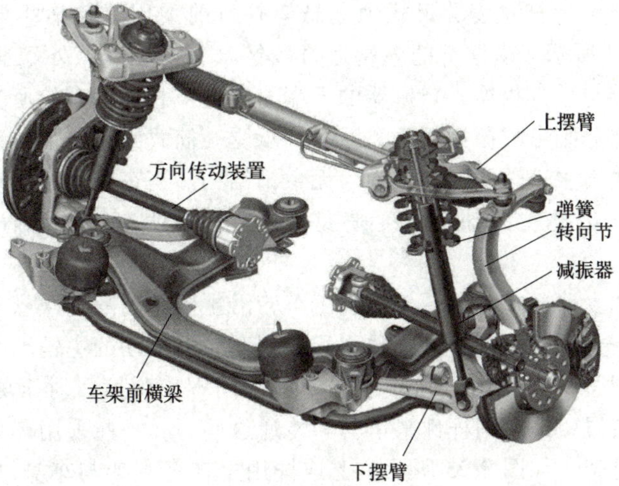


图 8-21　奥迪乘用车不等长双横臂式螺旋弹簧独立悬架

**(6) 纵臂式独立悬架** 纵臂式独立悬架有单纵臂式和双纵臂式两种，单纵臂式独立悬架如果用于前轮，车轮上下跳动时会使主销后倾角变化很大，因此单纵臂式独立悬架都用于后轮。

双纵臂式独立悬架的两纵摆臂一般长度相等，从而形成平行四连杆机构，如图 8-22 所示。对于这种悬架，当车轮上下跳动时，车轮外倾角、轮距和主销后倾角都不发生变化，因而适用于前轮。

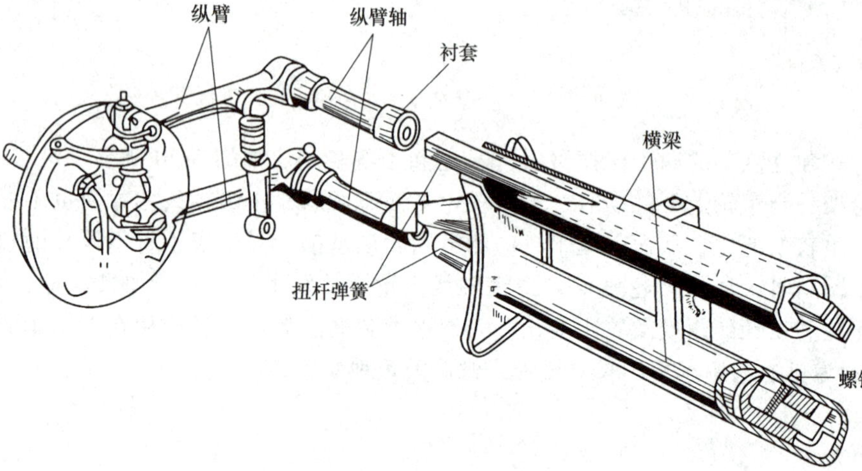


图 8-22 双纵臂式独立悬架

**(7) 烛式独立悬架** 在图 8-23 所示的烛式独立悬架中，主销的上下两端刚性地固定在车架上。套在主销上的套管固定在转向节上，套管的中部固定装着螺旋弹簧的下支座。筒式减振器的下端与转向节相连，上端与车架相连。悬架的摩擦部分套着防尘罩，通气管与防尘罩内腔相通，以免罩中空气被密封而影响悬架的弹性。

烛式独立悬架的优点是当悬架变形时，主销的定位角不会发生变化，仅轮距、轴距稍有改变，有利于汽车的转向操纵性和行驶稳定性。其缺点是侧向力全部由套筒和主销承受，两者间的摩擦阻力大，磨损严重。因此，这种结构型式目前很少采用。

**(8) 麦弗逊式独立悬架** 麦弗逊式独立悬架是目前乘用车和某些轻型客车应用较多的悬架类型，如图 8-24 所示，横摆臂的内端通过铰链与车身相连，外端通过球铰链与转向节相连。减振器的上端与车身相连，减振器的下端与转向节相连，车轮所受的侧向力大部分由横摆臂承受，其余部分则由减振器活塞和活塞杆承受。筒式减振器上铰链的中心与横摆臂外端球铰链中心的连线为主销轴线，此结构为无主销结构。当车轮上下跳动时，减振器下支点随前悬架摇臂摆动，因此主销轴线角度是变化的，这说明车轮是沿着摆动的主销轴线运动的。

烛式独立悬架和麦弗逊式独立悬架都属于车轮沿主销移动的独立悬架，烛式独立悬架的车轮沿固定不动的主销移动，麦弗逊式独立悬架的车轮沿摆动的主销轴线移动。

**(9) 多连杆式独立悬架** 由于独立悬架中多采用螺旋弹簧，对于侧向力、竖直力及纵向力需要增设导向装置，即采用杆件来承受和传递这些力，一些乘用车为减轻车重和简化结构会采用多连杆式悬架，如图 8-25 所示。上连杆用上连杆支架与车身（或车架）相连，上连杆外端与第三连杆相连。上连杆的两端都装有橡胶隔振套，其内端通过橡胶隔振套与前横

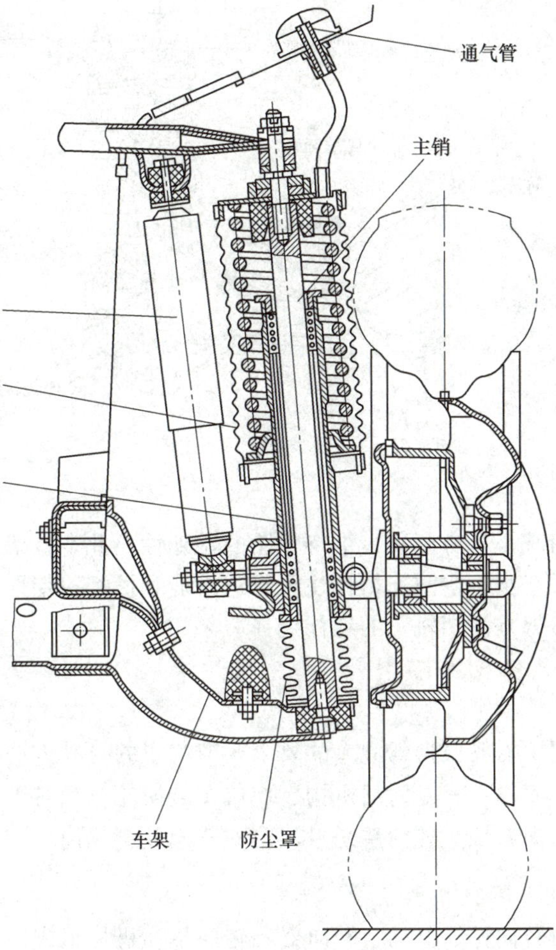


图 8-23　烛式独立悬架

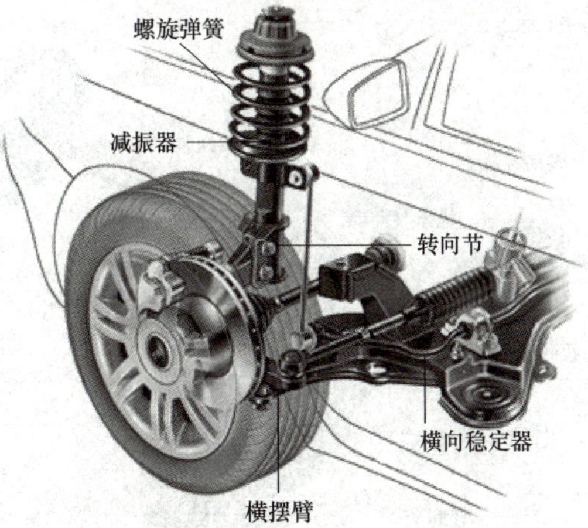


图 8-24　麦弗逊式独立悬架

梁相连，球铰链将下连杆的外端与转向节相连。多杆前悬架系统的主销轴线从下球铰链延伸到上面的轴承，它与上连杆和第三连杆无关。

多连杆式独立悬架不仅可以保证一定的舒适性，由于连杆较多，也可以使车轮和地面尽

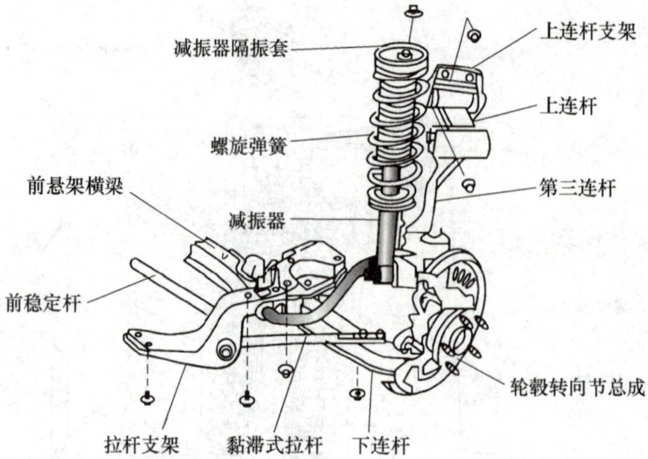


图 8-25　多连杆式独立悬架

可能保持垂直，从而减小车身倾斜，维持轮胎的贴地性。此类悬架的操控性能和双叉臂式悬架难分伯仲，高档轿车由于空间充裕且注重舒适性能和操控稳定性，大多使用多连杆式独立悬架，可以说此类悬架是高档轿车的绝佳选择。

## 8.1.2　转向系统的结构与原理

汽车在行驶过程中需要根据驾驶人的要求改变汽车的行驶方向，即汽车转向。实现汽车转向主要是由驾驶人通过一套专门的机构，使汽车转向轮，相对于汽车纵轴线偏转一定的角度，这套机构称为转向系统。转向系统对汽车安全起关键作用。

### 1. 转向系统的组成及类型

转向系统一般由转向操纵机构、转向器和转向传动机构组成，按照动力源可以分为机械转向系统和动力转向系统。机械转向系统以驾驶人的体力作转向动力源，系统的所有传动件都是机械式的，如图 8-26 所示。

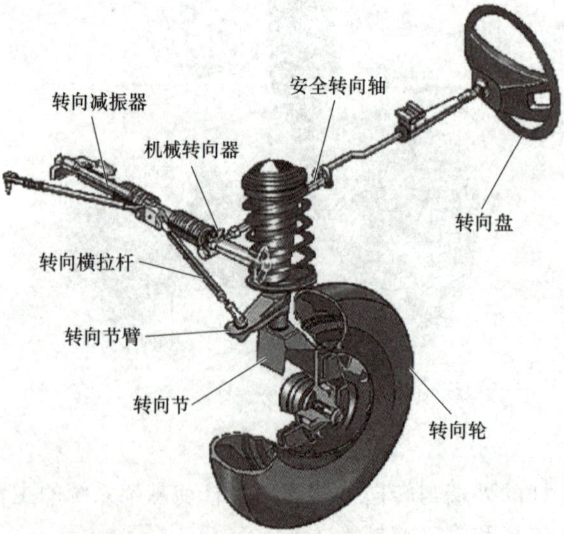


图 8-26　机械转向系统的组成

动力转向系统是兼用驾驶人的体力和发动机的动力作为转向动力源的转向系统，它是在机械转向系统的基础上加设一套转向助力装置所形成的，如图 8-27 所示。

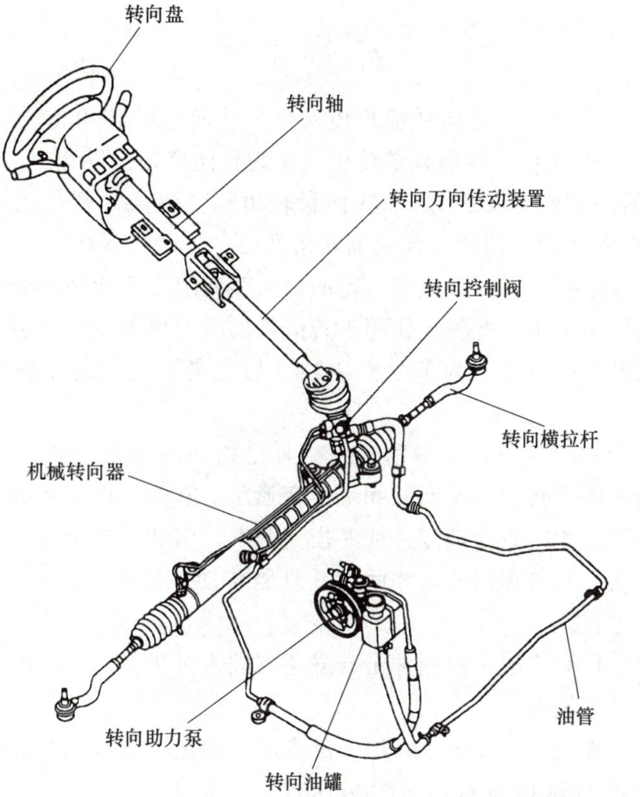


图 8-27　动力转向系统的组成

### 2. 汽车转向原理

**(1) 转向时车轮的运动规律**　汽车转向时，内侧车轮和外侧车轮走过的距离是不等的。为了保证转向过程中车轮做纯滚动，所有车轮的轴线都要交于一点。此交点 $O$ 称为汽车的转向中心，如图 8-28 所示。汽车转向时，内侧转向轮偏转角 $\beta$ 大于外侧转向轮偏转角 $\alpha$，$\alpha$ 与 $\beta$ 的关系为

$$\cot\alpha=\cot\beta+\frac{B}{L}$$

式中　$B$——两侧主销中心距（可近似认为是转向轮轮距）；

$L$——汽车轴距。

从转向中心 $O$ 到外侧转向轮与地面接触点的距离 $R$ 称为汽车转弯半径。转弯半径 $R$ 越小，

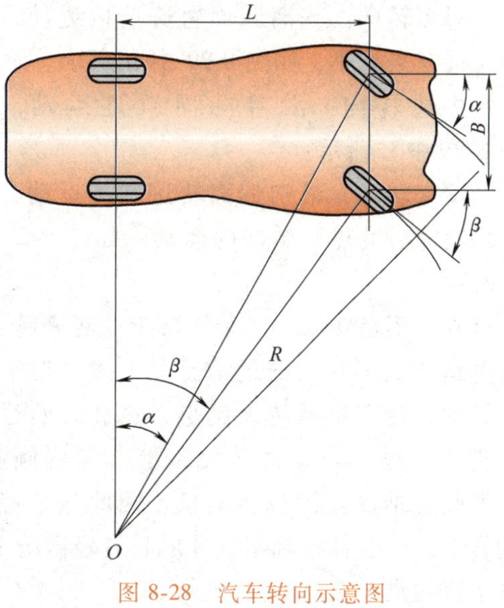


图 8-28　汽车转向示意图

汽车转向所需场地就越小，汽车的机动性就越好。当外侧转向轮偏转角达到最大值 $\alpha_{max}$ 时，转弯半径 $R$ 最小。在图 8-28 所示的理想情况下，最小转弯半径 $R_{min}$ 与外转向轮最大偏转角 $\alpha_{max}$ 的关系为

$$R_{min}=\frac{L}{\sin\alpha_{max}}$$

**（2）转向系统角传动比** 转向系统角传动比是转向盘的转角与转向盘同侧的转向轮偏转角之比，一般用 $i_{\omega}$ 来表示。转向系统角传动比为转向器角传动比 $i_{\omega1}$ 和转向传动机构角传动比 $i_{\omega2}$ 的乘积。转向器角传动比 $i_{\omega1}$ 为转向盘转角和转向摇臂摆角之比。转向传动机构角传动比 $i_{\omega2}$ 为转向摇臂摆角与同侧转向轮偏转角之比。

转向系统角传动比越大，为了克服一定的地面转向阻力矩所需的转向盘上的转向力矩就越小，在转向盘直径一定时，驾驶人作用于转向盘的手力也就越小，但所需的转向盘转角过大，会导致转向操纵不够灵敏，为了改善“轻”与“灵”之间的矛盾，助力转向系统成为发展方向。

**（3）转向盘的自由行程** 转向盘的自由行程是指转向盘在空转阶段的角行程，这主要是由转向系统各传动件之间的装配间隙和弹性变形所引起的。由于转向系统各传动件之间都存在装配间隙，并且这些间隙会随零件的磨损而增大，当在一定范围内转动转向盘时，转向节不会马上同步转动，而是在消除这些间隙并克服传动件的弹性变形后，才做相应的转动，即转向盘有一空转过程。

转向盘的自由行程对于缓和路面冲击与避免驾驶人过于紧张是有利的，但过大的转向盘自由行程会影响转向灵敏性。

**（4）转向特性** 驾驶人将转向盘转过一定角度后固定，保持汽车以某一稳定车速开始转向，可能出现以下几种转向特性，如图 8-29 所示。

不足转向：偏离圆周轨迹向外运动，转弯半径越来越大，如图 8-29 中 A 所示。

过多转向：偏离圆周轨迹向内运动，转弯半径越来越小，如图 8-29 中 B 所示。

中性转向：沿着圆周轨迹运动，如图 8-29 中 C 所示。

交变转向：最初偏离轨迹向外运动，过一段时间后突然开始向内运动，如图 8-29 中 D 所示。

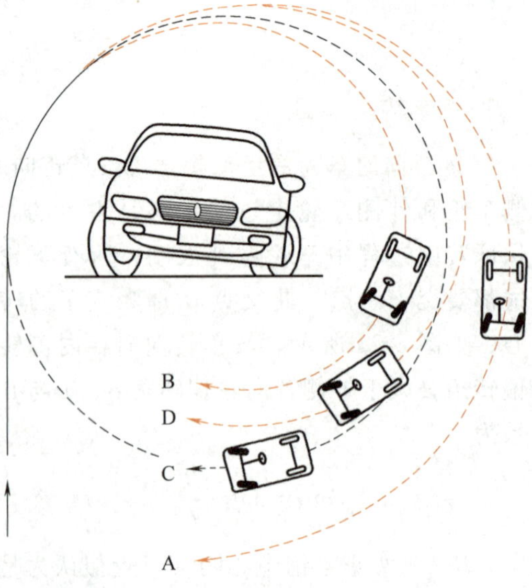

图 8-29　汽车转向特性

对于不足转向，汽车转弯半径越来越大，这种运动状态和人的运动感觉一致。对于过多转向，转弯半径越来越小，这和人的运动感觉不一致，转弯时驾驶人重心向内倾斜，使驾驶人难以往回打转向盘。因此除了特殊的赛车，一般都将汽车设计成具有轻微的不足转向特性。交变转向特性只极少地应用于后置发动机的汽车上。

### 3. 转向器

转向器的作用是把来自转向盘的转向力矩和转向角进行适当的变换（主要是减速增矩），并输出给转向拉杆机构，从而使汽车转向，因此转向器本质上就是减速传动装置。常见的转向器类型有齿轮齿条式转向器、循环球式转向器、蜗杆曲柄指销式转向器。

**（1）齿轮齿条式转向器**　齿轮齿条式转向器主要由齿轮、齿条及其啮合调整结构组成。转向器壳体通过螺栓固定在车身上，转向齿轮通过轴承支承在壳体中，上端与转向轴相连，转向齿条水平布置与转向齿轮相啮合，并通过拉杆支架与转向横拉杆连接。转向时，驾驶人转动转向盘，通过转向轴带动转向齿轮转动，齿轮使齿条轴向移动，带动拉杆移动，使车轮偏转，实现转向。齿轮、齿条磨损后，可通过压簧垫块、压簧自动调整，保证啮合正常，压簧预紧力由调整螺塞调整。图 8-30 所示为某新能源汽车的齿轮齿条式转向器。

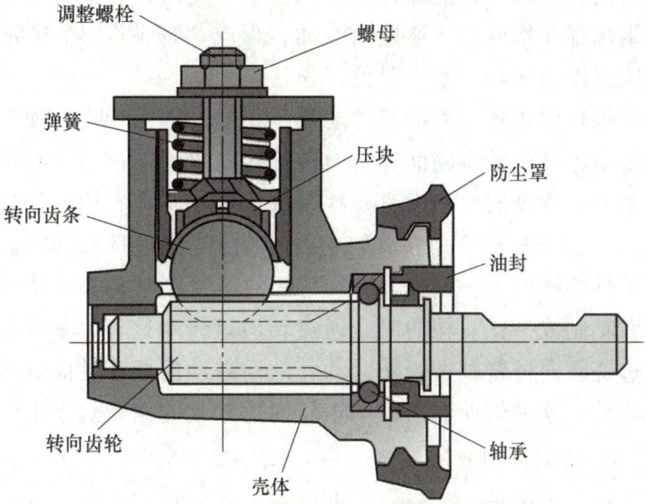

图 8-30　某新能源汽车的齿轮齿条式转向器

**（2）循环球式转向器**　循环球式转向器也是目前汽车上应用较多的一种转向器，一般有两级传动副，第一级是螺杆螺母传动副，第二级是齿条齿扇传动副。循环球式转向器的特点是效率高，操纵轻便，有一条平滑的操纵力特性曲线。

图 8-31 所示为某轻型货车的循环球式转向器。转向螺杆的轴颈支承在两个推力角接触轴承上，轴承预紧力可用调整垫片调整，转向螺母外侧下平面上加工成齿条，与齿扇轴上的齿扇相啮合。由此可见，转向螺母既是第一级传动副的从动件，也是第二级传动副的主动件。通过转向盘和转向轴转动转向螺杆时，转向螺母不能转动，只能轴向移动，并驱使齿扇转动。

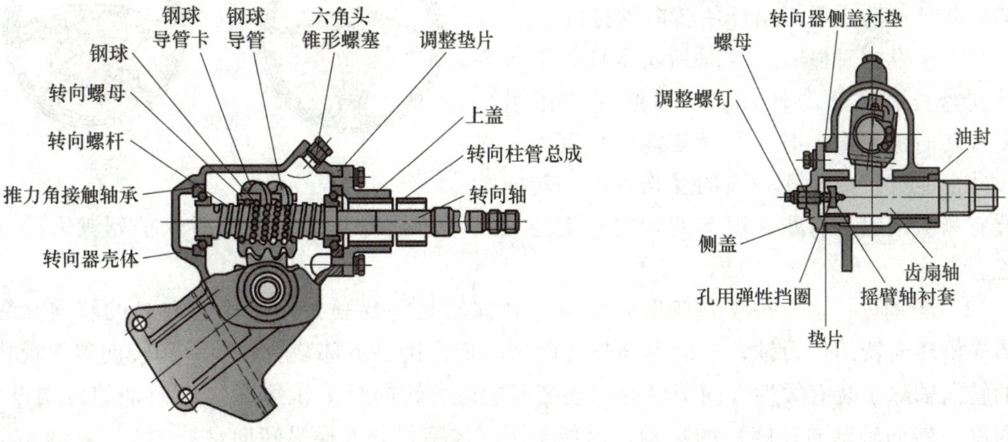

图 8-31　某轻型货车的循环球式转向器

为了减少转向螺杆和转向螺母之间的摩擦，它们之间的螺纹并不直接接触，而是在螺纹间装有多个钢球，以实现滚动摩擦。转向螺杆和螺母上都加工出断面轮廓为两段或三段不同心圆弧组成的近似半圆的螺旋槽。两者的螺旋槽能配合形成近似圆形断面的螺旋管状通道，螺母侧面有两对通孔，可将钢球从此孔塞入螺旋管状通道内。转向螺母外有两根钢球导管，每根导管的两端分别插入螺母侧面的一对通孔中，导管内也装满了钢球。两根导管和螺母内的螺旋管状通道组合成两条各自独立的封闭的钢球“流道”。转向螺杆转动时，通过钢球将力传给转向螺母，使螺母沿轴向移动。同时，在螺杆及螺母与钢球间的摩擦力偶作用下，所有钢球都在螺旋管状通道内滚动，形成“球流”。在转向器工作时，两列钢球只是在各自的封闭流道内循环，不会脱出。

循环球式转向器的正传动效率很高，因而操作轻便，工作平稳可靠，使用寿命长，但其逆效率也高，易将路面冲击力传给转向盘。不过对于轻型的、前轴轴载质量不大且经常在良好路面上行驶的汽车而言，这一缺点影响不大，因此循环球式转向器广泛用于各类汽车中。

**（3）蜗杆曲柄指销式转向器** 蜗杆曲柄指销式转向器是以蜗杆为主动件，以曲柄销为从动件的转向器。蜗杆具有梯形螺纹，手指状的锥形指销用轴承支承在曲柄上，曲柄与转向摇臂轴制成一体。转向时，通过转向盘转动蜗杆，嵌于蜗杆螺旋槽中的锥形指销一边自转，一边绕转向摇臂轴做圆弧运动，从而带动曲柄和转向垂臂摆动，并通过转向传动机构使转向轮偏转。这种转向器通常用于转向力较大的载货汽车上。

### 4. 转向操纵机构

转向操纵机构是驾驶人操纵转向器工作的装置。它由转向盘、防伤转向机构、转向传动轴等组成。转向操纵机构的作用是将驾驶人作用在转向盘上的力传递给转向器。

**（1）转向盘** 转向盘由轮缘、轮辐和轮毂（见图 8-32）组成。轮辐一般为三根辐条或四根辐条，也有用两根辐条的。转向盘轮毂孔具有细牙内花键，借此与转向轴连接。转向盘内部由成形的金属骨架组成。骨架外面一般包有柔软的合成橡胶或树脂，也有包皮革的，这样可有良好的手感，并且可防止手心出汗使转向盘打滑。

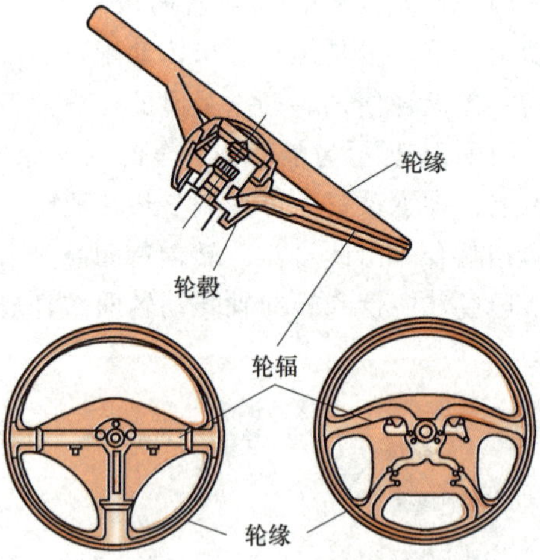

图 8-32 转向盘的构造

当汽车发生碰撞时，考虑到安全性，不仅要求转向盘具有柔软的外表皮（可起缓冲作用），还要求转向盘在撞车时，其骨架能产生变形，以吸收冲击能量，减轻驾驶人的受伤程度。转向盘上装有喇叭按钮，有些乘用车的转向盘上还装有车速控制开关和撞车时保护驾驶人的气囊装置。

**（2）转向轴、转向柱管及其吸能装置** 转向轴是将驾驶人作用于转向盘的转向操纵力矩传递给转向器的传力轴，它的上部与转向盘固定连接，下部装有转向节和转向器。现代汽车的转向轴除了装有柔性万向节，有的还装有能改变转向盘工作角度（转向轴的传动方向）和高度（转向轴轴向长度）的机构，以便于不同体型驾驶人操纵转向盘。

转向柱管固定在车身上，转向轴从转向柱管中穿过，支承在柱管内的轴承和衬套上。近年来，由于公路的改善和汽车车速的提高，许多国家都制定了严格的安全法规，除要求汽车装有吸能式转向盘外，还要求转向柱管必须装备能够缓和冲击的吸能装置。转向轴和转向柱管的吸能装置有多种形式，其基本原理是当转向轴受到巨大冲击而产生轴向位移时，通过转向柱管或支架产生塑性变形、转向轴产生错位等方式，吸收冲击能量。

图 8-33 所示为某轿车转向轴吸能装置。此转向轴分为上、下两段，中间用柔性联轴器连接。联轴器的上、下凸缘盘通过两个销子与销孔扣合在一起，销子通过衬套与销孔配合。当发生猛烈撞车时，会引起车身、车架严重变形，导致转向轴、转向盘等部件后移。与此同时，驾驶人人体在惯性作用下向前冲，致使转向轴的上、下凸缘盘的销子与销孔脱开，从而缓和了冲击，吸收了冲击能量，有效减轻驾驶人的受伤程度。

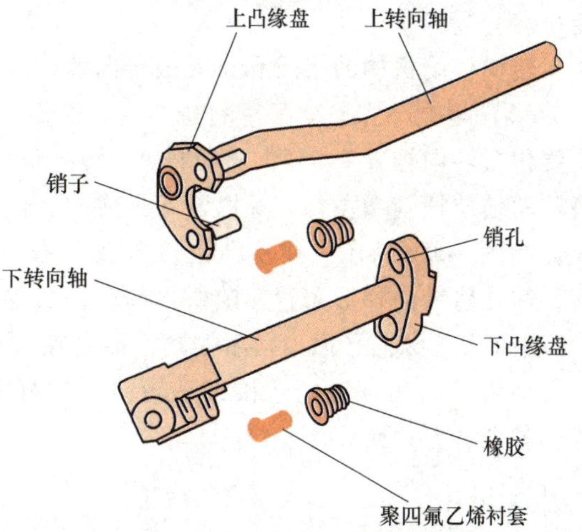


图 8-33　某轿车转向轴吸能装置

有些汽车采用网格状或波纹管式转向柱管吸能装置（见图 8-34），当发生猛烈撞车导致人体冲撞转向盘的力超过允许值时，网格部分或波纹管部分将被压缩产生塑性变形，吸收冲击能量，以减轻撞车对人体的伤害。

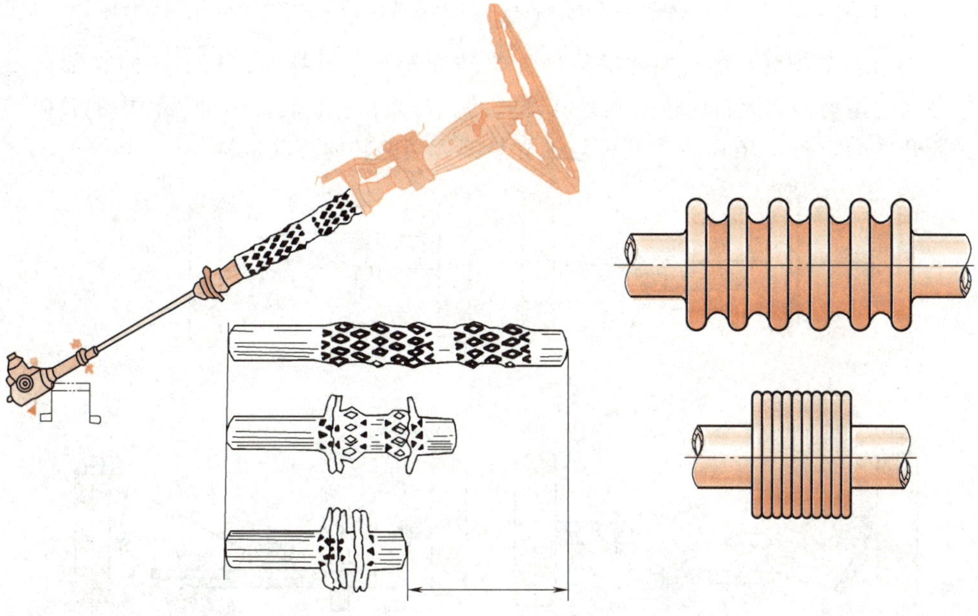


图 8-34　转向柱管吸能装置

a）网格状转向柱管吸能装置　b）波纹管式转向柱管吸能装置

**5. 转向传动机构**

转向传动机构的功用是将转向器输出的力和运动传给转向桥两侧的转向节，使两侧转向轮偏转，并使其偏转角按一定关系变化，以保证汽车转向时车轮与地面的相对滑动尽可能小。

转向传动机构的组成和布置因转向器位置和转向轮悬架类型而异。

**（1）与非独立悬架配用的转向传动机构** 与非独立悬架配用的转向传动机构（图 8-35）主要包括转向摇臂 2、转向直拉杆 3、转向节臂 4 和转向梯形。在前桥仅为转向桥的情况下，由转向横拉杆 6 和左、右梯形臂 5 组成的转向梯形一般布置在前桥之后，构成梯形机构后置式，如图 8-35a 所示。在发动机位置较低或转向桥兼充驱动桥的情况下，为避免运动的干涉，往往将转向梯形布置在前桥之前，构成梯形机构前置式，如图 8-35b 所示。若转向摇臂 2 不是在汽车纵向平面内前后摆动，而是在与道路平行的平面内左右摆动，则可将转向直拉杆 3 横置，并借球头销直接带动转向横拉杆 6，推动两侧梯形臂 5 转动，构成主拉杆横置式，如图 8-35c 所示。

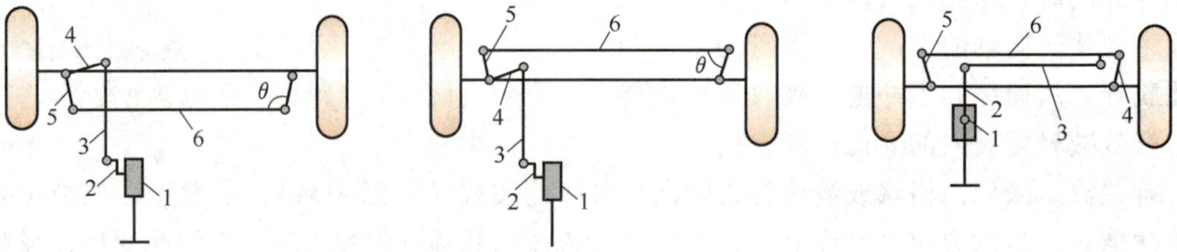

a) b) c)

图 8-35 与非独立悬架配用的转向传动机构

1—转向器 2—转向摇臂 3—转向直拉杆 4—转向节臂 5—梯形臂 6—转向横拉杆

**（2）与独立悬架配用的转向传动机构** 当转向轮独立悬挂时，每个转向轮都需要相对于车架做独立运动，因此转向桥必须是断开式的。与此相应，转向传动机构中的转向梯形也必须是断开式的。图 8-36 所示为几种与独立悬架配用的转向传动机构。

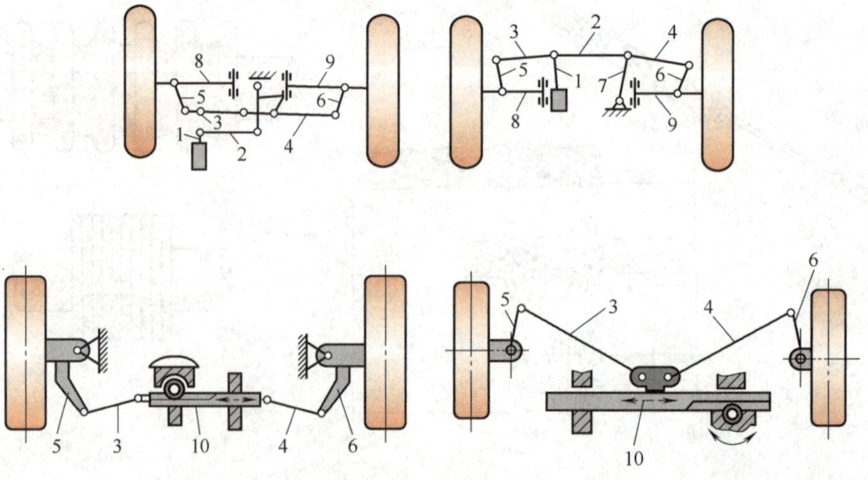

图 8-36 与独立悬架配用的转向传动机构

1—转向摇臂 2—转向直拉杆 3—左转向横拉杆 4—右转向横拉杆 5—左梯形臂 6—右梯形臂 7—摇杆 8—悬架左摆臂 9—悬架右摆臂 10—齿轮齿条式转向器

### 6. 电动助力转向系统

新能源汽车，特别是纯电动汽车的转向系统都采用电动助力，电动助力转向系统是一种直接依靠电动机提供辅助转矩的助力转向系统，它是为了满足人们对驾驶轻便性的要求而产生的。该转向系统可以根据不同的使用工况控制电动机提供不同的辅助动力，这也符合当前电控技术与汽车技术相结合的趋势，它不仅能有效改善车辆的动静态性能，还可以显著提高车辆的驾驶舒适性和安全性，降低对环境的污染。

**(1) 工作原理**　电动助力转向系统主要包括机械式转向器、转矩传感器、减速机构、车速传感器、电控单元（ECU）、电动机和电磁离合器等，如图 8-37 所示。

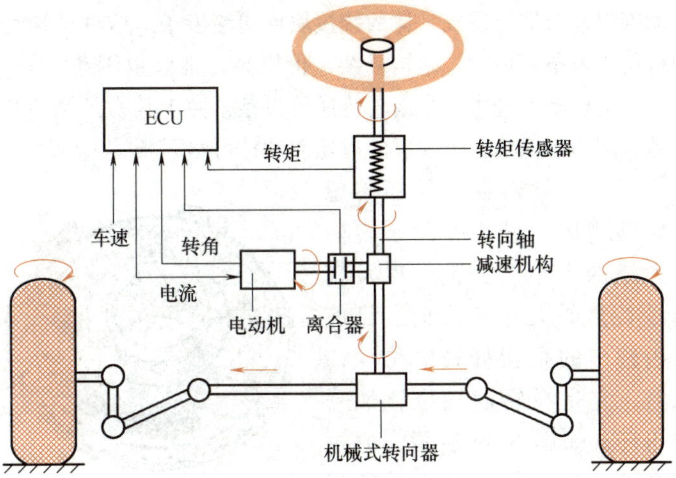

图 8-37　电动助力转向系统

转矩传感器通过扭杆装在转向轴中间，当转向轴转动时，转矩传感器开始工作，把两段转向轴在扭杆作用下产生的相对转角转变成电信号传给 ECU，ECU 根据车速传感器和转矩传感器的信号决定电动机的旋转方向和助力电流的大小，并将指令传递给电动机，通过离合器和减速机构将辅助动力施加到转向系统（转向轴）中，从而完成实时控制的助力转向。电动助力转向系统可以在不同车速下提供不同的助力效果，保证汽车在低速转向行驶时轻便灵活，高速行驶时稳定可靠。

**(2) 分类**　根据电动机的布置位置，电动助力转向系统可分为三种类型，即转向轴助力式、齿轮助力式和齿条助力式，如图 8-38 所示。

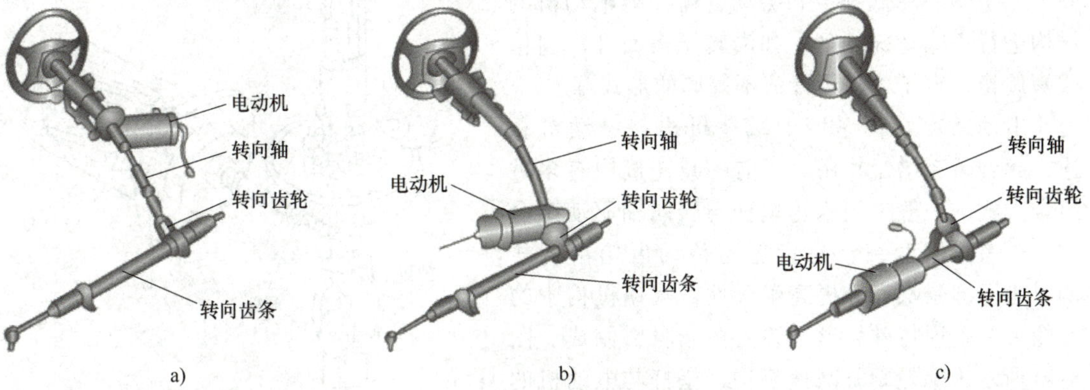

图 8-38　电动助力转向系统的类型

a）转向轴助力式　b）齿轮助力式　c）齿条助力式

转向轴助力式电动转向系统的电动机固定在转向轴一侧，并装有一个电磁控制的离合器，通过转向机构与转向轴相连，直接驱动转向轴助力转向。其特点是结构紧凑，所测取的转矩信号与控制直流电动机助力的响应性较好。

齿轮助力式电动转向系统的转矩传感器、电动机、离合器和转向助力机构仍为一体，只是整体安装在转向小齿轮处，直接给小齿轮助力，从而获得较大的转向力。此类转向系统可使各部件布置更方便，但当转向盘与转向器之间装有万向传动装置时，转矩信号的取得与助力车轮部分不在同一直线上，难以保证其助力控制特性。

齿条助力式电动转向系统的转矩传感器单独安装在小齿轮处，电动机与转向助力机构一起安装在小齿轮另一端的齿条处，用于给齿条助力。此类转向系统根据减速传动机构的不同又分为两种，一种是将电动机做成中空的结构，使齿条从中穿过，电动机的动力经一对斜齿轮和螺杆螺母传动副以及与螺母制成一体的铰接块传递给齿条。这种结构是第一代电动助力转向系统，由于电动机位于齿条壳体内，结构复杂，价格高，维修也困难。另一种是电动机与齿条的壳体相互独立，电动机动力经另一小齿轮传递给齿条，由于其易于制造和维修，成本又低，已取代了第一代产品。因为齿条由一个独立的齿轮驱动，可给系统较大的助力，主要用于重型汽车。

**（3）关键部件** 转矩传感器能够测量驾驶人作用于转向盘力矩的大小与方向，以及转向盘转角的大小和方向。目前采用较多的是扭杆式电位计传感器，它是在转向轴位置加一根扭杆，如图 8-39 所示，通过扭杆检测输入轴与输出轴的相对扭转位移得到转矩。

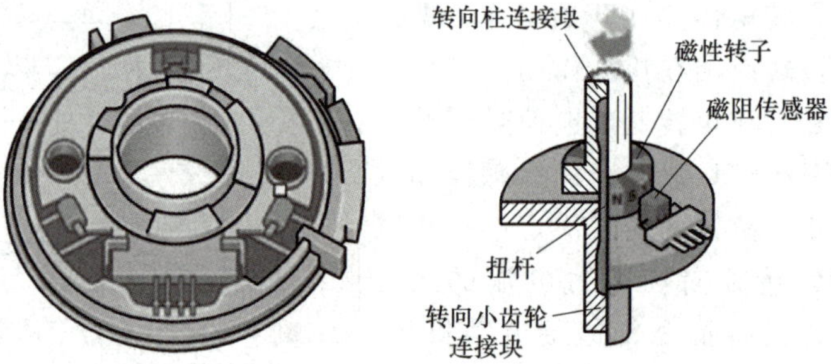


图 8-39　扭杆式电位计传感器

电动机是电动助力转向系统的动力源，其功能是根据 ECU 的指令输出适当的助力转矩，通常选用有刷直流电动机或无刷直流电动机。电动机对电动助力转向系统的性能有很大影响，因此需要电动机符合很高的要求：低转速大转矩、波动小、转动惯量小、尺寸小、质量小、可靠性高、易控制。为了增强转向操纵时驾驶人的手感并降低噪声和振动，需要对电动机的结构进行一些特殊处理，如沿转子表面开出斜槽或螺旋槽、定子磁铁设计成不等厚的形式等。

电动助力转向系统的减速机构与电动机相连，起到减速增矩作用。当前的减速机构有多种组合方式，一般采用蜗轮蜗杆与转向轴驱动组合式，也有采用两级行星齿轮与传动齿轮组合式的。为了抑制噪声和提高耐久性，减速机构中的齿轮大多采用特殊齿形，并由树脂材料制成。图 8-40 所示为蜗轮蜗杆减速机构，蜗杆与电动机的输出相连，通过蜗轮与蜗杆的啮合传动将电动机的转矩作用于转向轴上，以实现助力。

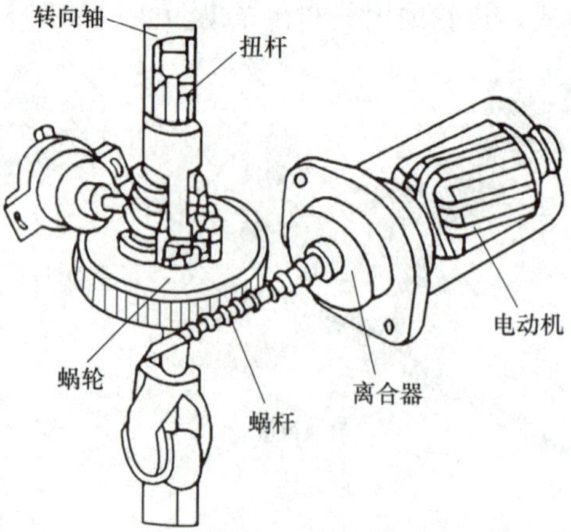


图 8-40　蜗轮蜗杆减速机构

ECU 的功能是根据转矩传感器和车速传感器信号进行逻辑分析与计算后发出指令，控制电动机和离合器的动作。

## 8.1.3　制动系统的结构与原理

制动系统作为新能源汽车中一个非常重要的系统，直接影响行车安全。新能源汽车制动系统与传统汽车制动系统的区别不大，基本包括功能装置、控制装置、传动装置和制动器，主要区别是新能源汽车增加了电动真空助力系统，并采用制动能量回收模式。汽车制动系统的功用是使行驶中的汽车按照驾驶人的要求进行强制减速甚至停车，使已停驶的汽车在各种道路条件下稳定驻车，使下坡行驶的汽车速度保持稳定。

制动系统主要包括行车制动系统和驻车制动系统两部分。

行车制动系统用于使行驶中的车辆减速或停车，通常由驾驶人用脚操纵，一般包含制动踏板、制动主缸、制动轮缸、制动管路、车轮制动器等，如图 8-41 所示。驻车制动系统用于使停驶的汽车驻留原地，通常由驾驶人用手操纵，一般包含驻车制动手柄、拉索（或拉杆）及制动器。另外，较为完善的制动系统还包括制动力调节装置及警告装置、压力保护装置等。

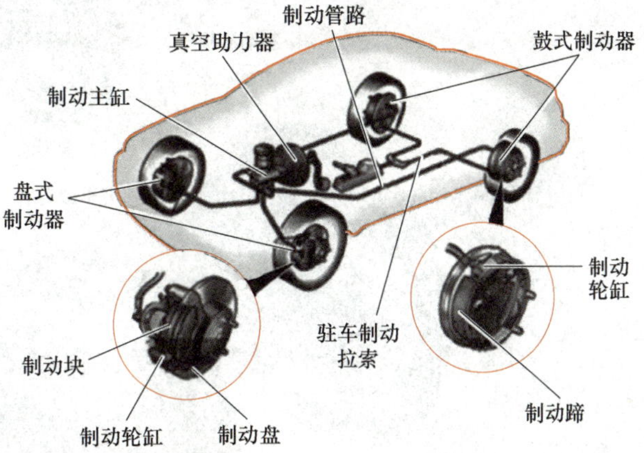


图 8-41　制动系统的基本组成

制动系统的工作原理是将汽车的动能通过摩擦转换为热能，并散发到大气中。

以鼓式制动器为例，如图 8-42 所示，车轮制动器的旋转部分是制动鼓，它固定于轮毂上，与车轮一起旋转；固定部分是制动蹄和制动底板等，制动蹄上铆有摩擦片，其下端套在支承销上，上端用复位弹簧拉紧压靠在制动轮缸内的活塞上。支承销和制动轮缸都固定在制动底板上，制动底板用螺钉与转向节凸缘（前桥）或桥壳凸缘（后桥）固定在一起。制动蹄靠液压制动轮缸控制开合。

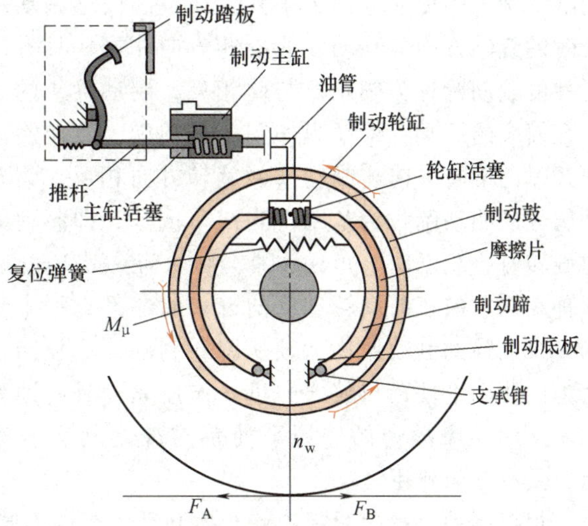


图 8-42　制动系统的工作原理

### 1. 制动器

制动器是制动系统的主要组成部分，用于阻碍车轮转动，促使汽车减速或停车。目前各类汽车所用的摩擦制动器可分为鼓式制动器和盘式制动器两种。

**（1）鼓式制动器**　鼓式制动器由旋转部分、固定部分、促动装置和间隙调整装置组成，如图 8-43 所示。旋转部分为制动鼓，其工作表面为内圆柱面；固定部分是制动底板和制动蹄，制动底板安装在车桥的凸缘盘上，通过支承销与制动蹄相连，制动蹄的工作表面为外圆柱面；促动装置的作用是对制动蹄施加力使它向外张开，常用的促动装置有凸轮和制动轮缸等形式；间隙调整装置的作用是保持和调整制动蹄和制动鼓间的相对位置。

图 8-43　鼓式制动器的组成

对于图 8-44 所示的领从蹄式制动器，设汽车前进时制动鼓的旋转方向如图中箭头所示，沿箭头方向看去，制动蹄 1 的支承点在其前端，制动轮缸所施加的促动力作用于其后端，因而该制动蹄张开时的旋转方向与制动鼓的旋转方向相同，具有这种属性的制动蹄称为领蹄。与此相反，制动蹄 4 的支承点在箭头的后端，促动力作用于其前端，致使制动蹄张开时的旋转方向与制动鼓的旋转方向相反，具有这种属性的制动蹄称为从蹄。当汽车倒车，即制动鼓反向旋转时，制动蹄 1 变成从蹄，制动蹄 4 则变成领蹄。这种在制动鼓正向旋转和反向旋转时，都有一个领蹄和一个从蹄的制动器称为领从蹄式制动器。领蹄在摩擦力的作用下使蹄与鼓之间进一步压紧，具有助势作用。从蹄在摩擦力的作用下使蹄与鼓之间有脱离倾向，具有减势作用。

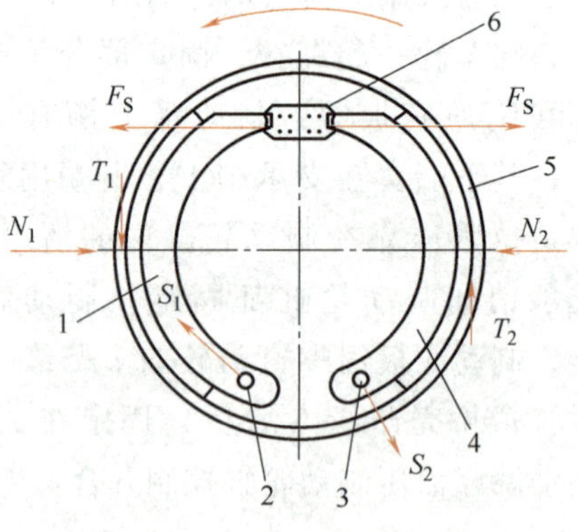


图 8-44　领从蹄式制动器

1—领蹄　2、3—支承销　4—从蹄　5—制动鼓　6—制动轮缸

根据制动过程中两制动蹄产生制动力矩的不同，鼓式制动器又可分为领从蹄式、双领蹄式、双向双领蹄式、双从蹄式、单向自增力式和双向自增力式，如图 8-45 所示。

**(2) 盘式制动器**　盘式制动器根据其固定元件结构型式的不同，可分为钳盘式制动器和全盘式制动器。钳盘式制动器（图 8-46）广泛应用于乘用车或轻型货车中，尤其是近年来，前、后轮都采用钳盘式制动器的结构日渐增多。钳盘式制动器按制动钳固定在支架上的形式不同，可分为定钳盘式制动器和浮钳盘式制动器两种。

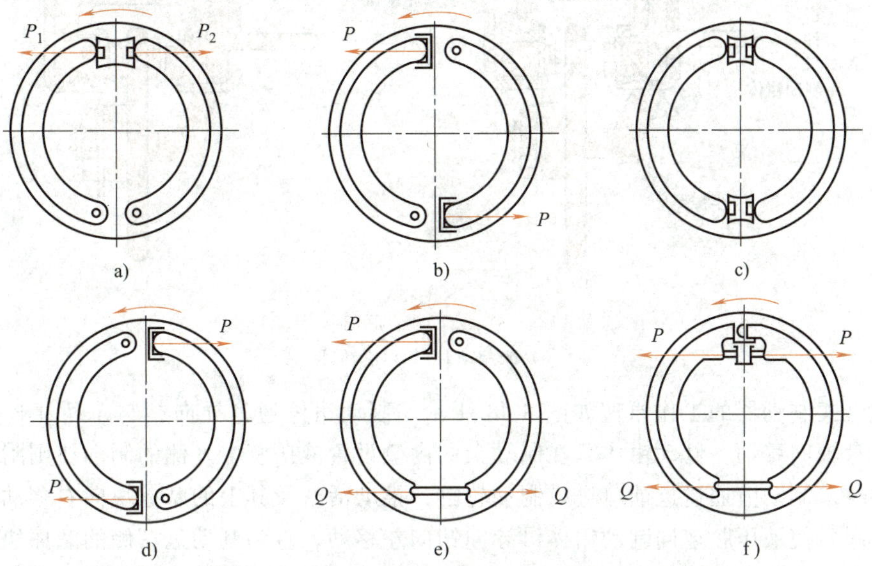


图 8-45 鼓式制动器的分类

a）领从蹄式 b）双领蹄式 c）双向双领蹄式 d）双从蹄式 e）单向自增力式 f）双向自增力式

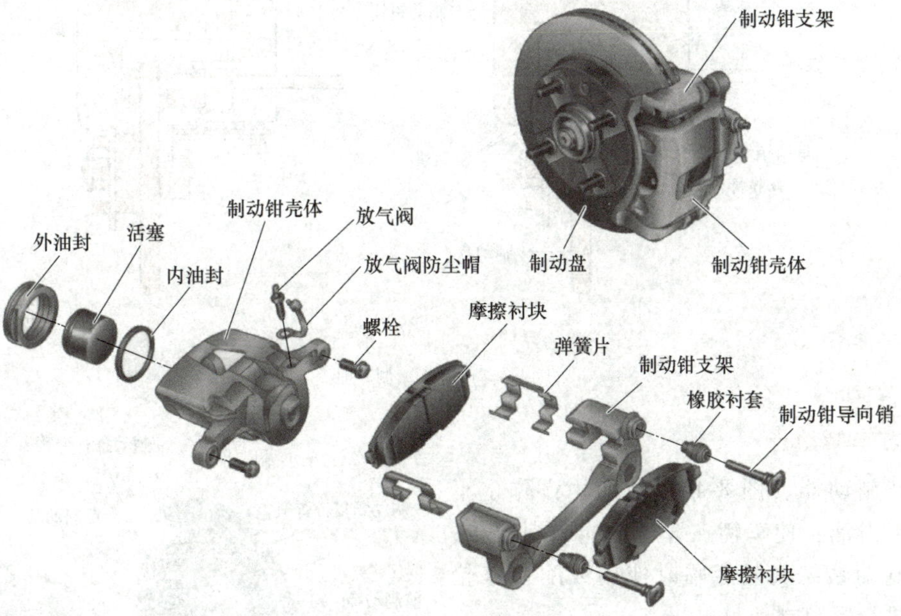


图 8-46 钳盘式制动器

定钳盘式制动器的工作原理如图 8-47 所示，其旋转元件是制动盘，制动盘和车轮固装在一起旋转，以其端面为摩擦工作表面。跨置在制动盘上的制动钳体固定安装在车桥上，它不能旋转，也不能沿制动盘轴线方向移动，内部的两个活塞分别位于制动盘的两侧。制动时，制动液由制动主缸经进油口进入钳体中两个相通的液压腔中，将两侧的摩擦块压向制动盘，从而产生制动力。

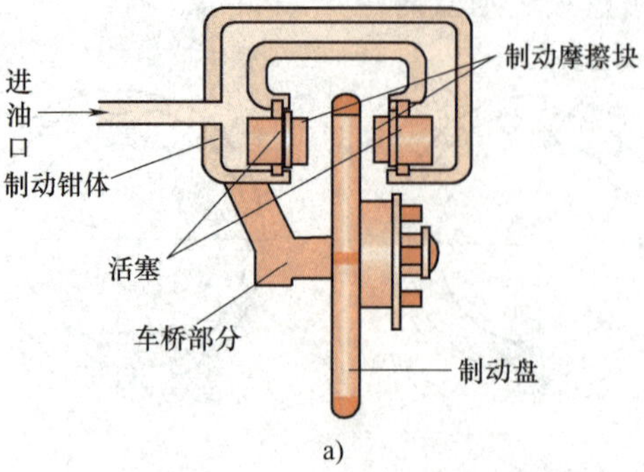

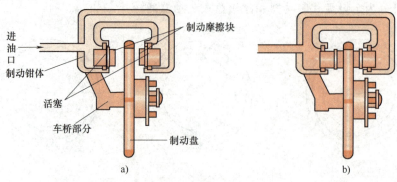

图 8-47　定钳盘式制动器的工作原理

a）未制动时　b）制动时

浮钳盘式制动器的工作原理如图 8-48 所示。制动钳体通过导向销与车桥相连，可以相对于制动盘轴向移动。制动钳体只在制动盘的内侧设置液压腔，外侧的制动块则附装在钳体上。制动时，制动液通过进油口进入制动轮缸，推动活塞及其上的摩擦块向右移动，压在制动盘上，同时使液压腔连同制动钳体沿导向销向左移动，直到制动盘右侧的摩擦块也压在制动盘上，两侧共同夹住制动盘产生制动力。

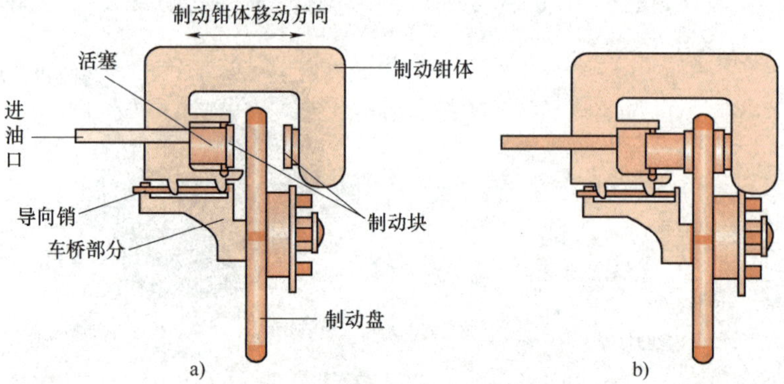


图 8-48　浮钳盘式制动器的工作原理

a）未制动时　b）制动时

## 2. 驻车制动器

驻车制动器（图 8-49）的功用：防止车辆停驶后滑溜；使车辆在坡道上能顺利起步；在行车制动系统失效后临时使用或配合车轮制动器进行紧急制动。

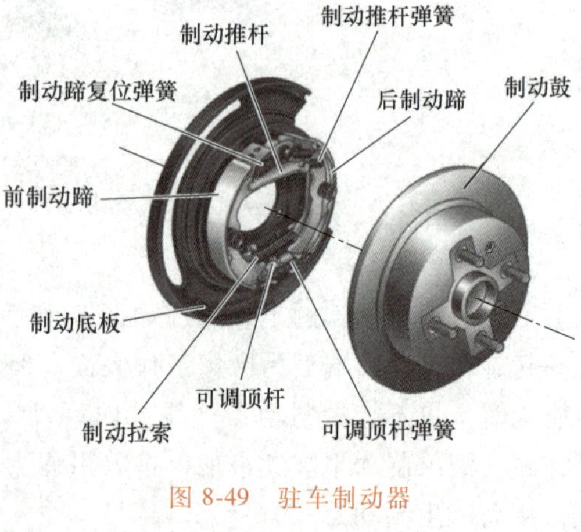


图 8-49　驻车制动器

按照驻车制动器在汽车上安装位置的不同，驻车制动装置分为中央制动式和车轮制动式两种。前者的制动器通常安装在变速器后面，其制动力矩作用在传动轴上；后者和行车制动系统共用制动器（通常为后轮制动器），又称为复合制动器，仅传动装置互相独立。驻车制动传动装置一般为人力机械式，通过钢索或杠杆来驱动。驻车制动系统主要由驻车制动手柄、制动拉索及后轮制动器中的驻车制动器等组成，如图 8-50 所示。

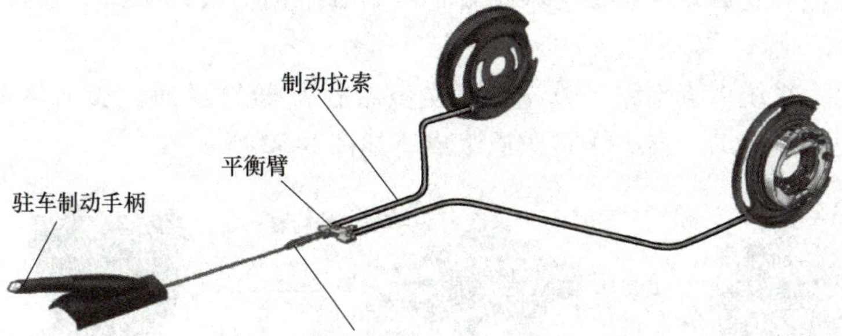

图 8-50　驻车制动系统的组成

图 8-51 所示为驻车制动系统的工作原理。驻车制动时，拉起驻车制动手柄，操作力通过操纵机构使制动拉索收紧，进而拉动驻车制动杠杆的下端，使它绕上端支点（平头销）逆时针转动，驻车制动杠杆转动时，其中间支点推动驻车制动推杆右移，使右制动蹄压向制动鼓。右制动蹄压向制动鼓后，驻车制动推杆停止运动，驻车制动杠杆的中间支点变成其继续移动的新支点，而驻车制动杠杆的上端又左移动，使左制动蹄压靠在制动鼓上，产生制动作用。此时，驻车制动手柄末端的棘爪嵌入齿扇上的棘齿内，起锁止作用。

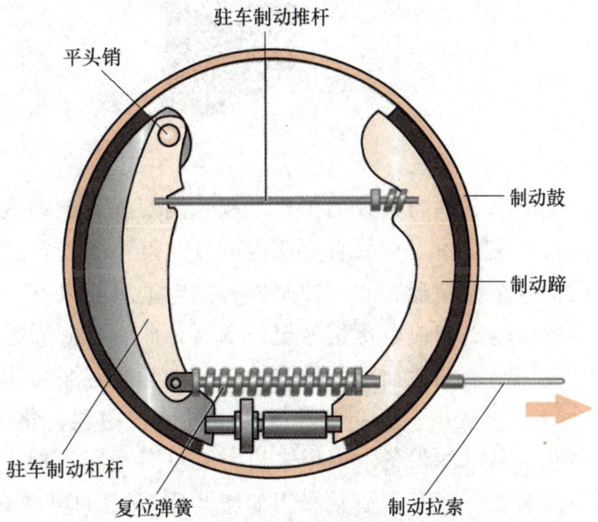

图 8-51　驻车制动系统的工作原理

解除驻车制动时，按下驻车制动手柄上的按钮，使棘爪脱离棘齿，驻车制动手柄回到释放制动位置，松开驻车制动拉索，制动蹄在复位弹簧的作用下复位。

一些新能源汽车采用电子驻车制动系统，俗称“电子驻车”，集行驶中的临时制动和驻车后的长期制动功能于一体，通过电子控制实现驻车制动。由于电子驻车制动系统的执行机构只接受电信号指令，它在汽车防盗系统中也具有非常重要的作用。电子驻车制动器分为钢索牵引式和整合卡钳式两种。钢索牵引式电子驻车制动器是电牵引驻车制动器的执行机构，与传统驻车制动器基本相同，均为闸瓦式，只是将手柄驱动电缆改为电动式。整合卡钳式电子驻车制动器的集成卡钳由电动机、传动带、减速机构、丝杠和制动活塞组成，此制动器摒弃了钢索牵引驻车，采用导线进行信号传输，有利于整车装配和系统简化。

### 3. 电动真空助力系统

大多数的汽车采用真空助力伺服制动系统，人力和助力并用。真空助力器利用前后腔的压差提供助力。传统汽车真空助力装置的真空源来自于发动机进气歧管，真空度负压一般可达到 0.05~0.07MPa。然而，纯电动汽车由于没有发动机总成，也就没有了传统的真空源，仅由人力所产生的制动力是无法满足行车制动需求的，通常需要单独设计一个电动真空泵来为真空助力器提供真空源。这个助力系统就是电动真空助力（Electric Vacuum Pump，EVP）系统。

电动真空助力系统由真空泵、真空罐、真空泵控制器（后期集成到整车控制器中）及与传统汽车相同的真空助力器、车辆电源组成，如图 8-52 所示。

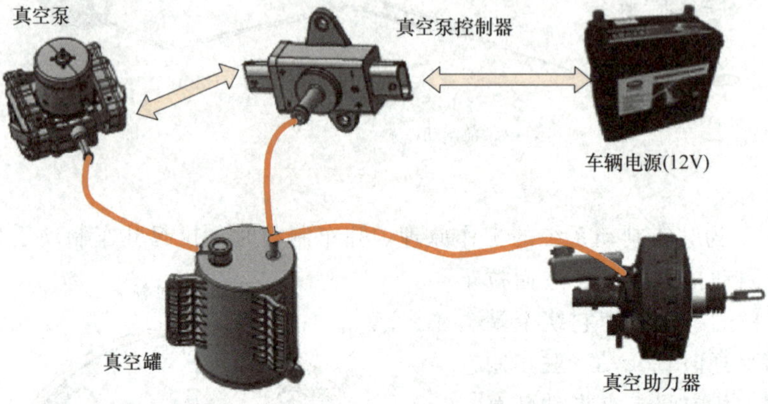


图 8-52　电动真空助力系统的组成

电动真空助力系统的工作过程：当驾驶人起动汽车时，车辆电源接通，真空泵控制器开始进行系统自检，如果真空罐内的真空度小于设定值，真空罐内的真空压力传感器输出相应电压信号至控制器，此时控制器控制电动真空泵开始工作，当真空度达到设定值后，真空压力传感器输出相应电压信号至控制器，此时控制器控制电动真空泵停止工作。当真空罐内的真空度因制动消耗而小于设定值时，电动真空泵再次开始工作，如此循环。

**（1）真空泵**　真空泵是指利用机械、物理、化学或物理化学的方法对被抽容器进行抽气而获得真空的设备。通俗来讲，真空泵是用各种方法在某一封闭空间中改善、产生和维持真空的装置，汽车上通常采用如图 8-53 所示的电动真空泵。

**（2）真空罐**　真空罐用于储存真空，同时通过真空压力传感器感知真空度并把信号发送给真空泵控制器，如图 8-54 所示。

图 8-53　电动真空泵

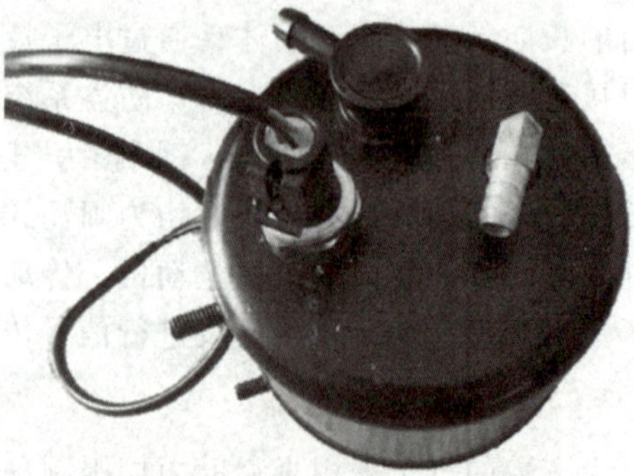

图 8-54　真空罐（电线插头位置为真空压力传感器）

**（3）真空泵控制器**　真空泵控制器是电动真空助力系统的核心部件。真空泵控制器根据真空压力传感器发送的信号控制真空泵工作，如图 8-55 所示。

图 8-55　真空泵控制器

**（4）真空助力器**　真空助力器的作用是减轻驾驶人的制动操纵负担。如图 8-56 所示，真空助力器是一个直径较大的腔体，内部有一个中部装有推杆的膜片，腔体的一侧与大气相通，另一侧通过真空管与电动真空助力系统中的真空罐相连，这使得腔体两侧存在压力差，此压力差用来加强制动推力。

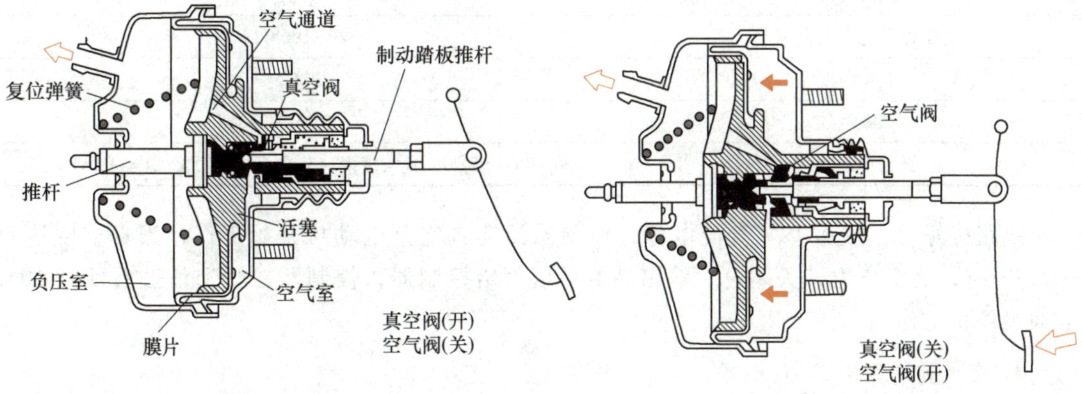


图 8-56　真空助力器的结构及工作原理

a）行驶时　b）制动时

如图 8-56a 所示，车辆行驶时，负压室内的空气被吸进真空罐，产生负压。踩下制动踏板后，真空阀关闭，空气阀打开，如图 8-56b 所示。空气进入空气室，使空气室的压力大于负压室的压力，活塞向前运动，进而带动制动主缸内的活塞运动，产生制动油压。松开制动踏板后，活塞在复位弹簧的作用下恢复到原来的位置，推杆往回运动，空气阀关闭，真空阀打开，使负压室和空气室相通，其他制动机构也恢复到原来的位置，制动油压下降，制动解除。当真空助力器或真空源失效时，作用于推杆上的力取决于驾驶人对制动踏板施加的力，但此力要比未失效时大得多。

**（5）控制原理**　下面介绍真空泵控制器对电动真空助力系统的控制原理。电动真空助力系统的性能参数见表 8-1。

表 8-1　电动真空助力系统的性能参数

| 项目 | 性能参数 |
|---|---|
| 电动真空泵尺寸 | 214.5mm×95mm×114mm |
| 真空罐直径（内径×长度） | $\phi$120×226mm |
| 工作电流 | ≤15A |

（续）

| 项目 | 性能参数 |
|---|---|
| 最大工作电流 | ≤25A |
| 额定电压 | 12V(DC) |
| 最大真空度 | >85kPa |
| 测试容积 | 2L |
| 抽至真空度 55kPa，压力形成时间 | ≤4s |
| 抽至真空度 70kPa，压力形成时间 | ≤7s |
| 真空度从 40kPa 抽至 85kPa，压力形成时间 | ≤4s |
| 延时模块接通闭合的真空度 | 55kPa |
| 延时 | 15s |
| 使用寿命 | 30 万次 |
| 工作环境温度范围 | -20~100℃ |
| 起动温度 | -30℃ |
| 噪声 | 75dB |
| 真空罐密封性 | 在(66.7±5)kPa 真空度下，15s 内真空压力降 $\Delta P\leqslant3.3$kPa |

线路接好后，接通 12V 直流电源，控制器接通真空泵电动机开始工作，当真空度达到 -55kPa 时，真空压力开关闭合，输出高电平信号给控制器，控制器在收到信号后延时 10s，电动机停止工作。

### 4. 液压制动传动装置

液压制动传动装置由制动踏板、制动主缸、储液罐、制动轮缸、管路等组成，如图 8-57 所示。现代汽车上采用了各种制动力调节装置，用以调节前后车轮制动管路的工作压力，常用的调节装置有限压阀、比例阀、感载比例阀和惯性阀等。

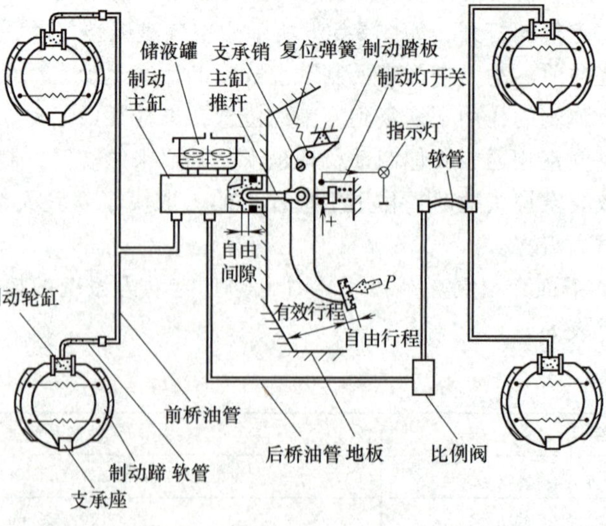


图 8-57　液压制动传动装置的组成

**（1）制动主缸**　制动主缸又称为制动总泵，它位于制动踏板与管路之间，用于将制动踏板输入的机械力转换为液压力。

制动主缸的结构及工作原理如图 8-58 所示。制动主缸上端装有储液罐，制动主缸内的活塞通过真空助力器内的推杆和制动踏板相连。踩下制动踏板推动活塞运动，关闭进油孔，制动轮缸产生制动油压。松开制动踏板后，活塞恢复到初始位置，制动油压消失，制动解除。

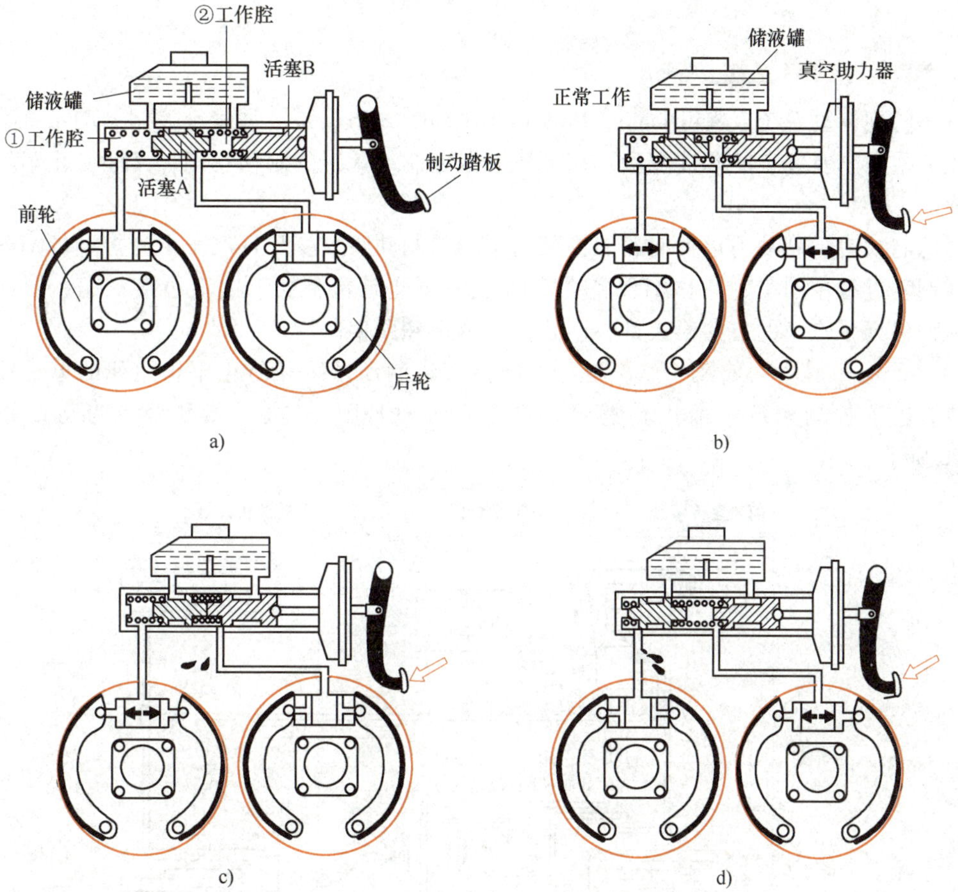


图 8-58　制动主缸的结构及工作原理

a）行驶时　b）制动时　c）后轮制动管路漏油　d）前轮制动管路漏油

制动液经制动主缸及液压管路到达制动轮缸。踩下制动踏板后，两活塞在主缸推杆的作用下开始运动，将进油孔关闭，在①和②两个工作腔内产生油压，如图 8-58b 所示，车轮制动器产生制动力。解除制动时，活塞在弹簧作用下复位，制动液从制动轮缸和管路中流回制动主缸。当后轮制动管路发生泄漏时，如图 8-58c 所示，②工作腔内不能产生油压，但①工作腔内仍会产生油压。当前轮制动管路发生泄漏时，如图 8-58d 所示，①工作腔内不能产生油压，活塞 B 会推着活塞 A 使其顶到制动主缸的缸体上，此时②工作腔内产生油压。

**（2）制动轮缸**　制动轮缸固定在制动底板上，其功用是将制动主缸传来的液压力转变为使制动蹄张开的机械推力。制动轮缸主要由缸体、活塞、皮碗、弹簧和放气螺钉等组成，如图 8-59 所示。放气螺钉的作用是排出混入制动液中的空气。

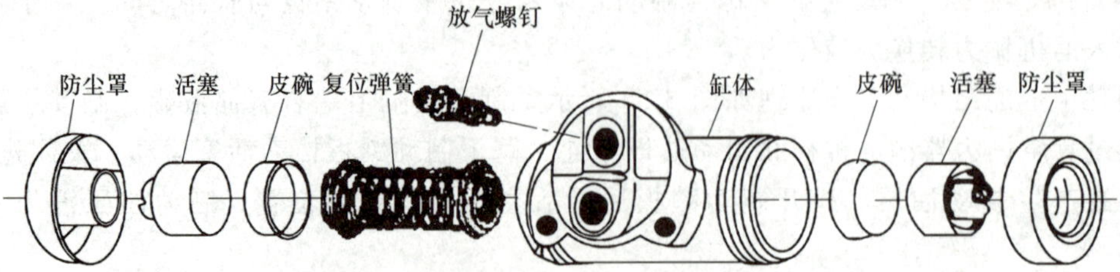


图 8-59　制动轮缸的组成

### 5. 汽车防抱制动系统

汽车防抱制动系统（Anti-locked Braking System，ABS）是一种安全控制制动系统，目前已经成为乘用车及客车的标准配置。ABS 既有普通制动系统的制动功能，又能防止车轮制动时抱死。

紧急制动时，制动力过大使轮胎抱死后滑动，制动距离变长且汽车不受控制。ABS 可使汽车在制动过程中的车轮滑移率保持在 20% 左右，此时轮胎处于边滚边滑状态，制动力最大，从而保证了汽车的方向稳定性，防止产生侧滑和跑偏。

**（1）ABS 的基本组成及工作原理**　ABS 由普通制动系统和防止车轮抱死的电子控制系统组成，电子控制系统一般由传感器、电控单元（ECU）、执行器及警告灯等组成，如图 8-60 所示。

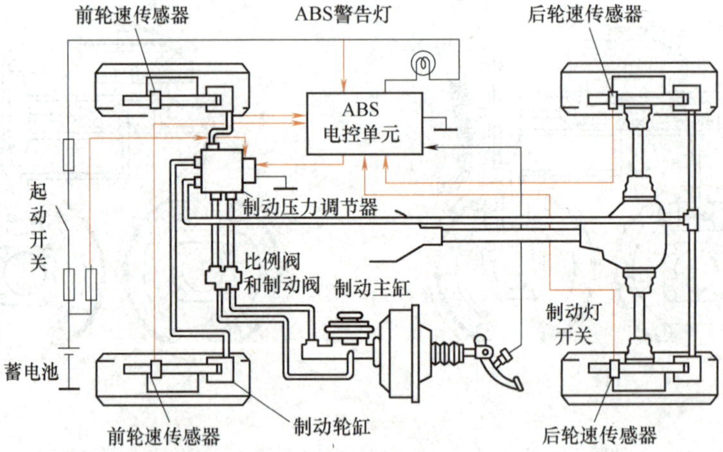


图 8-60　ABS 的基本组成

汽车制动时，轮速传感器将各车轮的转速信号输入 ECU；ECU 根据输入的信号对车轮的运动状态进行监测和判定，并形成相应的控制指令，适时发送给制动压力调节器；制动压力调节器对各制动轮缸的制动压力进行调节，防止制动车轮抱死。

**（2）轮速传感器**　轮速传感器的功用是检测车轮的转速，并将速度信号输入 ECU。目前，常用的轮速传感器主要有电磁式和霍尔式两种。

电磁式轮速传感器主要由传感器头和齿圈两部分组成，它可以安装在车轮上，也可以安装在主减速器或变速器中，如图 8-61 所示。

轮速传感器的工作原理如图 8-62 所示，齿圈随车轮或传动轴一起转动，齿圈在磁场中

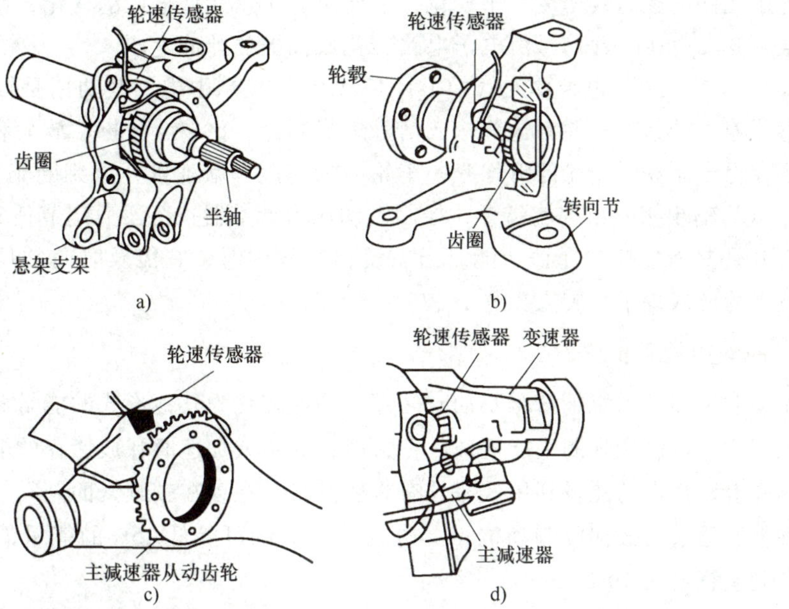


图 8-61 轮速传感器的安装位置

a）安装在驱动车轮上 b）安装在非驱动车轮上 c）安装在主减速器中 d）安装在变速器中

旋转时，齿圈齿顶和电极之间的间隙以一定的速度变化，使磁路中的磁阻发生变化，磁通量周期性增减，在线圈的两端产生正比于磁通量增减速度的感应电压，该交流电压信号被输送给 ECU。

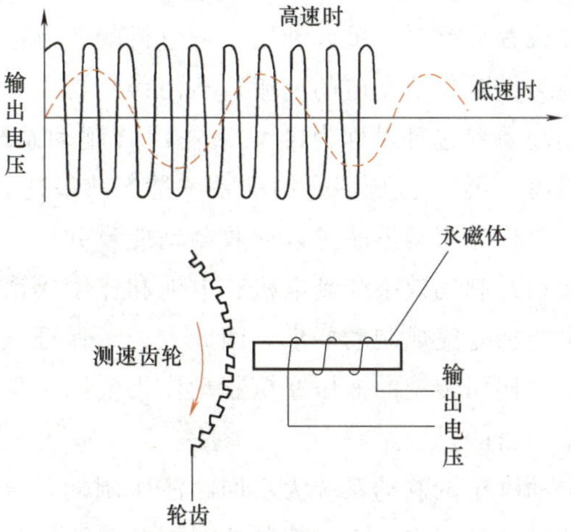


图 8-62 轮速传感器的工作原理

霍尔式轮速传感器也由传感头、齿圈组成，其齿圈的结构及安装方式与电磁式轮速传感器相同，传感头则由永磁体、霍尔元件和电子电路等组成。

霍尔式轮速传感器的工作原理如图 8-63 所示，永磁体的磁力线穿过霍尔元件通向齿圈，齿圈相当于一个集磁器。当齿圈位于图 8-63a 所示位置时，穿过霍尔元件的磁力线分散，磁场相对较弱；当齿圈位于图 8-63b 所示位置时，穿过霍尔元件的磁力线集中，磁场相对较强。齿圈转动时，

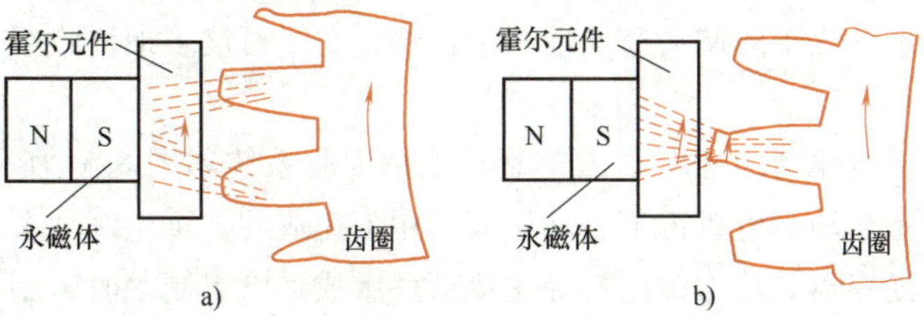


图 8-63 霍尔式轮速传感器的工作原理

穿过霍尔元件的磁力线密度发生变化，进而引起霍尔元件电压的变化，霍尔元件将输出毫伏级的准正弦波电压，此信号由电子电路转化成标准的脉冲电压。

**（3）电控单元** 电控单元（ECU）是ABS的控制中枢，其功用是接收轮速传感器及其他传感器输入的信号，并对这些输入信号进行测量、比较、分析、放大和判别处理，通过精确计算，得出制动时车轮的滑移率、车轮的加速度和减速度，以判断车轮是否有抱死趋势。之后，ECU输出级发出控制指令，控制制动压力调节器执行压力调节任务。

ECU还具有监控和保护功能，当系统出现故障时，它能及时向常规制动转换，并以故障灯点亮的形式提示驾驶人。

### 6. 制动能量回收系统

制动能量回收系统把汽车制动时的部分动能转化为其他形式的能量储存起来，这样不仅能在减速或制动时实现制动能量回收，又能在起步或加速时释放储存的能量。制动能量回收对于提高电动汽车的能量利用效率具有重要意义。在存在较频繁的制动与起动的城市工况运行条件下，通过有效回收制动能量，电动汽车大约可降低15%的能量消耗，从而使电动汽车的续驶里程延长10%~30%。

**（1）组成** 电动汽车制动能量回收系统主要由两部分组成，即电机再生制动部分和传统液压摩擦制动部分。因此，该系统可以视为机电复合制动系统。

电动汽车的再生制动是利用电机的电动机/发电机可逆性原理来实现的。在电动汽车需要减速或者滑行时，可以利用驱动电机的控制电路实现电机的发电运行，使减速制动时的能量转换为供蓄电池充电的电流，从而得到再生利用。由于摩擦制动一般采用液压形式，机电复合制动系统也可以称为再生-液压混合制动系统。从保证制动安全和提高能量利用效率的角度考虑，再生-液压混合制动系统是当前最适合电动汽车的综合制动系统。

电机再生制动虽然可以回收制动能量并向车轮提供部分制动力，但是它无法使车轮完全停止转动，制动效果受到电机、电池和速度等诸多条件的限制，在紧急制动和高强度制动条件下不能独立完成制动要求。因此，为了保证汽车的制动安全性，在采用电机再生制动的同时，必须使用传统的液压摩擦制动作为辅助，从而达到既保证汽车的制动安全性，又回收可观能量的目的。

电动汽车的制动系统为双回路液压制动系统+电动真空助力+电机再生制动。

在制动过程中，制动控制器根据制动踏板的开度（实际为主缸压力），判断整车的制动强度，以确定相应的摩擦制动和再生制动的分配关系。前后轴的摩擦制动分配关系由液压系统对前后轮的分配关系实现；制动控制器先根据制动强度和电池的SOC确定可以输出的制动转矩并对前后轴进行分配，然后通过电机控制器控制驱动电机进行再生制动。在整个制动过程中，需要保证电动汽车的制动稳定性和平稳性，并尽可能多地回收制动能量，延长电动汽车的续驶里程。

采用四轮轮毂电机驱动的纯电动汽车制动能量回收系统如图8-64所示。电动汽车的制动过程是在液压摩擦制动与电机再生制动协调作用下完成的。再生制动系统主要是由轮毂电机、电机控制器、逆变器和动力蓄电池等主要部件组成。汽车制动时，制动控制器根据不同的制动工况发出不同的指令，通过电机控制器控制轮毂电机进行再生制动。

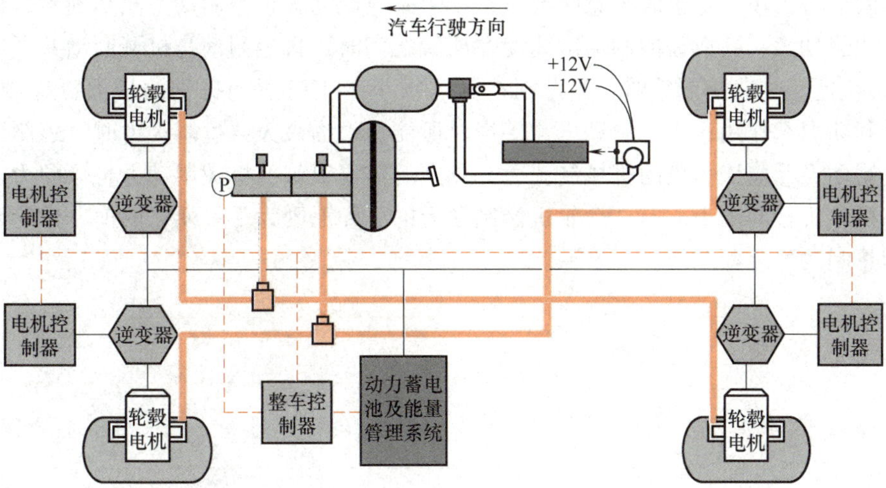


图 8-64　采用四轮轮毂电机驱动的纯电动汽车制动能量回收系统

模拟信号　电流　液压管路　真空管路

**(2) 工作原理**

1）制动开始时，能量管理系统将动力蓄电池的 SOC 发送给制动控制器，当 SOC>0.8 时，取消能量回收；当 0.7≤SOC≤0.8 时，制动能量回收受动力蓄电池允许的最大充电电流制约；当 SOC<0.7 时，制动能量回收不受动力蓄电池允许的最大充电电流制约。

2）制动控制器接收压力变送器发送的主缸压力信号，并计算出所需的电机再生制动强度上限。

3）制动控制器根据轮毂电机转速，计算轮毂电机实际能够提供的制动强度。

4）比较所需的电机再生制动强度上限和轮毂电机实际能够提供的制动强度，并将结果作为电信号发送给电机控制器。

5）轮毂电机工作在发电机状态下，可以提供电压恒定的电流，并通过逆变器限制电机产生的最高电压和对电压进行升压，以便满足电流输出要求，供动力蓄电池组充电使用。

6）为了对动力蓄电池进行保护，能量管理系统需要实时检测电池温度，若温度过高，则停止制动能量回收。

**(3) 常见的控制策略**　电动汽车主要是采取前轮驱动的形式，相应的制动能量回收控制策略主要关注前、后轮制动器提供的制动力和前轮电机提供的再生制动力之间的关系。由此得到的基于电机再生制动的能量回收控制策略主要有前后轴制动力理想分配的控制策略、前后轴制动力比例分配的控制策略和最优能量回收控制策略。

1）前后轴制动力理想分配的控制策略。当减速度要求较小时，仅电机再生制动系统工作。随着制动减速度逐渐增大，前后轴制动力将被控制在理想制动力分配曲线上，其中前轴制动力等于再生制动力和机械制动力总和。当控制系统得到驾驶人的减速度要求时，将根据制动电机的特性和车载蓄电池 SOC 值来决定驱动轴制动力是由再生制动系统单独提供，还是由机械制动系统和再生制动系统共同提供。

2）前后轴制动力比例分配的控制策略。当所需的总制动力较小时，全部由再生制动力提供；当所需的减速度增大时，电机再生制动力所占的比例逐渐减小，机械制动力开始起作用；当总制动力大于一定值时，意味着这是一个紧急制动，再生制动力减小到零，机械制动提供所有的制动力；当所需的制动减速度在两者之间时，再生制动与机械制动共同起作用。

3）最优能量回收控制策略。当总制动力需求小于当时所能提供的最大再生制动力时，仅由再生制动力起作用；当总制动力大于当时所能提供的最大再生制动力时，总制动力减去最大再生制动力是应该提供的机械制动力，剩余的需要提供的机械制动力将分配为前轮机械制动力和后轮机械制动力。前、后轮机械制动力的分配原则为尽量使总的前、后轮制动力分配接近理想制动力分配曲线。

## 8.2 底盘检测

### 8.2.1 转向助力检测

#### 1. 转向盘及其性能的检测

**（1）转向盘安装状况检查**

1）握住转向盘上下晃动，应无摆动、松动。

2）握住转向盘左右晃动，应无摆动、松动。

**（2）转向盘回正性检测**

1）起动车辆，直线加速至 35km/h。

2）向左或向右转动转向盘到 90°，保持 1~2s 后松开双手。

3）检测转向盘能回正的角度，若其值超过 60°，则表示车辆回正性能正常。

**（3）转向盘自由行程检测** 一定的转向盘自由行程对缓和路面冲击与避免驾驶人过度紧张是有利的，但不宜过大，以免影响转向灵敏性和产生转向摇摆现象。因此，转向盘自由行程应限制在一定范围内。一般来说，转向盘从相应于汽车直线行驶的中间位置向任一方向的自由行程最好不超过 10°~15°。当零件磨损严重使转向盘自由行程超过 25°~30°时，必须进行相应调整。转向盘自由行程的检测方法如下：

1）在平坦、硬实、干燥、清洁的路面上停放汽车，使汽车的两转向轮处于直线行驶位置不动。

2）将转向力角测量仪安装在被测车辆的转向盘上，接通仪器的电源。

3）将转向力角测量仪上的<角度/牛顿>键置于<角度>位置，轻轻向左（或向右）转动转向盘至空行程一侧的极端位置（感到有阻力），这时调节仪器的零点电位器对转向力角测量仪进行调零。之后，轻轻转动转向盘至另一侧空行程极端位置，这时转向力角测量仪屏幕上显示的数值就是转向盘自由行程。

**（4）转向盘转向力检测** 测量时，将转向力角测量仪对准被测转向盘中心，调整 3 个伸缩爪的长度，使它们与转向盘牢固连接后，转动操纵盘。操纵盘的转向力通过底板、力矩传感器传递到被测转向盘上，驱使转向轮偏转，从而实现汽车转向。此时，标准杆的内端受力矩作用，其内端的应变片所组成的电路发生变形，将转向盘的转向角变化转换为电信号并向外发送。信号输送至主机箱后，由装在其内的微机自动完成数据采集、转角编码、运算、分析、存储并显示所测结果。检测转向力时，先将转向力角测量仪安装在被测转向盘上，并将转向力角测量仪上的<角度/牛顿>键置于<牛顿>位置，然后按规定条件缓慢转动转向盘，通过转向力角测量仪屏幕显示的数值即可测出转向盘的转向力。当无检测仪器时，可通过弹簧秤沿切向拉动转向盘的边缘来测量转向力。

转向盘转向力的检测方法有多种，目前应用最多的方法有两种。第一种为路试检测：将转向力角测量仪安装在被测转向盘上，让汽车在平坦、硬实、干燥、清洁的路面上，以10km/h的速度在5s之内沿螺旋线从直线行驶过渡到直径为24m的圆周行驶，测出施加于转向盘外缘的最大圆周力，该力即为转向盘转向力。

第二种为原地检测：将转向参数测量仪或测力弹簧安装在被测转向盘上，使汽车转向轮置于转角盘上，通过测力装置转动转向盘，使转向轮达到原厂规定的最大转角，在转向全过程中测出最大操纵力，该力即为转向盘转向力。

转向系统技术状况应正常，转向盘转向力应符合标准，以保证汽车转向轻便、操纵稳定性好、行车安全。转向盘转向力受多种因素的影响，如果行驶系统技术状况良好，车轮定位、轮胎气压正常，但转向盘转向力过大，说明转向系统存在故障，如转向系统部件装配过紧、配合间隙过小、调整不当、润滑不良及传动杆件变形等。

### 2. 转向柱的检查

1）检查转向柱的滚珠轴承及其间隙、运动情况，若有噪声或间隙过大，则更换万向节或转向柱总成。

2）检查定位凸缘是否损坏，若有损坏，则更换定位凸缘。

3）检查减振板、减振板导向元件、滑盖是否变形或断裂，若有变形或断裂，则应更换。

### 3. 转向器的检查

#### （1）齿轮齿条式转向器的检查

1）零件出现裂纹应更换，转向横拉杆、转向齿条在总成维修时应进行隐伤检验。

2）转向齿条的直线度误差不得大于0.3mm。

3）齿面上应无疲劳剥蚀及严重磨损，若出现左、右大转角或转向沉重且无法调整时，应更换齿轮、齿条。

#### （2）循环球式转向器的检查

1）使转向器的传动副处于中间位置（直线行驶位置）。

2）通过调整螺钉，调整转向器传动副的啮合间隙，在直线位置上应为无间隙啮合。

3）在中间位置上，转向器的转动力矩应为1.5~2.0N·m。转向器的转动力矩调整合格后，按规定力矩锁紧调整螺钉。

### 4. 转向传动机构的检查

#### （1）转向摇臂的检查

1）用磁力探伤法检查转向摇臂是否有裂纹，若有，则应更换。

2）检查转向摇臂上端的锯齿花键有无磨损、损坏，若有，则应更换。

3）检查转向摇臂的锁紧螺母，其螺纹不应有损伤，否则应更换。

4）检查转向摇臂下端和转向拉杆球头销的连接应牢固、可靠，不能出现松旷，否则应修复。

(2) 转向轴的检查

1）检查转向轴转动是否顺利、灵活。

2）检查转向轴上轴、下轴和转向轴管是否弯曲、破裂或者变形。

3）检查转向轴接头是否有裂纹、破裂、变形、失灵或间隙过大等问题。

(3) 转向拉杆的检查

1）横拉杆杆体应有无裂纹、弯曲，其直线度误差一般小于 2mm，否则应校直，直拉杆“8”字孔磨损不超过 2mm。

2）各螺纹部位不应磨损，与螺塞配合不松旷，否则应更换。

3）球头销、球座体及钢碗无裂纹、不起槽；球头销颈部磨损不超过 1mm，球面磨损小于 0.5mm，螺纹完好；弹簧不应有弹力减弱或折断现象。

4）防尘装置应齐全有效。

5）将转向盘从直行状况向左、向右分别反复转过 60°，检查此时横拉杆、转向臂等是否松脱、松旷。

(4) 转向节臂和梯形臂的检查

1）转向节臂和梯形臂应无裂纹，否则应更换。

2）检查两端的固定与连接部位不应有松动，须牢固、可靠。

(5) 转向减振器的检查

1）检查有无漏油现象，若有，则应更换总成。

2）查看支撑是否开裂，若有，则应更换。

3）检查减振器的行程，需要将其拆下进行检测。

5. 电动助力转向系统电子控制部件的检测

**(1) 直流电动机检测** 从转向器上断开电动机的导线插接器，在两端子间接入蓄电池电压后，电动机应用均匀运转声，否则应更换。一些价位较低的轿车使用的直流电动机工作噪声较大，只要不影响使用，可以不换。

**(2) 电磁离合器检测** 断开转向器上电磁离合器的导线插接器，将蓄电池正极与电磁离合器 1 号端子连接，将其负极与 6 号端子相连，在接通和断开 6 号端子的瞬间，离合器应有工作声音，否则必须更换。

**(3) 车速传感器检测** 举起汽车，旋转后轮，用万用表测量车速传感器侧线束插接器上的 SPD 与 GND 之间的电压，应在 0~5V 之间，否则应检查车速传感器及其连接线路。

**(4) EPS 警告灯检查** 当点火开关处于 ON 位置时，EPS 警告灯应点亮，发动机起动后警告灯熄灭为正常。警告灯不亮时，应检查灯泡是否损坏，以及熔丝和导线是否断路。若发动机起动后，此警告灯仍亮，首先应考虑该系统是否处于保险状态，然后进行自诊断操作。

### 8.2.2 再生制动检测

能量回收功能一般在车辆减速/制动时起作用，能量回收情况无法直接观察，但可以通过车辆其他部件的状态间接观察。在进行能量回收时，车辆行驶惯性反拖驱动电机，此时主驱动电机工作于发电状态，并将产生的电能输送至储能装置，通过观察得到的储能装置的输出电流应为负值，数值大小表示制动能量的回收强度。

在比亚迪 EV450 纯电动汽车上，可以通过转向盘上的选择按键选择能量流观察界面，以观察能量流动方向，如图 8-65 所示。当车辆处于减速/制动状态时，驱动电机作为发电机将制动能量转化为电能供动力蓄电池充电，此时仪表板的指示情况：功率表变为负值，指示在绿色区域；能量流的方向是从车轮、电机到动力蓄电池。

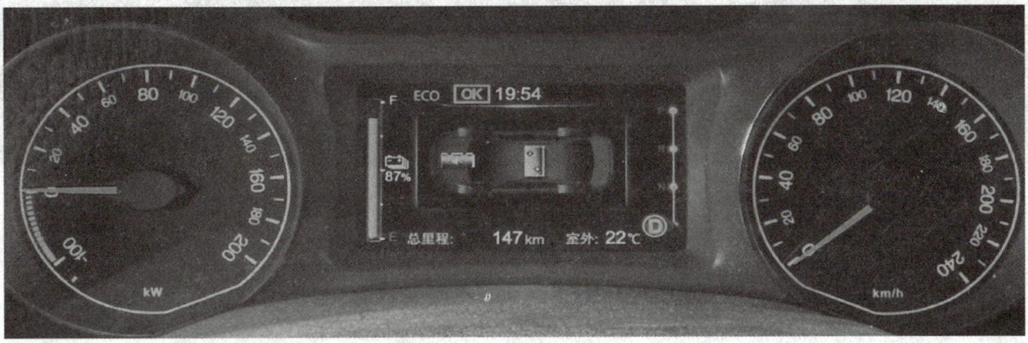


图 8-65 能量流观察界面

### 1. 能量回收功能测试

制动时的能量回收是回收汽车的动能，能量回收系统将车辆的动能转化为电能给动力蓄电池充电。

能量回收功能测试需要经验丰富的驾驶人在实车上进行操作，场地要求为空旷行人少的路段，测试步骤如下：

1）打开车门，驾驶人上车。

2）关闭车门，驾驶人系好安全带。

3）驾驶人踩下制动踏板并松开手刹。

4）将点火开关置于 ON 档位。

5）将电子换档旋钮由 N 位旋至 D 位。

6）逐渐松开制动踏板，车辆起步。

7）踩下加速踏板，加速至较高车速。

8）松开加速踏板，踩下制动踏板。

9）观察仪表板功率表显示为负值；在信息显示屏的能量流观察界面下，能量流由车轮回流至动力蓄电池。

在此过程中可以通过解码仪进入 BMS 模块，读取数据流，查看能量回收时的充电电流，或进入驱动电机模块，读取数据流，查看能量回收时电机的制动功率及制动转矩。首先通过转向盘上的<选择>按键、<确定>按键进入菜单栏，选择能量回馈强度设置，设置能量回馈强度为“标准”或“较大”（见图 8-66）；再进行能量回收功能测试，体验两种模式之间的不同，并通过读取的数据流进行对比。

### 2. 下长坡时的能量回收测试

下长坡时的能量回收是回收汽车的重力势能，能量回收系统将汽车的重力势能转化为电能给动力蓄电池充电。

下长坡时的能量回收测试需要经验丰富的驾驶人在实车上进行操作，场地要求为空旷行

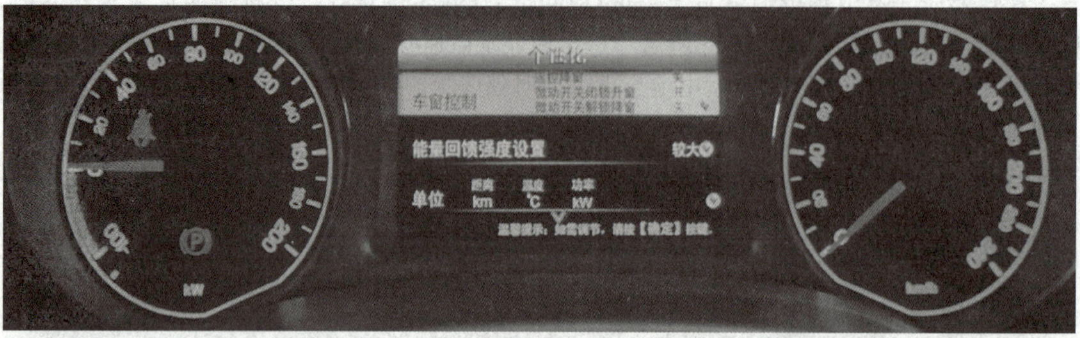


图 8-66　制动能量回收强度设置

人少的下长坡路段，测试步骤如下：

1）将车辆开到下长坡路段。

2）逐渐松开制动踏板，车辆在重力作用下缓慢加速。

3）观察仪表板功率表显示为负值；在信息显示屏的能量流观察界面下，能量流由车轮回流至动力蓄电池。

在此过程中可以通过解码仪进入 BMS 模块，读取数据流，查看能量回收时的充电电流，或进入驱动电机模块，读取数据流，查看能量回收时电机的制动功率及制动转矩。

首先将能量回馈强度设置为“标准”或“较大”；再进行下长坡时的能量回收测试，体验两种模式之间的不同，并通过读取的数据流进行对比。

需要注意的是，驾驶人应避免因车辆速度过高而出现危险。

## 8.2.3　底盘线束检测

汽车线束如同汽车的“神经系统”，没有汽车线束，汽车就无法发挥最大效能，更无法统筹控制汽车内部各系统正常运行。所谓线束，就是由铜材料冲压而成的接触端子和电缆压接后，外部另加金属材料外壳或塑压绝缘物等，以束线绑扎形成连接电路的组件。汽车整车线束主要包括驾驶室线束总成、地板线束总成、车门线束总成、车顶线束总成、底盘线束、电池线束、发动机线束、ABS 和 AMT 等相关功能线束，每种线束都有不同的功能。

底盘线束主要负责连接发电机、压缩机、起动机、冷凝风扇、底盘电气接线盒、ECU 整车接口、后处理接口、变速器相关开关和传感器、前后桥制动气压传感器、油位传感器、组合式尾灯、牌照灯及底盘总成的相关开关和传感器。

### 1. 底盘线束检测指标

**(1) 电气性能**　额定电压、额定电流、温升、接触电阻、绝缘电阻、抗电强度、耐电流循环等。

**(2) 机械性能**　插入力、拔出力、端子保持力、挂接强度、解锁力、抗机械冲击性能等。

**(3) 环境性能**　气密性、防水性、耐盐雾性、耐热老化、耐油液等。

### 2. 底盘线束的检测试验项目

汽车底盘线束的检测试验项目主要有尺寸测量及外观检查、拉力和撕裂力试验、弯折试验、电压降试验、压接点及端子压接防水、连接器防水试验、电导通试验、耐久性试验、耐低温性能试验、耐高温性能试验、耐温度和湿度循环变化、耐盐雾性能试验、耐工业溶剂性能试验、耐温度变化性能试验及振动、冲击试验等。通过以上试验项目可以模拟汽车运行时线束受到的各种环境应力。

### 3. 底盘线束技术要求及检测内容

**（1）测量线束的长度**　测量项目主要包括主干线的长度、支线的长度、分支点的长度、保护套管与护套的距离（裸露电源线的长度），以上线束的基本尺寸极限偏差应符合表 8-2 的规定。

表 8-2　基本尺寸极限偏差　（单位：mm）

| 线束的基本尺寸 | 极限偏差 | | |
|---|---|---|---|
| | 干线 | 支线 | 保护套管 |
| ≤200 | +20<br>-10 | +20<br>-10 | +10<br>-5 |
| >200~500 | +25<br>-10 | +30<br>-10 | |
| >500~1000 | +25<br>-10 | +40<br>-10 | +20<br>-10 |
| >1000~2000 | +30<br>-10 | +45<br>-10 | |
| >2000~5000 | +40<br>-10 | +55<br>-20 | ±30 |
| >5000 | +50<br>-20 | +75<br>-20 | |

**（2）压接处及牢固性检测**

1）电线无损伤检测。

2）采用无特殊要求压接方法时，端子应分别压紧在导体和绝缘层上，导体不应压断，绝缘层不应压入导体压接部位，在图 8-67 所示的 *a* 段中可见电线导体，但不能妨碍插接。

3）绝缘层压接部位经不少于 3 个循环的弯折试验后，在图 8-67 所示的 *b* 段中仍可见绝缘层。

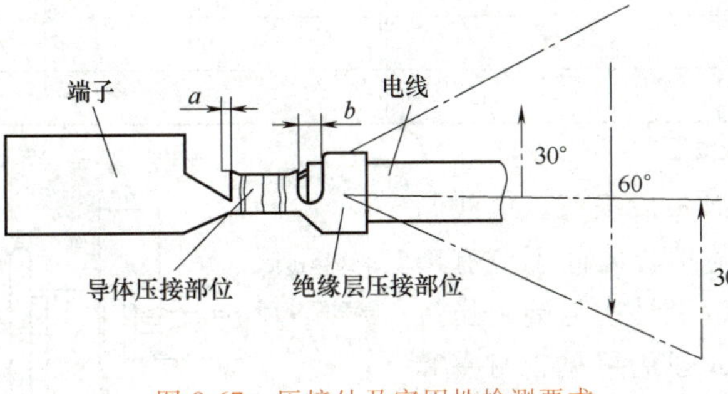


图 8-67　压接处及牢固性检测要求

4）端子与电线连接应牢固，在规定的拉力下不应损伤或脱开，其拉力应不小于表 8-3 中的规定。

表 8-3　拉力标准

| 导体公称截面积/$mm^2$ | 拉力/N | 导体公称截面积/$mm^2$ | 拉力/N |
|---|---|---|---|
| 0.5 | 50 | 6.0 | 450 |
| 0.75 | 80 | 10.0 | 500 |
| 1.0 | 100 | 16.0 | 1500 |
| 1.5 | 150 | 25.0 | 1900 |
| 2.5 | 200 | 35.0 | 2200 |
| 4.0 | 270 | 50~200 | 2700 |

注：接点或一个端子同时连接两根及两根以上电线时，选择截面较大的电线测量拉力。

**(3) 电压降**　端子与电线压接处的电压降应不大于表 8-4 中的规定。

表 8-4　电压降标准

| 导体公称截面积/$mm^2$ | 试验电流/A | 电压降/mV | 导体公称截面积/$mm^2$ | 试验电流/A | 电压降/mV |
|---|---|---|---|---|---|
| 0.50 | 5 | 3 | 10.00 | 50 | 25 |
| 0.75 | 10 | 5 | 16.00 | 60 | 15 |
| 1.00 | 15 | 8 | 25.00 | 70 | 18 |
| 1.50 | 20 | 11 | 35.00 | 80 | 20 |
| 2.50 | 30 | 16 | 50.00 | 90 | 23 |
| 4.00 | 35 | 18 | 70.00 | 100 | 25 |
| 6.00 | 40 | 20 | | | |

**(4) 接点处要求**

1）采用无焊料焊接方法时，焊接处表面不允许出现氧化、断丝、缺损和绝缘层熔化的现象。

2）采用无焊料焊接方法时，撕裂力应不小于表 8-5 中的规定。

表 8-5　撕裂力标准

| 导体公称截面积/$mm^2$ | 撕裂力/N | 导体公称截面积/$mm^2$ | 撕裂力/N |
|---|---|---|---|
| 0.50 | 15 | 2.50 | 70 |
| 0.75 | 23 | 4.00 | 100 |
| 1.00 | 35 | 6.00 | 130 |
| 1.50 | 45 | | |

注：选择截面较小的电线测量撕裂力。

**(5) 密封塞压接时不应损伤**　电线与密封塞之间、密封塞与护套之间不应有肉眼可见的间隙。电线和密封塞与端子压接后，在图 8-68 所示的 $a$ 段应可见密封塞和电线绝缘层的端部。

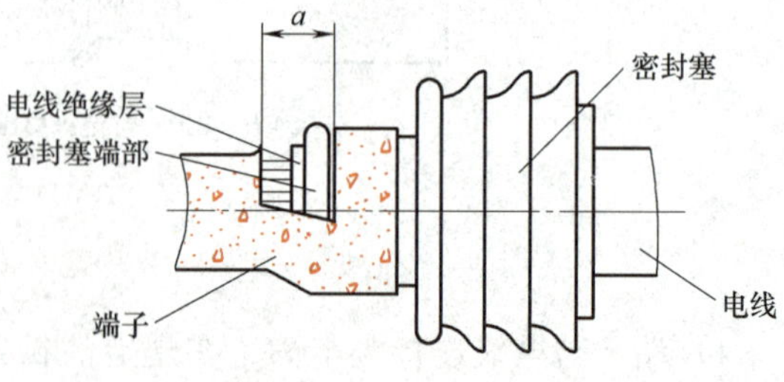


图 8-68　密封塞压接要求

**(6) 线束管理要求**　线束包扎应紧密、均匀，不应松散；采用保护套管时，应无位移和影响线束弯曲的问题。

**(7) 连接处紧密接合**　线束中电线与端子连接处的绝缘套管应紧密套在连接部位上，无位移、脱开现象。

**(8) 正确装配**　线束中的电线及零部件应正确装配，无错位现象，端子在护套中不应脱出。

**(9) 正确导通**　线束中的线路导通率应为100%，无短接、错接现象。

## 8.3 底盘维修

### 8.3.1 悬架系统故障

#### 1. 悬架系统的一般检查

**(1) 车轮轴承检查**　举升汽车前部，沿图8-69所示箭头方向晃动车轮，检查前轮轴承是否松动。快速旋转车轮，确认车轮旋转平顺且安静。拆卸前制动钳和固定板，在轮毂上安装一个千分表固定器或类似的设备后，推拉轮毂。测量轮毂与前车轮轴承总成的轴向间隙(见图8-70)，应为零，如果有轴向间隙，则更换前轮轴承。之后，恢复前制动钳和固定板。

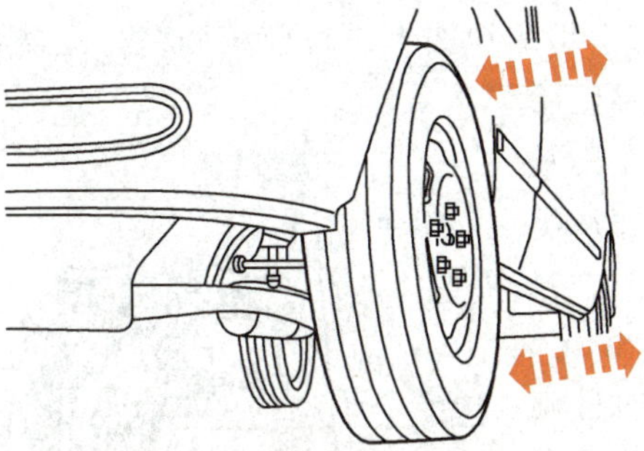

图8-69　前轮轴承松动检查

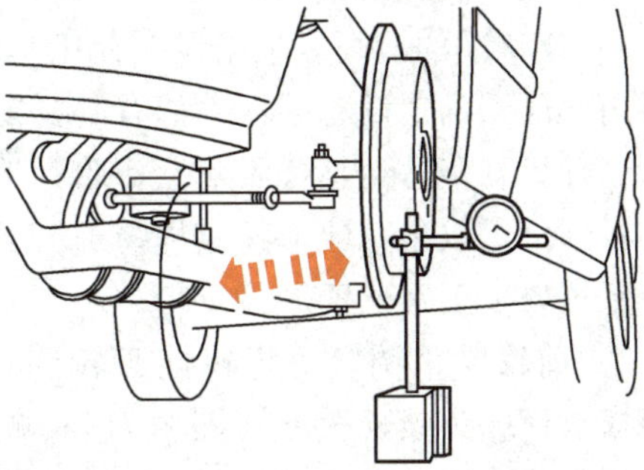

图8-70　轮毂与前车轮轴承总成的轴向间隙测量

**(2) 横拉杆球头检查**　检查四个轮胎的气压。举升汽车，检查前悬架球头和支架是否松动、磨损或损坏。检查转向机构和横拉杆连接是否松动，按力矩规格紧固。若横拉杆球头磨损或断裂，则更换球头。

**(3) 前摆臂球头检查**　举升汽车，抓牢前摆臂外端，尝试上下移动，观察有无移动。自由移动通常会伴随咯哒声，出现自由移动则表明前摆臂球头已损坏，应更换球头。更换球头后，进行前轮定位。

**(4) 悬架装置检查**

1）漏油。允许有一层油膜（渗出）附着在前、后减振装置上，这是正常的。渗油是指有一层厚的油膜积在减振装置壳体表面，通常因吸附了大量灰尘而被注意到。减振装置出现渗油现象是正常的，不需要更换减振器。泄漏是指整个减振器被漏油覆盖，同时油液会从悬架滴落到地面上。如果出现此类情况，应确认观察到的油膜只是来自减振装置。当减振装置磨损或损坏时应进行更换。

2）车身下沉。经常出现通过更换前、后减振器来解决汽车下沉的问题，由于设计的减振装置是液压式阻尼装置，不能用来承载负重。因此，更换悬架装置不能解决汽车下沉问题。

(5) 举升汽车进行检查

1）噪声。悬架或悬架总成附件的松动可能造成噪声，因此应检查并紧固悬架总成及其附件。若下支架衬套损坏，应进行更换。检查前、后悬架总成有无外部损坏。

2）行程。检查橡胶减振套的行程，若有损坏或丢失，则安装新的减振套。检查减振套有无过载，若其出现过载，则更换减振套。

3）磨损。若发现减振器出现磨损，只需更换损坏的减振器。

(6) 减振器检查　减振器内部充满压缩气体，在没有受到限制时，它应是完全伸展的。如果发现减振器没有完全伸展，说明它已损坏，应更换新的减振器。检查减振装置总长度，如果未达到相关要求，说明其中的某个部件不符合要求，应更换减振装置。当悬架装置处于垂直位置时，压缩悬架总成并允许它伸展 3 次，以此清理在处理过程中压力舱引入的气体。减振器应竖直安放在台虎钳上，用尽可能快的大行程压缩减振器，每次压缩动作必须平稳一致。伸展阻力大于压缩阻力是正常现象。

下列情况属于异常现象：减振器安装到位后，在回位和安装过程中，若出现滞后和跳跃现象；减振器推杆完全伸展，减振器活塞杆相对减振器壳体出现摆动。

(7) 前轮前束检查与调整

1）调整前的检查。根据说明使用车轮定位尺在平坦的地面上进行前束调整。检查悬架和转向部件，确定没有磨损。如有必要则检查并调整轮胎气压，确保汽车达到整备质量。备胎、千斤顶和随车工具都装备到位，取出其他工具或货物。上下按动汽车使汽车悬架系统处于正常位置。

2）前轮前束调整。将转向盘转到正中位置并锁定，拧松横拉杆球头锁紧螺母（图 8-71）。顺时针或逆时针旋转横拉杆球头锁紧螺母调整前束后，拧紧横拉杆球头锁紧螺母，拧紧力矩为（45±5）N・m。最后检查前束。

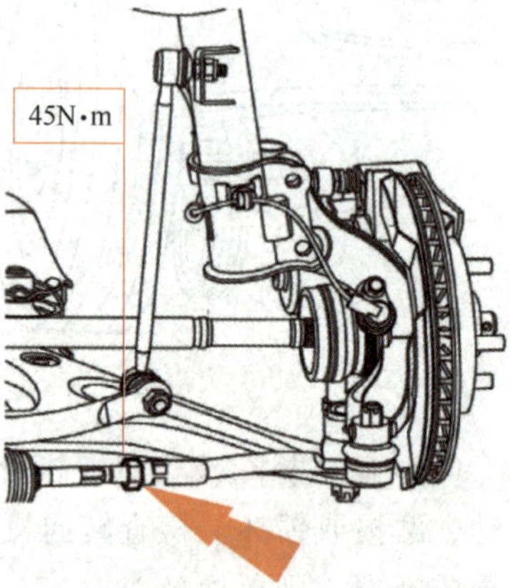


图 8-71　横拉杆球头锁紧螺母

2. 悬架系统常见故障的诊断与排除

(1) 车辆跑偏故障的诊断与排除　引起故障的可能原因：①轮胎相关因素，如气压差异、花纹磨损不均、尺寸不一致等，会使车辆行驶受力不均而跑偏；②车轮定位因素，像前轮前束、外倾角、主销后倾角异常；③车辆底盘部件相关因素，车轮轴承故障、球头磨损或松动、制动拖滞、转向拉杆问题等；④车辆车身及悬架相关因素，车身变形、悬架系统故障；⑤其他因素，包括路面状况差异及不良驾驶习惯等虽非车辆本身故障，但也可能致使车辆出现跑偏现象。

车辆跑偏的诊断流程如下：

1）检查左右跑偏。驾驶汽车以 80km/h 的速度在平直的路面上行驶，确认行驶时无侧风或大风；经调整车辆走直时，驾驶人双手离开转向盘，如果汽车在 7s 内轨迹偏离 3.7m（一个车道距离），表明汽车跑偏。判断汽车是否跑偏，是则继续下一步，否则调整转向盘使它对正。

2）检查轮胎。检查所有轮胎的型号是否一致，磨损程度是否接近，有无起包、开裂等现象；检查轮胎气压。判断轮胎是否正常，是则继续下一步，否则调整或更换轮胎。

3）检查轮胎对故障的影响。将前悬架轮胎左右互换，必要时安装四条状态良好的轮胎。判断车辆是否还跑偏，是则继续下一步，否则更换轮胎。

4）检查左右轮距。检查左右轮距是否一致，是则继续下一步，否则校正左右轮距。

5）检查转向连接杆。举升汽车，检查转向连接杆是否过度磨损，是则更换或修复损坏部件，否则继续下一步。

6）检查行驶高度。检查行驶高度是否正常，是则继续下一步7)，否则维修相关故障。

7）检查车轮定位。检查转向盘是否在正中位置，以及车轮定位数据是否在规定范围内，是则继续下一步否则进行车轮定位。

8）检查制动拖滞。举升汽车，检查车轮是否有制动拖滞，是则维修制动拖滞故障，否则继续下一步。

9）检查后悬架。检查后悬架定位参数，判断后悬架定位是否正常，是则检查悬架零件磨损，如有必要，可更换或修复损坏零件，否则调整或维修后悬架定位异常故障。

**(2) 行驶轨迹异常（车辆无法保持直线行驶）的诊断与排除**　可能引起故障的原因：车轮与轮胎；车轮定位；车轮轴承；球头；控制臂衬套；转向拉杆间隙；转向机间隙；后悬架。

行驶轨迹异常（车辆无法保持直线行驶）的诊断流程如下：

1）检查轮胎。检查所有轮胎的型号是否一致，磨损程度是否接近；检查轮胎气压。判断轮胎是否正常，是则继续下一步，否则调整或更换轮胎。

2）检查轮胎对故障的影响。将前悬架轮胎左右互换，必要时安装四条状态良好的轮胎。判断车辆是否仍跑偏，是则继续下一步，否则更换轮胎。

3）检查前摆臂衬套。检查前摆臂衬套是否开裂、松动、旷动，判断前摆臂是否正常，是则继续下一步，否则更换前摆臂衬套。

4）检查转向连接杆。举升汽车，检查转向连接杆是否过度磨损，是则更换或修复损坏部件，否则继续下一步。

5）检查车轮定位。检查转向盘是否在正中位置，以及车轮定位数据是否在规定范围内，是则继续下一步，否则进行车轮定位。

6）检查转向机构间隙。举升汽车，检查转向机构间隙是否正常，是则继续下一步，否则维修或更换故障部件。

7）检查后悬架。检查后悬架定位参数，判断后悬架定位是否正常，是则检查悬架零件磨损，如有必要，可更换或修复损坏零件，否则调整或维修后悬架定位异常故障。

**(3) 车辆行驶发摆故障的诊断与排除**　可能引起故障的原因：轮胎失去平衡、过度磨损；前轮驱动轴磨损；车轮轴承磨损；转向系统磨损；悬架总成松动、磨损；前摆臂球头磨损；前悬架前摆臂衬套磨损或松动；横向稳定杆轴衬磨损；后悬架后轴衬磨损或松动；车轮定位异常。

车辆行驶发摆的诊断流程如下：

1）检查轮胎。检查所有轮胎的型号是否一致，磨损程度是否接近，以及有无起包、开裂等现象；检查轮胎气压。判断轮胎是否正常，是则继续下一步，否则调整或更换轮胎。

2）检查轮胎对故障的影响。将前悬架轮胎左右互换，必要时安装四条状态良好的轮胎。判断车辆是否仍发摆，是则继续下一步，否则更换轮胎。

3）检查前摆臂衬套。检查前摆臂衬套是否开裂、松动、旷动，判断前摆臂是否正常，是则继续下一步，否则更换前摆臂衬套。

4）检查车轮轴承。举升汽车，检查车轮轴承，判断车轮轴承是否正常，是则继续下一步，否则更换车轮轴承。

5）检查横向稳定杆。检查横向稳定杆衬套是否开裂、松旷、缺失；检查横向稳定杆是否损伤，判断横向稳定杆是否正常，是则继续下一步，否则维修或更换横向稳定杆及衬套。

6）检查车轮定位。检查转向盘是否在正中位置，以及车轮定位数据是否在规定范围内，是则继续下一步，否则进行车轮定位。

7）检查转向机构间隙。举升汽车，检查转向机构间隙。是否正常，是则继续下一步，否则维修或更换故障部件。

8）检查后悬架。检查后悬架定位参数，判断后悬架定位是否正常，是则检查悬架零件磨损，如有必要，可更换或修复损坏零件，否则调整或维修后悬架定位异常故障。

**（4）车辆行驶抖动故障的诊断与排除** 可能引起故障的原因：轮胎失去平衡、过度磨损；前轮驱动轴磨损；车轮轴承磨损；转向系统磨损；悬架总成松动、磨损；悬架总成支架松动；前摆臂球头磨损；前悬架前摆臂衬套磨损或松动；横向稳定杆衬套磨损；后悬架后轴衬磨损或松动；车轮定位异常。

车辆行驶抖动的诊断过程如下：

检查轮胎；检查前轮驱动轴；更换车轮轴承；更换转向系统磨损件；检查悬架总成；更换前摆臂球头；更换前悬架前摆臂衬套；更换横向稳定杆轴衬或连杆；如有必要，更换后悬架衬套；进行车轮定位。

**（5）转向盘偏离中心位置故障的诊断与排除** 可能引起故障的原因：车轮定位异常；转向系统部件异常。

转向盘偏离中心位置的诊断流程如下：

1）检查转向部件。举升汽车，检查转向部件是否过度磨损，是则更换或修复磨损部件，否则继续下一步。

2）检查车轮定位。检查转向盘是否在正中位置，以及车轮定位数据是否在规定范围内，是则进入行驶轨迹异常诊断流程，否则进行车轮定位。

**（6）噪声过大故障诊断与排除** 引起故障的可能原因：①悬架部件自身状况不佳，如减振器出现磨损、漏油或失效，弹簧弹力减弱、变形或折断，以及各种杆件连接部位的橡胶衬套老化、破损等；②车轮及轮胎相关问题，例如轮胎气压不正常、花纹磨损严重、轮胎失衡或有异物嵌入等。

噪声过大的诊断流程如下：

1）检查悬架。举升汽车，检查悬架部件安装螺栓；是否松动或断裂，是则紧固或更换螺栓，否则继续下一步。

2）检查减振弹簧。检查减振弹簧是否损坏，是则更换减振弹簧，否则继续下一步。

3）检查前悬架前摆臂。检查前悬架前摆臂轴衬是否过度磨损或损坏，是则更换前悬架前摆臂轴衬，否则继续下一步。

4）检查球头。举升汽车，抓牢前悬架前摆臂的外端并上下移动，检查是否自由移动是则更换前摆臂，否则继续下一步。

5）检查轮胎。检查轮胎是否磨损不平均，是则更换轮胎并进行车轮定位。

6）检查前轮轴承。抓住车轮的底部和顶部用力摇晃，检查轴承是否过度松动。旋转前轮，检查工作状况。判断轴承是否松动或有异响。是则更换前轮轴承，否则确认客户所述故障。

**（7）车轮异常磨损故障诊断与排除**　引起故障的可能原因：车轮定位参数不准确；轮胎气压异常；车辆悬架系统故障，例如减振器失效、弹簧弹力不足等情况；车轮变形；轮胎不平衡；车辆超载运行；驾驶习惯不良，如频繁急制动、急加速、急转弯等。

轮胎异常磨损的诊断流程如下：

1）检查轮胎磨损状况。举升汽车，检查前侧两轮胎是否过度磨损，是则轮胎换位，必要时更换轮胎，否则继续下一步。

2）检查轮胎。检查轮胎气压、型号。判断轮胎气压是否正常，以及轮胎型号是否一致，是则继续下一步，否则更换型号不一致的轮胎或调整轮胎气压。

3）检查车轮。检查车轮是否扭曲变形；检查车轮跳动量，判断车轮是否正常，是则继续下一步，否则调整或更换车轮。

4）检查轮胎动平衡。举升车辆，拆卸轮胎，在平衡机上检查轮胎动平衡。

**（8）转向沉重故障的诊断与排除**　可能引起故障的原因：过大的主销后倾角；汽车行驶高度不正确；转向机构或转向横拉杆磨损；前悬架前摆臂球头磨损；轮胎磨损或失去平衡；助力转向不足。

转向沉重的诊断流程如下：进行车轮定位；更换转向系统磨损部件；更换前摆臂球头；检查轮胎；用诊断仪读取 EPS 数据，进行 EPS 故障诊断。

**（9）行驶方向不稳故障的诊断与排除**　可能引起故障的原因：轮胎失去平衡、损坏或跳动量过大；前束值超出规定范围；转向系统磨损；前悬架前摆臂球头损坏；前/后减振弹簧变软；前/后悬架总成磨损；后悬架的轴衬或螺栓松动、磨损；横向稳定杆衬套或连杆磨损。

行驶方向不稳的诊断流程如下：检查轮胎；进行车轮定位；更换转向系统磨损部件；更换前悬架前摆臂球头；检查减振弹簧，必要时更换；更换悬架总成磨损部件；更换后悬架磨损部件；更换横向稳定杆衬套或连杆。

**（10）转向盘不能正常回位故障的诊断与排除**　可能引起故障的原因：车轮定位异常；转向系统磨损；前悬架前摆臂球头磨损。

转向盘不能正常回位的诊断流程如下：进行车轮定位；检查转向系统；更换前悬架前摆臂球头。

**（11）车身摇晃故障的诊断与排除**　可能引起故障的原因：前横向稳定杆连杆或轴承磨损（如装备）；前悬架前摆臂衬套松动或磨损；悬架总成松动或磨损。

车身摇晃的诊断流程如下：更换前横向稳定杆连杆或衬套；修复或更换前悬架前摆臂衬套；检查悬架总成，更换磨损部件。

**（12）车身倾斜故障的诊断与排除**　可能引起故障的原因：前/后减振弹簧变软或损坏；轮胎气压异常。

车身倾斜的诊断流程如下：检查减振弹簧，必要时更换；调整轮胎气压。

**(13) 行驶舒适性变差故障的诊断与排除** 可能引起故障的原因：前/后减振弹簧变软；前/后悬架总成磨损。

行驶舒适性变差的诊断流程如下：检查减振弹簧，必要时更换；更换悬架总成磨损部件。

### 3. 悬架系统拆装

**(1) 前悬架拆装** 新奔奔EV的前悬架为麦弗逊式独立悬架，它由两个前支柱总成（含减振弹簧）、发动机托架、两个发动机托架后支架总成、两个前摆臂总成、横向稳定杆总成及连接杆总成等部件组成。

前摆臂由钢板冲压后焊接而成，由纵横两个螺栓垂直穿过轴衬与发动机托架相连。前摆臂通过球头与转向节相连，转向节则与悬架总成和转向横拉杆球头连接。螺旋弹簧装在悬架装置两弹簧座之间。活塞杆装有防尘罩，以防止脏物或进水。为了在完全压缩状态下保护悬架装置，还装有防撞胶垫。发动机托架由几块冲压钢板加一块液压成型圈梁焊接而成。前后车体通过不同规格螺栓及螺母连接。发动机托架后支架总成由钢板冲压成型，通过4个螺栓与车体相连，其中一个螺栓与发动机托架共用。

图8-72所示为某新能源汽车前悬架部件位置。图8-73所示为某新能源汽车前悬架系统一级分解图。图8-74所示为某新能源汽车前支柱系统二级分解图。图8-75所示为某新能源汽车前摆臂系统二级分解图。图8-76所示为某新能源汽车发动机托架系统二级分解图。

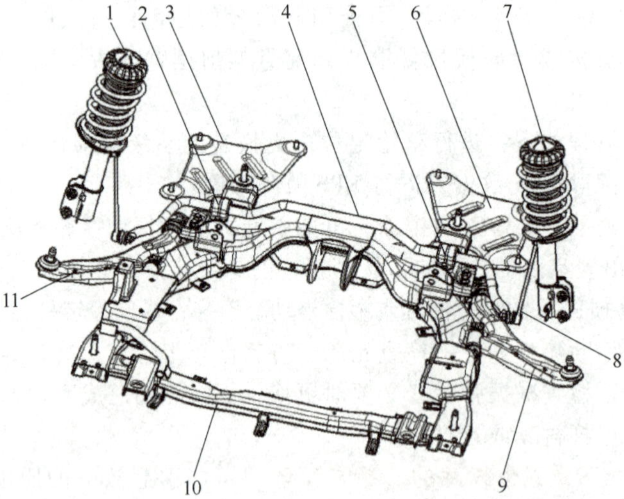


| 序号 | 部件名称 | 数量 | 序号 | 部件名称 | 数量 |
|---|---|---|---|---|---|
| 1 | 前支柱总成(右) | 1 | 7 | 前支柱总成(左) | 1 |
| 2 | 前稳定杆托架 | 2 | 8 | 连接杆总成 | 2 |
| 3 | 发动机托架后支架总成(右) | 1 | 9 | 前摆臂总成(左) | 1 |
| 4 | 横向稳定杆总成 | 1 | 10 | 发动机托架 | 1 |
| 5 | 横向稳定杆衬套 | 2 | 11 | 前摆臂总成(右) | 1 |
| 6 | 发动机托架后支架总成(左) | 1 | | | |

图8-72 某新能源汽车前悬架部件位置

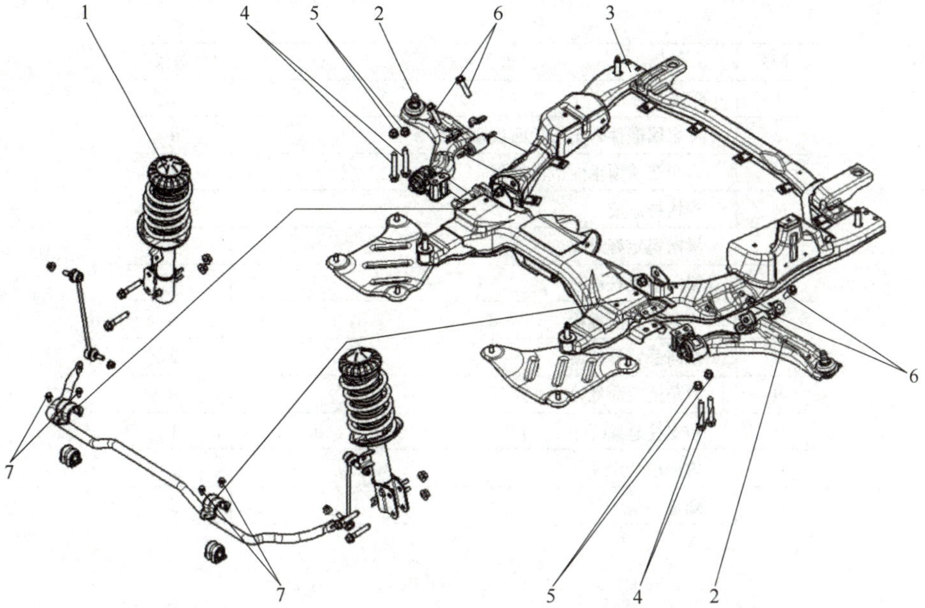


| 序号 | 部件名称 | 数量 |
|---|---|---|
| 1 | 前支柱系统 | 1(见图8-74) |
| 2 | 前摆臂系统 | 1(见图8-75) |
| 3 | 发动机托架系统 | 1(见图8-76) |
| 4 | 六角法兰面螺栓 M12×1.25×75 | 4 |
| 5 | 六角法兰面螺母 | 4 |
| 6 | 六角法兰面螺栓 M12×1.25×45 | 4 |
| 7 | 六角法兰面螺栓 M8×1.25×20 | 4 |

图 8-73　某新能源汽车前悬架系统一级分解图

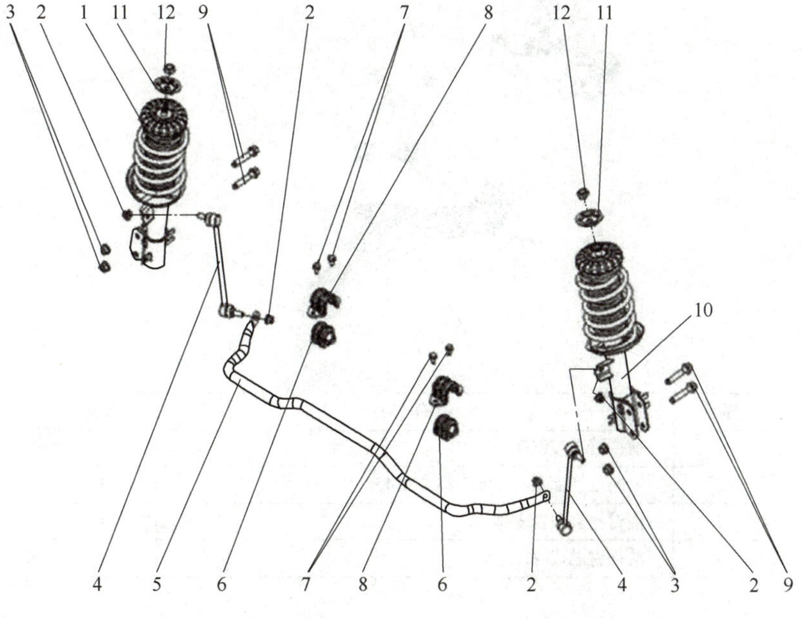


图 8-74　某新能源汽车前支柱系统二级分解图

| 序号 | 部件名称 | 数量 |
|---|---|---|
| 1 | 前支柱总成(左) | 1 |
| 2 | 非金属嵌件六角法兰面锁紧螺母 | 4 |
| 3 | 六角法兰面承面带齿螺母 | 4 |
| 4 | 连接杆总成 | 2 |
| 5 | 横向稳定杆总成 | 1 |
| 6 | 横向稳定杆衬套 | 2 |
| 7 | 六角法兰面螺栓 | 4 |
| 8 | 横向稳定杆托架 | 2 |
| 9 | 六角法兰面螺栓 | 4 |
| 10 | 前支柱总成(右) | 1 |
| 11 | 内连接套组件 | 2 |
| 12 | 螺母 | 2 |

图 8-74 某新能源汽车前支柱系统二级分解图（续）

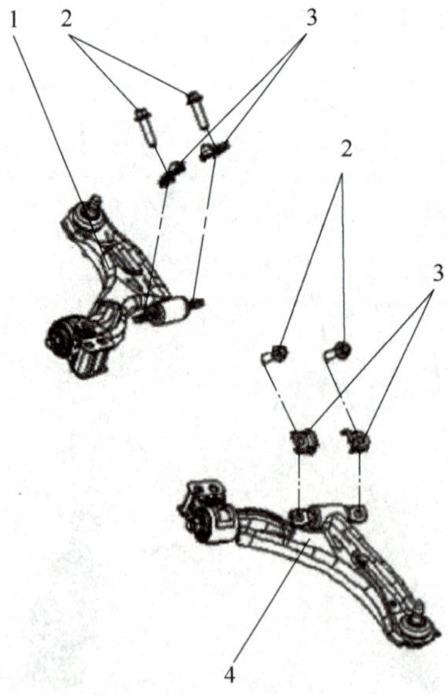


| 序号 | 部件名称 | 数量 |
|---|---|---|
| 1 | 前摆臂总成(左) | 1 |
| 2 | 六角法兰面螺栓 M12×1.25×45 | 4 |
| 3 | 摆臂衬套限位支架 | 4 |
| 4 | 前摆臂总成(右) | 1 |

图 8-75 某新能源汽车前摆臂系统二级分解图

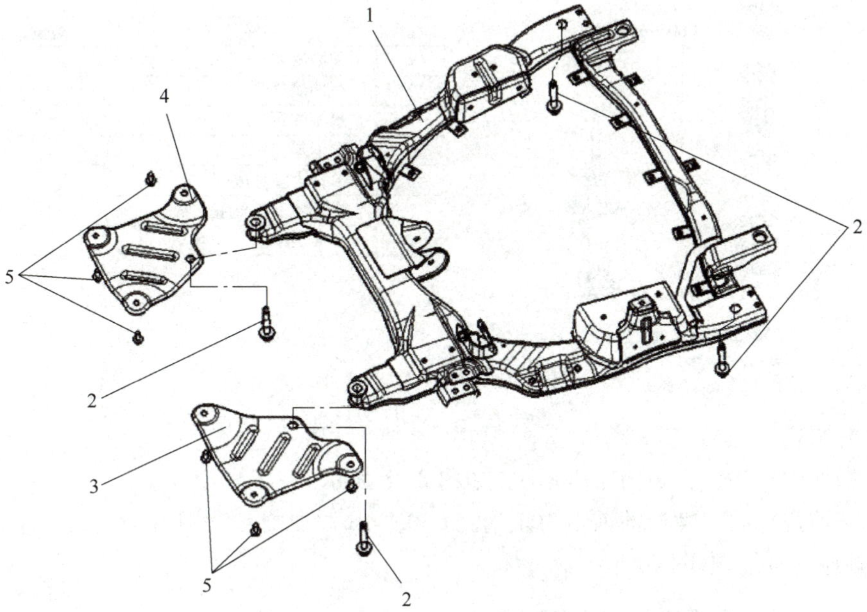


| 序号 | 部件名称 | 数量 |
|---|---|---|
| 1 | 发动机托架总成 | 1 |
| 2 | 六角法兰面螺栓和平垫圈组合件　M14×1.5×90 | 4 |
| 3 | 发动机托架后支架总成(右) | 1 |
| 4 | 发动机托架后支架总成(左) | 1 |
| 5 | 六角法兰面螺栓　M10×1.25×20 | 6 |

图 8-76　某新能源汽车发动机托架系统二级分解图

1）前支柱总成的分解与组装。将螺旋弹簧局部压缩。注意：由于螺旋弹簧处于极度受力状态，应时刻小心，以免受伤。分解前减振器和螺旋弹簧。

① 拆卸止推螺母。

② 拆卸前支柱上安装座总成。

③ 拆卸弹簧上座总成。

④ 拆卸防尘罩。

⑤ 拆卸螺旋弹簧。

⑥ 拆卸缓冲块。前减振器和螺旋弹簧分解图如图 8-77 所示。

组装与分解顺序相反。

2）前摆臂的拆卸与安装。拆卸过程如下：

① 拆卸车轮。

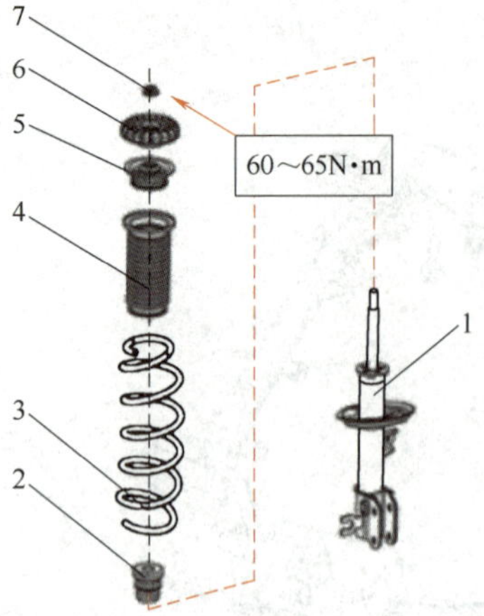


| 序号 | 部件名称 | 数量 |
|---|---|---|
| 1 | 前减振器 | 1 |
| 2 | 缓冲块 | 1 |
| 3 | 螺旋弹簧 | 1 |
| 4 | 防尘罩 | 1 |
| 5 | 弹簧上座总成 | 1 |
| 6 | 前支柱上安装座总成 | 1 |
| 7 | 止推螺母 | 1 |

图 8-77　前减振器和螺旋弹簧分解图

② 举升车辆。

③ 拆卸摆臂球头，力矩为 70N · m，如图 8-78 所示。

④ 拆卸前摆臂固定螺栓的前后力矩均为 130N · m，如图 8-79 所示。

安装顺序与拆卸顺序相反。

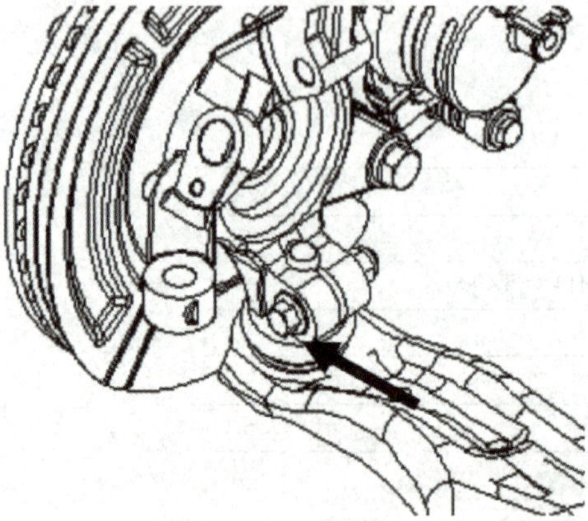

图 8-78　摆臂球头拆卸位置

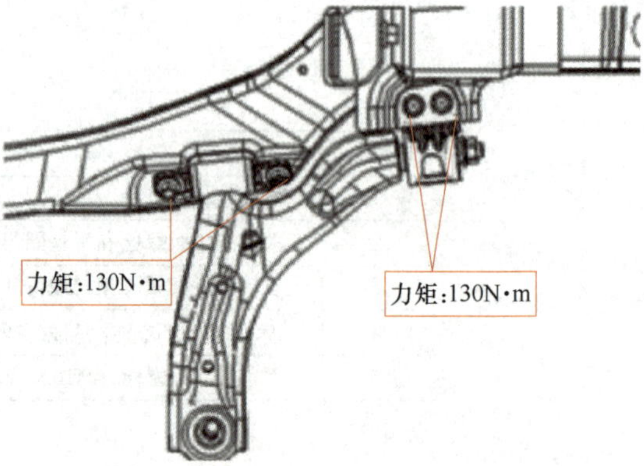


图 8-79　前摆臂固定螺栓位置

3）前支柱总成的拆卸与安装。拆卸过程如下：

① 拆卸车轮。

② 举升车辆。

③ 从前支柱上取下前轮速传感器，如图 8-80a 所示。

④ 从前支柱上拆下连接杆球头，力矩为 70N · m，如图 8-80b 所示。

⑤ 拆卸前支柱与转向节连接螺栓和螺母，力矩为 120N · m，如图 8-80c 所示。

⑥ 将转向节与前支柱总成分离。

⑦ 松开前支柱总成上部 1 处固定螺母，力矩为 60N · m，如图 8-80d 所示，取出前支柱总成。

安装顺序与拆卸顺序相反。

4）发动机托架总成的拆卸与安装。拆卸过程如下：

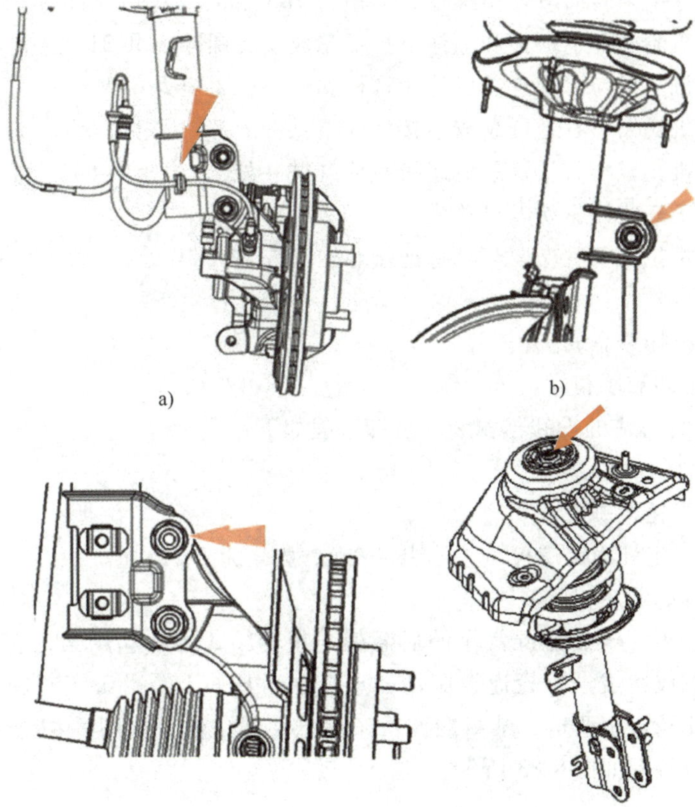

a)　　b)　　c)　　d)

图 8-80　前支柱总成的拆卸

① 拆卸车轮。

② 举升车辆。

③ 将横向稳定杆与连接杆分离，力矩为 70N · m，如图 8-81a 所示。

④ 拆卸转向横拉杆与转向节连接螺栓，力矩为 45N · m。

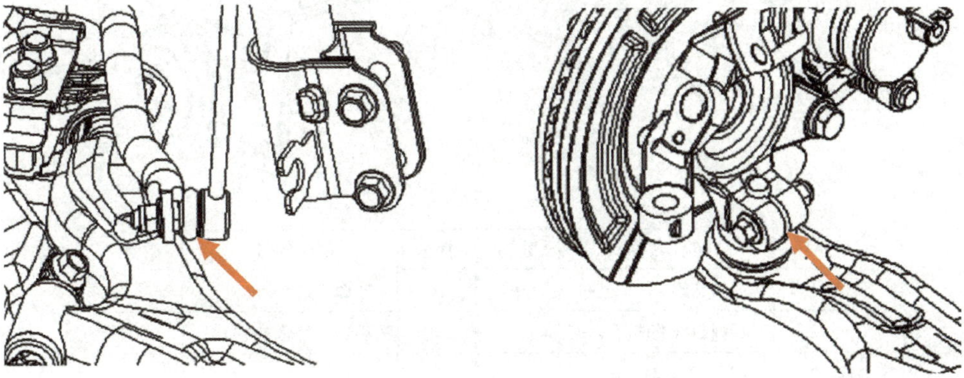

a)　　b)

图 8-81　发动机托架总成的拆卸

⑤ 拆卸摆臂球销与转向节连接螺栓，力矩为 70N·m，如图 8-81b 所示。

⑥ 拆卸发动机舱底部下护板和电池下护板总成安装螺栓（共 21 处）。

⑦ 拆卸发动机托架与前悬置总成连接螺栓和螺母，力矩为 65N·m。

⑧ 拆卸发动机托架与右悬置总成连接螺栓（共 3 处），力矩为 65N·m 。

⑨ 拆卸发动机托架与后悬置总成连接螺栓（共 4 处），力矩为 65N·m 。

⑩ 使用专用工具支撑驱动电机总成。

⑪ 拆卸发动机托架及后支架与车身连接螺栓（左右共 10 处），力矩分别为 150N·m 和 70N·m 。

⑫ 卸下发动机托架总成。

安装顺序与拆卸顺序相反。

5）横向稳定杆总成的拆卸与安装。拆卸过程如下：

① 拆卸车轮。

② 拆卸发动机托架总成。

③ 拆卸横向稳定杆固定螺栓（左右共 4 处），力矩为 30N·m。

安装顺序与拆卸顺序相反。

**（2）后悬架拆装** 某新能源汽车的后悬架为扭转梁式半独立悬架，它由后轴总成、螺旋弹簧和减振器总成组成。车轮通过制动器连接在后悬架上。由于车轮固定在刚性扭转梁上，无须进行后车轮定位调整。某新能源汽车后悬架部件位置如图 8-82 所示。某新能源汽车后悬架的部件分解图如图 8-83 所示。

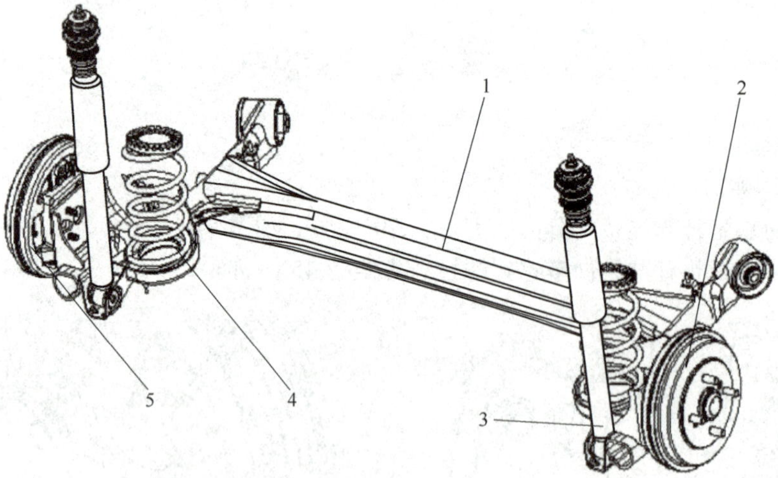


| 序号 | 部件名称 | 数量 | 序号 | 部件名称 | 数量 |
|---|---|---|---|---|---|
| 1 | 后轴总成 | 1 | 4 | 螺旋弹簧 | 2 |
| 2 | 后制动器总成(右) | 1 | 5 | 后制动器总成(左) | 1 |
| 3 | 减振器总成 | 2 | | | |

图 8-82 某新能源汽车后悬架部件位置

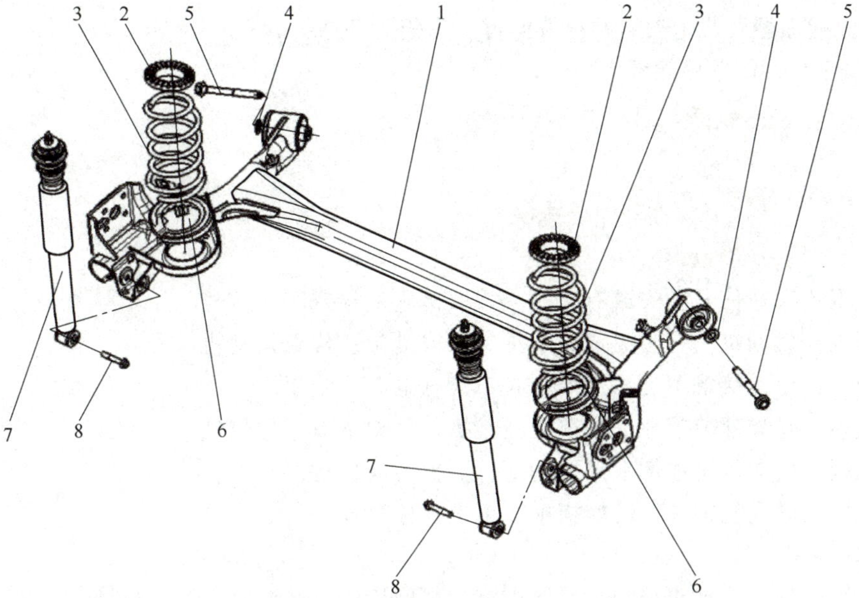


| 序号 | 部件名称 | 数量 |
|---|---|---|
| 1 | 后轴总成 | 1 |
| 2 | 后螺旋弹簧上座 | 2 |
| 3 | 螺旋弹簧 | 2 |
| 4 | 平垫圈 | 2 |
| 5 | 六角法兰面螺栓　M14×1.5×125 | 2 |
| 6 | 后螺旋弹簧下座 | 2 |
| 7 | 减振器总成 | 2 |
| 8 | 六角法兰面螺栓　M10×1.25×55 | 2 |

图 8-83　某新能源汽车后悬架的部件分解图

1）后轴总成的拆卸与安装。拆卸过程如下：

① 拆卸车轮。

② 举升车辆。

③ 拆卸减振器总成与后轴连接螺栓，力矩为 80N · m。

④ 拆卸左、右制动软管；拆卸制动软管接头；拔出接头卡紧弹性卡子。

⑤ 拆卸后制动器总成与后轴连接螺栓，力矩为 70N · m。

⑥ 拆卸后轮速传感器连接螺栓，力矩为 10N · m。

⑦ 拆卸左、右后轴纵臂与车身连接螺栓，力矩为 150N · m。

⑧ 用举升机举起左、右制动器总成。

⑨ 降低后桥总成。

安装顺序与拆卸顺序相反（注意：在进行制动系统排气的同时调整驻车制动拉索）。

2）减振器总成的拆卸与安装。拆卸过程如下：

① 拆卸车轮。

② 举升车辆。

③ 拆卸减振器总成下安装螺栓，力矩为 80N · m。

④ 拆卸减振器总成上安装螺栓及螺母，力矩为 30N · m。

安装顺序与拆卸顺序相反。

### 8.3.2 转向系统故障

#### 1. 转向系统常见故障的诊断与排除

##### （1）转向困难或轻松

1）成因：车速信号丢失或有干扰。采取措施：检查车速信号。

2）成因：发动机信号丢失或有干扰。采取措施：检查发动机信号。

3）成因：电源接触不良。采取措施：检查电源及线束。

4）成因：悬架球节咬死。采取措施：执行悬架球节组件测试。

5）成因：转向机构损坏。采取措施：更换转向机构。

6）成因：转向柱损坏。采取措施：更换管柱总成。

##### （2）转向不灵敏

1）成因：横拉杆球头损坏。采取措施：先做检查，必要时更换横拉杆。

2）成因：前悬架轴衬损坏。采取措施：检查或更换前悬架轴衬。

3）成因：转向机构防尘套损坏。采取措施：先做检查，必要时更换防尘套。

4）成因：转向机构固定螺栓松动。采取措施：先做检查，必要时更换固定螺栓。

5）成因：转向柱固定螺栓松动。采取措施：先做检查，必要时更换固定螺栓。

6）成因：连接转向柱与转向机构小齿轮的紧固螺栓松动。采取措施：先做检查，必要时更换紧固螺栓。

7）成因：转向机构间隙过大。采取措施：更换转向器总成。

##### （3）转向间隙大

1）成因：万向节锁紧螺栓连接松旷。采取措施：检查螺栓力矩并重新拧紧。

2）成因：转向器上螺栓松动。采取措施：重新拧紧此螺栓。

3）成因：转向横拉杆端部总成上的球头螺栓磨损或松动。采取措施：重新拧紧此螺栓，必要时更换。

##### （4）转向沉重或费力

1）成因：EPS 无助力。采取措施：首先使用专业诊断设备对 EPS 系统进行故障码读取，以确定是否存在电子控制单元（ECU）记录的相关故障信息，根据故障码提示排查可能存在的线路断路、短路，传感器故障，电机故障等问题。检查 EPS 系统的供电线路，确保电源正常供应到 EPS 系统各部件，包括熔丝是否熔断、继电器是否正常工作等。若怀疑是 EPS 电机故障，可对电机进行单独测试，检查其是否能够正常运转，若电机损坏则需更换 EPS 电机。对 EPS 系统中的扭矩传感器进行检测，查看其是否能准确感知转向盘的扭矩并将正确信号传递给控制单元，如传感器故障需更换。

2）成因：ABS 车速信号异常。采取措施：通过专业诊断设备读取车辆各系统的故障码，确定是否有与 ABS 车速信号相关的故障记录；检查 ABS 传感器及其线路，查看传感器是否脏污、损坏，线路是否有断路、短路情况，清洁或更换损坏的传感器，修复线路故障；

排查 ABS 控制单元与其他相关系统之间的数据通信是否正常，如有通信故障需进一步查找原因并修复。

3）成因：横拉杆球窝接头内摩擦过大。采取措施：更换横拉杆球头总成。

4）成因：摆臂球头摆动力矩大。采取措施：更换摆臂球头总成。

5）成因：内横拉杆或球窝接头处有缺陷。采取措施：如果是内横拉杆本身有缺陷，如拉杆变形、断裂等，应更换内横拉杆部件；若是球窝接头处有缺陷，可先尝试清洁球窝接头，检查是否有异物影响其正常工作，若清洁后仍存在问题，应更换内横拉杆球窝接头或考虑更换整个内横拉杆球头总成。

6）成因：四轮定位参数超差。采取措施：检测并调整四轮定位参数。

7）成因：胎压过低。采取措施：给轮胎充气。

8）成因：齿条弯曲。采取措施：更换转向器总成。

#### （5）转向器异响

1）成因：转向器安装螺栓松动。采取措施：紧固此安装螺栓。

2）成因：横拉杆球接头松动。采取措施：更换横拉杆球头总成或仅更换出现松动问题的横拉杆球头部件。（具体需根据实际松动情况以及球头的损坏程度等来确定，如果球头磨损严重、内部结构已损坏无法通过简单紧固等方式修复，一般建议更换整个横拉杆球头总成以确保转向系统的正常运行和安全性。）

3）成因：齿轮齿条间隙变大。采取措施：更换转向器总成。

#### （6）电动机异响

成因：电动机故障。采取措施：更换转向柱总成。

#### （7）制动时转向盘抖动及制动跑偏

1）成因：轮胎偏磨。采取措施：检查四轮定位参数。

2）成因：胎压异常。采取措施：检查轮胎胎压。

3）成因：轮胎动平衡异常。采取措施：检查轮胎动平衡。

4）成因：制动盘的端面轴向跳动量超差。采取措施：检查制动盘端面的轴向跳动量。

#### （8）车辆怠速时转向盘抖动

1）成因：电喷数据异常。采取措施：检查电喷信息。

2）成因：转向柱安装螺栓松动。采取措施：检查并紧固此安装螺栓。

### 2. 转向系统部件及总成拆装

**（1）转向盘的拆卸与安装** 拆卸驾驶人安全气囊模块；拔下与安全气囊连接的喇叭线束插接件、与旋转连接器连接的娱乐按键插接件、拨片线束插接件。（娱乐按键插接件插在旋转连接器 12 点方向孔内，拨片线束插接件插在旋转连接器 6 点方向孔内。）

拧松转向盘安装螺母（暂不完全拆下），两手分别握住转向盘 3 点、9 点轮缘处，沿转向柱轴向方向向上拉松转向盘（左脚放在歇脚板上），拆下螺母后，拆卸转向盘。

转向盘的安装顺序与拆卸顺序相反。

**（2）转向柱总成拆装** 某新能源汽车转向柱总成全系采用电动助力转向系统（EPS），它主要由转向柱上轴、转向下轴、电动机总成、控制器总成等组成，如图 8-84 所示。

转向柱总成维护注意事项：车辆必须熄火且 EPS 处于断电状态，方可将转向柱总成控制单元与整车线束插接件拔下，断开控制单元与整车的线束连接。

1）转向柱总成拆装。拆卸过程如下：

① 断开蓄电池负极电缆。

② 拆卸线束插接件插头。

③ 松开转向柱总成安装螺栓。

④ 拆卸转向柱总成。

安装顺序与拆卸顺序相反。

2）控制器总成拆装。拆卸过程如下：

① 断开蓄电池负极电缆。

② 拆卸插头。

③ 松开 EPS 控制器螺钉。

④ 拆卸 EPS 控制器。

安装顺序与拆卸顺序相反。

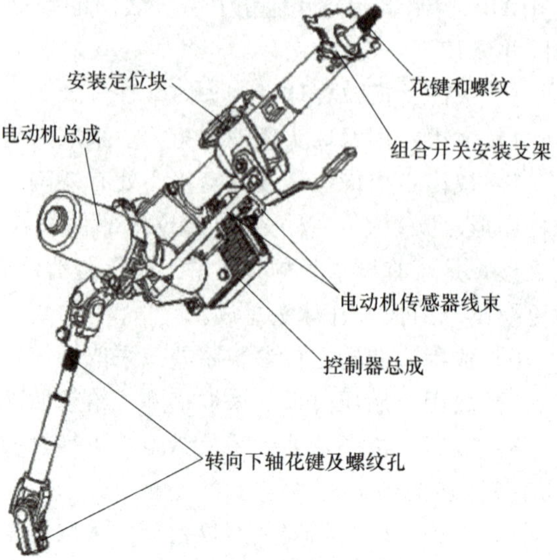


图 8-84　某新能源汽车转向柱总成

3）电动机总成拆装。拆卸过程如下：

① 断开蓄电池负极电缆。

② 拆卸插头。

③ 松开电动机与壳体连接螺钉，拆下电动机。

安装过程如下：

① 检查电动机与蜗杆壳体梅花形衬套，保证其与蜗杆卡抓装配紧密且无松动迹象。

② 保证电动机转轴与蜗杆同轴，在紧固电动机螺钉前，须用手将螺钉拧到位。

③ 右手转动转向盘，左手握住电动机，感觉电动机是否摆动。若不摆动，则紧固螺钉；若摆动，则用手调整电动机位置，直到其不摆动，紧固螺钉。电动机螺钉的紧固力矩为（24±3）N·m。

4）转向下轴拆装。拆卸过程如下：

① 断开蓄电池负极电缆。

② 拆卸线束插接件插头。

③ 松开转向下轴安装螺栓。

④ 拆卸转向下轴。

安装顺序与拆卸顺序相反。

**（3）机械转向器总成拆卸**　某新能源汽车采用的转向器为齿轮齿条式转向器，转向器小齿轮轴通过整车前壁板过孔与转向管柱下轴以螺栓相连，转向器通过螺栓安装在发动机托架上，转向拉杆与转向节通过安装螺母固定，并用开口销防止松动。拉杆内、外球头采用螺纹连接，用前束调节螺母锁死。转向拉杆与转向机构的连接处用橡胶防尘罩保护，防止灰尘进入横拉杆球头的内部。拉杆外球头总成由橡胶防护罩保护，同时防止球头油脂外漏。某新能源汽车机械转向器总成的结构如图 8-85 所示。

1）前束调节。

① 拧松调节螺母，如图 8-86 所示。

② 保持外球头不动，旋转内球头总成直至前束到设计范围内；锁紧前束调节螺母，并按要求标注力矩。

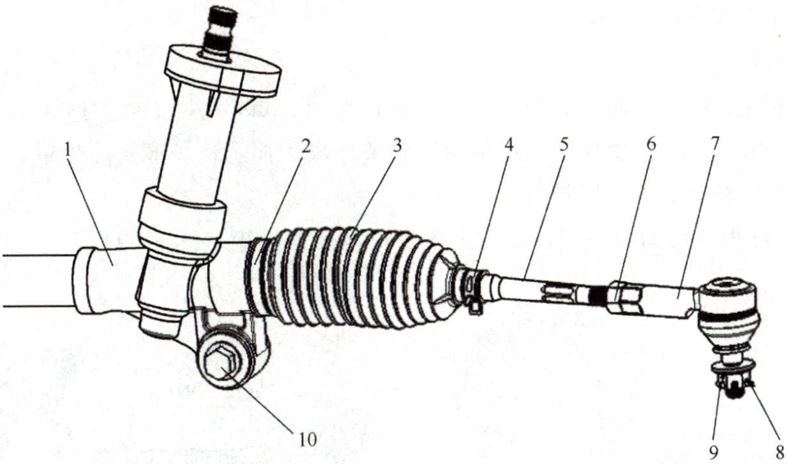


图 8-85 某新能源汽车机械转向器总成的结构

1—转向器总成 2—拉杆防尘罩钢箍 3—拉杆防尘罩 4—拉杆防尘罩卡箍 5—拉杆内球头总成 6—前束调节螺母 7—拉杆外球头总成 8—开口销 9—拉杆安装螺母 10—转向器安装螺栓

2）机械转向器拆卸。拆卸过程如下：

① 将车轮摆正，朝向正前方，将连接转向器与转向下轴的螺栓拆下。需要注意的是，在拆卸转向下轴与转向器输入轴连接螺栓时，应将用绳/带固定转向盘，以防止其转动。

② 将整车举升并支撑后，拆卸车轮，拆下开口销及球销锁紧螺母，如图 8-87 所示。

③ 先拆卸发动机托架总成，再拆下转向器与发动机托架总成连接螺栓，最后拆卸转向器总成。

安装顺序与拆卸顺序相反。

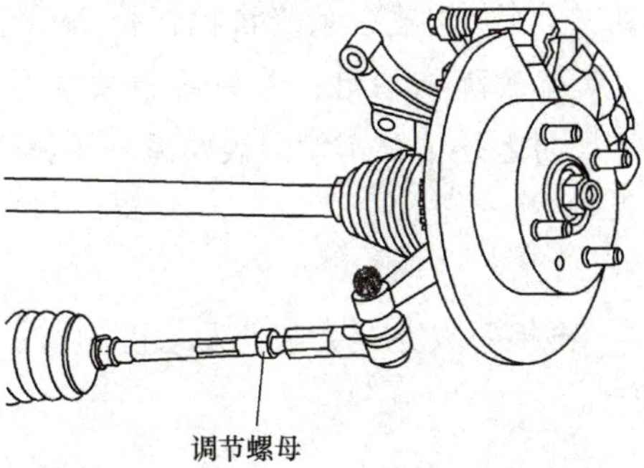


图 8-86 调节螺母位置

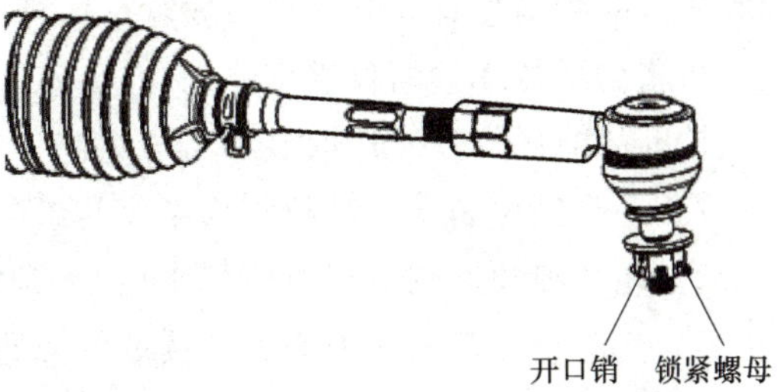


图 8-87 开口销及球销锁紧螺母位置

3）拉杆球头拆卸。拆卸过程如下：

① 拧松前车轮螺母。

② 举升并支撑车辆。

③ 拆下前轮。

④ 拧松横拉杆球头螺母，松开前束调节螺母，卸下开口销，拆下拉杆安装螺母（图 8-88）。使用球节分离器将拉杆球头与转向节分离，注意保护球头防尘罩。

⑤ 拆卸横拉杆球头和锁紧螺母。

按与拆卸过程相反的顺序进行安装，注意螺母紧固力矩（图 8-89）。

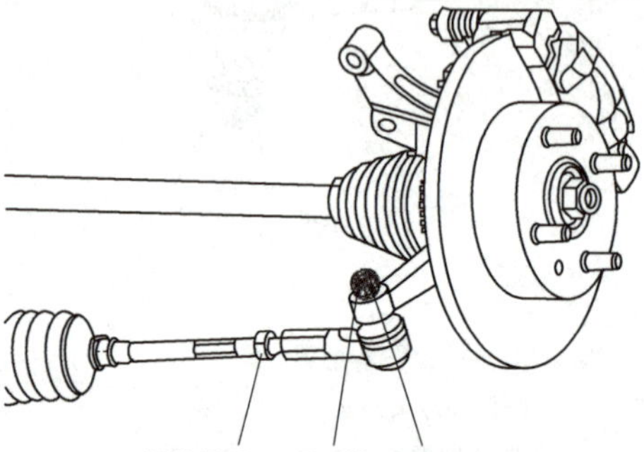


图 8-88 拧松横拉杆球头螺母

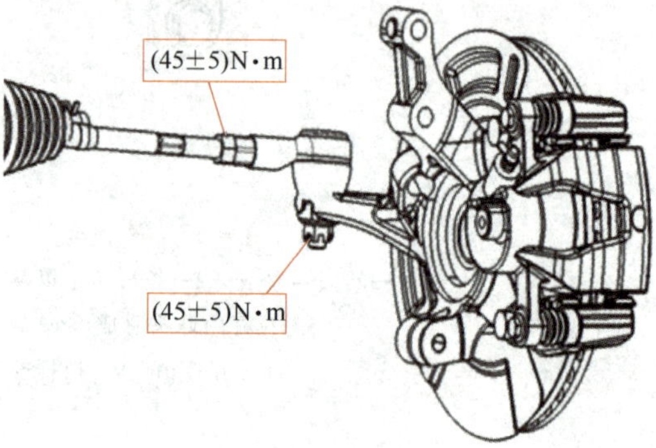


图 8-89 螺母紧固力矩

4）拉杆防尘罩拆卸。拆卸过程如下：

① 拆下横拉杆球头。

② 拆开转向机构防护罩固定夹。

③ 取下横拉杆上的防尘罩。

安装顺序与拆卸顺序相反。

### 3. EPS 故障诊断流程

EPS 故障指示灯：点火开关从“OFF”位置转到“ON”位置，系统自检保持 3s，发送故障信息置 1 的信号到总线，仪表接收故障信息，点亮故障指示灯；若系统自检无故障，EPS 发送故障信息置 0 的信号，故障指示灯熄灭。如果与上述情况不符，表明系统检测到故障，可借助于故障诊断仪进行详细检查。

诊断故障码（DTC）的显示与清除：

1）先在断电情况下将故障诊断仪与诊断口连接，再接通点火开关起动发动机。

2）用故障诊断仪选择对应的车型 EPS 诊断功能。

3）启动读故障码诊断服务，读取故障码。

4）根据需求启动清除故障码诊断服务，清除故障码。

EPS 故障诊断流程如图 8-90 所示。

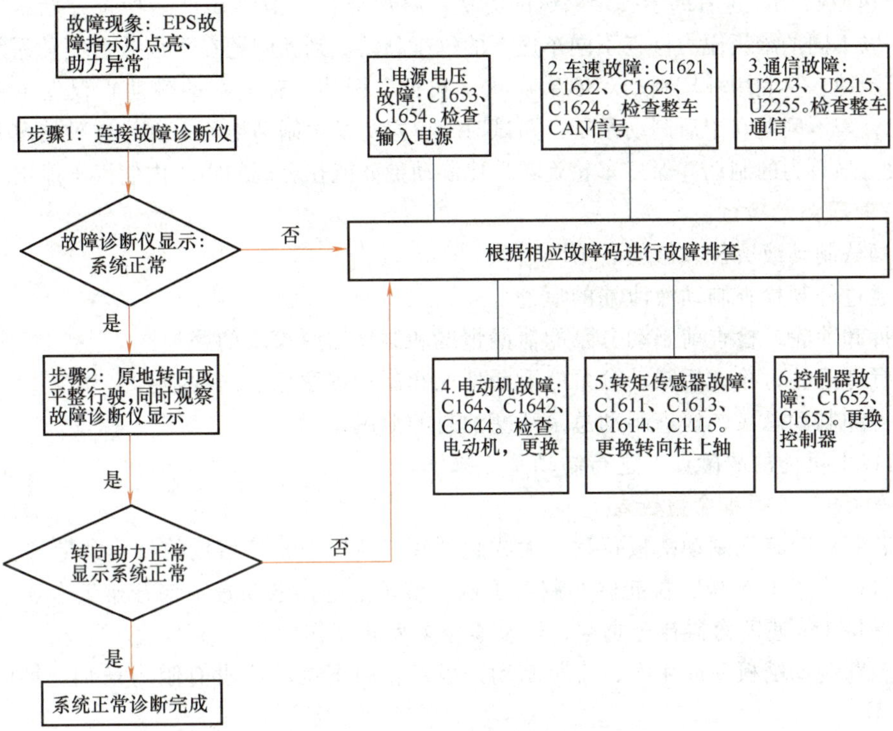


图 8-90　EPS 故障诊断流程

## 8.3.3　制动系统故障

### 1. 行车制动系统的一般检查

**(1) 路试检查**　实施路试是为了比较汽车的实际制动性能和驾驶人所期望的标准制动性能。技师进行正确比较和决定制动性能好坏的能力取决于技师的经验，因此技师必须掌握完整的制动系统工作原理的知识并接受过系统的指导，以进行正确比较和发现问题。进行路试前应确认车辆符合下列条件：

1）轮胎没有过度磨损现象，左、右轮胎的花纹基本一致。

2）轮胎气压在规格范围内。

3）车轮定位准确。

4）制动液液位正常。

5）制动系统工作指示灯正常，没有故障码。

路试必须在干燥、清洁且相对平整的道路上进行。有经验的技师会选择一条适合进行制动诊断路试的线路。这种线路的路面应该是平坦的，而不是砾石或崎岖路面。主要是因为砾石和崎岖路面会使轮胎与路面的附着力不同。拱形路面也不适合，因为车身的重量大部分集中在较低的两个车轮上。一旦线路确定且经常使用后，道路的因素就不应该考虑。

路试前，应先了解客户对故障的描述。根据描述的内容，技师将可能的原因与症状联系起来。某些部件会被视为可疑的原因，其他的则会被排除。更重要的是，根据客户的描述，可以在路试前检查或消除不安全的隐患。此外，也可以根据客户的描述将问题集中于特定的部件、车速或状况，这有助于决定路试的方法。路试应从一般制动性能检查开始。根据客户的描述，以不同的踏板压力检查不同车速下的汽车制动。判断问题在于前或后制动系统时，先利用踏板制动，再利用驻车制动。如果症状（拉扯、振动、有节奏的跳动）仅发生在使用驻车制动时，表示问题在于后制动系统。路试时，应避免发生制动抱死，因为这种情况并不表示制动有效。强有力的制动并保持车轮旋转，比制动抱死能在更短的距离内使汽车停止。

**（2）液压泄漏检查**

1）确认制动液液位过低或者下降过快。

2）通过外观检查制动液泄漏的痕迹。

3）拆卸前轮，检查前制动分泵的泄漏情况和制动器摩擦块的磨损。

4）拆卸后轮，检查后制动分泵的泄漏情况和制动器摩擦块的磨损。

5）拆卸制动总泵，检查制动总泵活塞油封的泄漏情况。

维修以上可能的故障点，进行制动系统排气。

**（3）制动踏板行程余量检查**

1）若制动时感觉制动踏板行程过大或触到底，应检查制动踏板的行程余量。

2）将档位置于 N 位，拉起驻车制动手柄，整车上电，电动真空泵开始工作。

3）保持 15s 使助力器补充真空，电动真空泵停止工作。

4）轻踩制动踏板 3 或 4 次，直至制动踏板停止向下运动或没有阻力增加，期间电动真空泵会工作。

**（4）真空助力器检查**

1）检查制动液液位正常。

2）将档位置于 N 位，拉起驻车制动手柄，电动真空泵开始工作。

3）整车下电，先踩下、释放制动踏板多次以消除系统内真空，然后踩下制动踏板并保持。

4）整车重新上电，若真空系统起作用，制动踏板将向下运动。若感觉不到踏板下移，说明真空助力系统没有起作用。

取下真空助力器一侧的真空软管。当真空泵工作时，真空作用在软管的真空助力器端，可用手感知或用真空表测量。如果没有真空度或真空度很小，检查真空泵是否损坏、真空软管是否堵塞或泄漏。确认真空泵完好、真空管所有未使用的出口都已堵好、接头完好且真空管正常，即真空泵抽取的真空度能发挥作用。重新把真空软管接回真空助力器，重复步骤 3）。如果仍不能感觉到制动踏板向下运动，则更换真空助力器。

真空泵工作一个循环后，待整车下电后 10min，用约 889N 的力踩制动踏板，制动踏板感觉应和真空泵刚停止运转时的感觉相同（助力正常）。

如果制动踏板感觉很硬，则检查并确认真空软管的止回阀正常，重新试验，若故障仍然存在，更换真空助力器。

**（5）制动总泵检查** 通常制动踏板感觉或行程的改变，表示制动系统可能有问题。但以下状况是正常的，并不表示制动总泵需要维修。

1）新的制动系统设计与以往不同，踩制动踏板所需的力较轻。

2）制动器正常工作时，制动液液位应上升，释放时则下降，制动液总量不变。

3）制动液液面高度会随着制动蹄片的磨损而下降。

以下状况则是不正常的，表示制动总泵可能需要维修。

1）踩下制动踏板，制动踏板快速下降。

2）踩下并保持制动踏板，制动踏板缓慢下降。

3）踩下制动踏板，制动踏板过低或感觉绵软。

4）制动踏板回位过慢。

5）制动踏板行程过大。

**（6）制动系统排气**

1）在制动总泵下方放好抹布，防止制动液流到其他部件上。

2）让助手将制动踏板缓慢踩到底并以稳固的力维持。

3）从制动总泵上松开一个主制动管路，排出制动总泵中的空气。

4）紧固制动管路，让助手缓慢松开制动踏板。

5）重复步骤2)~4)，直到排出制动主泵中的所有空气。

6）使用相同的方法从另一个主管路接头排出另一个制动主泵中的所有空气。

7）举升汽车，将透明排气管的开口端接到右后分泵排气孔上。

8）将排气管的另一端浸入透明排气瓶内的制动液中。

9）将放气瓶放在车辆底部至少高于排气孔300mm处，以保持液压并避免空气经由排气孔的螺纹进入系统。

10）让助手将制动踏板缓慢踩到底并以稳固的力维持。

11）松开排气阀，排出车轮液压油路中的空气。

12）紧固排气阀，让助手缓慢松开制动踏板。

13）向制动储液罐加注制动液。

14）继续踩制动踏板，重复步骤11)~13)，直至不含空气的制动液流入排气瓶。

15）在排空制动管路的空气后，须将排气孔盖装上，否则可能导致排气孔堵塞。

16）对其他制动管路重复上述步骤。

**（7）ABS液压单元排气**　防抱死制动系统自动排气程序使用故障诊断仪来循环操作系统电磁阀并运行泵，以便从辅助油路中清除空气。通常这些油路是关闭的，只有在车辆起动时系统初始化期间及防抱死制动系统运行过程中才打开。此程序打开辅助油路，让滞留在油路中的空气流向制动分泵。

1）在整车下电的情况下，将点火开关置于“ON”位。

2）安装故障诊断仪，并通过故障诊断仪与防抱死制动系统建立通信，选择“防抱死制动系统自动排气程序”。

3）举升汽车，按故障诊断仪的指导进行操作，直至达到正确的制动踏板高度。

4）如果排气程序异常中止，表明存在故障。读取故障码，如果有则进行维修。

5）如果制动踏板达到正确高度，则踩下踏板，检查它是否坚实。如果感觉制动踏板绵软，重复上述排气程序。

6）放下车辆，拆除故障诊断仪。

7）车辆进行路试，同时检查踏板能否保持正确的高度和坚实性。

**（8）制动盘跳动量及厚度检查**

1）举升汽车并拆卸前车轮。

2）拆卸制动片。

3）按轮胎拆卸螺母相反的顺序安装轮胎螺母，将制动盘固定。

4）在悬架支柱上安装百分表固定支座，并在距离制动外缘10mm的位置安装百分表，使其与制动盘摩擦面接触并成90°，如图8-91所示。

5）转动制动盘，直到百分表读数达到最小值，将百分表归零。

6）慢慢旋转制动盘，直到百分表读数达到最大值。

7）标记并记录端面跳动量。新品标准值：0.06mm。

如果制动盘端面跳动量超过规格，应检查车轮轮毂的跳动量，若轮毂的跳动量正常，则更换制动盘。

轮毂跳动量的检查：慢慢转动轮毂，检查其跳动量，如果超出规定的范围（小于0.03mm），在确保轴承间隙正常的情况下，更换轮毂，如图8-92所示。

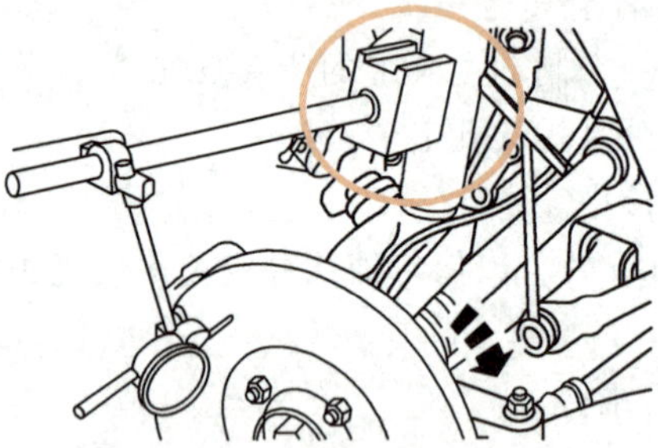
图 8-91 支座和百分表安装位置

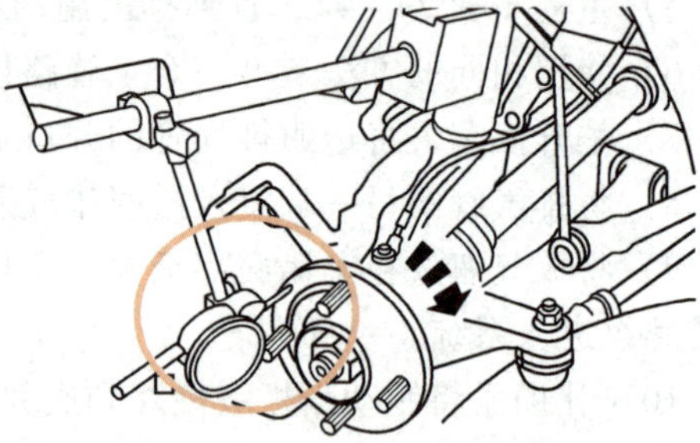
图 8-92 轮毂跳动量的检查

## 2. 行车制动系统常见故障的诊断与排除

### （1）制动时发抖/振动

1）成因：制动器摩擦块磨损、损坏或附油。采取措施：更换制动器摩擦块。

2）成因：前制动盘异常磨损、扭曲变形。采取措施：对前制动盘进行抛光、打磨。

3）成因：后制动鼓异常磨损、失圆、变形。采取措施：对后制动鼓进行抛光、打磨。

4）成因：制动钳安装螺栓松动。采取措施：紧固制动钳安装螺栓。

5）成因：轮毂螺栓松动或丢失。采取措施：紧固或更换轮毂螺栓。

### （2）制动不均匀/跑偏

1）成因：轮胎花纹、压力不一致。采取措施：更换轮胎，调整轮胎压力。

2）成因：制动硬管或软管扭曲、变形。采取措施：更换制动硬管或软管。

3）成因：制动器摩擦块破裂、扭曲或附油，内衬损坏。采取措施：清理或更换制动器摩擦块。

4）成因：前制动盘异常磨损、扭曲变形。采取措施：对前制动盘进行抛光、打磨。

5）成因：后制动鼓异常磨损、变形。采取措施：对后制动鼓进行抛光、打磨。

6）成因：制动分泵或制动钳卡滞。采取措施：维修或更换制动分泵或制动钳。

7）成因：车轮定位不正确。采取措施：进行车轮定位。

### （3）制动踏板快速下沉

1）成因：液压系统泄漏。采取措施：修复泄漏，加注制动液并进行排气。

2）成因：系统中有空气。采取措施：加注制动液并进行排气。

3）成因：制动总泵主缸活塞密封圈磨损或缸体裂纹。采取措施：更换真空助力器总成。

4）成因：制动器摩擦块过度磨损。采取措施：更换制动器摩擦块。

### （4）制动踏板位置低或感觉软绵

1）成因：储液罐盖上的通风孔堵塞或变脏。采取措施：清洁通风孔。

2）成因：系统中有空气。采取措施：加注制动液并进行排气。

### （5）轻踩制动踏板时出现制动抱死

1）成因：轮胎压力不正确。采取措施：调整轮胎压力。

2）成因：轮胎磨损。采取措施：更换轮胎。

3）成因：制动器摩擦块安装不正确。采取措施：重新安装制动器摩擦块。

### （6）踩下制动踏板并保持，制动踏板缓慢下沉

1）成因：系统中有泄漏或空气。采取措施：修复泄漏，加注制动液并进行排气。

2）成因：制动总泵故障。采取措施：检查制动总泵，若有故障，应更换真空助力器总成。

### （7）制动踏板行程过大

1）成因：制动器摩擦块过度磨损。采取措施：更换制动器摩擦块。

2）成因：制动间隙自调整功能异常。采取措施：检查卡钳回位性，必要时更换卡钳钳体总成。

### （8）制动拖滞

1）成因：驻车制动起作用（驻车制动没有完全释放）。采取措施：释放驻车制动。

2）成因：制动钳或制动分泵卡死。采取措施：维修或更换制动分泵或制动钳体总成。

3）成因：制动器摩擦块卡滞。采取措施：维修或更换制动器摩擦块。

4）成因：驻车制动拉索卡滞。采取措施：更换驻车制动拉索。

5）成因：真空助力器卡滞。采取措施：更换真空助力器。

6）成因：制动踏板自由行程不足。采取措施：检查制动踏板自由行程并调整。

### （9）制动助力效果差

1）成因：进气系统漏气。采取措施：检查进气系统真空度，必要时维修。

2）成因：真空助力软管泄漏。采取措施：检查真空助力器。

3）成因：真空助力软管单向阀失效。采取措施：检查真空助力器。

### （10）制动系统有噪声

1）成因：制动器摩擦块过度磨损、破裂、扭曲、变脏、光滑。采取措施：更换制动器摩擦块。

2）成因：弹簧片松动或者异常变形。采取措施：更换弹簧片。

3）成因：制动钳支架固定螺栓松动。采取措施：紧固或更换制动钳支架固定螺栓。

4）成因：制动钳固定螺栓松动。采取措施：紧固或更换制动钳固定螺栓。

5）成因：制动钳轴销磨损严重。采取措施：更换卡钳。

6）成因：前制动盘异常磨损、破裂、扭曲。采取措施：更换前制动盘。

7）成因：后制动盘异常磨损、失圆、破裂、扭曲。采取措施：更换后制动盘。

8）成因：制动踏板回位弹簧疲劳。采取措施：更换回位弹簧。

9）成因：制动踏板推杆弯曲、变形。采取措施：更换制动踏板推杆。

10）成因：真空助力器或制动总泵故障。采取措施：检查真空助力器，必要时更换。

#### 3. 驻车制动系统的一般检查

驻车制动也由后制动器实现，驻车制动系统由驻车制动器、手制动操纵杆（俗称手刹）和驻车拉索组成。根据 GB 7258—2004 标准，机动车的驻车制动性能被严格规定。若性能未达标，则必须进行详尽的检查和调整。以下是驻车制动器性能检查的详细步骤：

1）在空载情况下，车辆应能在坡度为 20% 的斜坡上，无论是向前还是向后，都能稳定停放至少 5min，同时轮胎与路面的摩擦系数需维持在 0.7 以上。

2）启用驻车制动时，车辆空载状态下不得在地面二档起动。

3）对于驻车制动杆的行程，其工作行程应控制在总行程的 3/4 以内。

4）当驻车制动杆松开，变速器处于空档，且驱动轮被支撑时，制动鼓应能手动转动而无摩擦感。

驻车制动系统的调整主要涉及制动器与操纵机构的调整。首先调整制动性能，若效果仍不佳，则需进一步调整制动系统的控制机构。调整完毕后，确保释放制动器时，制动蹄与制动鼓间无摩擦。

#### 4. 驻车制动系统常见故障的诊断与排除

##### （1）驻车制动器不起作用（失效）、驻车制动力弱

1）成因：驻车制动手柄行程过大。采取措施：调整驻车制动拉索。

2）成因：左、右驻车制动拉索卡住、断裂。采取措施：修理或更换驻车制动拉索。

3）成因：拉索平衡块松动、断裂、变形。采取措施：更换拉索平衡块。

4）成因：后制动蹄磨损到极限。采取措施：更换制动蹄。

5）成因：后鼓式制动器内支撑销、驻车拉杆变形、断裂。采取措施：更换支撑销、驻车拉杆。

##### （2）驻车制动不能释放（拖滞）

1）成因：驻车制动拉杆行程过小。采取措施：调整驻车制动拉索。

2）成因：左、右驻车制动拉索卡住、断裂。采取措施：修理或更换驻车制动拉索。

3）成因：后制动蹄卡滞、破裂、扭曲。采取措施：修理或更换制动蹄。

4）成因：后制动回位弹簧疲劳、断裂。采取措施：更换回位弹簧。

##### （3）驻车制动指示灯保持常亮

可能性原因：驻车制动开关问题；驻车制动开关与仪表间线束（线束插头）问题；线束（组合仪表总成—电源、接地）问题；组合仪表问题。

采取措施：

首先针对驻车制动开关问题：先检查开关外观有无损坏，若有则更换，再查看开关连接线束插头是否插紧，松了就插好，可使用万用表检测开关状态，不正常就换新。

其次针对驻车制动开关与仪表间线束（线束插头）问题：检查线束外观有无破损、断裂，有就修复或更换，确认插头是否插紧，针脚有无氧化、腐蚀或弯曲，有的话进行清洁、矫正等处理。

再次针对线束（组合仪表总成—电源、接地）问题：查看电源线路熔丝是否熔断，熔断则换同规格熔丝并排查短路，检查接地线路是否牢固连接车身接地端，不良就清洁并重新拧紧，用万用表测试线束导通性，不通就排查修复。

最后针对组合仪表问题：查看仪表外观有无损坏，有的话考虑更换，利用专业诊断工具连接 OBD 接口对仪表进行故障诊断，根据检测结果维修。

### 5. 制动系统总成及部件拆装（以新奔奔 EV 为例）

#### (1) 真空助力系统拆装

1）电动真空泵总成拆装。拆卸过程如下：

① 拆卸真空管与真空泵快插接头，将真空管从真空泵接头处拔出。

② 拆卸真空泵线束插接件。

③ 拆卸真空泵连接螺母。力矩为 7N · m。

安装顺序与拆卸顺序相反。

2）真空罐总成拆装。拆卸过程如下：

① 拆卸真空管与真空罐连接卡箍，将真空管从真空罐接头处拔出。

② 将真空管从真空罐的管夹中拔出。

③ 拆卸真空罐连接螺母，力矩为（20~23）N · m。

安装顺序与拆卸顺序相反。

3）真空助力器总成拆装。拆卸过程如下：

① 拆卸制动总泵。

② 拆卸真空助力器与制动踏板连接卡销。将制动主缸推杆与制动踏板臂连接销上的弹性卡子取下，拆下连接销。

③ 拆卸真空助力器 4 处安装螺栓，力矩为（25±4）N · m。

④ 取出真空助力器总成。

安装顺序与拆卸顺序相反。

#### (2) 液压制动操纵机构主要部件拆装

1）制动总泵和储液罐的拆装。拆卸过程如下：

① 拆卸制动液位低指示灯开关插头，拆下储液罐盖。

② 排放储液罐内的制动液。使用干净的塑料管，将其一端连接系统排气嘴，将另一端通入适当的容器中；旋松排气嘴，反复踩制动踏板直到储液罐中所有制动液全部排出，旋紧排气嘴。

③ 从制动总泵上拆下制动真空管总成。

④ 拆卸固定螺母，取出制动总泵和储液罐。

安装顺序与拆卸顺序相反，注意制动系统排气。

2）电子加速踏板总成的拆装。拆卸过程如下：

① 拔出电子加速踏板线束插接件。

② 拆卸加速踏板安装螺栓（3 处），力矩均为（9±3）N · m。

安装顺序与拆卸顺序相反。

3）制动踏板总成的拆装。拆卸过程如下：

① 拆卸转向柱总成。

② 拔出制动灯开关插接件。

③ 拆卸真空助力器总成。

④ 拆卸制动踏板总成安装螺母（5 处）力矩均为（25±4）N·m。

⑤ 取出制动踏板总成。

安装顺序与拆卸顺序相反，制动灯开关装配时须保证制动踏板高度不变，转向柱安装完成后应对中转向盘。

**（3）前盘式制动器拆装** 新奔奔 EV 前制动器采用盘式制动器，它的制动钳为单活塞式，并用两个安装螺栓安装在转向节上。盘式制动器的部件分解图如图 8-93 所示。

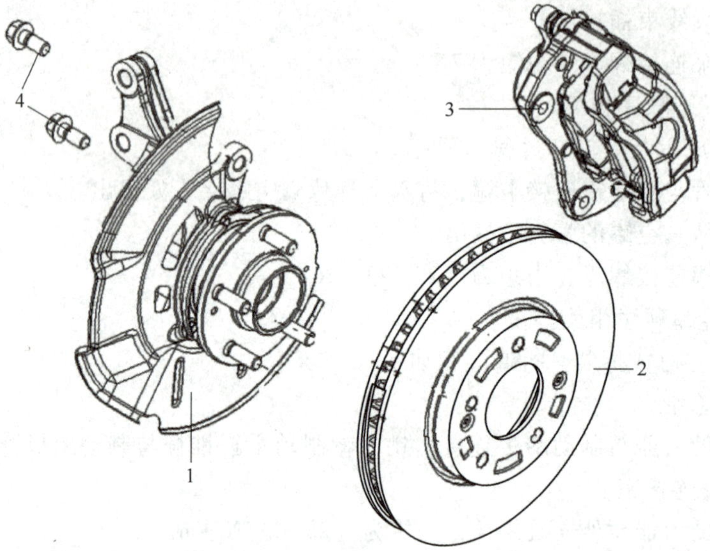


| 序号 | 部件名称 | 数量 |
| --- | --- | --- |
| 1 | 转向节总成 | 1 |
| 2 | 制动盘总成 | 1 |
| 3 | 制动钳总成 | 1 |
| 4 | 制动钳安装螺栓 | 2 |

图 8-93 盘式制动器的部件分解图

1）制动器摩擦块的拆卸与安装。拆卸过程如下：

① 拆卸轮胎。

② 拆卸制动钳下轴销紧固螺栓（此螺栓为一次性使用件，不可重复使用），将制动钳向上转动，取下制动钳。

③ 拆卸制动器摩擦块。

安装过程：使用合适工具压缩制动分泵活塞，安装制动器摩擦块和新的制动钳轴销固定螺栓，力矩为 34N·m，用力踩制动踏板两次以上，检查制动液液位，必要时添加。

安装摩擦块必须严格执行以下操作：测量制动盘厚度，确保制动盘厚度合格；确保弹簧片具有充足回弹力，没有塑性变形、裂纹或磨损，并且已经去除所有的锈蚀和污物，如有必要，应更换弹簧片。

2）制动钳的拆卸与安装。拆卸过程如下：

① 拆卸制动器摩擦块。

② 从制动钳上拆卸制动软管。使用合适的制动软管夹夹住制动软管后，拆卸制动软管，

力矩为 25N · m（封住制动软管，防止油液流失和污物进入）。

③ 拆卸制动钳，力矩为 82N · m。

安装顺序与拆卸顺序相反，注意制动系统排气。

3）制动盘的拆卸与安装。拆卸过程如下：

① 拆卸制动钳固定螺栓和制动钳总成。

② 悬挂制动钳，防止拉伸制动软管。

③ 拆卸制动盘固定螺栓和制动盘。

安装顺序与拆卸顺序相反，螺钉紧固力矩为 8N · m，制动钳紧固力矩为 82N · m，注意制动系统排气。

**（4）后鼓式制动器拆装**　新奔奔 EV 后制动器采用鼓式制动器，它为领从蹄式，采用单缸液压操纵。两个制动蹄通过上下回位弹簧压紧在车轮制动分泵活塞和固定支撑销上。制动分泵为单油缸结构，装在底板的顶部。行车制动器间隙调整是自动进行的。鼓式制动器的部件分解图如图 8-94 所示。

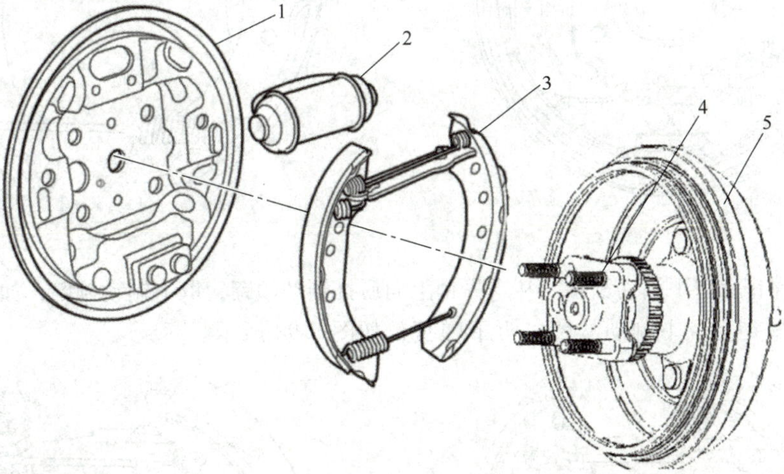


| 序号 | 部件名称 | 数量 |
|---|---|---|
| 1 | 底板总成(左/右) | 1 |
| 2 | 制动分泵 | 1 |
| 3 | 制动蹄(左/右) | 1 |
| 4 | 轮毂轴承 | 1 |
| 5 | 制动鼓 | 1 |

图 8-94　鼓式制动器的部件分解图

1）制动鼓的拆卸与安装。拆卸过程如下：

① 拆卸驻车制动控制杆饰板。

② 放下驻车制动控制杆并松开调整螺母。

③ 松开车轮螺母。

④ 举升汽车。

⑤ 拆卸后车轮。

⑥ 拆卸制动鼓固定螺钉后，拆卸制动鼓（拆卸时，确保车轮轴承没和轴承座分离）。

安装顺序与拆卸顺序相反，调整驻车制动拉索。

2）制动蹄的拆卸与安装。拆卸过程如下：

① 拆卸制动鼓、轮轴和轮毂总成。

② 拆卸制动蹄固定压簧，如图 8-95 所示。

③ 用橡胶带固定制动分泵。注意取出制动蹄片时，不要损坏制动分泵防尘套。

④ 从制动分泵活塞上取下制动蹄片，从连接支架上取下制动蹄片。

⑤ 拆卸驻车制动拉索。向后推从蹄杆，从制动从蹄上取下拉索。

⑥ 拆卸制动蹄回位弹簧。依次拆卸下弹簧 1、上弹簧 2，如图 8-96 所示。

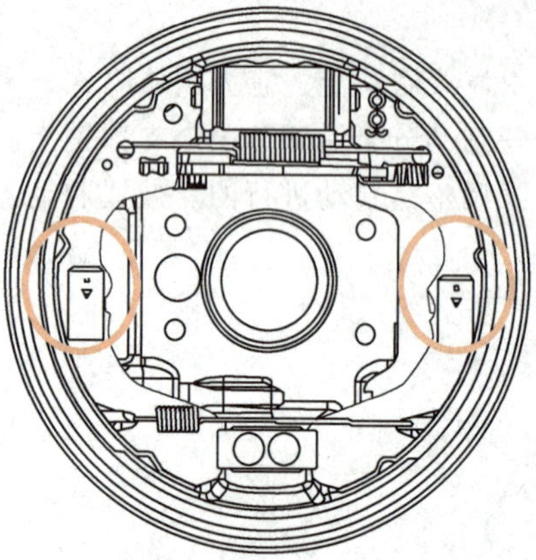

图 8-95　制动蹄固定压簧位置

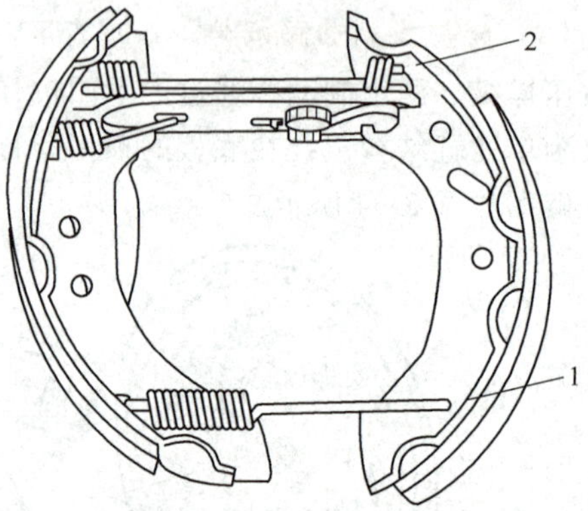


图 8-96　制动蹄回位弹簧位置

⑦ 从支撑销上取下制动领蹄。从支撑销上向后推制动领蹄，取下制动领蹄，如图 8-97 所示。

⑧ 从支撑销上取下制动从蹄，拆下弹簧，如图 8-98 所示。

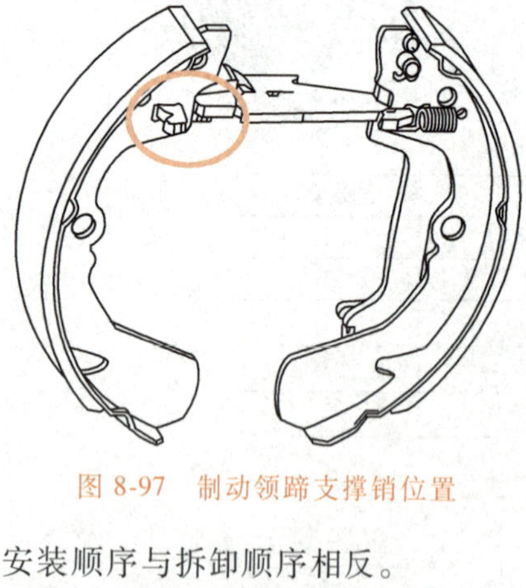

图 8-97　制动领蹄支撑销位置

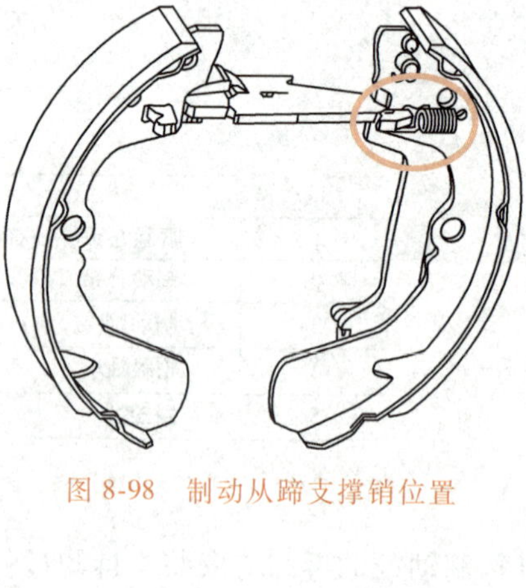

图 8-98　制动从蹄支撑销位置

安装顺序与拆卸顺序相反。

3）制动分泵的拆卸与安装。拆卸过程如下：

① 拆卸制动蹄片。

② 拆卸制动鼓。

③ 先拆下制动管路接头，再拆卸螺栓，最后拆卸制动分泵。

安装顺序与拆卸顺序相反。

4）制动底板的拆卸与安装。拆卸过程如下：

① 拆卸制动鼓。

② 拆卸后轮毂轴承总成。

③ 拆卸制动蹄。

④ 拆卸制动分泵。

⑤ 拆卸制动拉索安装螺栓后，拆下拉索。

⑥ 拆卸制动底板。

安装顺序与拆卸顺序相反。

**（5）驻车制动操纵杆拆装**　拆卸过程如下：

1）拆卸中控箱。

2）放下驻车制动操纵杆。

3）松开调整螺母，拆卸驻车制动操纵杆安装螺栓，力矩为 23N·m。

4）拔出驻车制动指示灯开关接头，拆卸驻车制动操纵杆。

安装顺序与拆卸顺序相反，注意调整驻车制动拉索。

**（6）驻车制动拉索拆装**　拆卸过程如下：

1）拆卸控制箱。

2）放下驻车制动操纵杆，松开调整螺母。

3）从驻车制动拉索平衡块上拆下左、右驻车制动拉索。向前拉动驻车制动二号拉索（左），从平衡块卡槽中下部退出；向前拉动驻车制动二号拉索（右），从平衡块卡槽中下部退出。

4）拆卸驻车制动拉索与车体后地板连接螺栓（6 处）及螺母（2 处），力矩分别为 9N·m、23N·m。

5）拆卸驻车制动拉索与后轴连接螺母，力矩为 9N·m。

6）从车身上拆下左、右驻车制动拉索。

7）拆卸驻车制动拉索与后制动底板连接螺栓（左右各 1 处），力矩为 9N·m。

8）拆卸制动鼓带轮毂总成。

9）取下驻车制动拉索：使用合适的工具轻轻撬动或推动从蹄杆，使其移动到能够方便取下拉索的位置。然后在从蹄上找到拉索的固定点，按照其固定方式（如卡箍、挂钩等），用相应的工具或手法将拉索从从蹄上取下。

10）安装顺序与拆卸顺序相反。

## 思考题

1. 描述电动汽车底盘的基本构造和主要组成，包括悬架系统、制动系统、转向系统等。
2. 如何检查和更换制动盘、制动片及制动液？
3. 如何检查转向机构、悬架部件和转向液？
4. 如何解决转向失效或悬架不稳定的问题？
5. 如何进行底盘的定期检查和校准，以确保车轮的正确定位和轮胎的均匀磨损？
6. 当底盘部件需要更换时，如何选择适当的替代部件并进行维修？
7. 如何处理底盘可能产生的悬架故障或转向问题？
8. 电动汽车底盘涉及电池和电机的重量分布，它如何影响底盘的性能和维修？
9. 如何处理电动汽车底盘上可能出现的特殊问题，如电池包的定位和保护？

# 第9章　特斯拉Model S维修实例

## 9.1 电力驱动系统故障

电力驱动系统包括电机、逆变器、齿轮等多个组件。特斯拉汽车的动力源是电池组，电池的健康状态、充电状态、管理系统等问题可能影响动力输出；线圈故障、传感器异常、控制单元故障等问题可能导致电机动力输出异常；逆变器负责将电池提供的直流电转换为驱动电机所需的交流电，其故障可能影响电机工作；传感器和控制单元用于监测车辆状态并控制电机输出，传感器故障或控制单元问题可能导致动力系统异常；从电池到电机和其他驱动系统组件的电气连接如果出现问题，可能导致动力传输中断；特斯拉汽车的控制系统和动力管理依赖于软件，软件故障或异常的控制逻辑可能导致动力输出问题。

车辆在故障诊断和维修过程中，需要断开所有充电电缆，确保车辆处于驻车档，在触摸屏上关闭温度控制系统的电源，完全降下所有车窗，打开右后和左后车门，将毛巾夹在车门撞销上，最后断开 12V 电源，并通过紧急断电开关将动力蓄电池断开。车辆维修时的顶升点如图 9-1 所示，须使用最低负载能力为 1500kg 的液压顶升。针对配有空气悬架的车辆，在使用液压顶升举起车辆前，须激活悬架“JACK”模式。特斯拉汽车的“JACK”模式是特斯拉汽车中的一项功能，它允许用户在将车辆举起进行维修或更换轮胎时，临时禁用空气悬架系统，以防止车辆在悬架升起时产生意外的移动或调整。

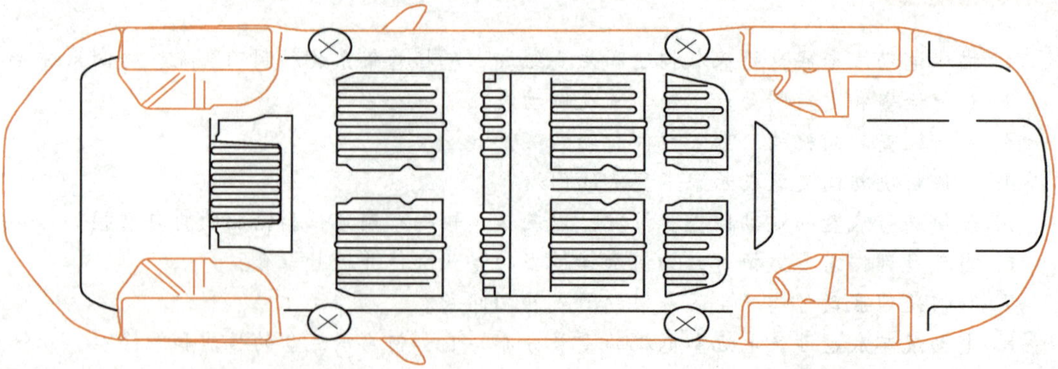

图 9-1　车辆维修时的顶升点

车辆熔丝及继电器信息是车辆电气故障诊断的关键，三个熔丝盒位于前机舱内的维护板下方，如图 9-2 所示。各熔丝盒中的熔丝分布如图 9-3～图 9-5 所示，熔丝信息见表 9-1～表 9-3。

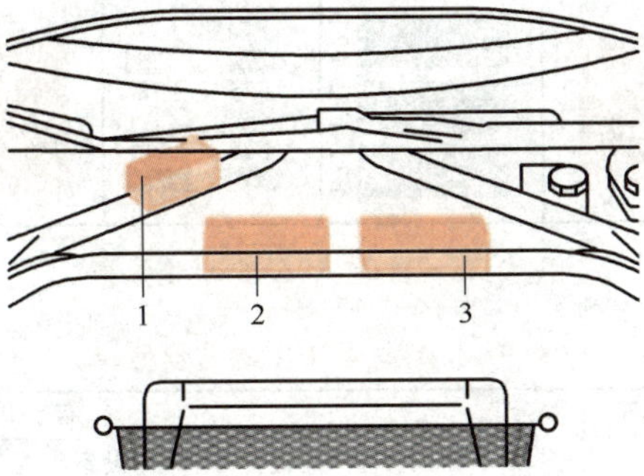


图 9-2　三个熔丝盒的位置

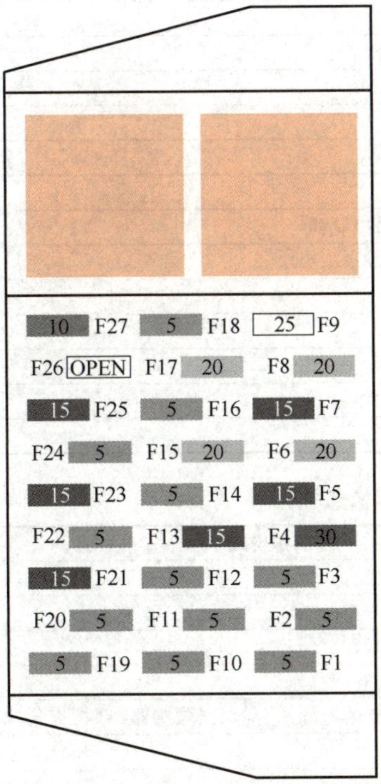


图 9-3　熔丝盒 1 中的熔丝分布

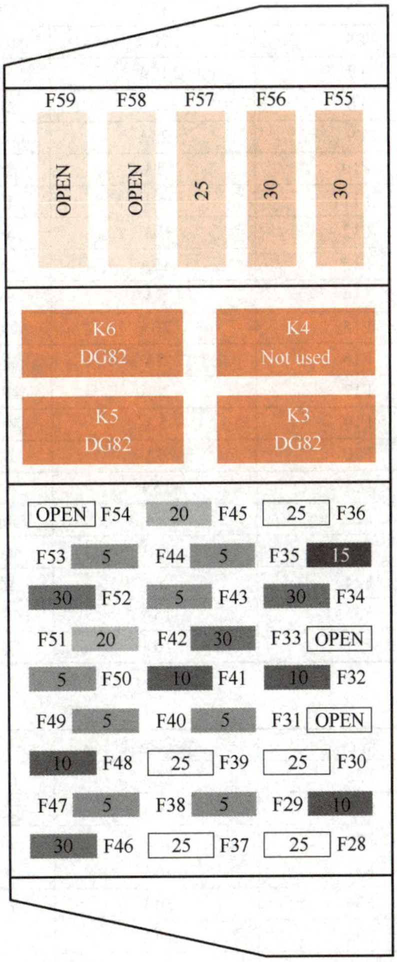


图 9-4　熔丝盒 2 中的熔丝分布

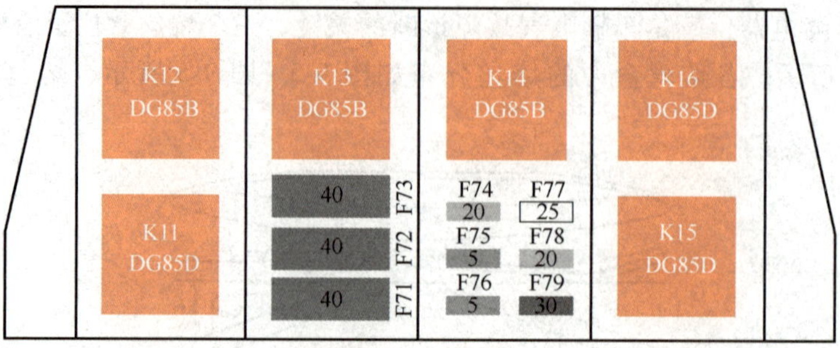


图 9-5　熔丝盒 3 中的熔丝分布

**表 9-1　熔丝盒 1 中的熔丝信息**

| 熔丝 | 额定电流 | 保护电路 |
|---|---|---|
| F1 | 5A | 辅助传感器、收音机、USB 设备集线器 |
| F2 | 5A | 头灯调平系统(仅限欧盟和中国采用螺旋悬架弹簧设计的轿车) |
| F3 | 5A | 阅读灯、后视镜 |
| F4 | 30A | 后排外侧座椅加热器(寒冷天气选项) |
| F5 | 15A | 座椅加热器(驾驶员座椅) |
| F6 | 20A | 基础音频放大器 |
| F7 | 15A | 座椅加热器(前排乘员座椅) |
| F8 | 20A | 高级音频放大器 |
| F9 | 25A | 天窗 |
| F10 | 5A | 被动安全辅助系统 |
| F11 | 5A | 转向盘开关 |
| F12 | 5A | 驱动模式传感器及偏航率传感器(车身稳定/牵引力控制系统) |
| F13 | 15A | 刮水器复位开关 |
| F14 | 5A | 驱动逆变器 |
| F15 | 20A | 电控驻车制动 |
| F16 | 5A | 停车传感器 |
| F17 | 20A | 电控驻车制动 |
| F19 | 5A | 车载 HVAC 传感器 |
| F20 | 5A | 驾驶室空气加热器逻辑控制器 |
| F21 | 15A | 冷却液泵 1 |
| F22 | 5A | 进气驱动器 |
| F23 | 15A | 冷却液泵 2 |
| F24 | 5A | 驾驶室温度控制器 |
| F25 | 15A | 冷却液泵 3 |
| F27 | 10A | 温度控制器 |

**表 9-2　熔丝盒 2 中的熔丝信息**

| 熔丝 | 额定电流 | 保护电路 |
|---|---|---|
| F28 | 25A | 摇窗机构电动机(右后) |
| F29 | 10A | 接触器电源 |
| F30 | 25A | 摇窗机构电动机(右前) |
| F32 | 10A | 车门控制器(右侧) |
| F34 | 30A | 后中座椅加热器、风窗玻璃清洗器/刮水器除霜器(寒冷天气选项) |
| F35 | 15A | 12V 电源插座 |
| F36 | 25A | 空气悬架 |
| F37 | 25A | 摇窗机构电动机(左后) |
| F38 | 5A | 驾驶员座椅记忆模块 |

（续）

| 熔丝 | 额定电流 | 保护电路 |
|---|---|---|
| F39 | 25A | 摇窗机构电动机（左前） |
| F40 | 5A | 后车门把手 |
| F41 | 10A | 车门控制器（左侧） |
| F42 | 30A | 电动行李舱盖 |
| F43 | 5A | 功率传感器、制动开关 |
| F44 | 5A | 充电机（充电接口） |
| F45 | 20A | 被动门禁系统（喇叭） |
| F46 | 30A | 车身控制模块（第 2 组） |
| F47 | 5A | 杂物箱灯 |
| F48 | 10A | 车身控制模块（第 1 组） |
| F49 | 5A | 仪表板 |
| F50 | 5A | 警告器、侵入/倾斜传感器（仅限欧洲） |
| F51 | 20A | 触摸屏 |
| F52 | 30A | 加热后窗器 |
| F53 | 5A | 电池组管理系统 |
| F55 | 30A | 左前电动座椅 |
| F56 | 30A | 右前电动座椅 |
| F57 | 25A | 驾驶室风扇 |

表 9-3　熔丝盒 3 中的熔丝信息

| 熔丝 | 额定电流 | 保护电路 |
|---|---|---|
| F71 | 40A | 冷凝器风扇（左） |
| F72 | 40A | 冷凝器风扇（右） |
| F73 | 40A | 真空泵 |
| F74 | 20A | 12V 电源（驾驶室） |
| F75 | 5A | 动力转向系统 |
| F76 | 5A | ABS |
| F77 | 25A | 车身稳定控制系统 |
| F78 | 20A | 前照灯 远光/近光 |
| F79 | 30A | 车灯 外部/内部 |

## 9.1.1　电机及电机控制器故障

### 1. 故障描述

电动汽车的电机及电机控制器的故障可能引发不同的现象，具体情况取决于故障的性质和严重程度。下面以特斯拉汽车为例，介绍一些典型电机及电机控制器故障的诊断方法。

**（1）电机无响应**　驾驶车辆时，可能会遇到电机无响应的故障，踩下加速踏板后车辆也没有加速反应。其原因可能是电机控制器无法向电机发送正确的信号，或者电机自身出现了故障。

**（2）电机异响**　在车辆行驶过程中，可能会听到电机区域传来异常的噪声或异响。其原因可能是电机内部零部件损坏或存在错误操作。

**（3）动力减弱**　电机动力减弱可能表现为车辆加速性能降低，车辆难以达到正常的速度。其原因可能是电机系统出现了问题，无法提供足够的动力。

**（4）警告灯和错误信息**　仪表板上可能出现电机或动力系统故障的警告灯，伴随相应的错误信息。其原因可能是电机或电机控制器出现了故障。

**（5）过热警告**　电机和电机控制器可能因为过度使用或散热不良而出现过热问题。过热可能导致警告灯亮起，车辆可能会限制动力以保护系统。

（6）异常振动　电机故障可能导致车辆在行驶时出现异常的振动感，其原因可能是电机运转不平稳。

（7）电池耗电增加　如果电机系统出现故障，可能会导致电池的能量消耗增加，因为电机效率降低或许会产生额外的能量损耗。

总之，电机及电机控制器的故障可能会影响车辆的动力性能、能效和安全性。电机及电机控制器部分故障信息见表 9-4。

表 9-4　电机及电机控制器部分故障信息

| 序号 | 故障现象 | 故障码 | 可能的原因 |
|---|---|---|---|
| 1 | 车辆动能减弱 | DI_w040_disMIA | 前电机不工作 |
| | | DI_w138_frontUnitDisabled | 前电机不工作 |
| | | DI_w139_rearUnitDisabled | 后电机不工作 |
| | | DI_w062_systemLimpMode | 系统跛行模式触发 |
| | | DI_w126_limpMode | 系统跛行模式触发 |
| 2 | 驱动逆变器故障 | DI_f012_accel5VSupply | 加速 5V 电源超出范围 |
| | | DI_f017_hwPedalMonitor | 踏板监测关闭 |
| | | DI_f019_hwAccelPedalPower | 加速踏板供电电压不足 |
| | | DI_f024_selfTest | 启动自检失败 |
| | | DI_f046_statorOT | 电机定子过热 |
| | | DI_f051_batteryOvercurrent | 动力蓄电池输出电流过大 |
| | | DI_f160_busVoltageAnomaly | 总线电压异常 |

## 2. 诊断过程

（1）低压供电检测　电动汽车的低压供电检测是指对车辆的低压电力系统进行监测和检测，以确保车辆在正常运行时能够稳定供应低压电力。低压电力系统在电动汽车中主要用于辅助设备、控制系统和通信等功能。低压供电检测可能涉及以下方面：

1）电池状态监测。特斯拉汽车的低压电力系统通常由车载 12V 蓄电池提供电源。检测该蓄电池的状态和电量是重要的，以确保正常的辅助设备运行。

2）电压监测。监测低压电力系统的电压水平，确保在车辆起动和行驶过程中能够维持稳定的电压。如果电压异常，可能会影响辅助设备的性能。

3）故障检测。特斯拉汽车的低压电力系统可能会出现故障，如电池连接问题、线路断路等。系统可能会检测这些故障并提供警告或故障诊断信息。

4）电池充电。监测蓄电池的充电状态，确保它充满电并可以正常供应电力。如果蓄电池无法充电，可能会导致低压电力系统问题。

特斯拉汽车通常配备先进的电子系统来监测和管理低压电力系统。车辆的仪表板和车载计算机可能会提供有关低压电力系统状态的信息，以便驾驶人了解车辆的运行状况。在任何电动汽车中，包括特斯拉，保持低压电力系统的正常运行非常重要，旨在保证车辆的性能、安全性和可靠性。其中，BMS 是电动汽车中用于监测、控制和管理电池组的关键系统。它主要负责监测电池的状态、温度、电压、电流和健康状况，并采取必要的措施来保护电池免受损坏，同时能够有效地与电机故障进行交互并采取适当的措施，因此需要先检查 BMS 的低压供电是否正常。从图 9-6 所示接头标识 Z91 开始，按照 BMS01→多路连接器 X953：WWMW1 引脚 14→多路连接器 First Resp 引脚 2、4 达到图 9-7 所示熔丝 F125，检查 12V 蓄电池正极的整个线路是否连接正常。

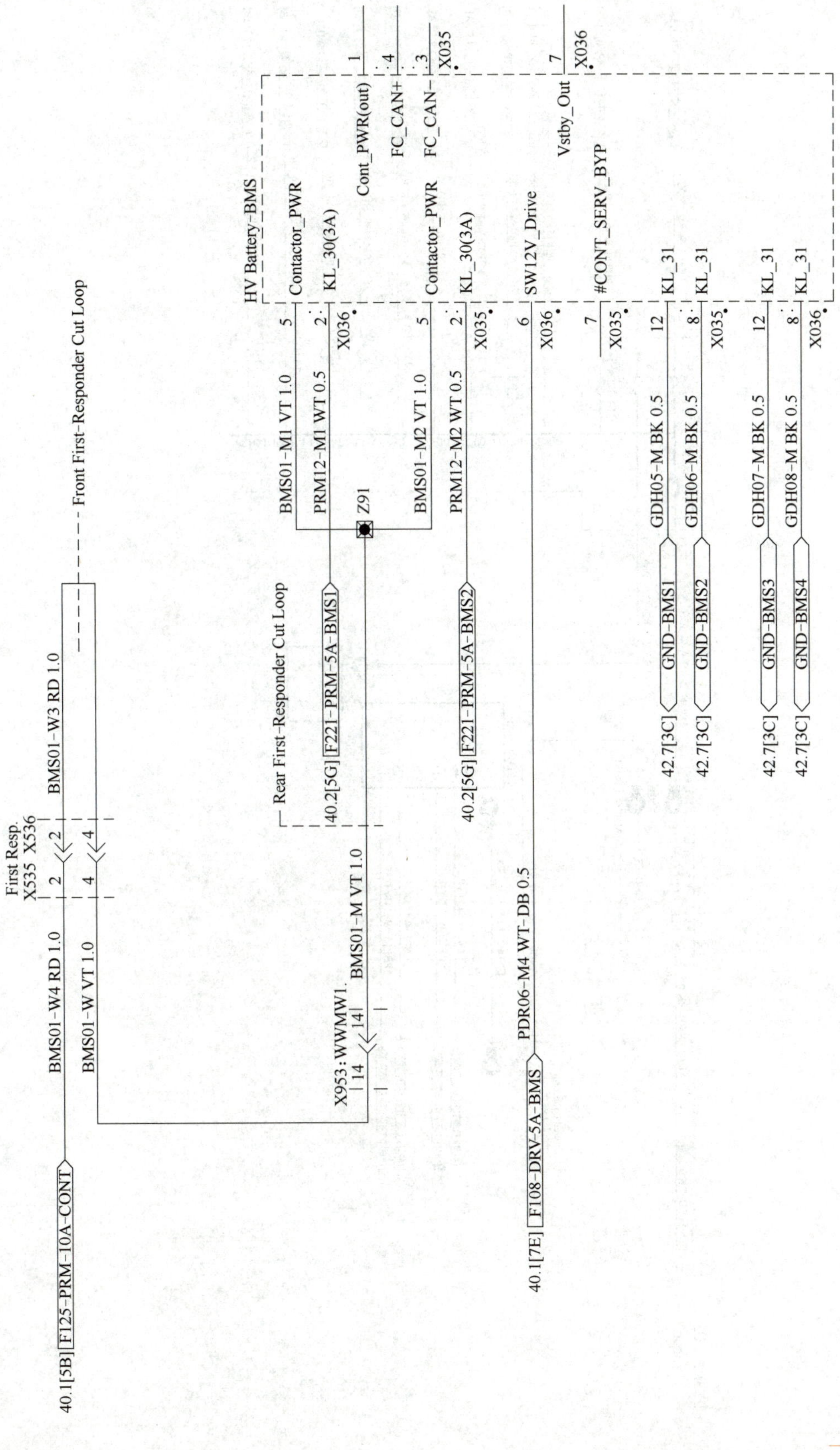


图 9-6　BMS 低压供电局部电路原理图

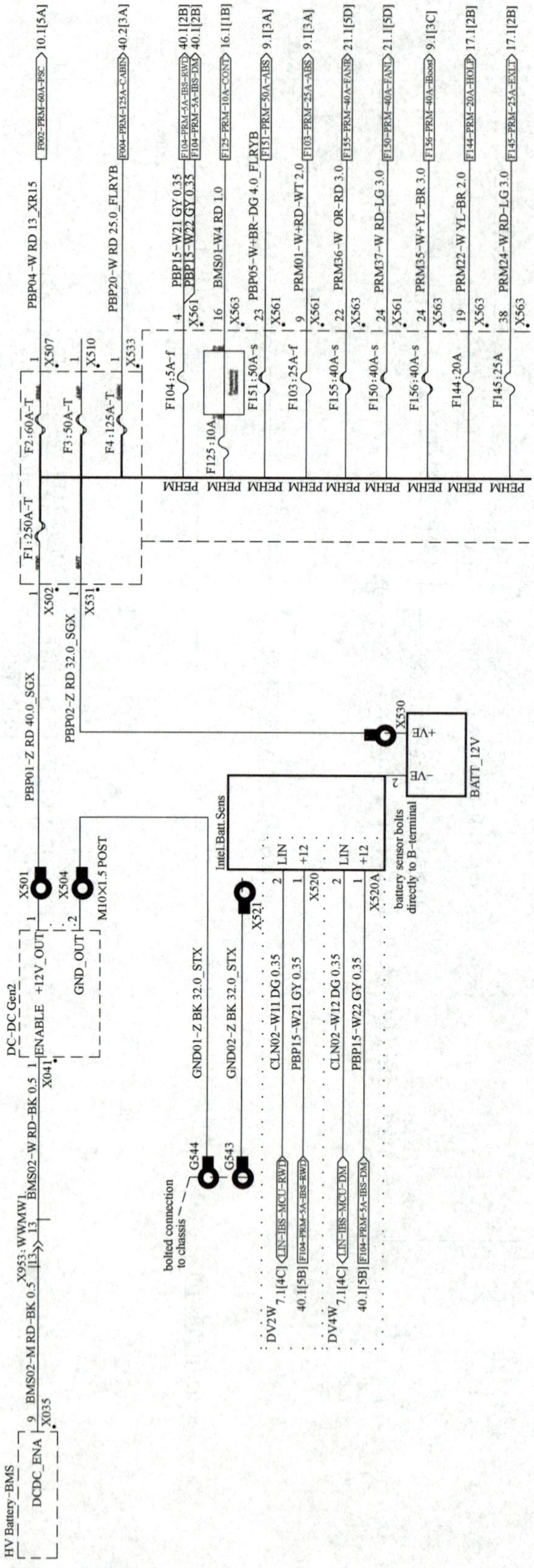


图 9-7　12V 低压输出局部电路原理图

**（2）高压供电检测**　电动汽车的高压供电检测是指对车辆的高压电力系统进行监测和检测，以确保高压电池组和与之相关的电气与电子组件在正常运行时能够稳定供应和管理高压电力。其中，高压互锁回路（High Voltage Interlock Loop，HVIL）用于确保高压系统在安全状态下操作，并在需要时切断高压电源，防止发生电击或其他危险。HVIL 局部电路原理图如图 9-8 所示，电机驱动器电路原理图如图 9-9 所示。

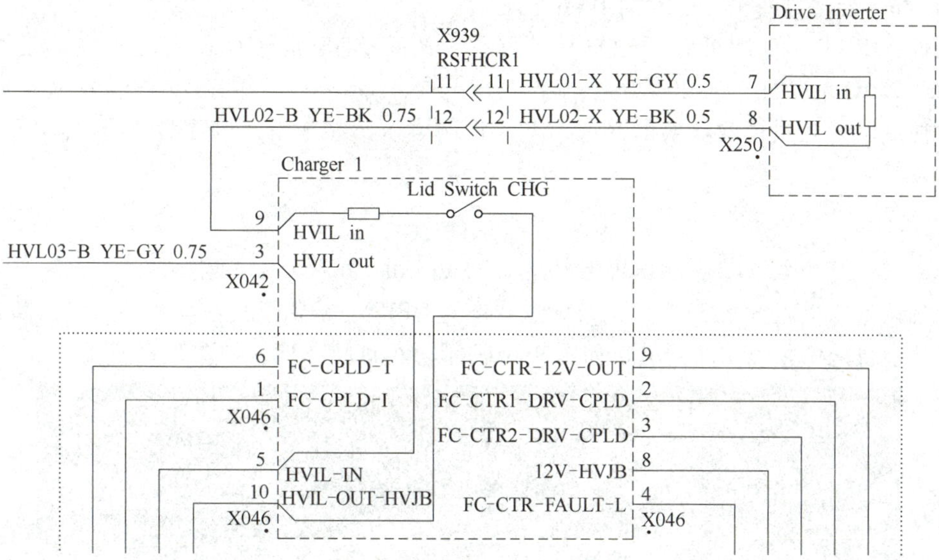


图 9-8　HVIL 局部电路原理图

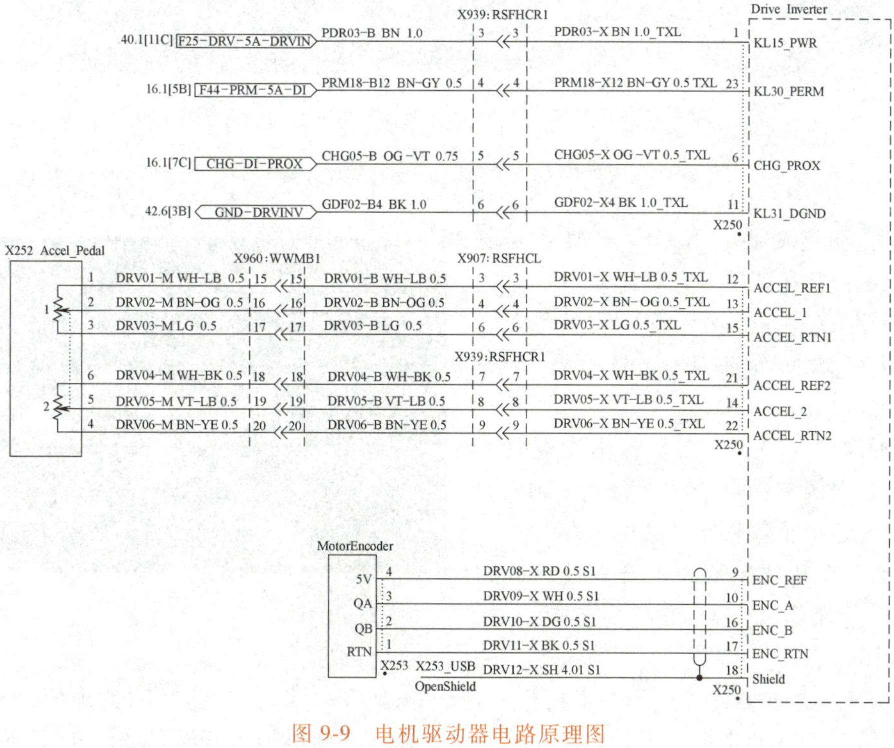


图 9-9　电机驱动器电路原理图

1）BMS 在 HVIL 上发送一个 20mA 电流。

2）HVIL 起始于 BMS，流经所有高压部件，三个大部件集成有 60Ω 电阻用于检测信号；电流流回到高压电池到达 BMS 并经过 60Ω 电阻搭铁。

3）BMS 测量电源到搭铁的电压。

预期达到：$U=4$ 节点×60Ω×20mA=4.8V。

4）BMS 能通过两个节点检测 HVIL 问题。

硬件：CPLD（复杂可编程逻辑控制器件，属于 BMS 元件）负责检查阻抗是否符合 230Ω<$R$<250Ω 的条件。

软件：BMS 通过模数转换电路（A/D）检测电压，如果电压满足 4.6<$U$<5.0 的条件，则会触发警告。

### 3. 维修过程

**（1）车辆电气绝缘** 在触摸屏上单击“Turn Rails Off”后，单击“Stop12V”断开 12V 电源，确认绝缘电阻大于 3MΩ，以及触点状态为 OPEN，确保紧急响应程序回路已断开至少 2min，从前机舱中紧急切断开关，如图 9-10 所示。车辆状态确认如图 9-11 所示。

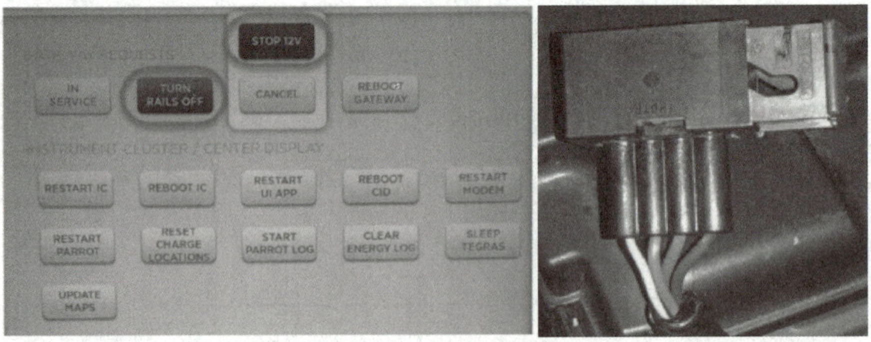


a) b)

图 9-10 车辆电气绝缘

a）断开 12V 电源 b）紧急切断开关

检查驱动逆变器、DC/DC 变换器或前接线盒处是否存在高压电，具体如下：

1）升起并支撑车辆，若车辆配有空气悬架，应在此操作前启动触摸屏上的“Jack”模式。

2）拆卸中间护板，在执行本检查余下部分时，必须佩戴最低防护等级为 500V 的适用型个人防护装备和绝缘高压手套。

3）断开低压线束后，松开螺栓，拆卸橙色驱动逆变器盖。驱动逆变器拆卸如图 9-12 所示。

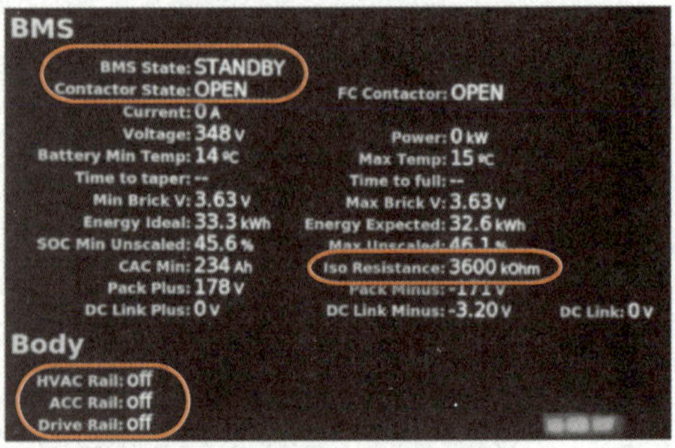


图 9-11 车辆状态确认

4）将驱动逆变器外壳用作底盘搭铁，测量 B+到 B−、B+到地面、B−到地面的电压，在此三项电压低于 10V 之前，严禁在高压电路上工作。逆变器输入端测量如图 9-13 所示。

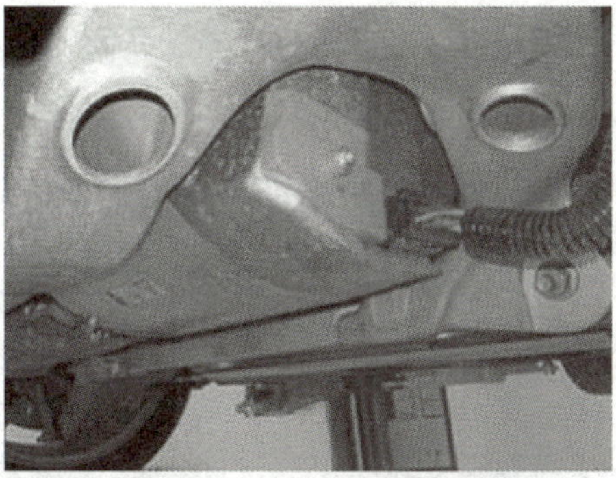

图 9-12 驱动逆变器拆卸

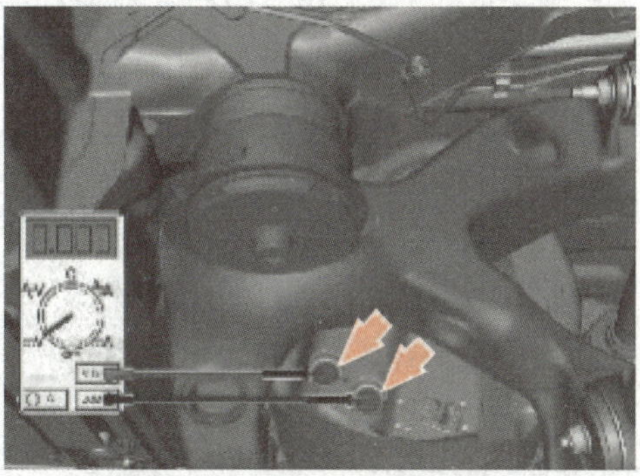

图 9-13 逆变器输入端测量

5）拆卸 DC/DC 变换器（图 9-14）上的高电压盖。

6）将 DC/DC 变换器外壳用作底盘搭铁，测量 B+到 B-、B+到地面、B-到地面的电压，在此三项电压低于 10V 之前，严禁在高压电路上工作。DC/DC 输入端测量如图 9-15 所示。

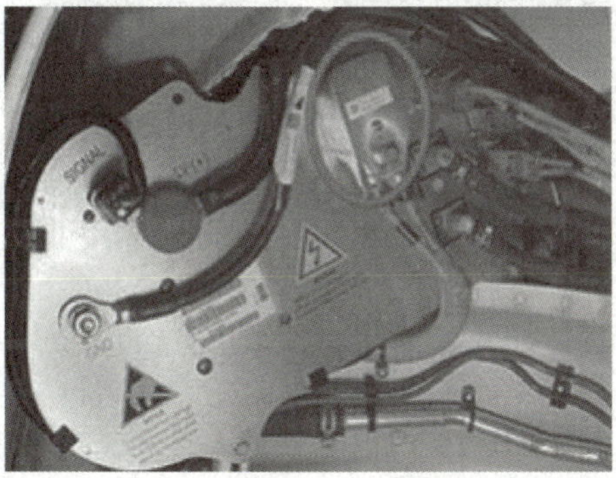

图 9-14 DC/DC 变换器

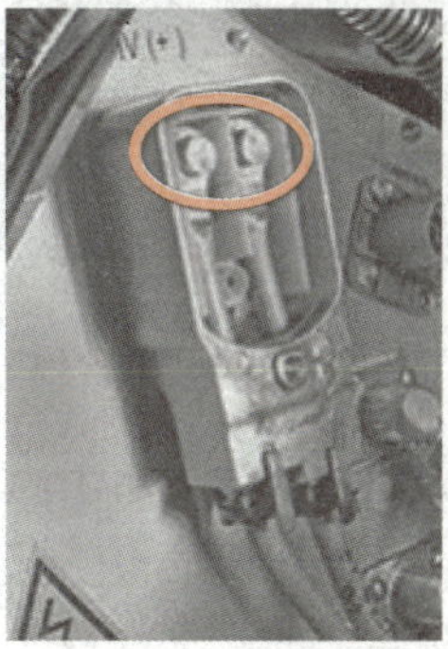

图 9-15 DC/DC 输入端测量

**（2）驱动单元拆装** 拆卸过程如下：

1）排空变速器液体。

2）拆卸后副框架总成。

3）拆卸悬架万向节上用于固定一体式连杆的固定螺母和螺栓，如图 9-16 所示。

4）拆卸万向节上用于固定止推杆的固定螺栓，如图 9-17 所示。

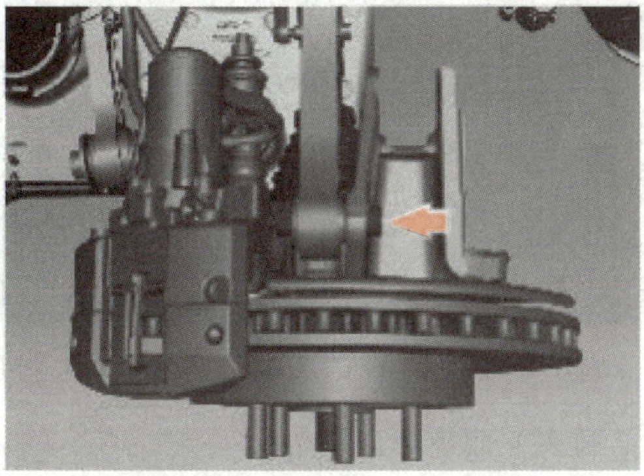

图 9-16 悬架万向节一体式连杆固定螺母和螺栓拆卸

图 9-17 万向节止推杆固定螺栓拆卸

5）拆卸万向节上用于固定悬架连杆的螺栓。

6）拆卸并弃用轮毂螺母。

7）使用尼龙锤轻敲传动轴的裸露端，破坏腐蚀性黏合剂。

8）使用辅助设备将制动盘和万向节总成向外摇摆，并从后轮毂上松开外传动轴花键。

9）使用合适的工具从变速器上松开传动轴，如图 9-18 所示。

10）从减速器外壳上取出传动轴。

11）重复步骤 3)~10)，从驱动单元上拆卸右侧传动轴。

12）断开电机编码器电气连接器，如图 9-19 所示。

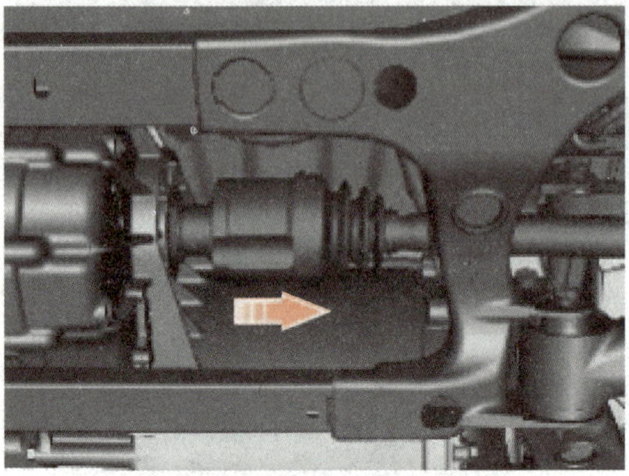

图 9-18　松开传动轴

图 9-19　断开电机编码器电气连接器

13）拆卸驱动单元上用于固定冷却剂弯头的螺栓，从外壳上拆卸弯头。

14）拆卸并弃用旧的 O 形环。

15）使用合适的起重设备支撑驱动单元总成。

16）拆卸将左侧配件固定在电机上的螺栓，如图 9-20 所示。

17）拆卸将驱动单元固定在后副框架前安装支架上的螺母和螺栓。

18）拆卸将驱动单元固定在后副框架后安装支架上的螺母和螺栓，如图 9-21 所示。

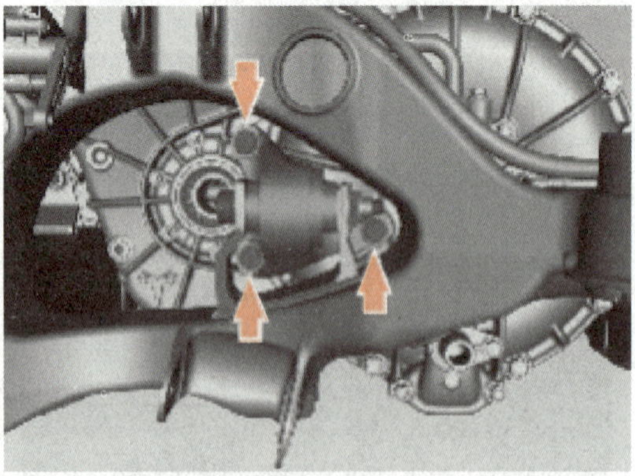

图 9-20　电机固定左侧配件螺栓拆卸

图 9-21　驱动单元总成螺母和螺栓拆卸

19）小心取出驱动电机总成，如图 9-22 所示，确保它脱离后副框架。

安装顺序与拆卸顺序相反。

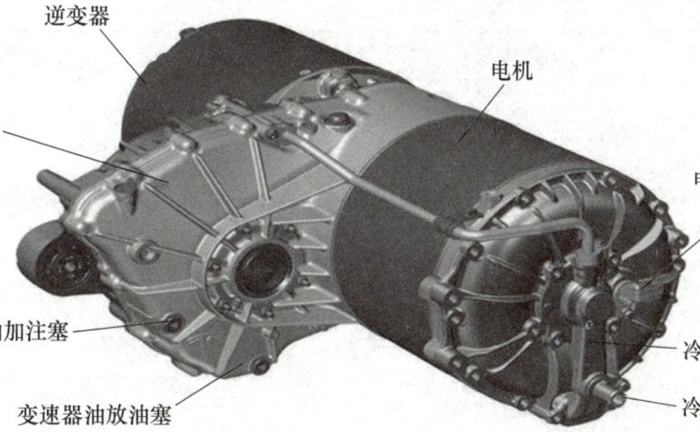


图 9-22　驱动电机总成

## 9.1.2　充电故障

### 1. 故障描述

电动汽车的充电故障可能引发不同的现象，具体情况取决于故障的性质和严重程度。下面以特斯拉汽车为例，介绍一些典型充电故障的诊断方法。

**(1) 充电速度降低**　故障原因包括电池健康问题、充电设备或充电站问题。

**(2) 充电中断**　故障原因包括电池管理系统、充电器或充电线路出现问题。

**(3) 充电报错**　故障原因主要是充电系统存在问题。

**(4) 充电端口问题**　充电连接器可能无法正确插入充电端口，或者无法锁定在位。其原因在于充电端口机械问题或电子控制问题引起。

**(5) 充电设备不响应**　此故障与充电设备或车辆内部的通信问题有关。

**(6) 异常噪声或振动**　故障原因主要是充电设备或电池系统中存在机械问题。

**(7) 充电电压异常**　故障原因主要是电池或充电器存在问题。

充电故障信息见表 9-5。

表 9-5　充电故障信息

| 序号 | 故障现象 | 故障码 | 可能的原因 |
| --- | --- | --- | --- |
| 1 | 电池电压过低 | BMS_f018_SW_Brick_UV<br>BMS_f068_SW_Low_SOC<br>BMS_f069_SW_Low_Power<br>BMS_u014_Not_Enough_Pwr_To_Heat | 能量过弱，无法加热电池 |
| 2 | 车辆无法行驶 | BMS_f030_SW_Chg_Port_Door_Open | 充电口故障 |
|  |  | BMS_f166_SW_AhToBeCharged_Imbal | 电池组电压不均衡 |
|  |  | BMS_f164_SW_Brick_SOC_Imbalance | SOC 不均衡 |
|  |  | BMS_u001_DisChg_While_Charging | 电池电压过低 |
|  |  | GTW_u001_chgCableConnected | 充电电缆故障 |
| 3 | 无法充电 | BMS_u015_Not_Fast_Charge_Capable | 充电故障 |
|  |  | CHG_f012_hwFastChargeDriver | 市电掉电 |
|  |  | CHG_f016_hwVOutOV | 市电掉电（电源） |

（续）

| 序号 | 故障现象 | 故障码 | 可能的原因 |
| --- | --- | --- | --- |
| 3 | 无法充电 | CHG_f025_VLineUV | 市电掉电（电源和电缆） |
| | | CHG_u004_wallPowerRemoval | 接线不良 |
| | | CHG_u005_proxLatchedNoPilot | 充电电缆接口与车辆虚接 |
| | | CHG_u002_LineImpedanceTooHigh<br>CHG_u007_chargeCableFault | 充电电缆故障 |
| | | CHG_u014_connectorFault | 充电站问题 |
| | | CHG_w117_HVJBOTFault | 车辆系统过热 |
| | | CHGS_w124_ph3VersionMismatch | 软件需升级 |
| 4 | 充电速度下降 | CHG_u001_LineImpedanceHigh | 接线不良 |
| | | CHG_u003_chargeThermalLimit | 车辆系统过热 |
| | | GTW_w161_chgPh1Mia<br>GTW_w162_chgPh2Mia<br>GTW_w163_chgPh3Mia | 车辆需要维修 |

## 2. 诊断过程

**（1）检查充电连接器和电缆** 确保充电连接器正确插入车辆的充电端口，并检查充电电缆是否完好无损。松动的连接器或损坏的电缆可能会导致充电中断。

**（2）检查充电设备** 如果充电故障发生在特定的充电设备上，需要检查该设备的电路是否正常工作，充电系统电路原理图如图 9-23 所示。

**（3）检查充电站状态** 与充电站相关的问题可能导致充电中断，应确认充电站是否正常工作。

**（4）检查电池状态** 查看电池健康状态、电量及是否发出警告。

## 3. 维修过程

### （1）充电端口拆卸

1）执行车辆电气绝缘程序。

2）拆卸左侧行李舱饰板。

3）从高压入口盖中拆卸螺钉并松开夹子。

4）拆卸高压入口盖，如图 9-24 所示。

5）拆卸并弃用将高压电缆固定在充电端口上的螺栓。

6）从充电端口断开线束连接器，如图 9-25 所示。

7）拆卸将充电接口电缆夹固定在车身上的下螺母。

8）拆卸固定充电接口电缆夹（图 9-26）的上螺母。

9）从车身上松开充电端口夹并将高压电缆置于一旁。

10）拆卸并弃用固定充电端口的螺栓，如图 9-27 所示。

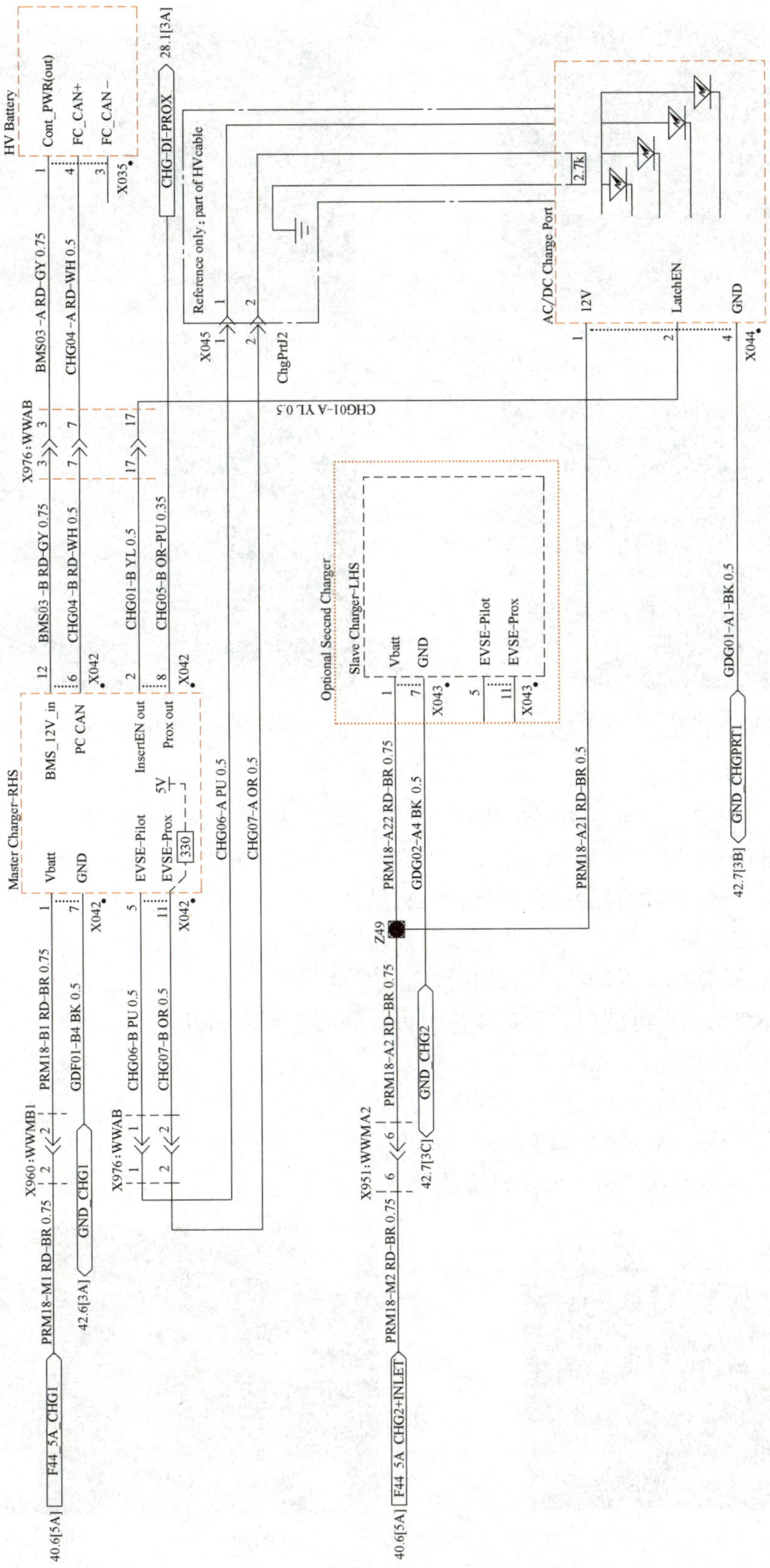


图 9-23 充电系统电路原理图

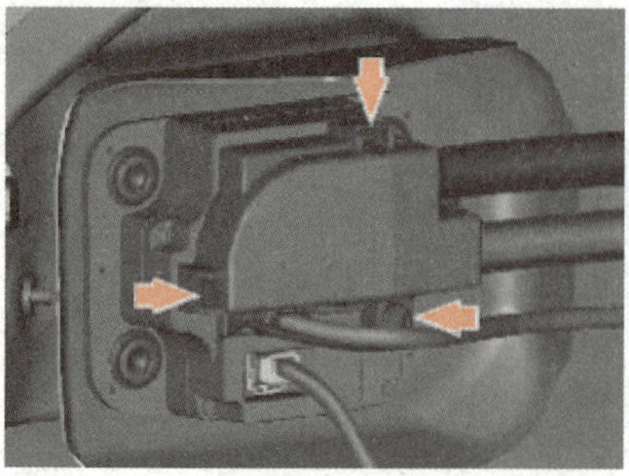

图 9-24　高压入口盖

图 9-25　断开线束连接器

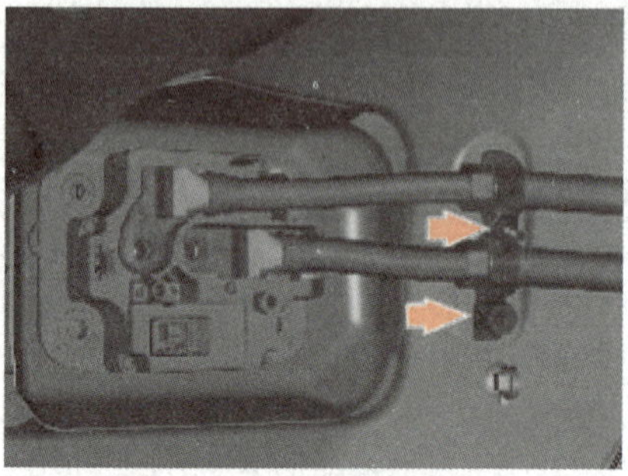

图 9-26　充电接口电缆夹

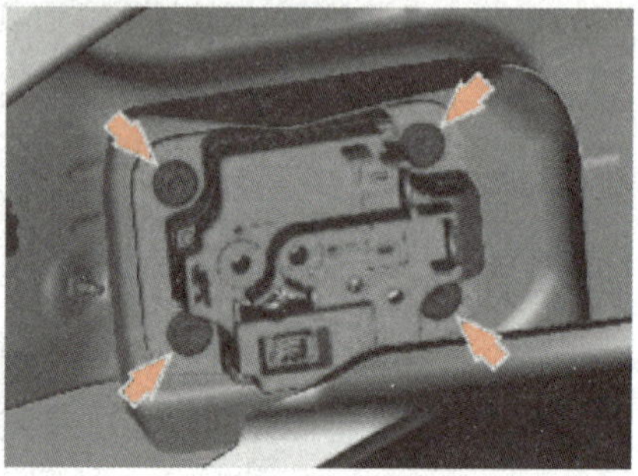

图 9-27　充电端口螺栓

11）拆卸充电端口总成。

**（2）充电端口安装**　充电端 D 的安装顺序与拆卸顺序相反，需要更换螺栓。

1）若充电端口（图 9-28）配有定位销，应使用电线切割钳或类似工具修剪。

2）从高压电缆接线片的接触面清除残留的粘贴片。

3）若已安装充电端口，应从端子表面清除残留粘贴片。

4）若饰板/光圈总成已拆卸，应将其再次插入车身开口。

5）连接光环线束至充电端口，确保线束与可听到的咔嗒声相符。

6）将充电端口嵌入饰板/光圈总成。

7）将左上方的螺栓装入充电端口，暂时不用。

8）安装将充电端口固定到车身上的剩余螺栓。

9）按图 9-29 所示的顺序将 4 个螺栓全部拧紧。

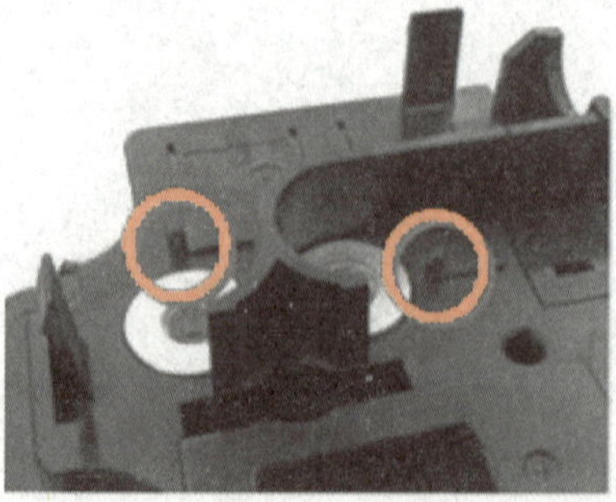

图 9-28　充电端口

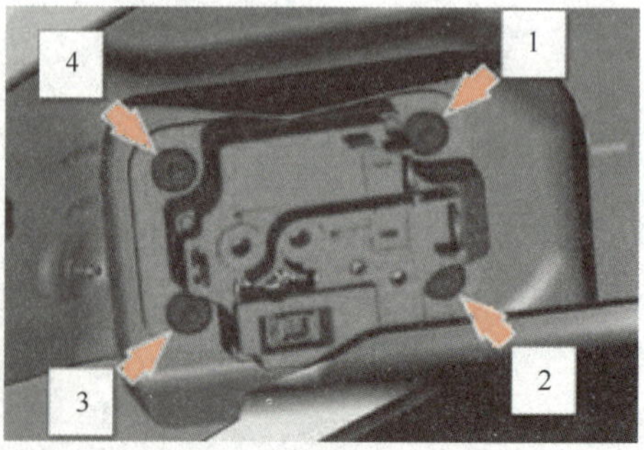


图 9-29　充电端口螺栓紧固

10）将车漆标志贴在每个固定螺栓上，以显示该螺栓已正确拧紧。

11）连接高压电缆前，须将充电器插入充电端口。

12）将锁片拔出，以从充电端口的背部拆卸爪式传动装置盖。

13）先将爪式传动装置锁片推到左边以松开卡爪，再将贴有安全标签的移动连接器插入充电端口。

14）将高压电缆移入正确位置，安装搭铁支架夹。

15）拧紧将充电接口电缆夹固定在车身上的下螺母。

16）安装将高压电缆固定在充电端口中的螺栓。

17）将车漆标志贴在每个螺栓上，以显示该螺栓已正确拧紧。

18）调节高压电缆（图 9-30），将充电端口的张力最小化，拧紧电缆夹上螺母。

19）先将爪式传动装置锁片推到左边以松开卡爪，再从充电端口处拆卸移动连接器。

20）重新安装爪式传动装置盖。

21）若已安装新的充电端口，应更新车辆固件，以确保充电端口的固件与车辆固件属于同一批次。

**（3）充电器拆装**　拆卸过程如下：

1）拆卸高压接线盒。

2）断开线束。

3）拆卸将充电器固定在地板上的螺母。

4）拆卸将搭铁带固定在充电器外壳上的螺栓。充电器外观如图 9-31 所示。

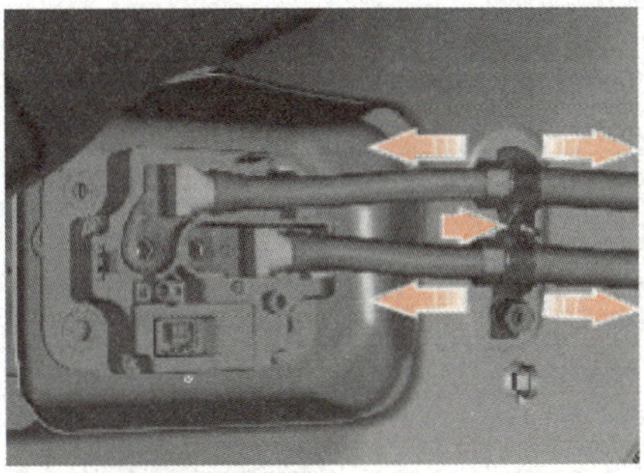

图 9-30　调节高压电缆

图 9-31　充电器外观

5）将搭铁带置于一旁。

6）将两个软管夹到尽可能靠近充电器的位置，最大限度地减少冷却剂流失。充电器冷却管道如图 9-32 所示。

7）断开两个冷却剂软管，将充电器端口向上倾斜，并立即塞住。

8）拆卸充电器。

安装顺序与拆卸顺序相反，若更换充电器，需要使用特斯拉诊断工具更新车辆固件。

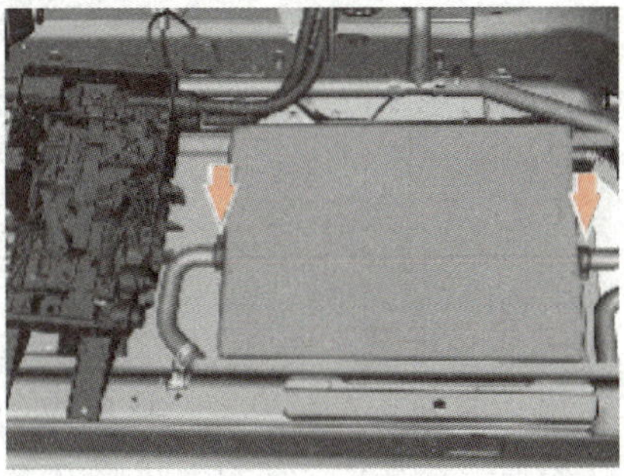

图 9-32　充电器冷却管道

### 9.1.3 行驶故障

#### 1. 故障描述

电动汽车在行驶中会出现不同的故障，下面主要介绍特斯拉汽车的行驶故障。

**(1) 动力丧失** 在行驶过程中，车辆突然失去动力，无法继续前进。

**(2) 驾驶中断** 车辆在行驶过程中突然停止，无法继续行驶。

**(3) 驾驶稳定性问题** 车辆可能在行驶中出现不稳定的感觉，如转向盘抖动、车身摇晃等，其原因可能是悬架系统、轮胎或其他操控部件出现问题。

**(4) 制动故障** 制动会失效、变得不灵敏，或者出现制动踏板异常的情况，可能是因为制动系统或液压助力系统出现问题。

**(5) 电池状态异常** 在行驶中，电池状态出现问题，如电量急剧下降、电池温度异常等，可能是因为电池系统出现故障。

**(6) 驾驶辅助系统故障** 特斯拉配备了许多驾驶辅助系统，如自动驾驶系统。这些系统可能会变得异常，从而影响驾驶体验和安全性。

特斯拉 Model S 部分行驶故障信息见表 9-6。

表 9-6 特斯拉 Model S 部分行驶故障信息

| 序号 | 故障现象 | 故障码 | 可能的原因 |
|---|---|---|---|
| 1 | 行驶预警 | DI_u012_accelPressedInNP | 未挂入档位 |
| | | DI_u015_crsNotAvailable | 无法定速自适应巡航驾驶 |
| | | DI_u018_crsFrontCameraBlind | 前部摄像头故障 |
| | | DI_u019_crsFrontRadarBlind | 前部雷达故障 |
| | | DI_u020_crsSeatbeltUnbuckled | 未系安全带 |
| | | DI_u028_crsPathNotClear | 未知路径 |
| | | DI_u030_crsCamsNotCalibrated | 摄像头未标定 |
| | | GTW_w358_unlockRequiredForStart | 需要解锁 |
| 2 | 制动失效 | DAS_w009_aebFault | 自动紧急制动被禁用 |
| | | DI_w129_epbNotApplied | 自动制动关闭 |
| | | GTW_u014_carInNeutral | 未设置驻车制动 |
| 3 | 驻车制动故障 | EPB_u010_serviceModeEnabled | 停车制动器服务模式已启用 |
| | | EPB_w025_motorShortedApplyL | 驻车制动器未设置 |
| | | EPB_w050_resetRequired | 驻车制动器需要重置 |
| | | EPB_w053_epbNotReleased | 驻车制动器未释放 |
| 4 | 制动液异常 | MCU_w005_BrakeFluidLow | 制动液不足 |
| 5 | 驱动逆变器从属警告 | DIS_w147_highTorqueWearLimit | 达到高转矩机械磨损极限 |
| 6 | 悬架故障 | EAS_w005_EAS_reqReduceSpeedDisp | 悬架故障 |
| | | EAS_w007_EAS_LevelingNotPossible | 无法调整高度 |
| 7 | 转向故障 | EPAS_w001_steeringFault<br>EPAS_w002_steeringReduced<br>GTW_w036_epasMia<br>GTW_w127_epasVersionMismatch | 转向助力下降 |

#### 2. 诊断过程

**(1) 感知传感器检测** 特斯拉的感知传感器系统用于检测和感知车辆周围的环境，它包括摄像头、雷达、超声波传感器等。这些传感器协同工作，以获取关于道路、障碍物、其他车辆和行人等信息，从而帮助车辆做出安全的驾驶决策。

1）摄像头。特斯拉汽车通常配备多个摄像头，位于车辆的不同部位。这些摄像头可以捕捉车辆前方、侧面和后方的图像，以及道路标志、交通信号灯等信息，用于识别和跟踪其他车辆、行人和障碍物。

2）雷达。特斯拉汽车的前部通常装备了雷达，用于测量前方物体的距离和速度。雷达不受雨雪等恶劣天气的影响，可以帮助车辆避免碰撞。

3）超声波传感器。超声波传感器分布在车辆的各角，可以测量周围障碍物的距离，用于低速驾驶、泊车和避免碰撞。

部分智能感知传感器的电路原理图如图9-33所示。在确认传感器本体正常工作的情况下，检查各电路连接是否正常。

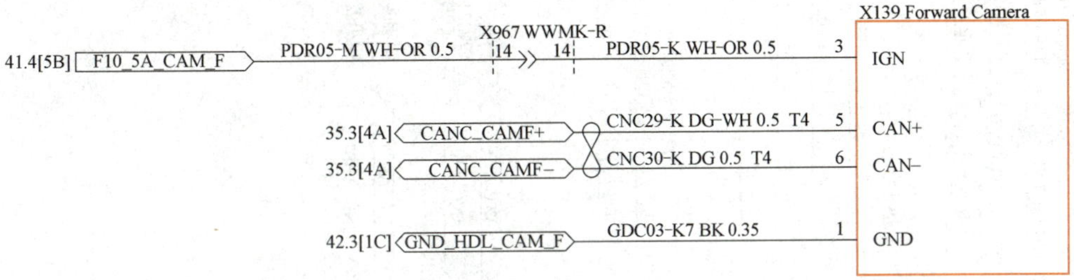


a)

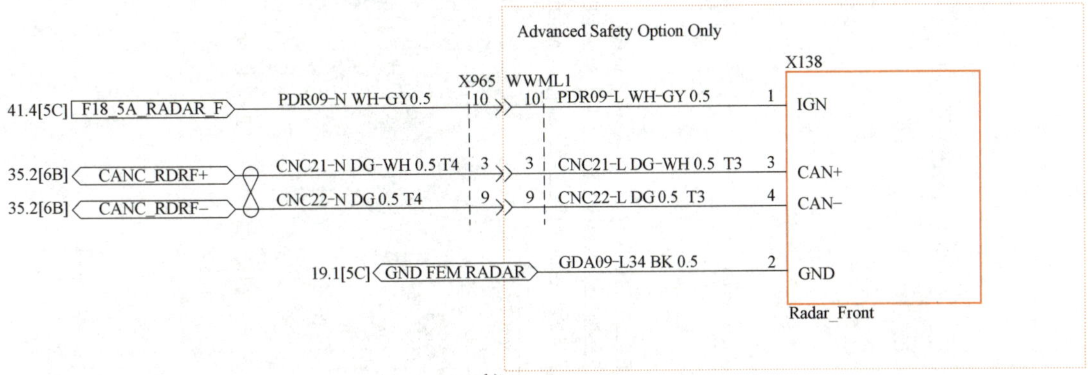


b)

图9-33 部分智能感知传感器的电路原理图

a）摄像头 b）雷达

**（2）底盘检测** 特斯拉汽车的底盘检测通常包括底盘结构、悬架系统、转向系统、制动系统等的检查。

1）底盘结构检查。检查车辆底盘结构是否完整，有无损坏、变形等情况，特别注意底部是否存在撞击痕迹或损伤。

2）悬架系统检查。检查悬架系统的部件，包括弹簧、减振器、控制臂等，确保它们处于良好的工作状态，无漏油、断裂等现象。

3）转向系统检查。检查转向系统的部件，如转向齿轮、转向机构、转向杆等，确保转向灵活且无异常。

4）制动系统检查。检查制动系统的部件，包括制动盘、制动片、制动液等，确保制动系统正常工作。

在检查机械结构的基础上对底盘电气线路进行检测，按照图9-34～图9-38所示的电路原理图逐个进行检测。

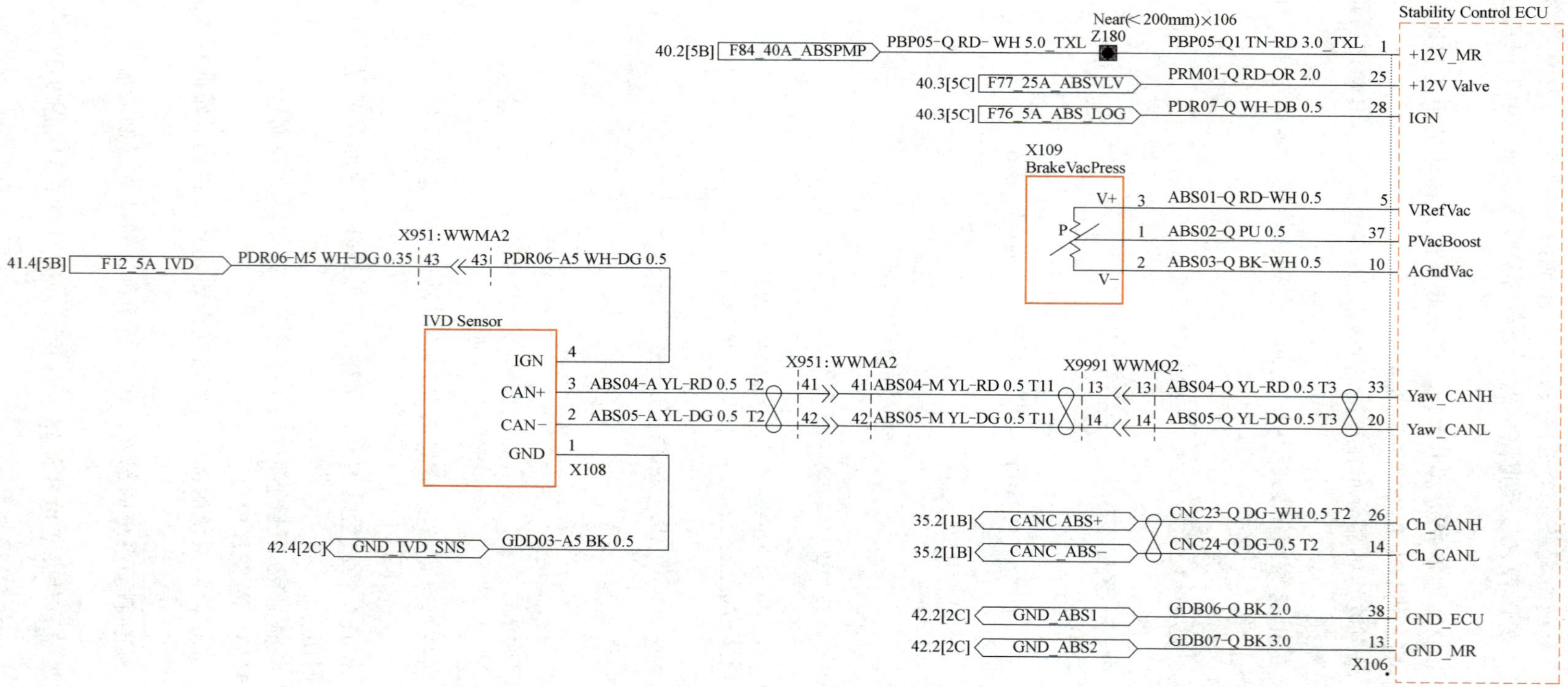


图 9-34 车辆稳定性控制和防抱制动系统电路原理图

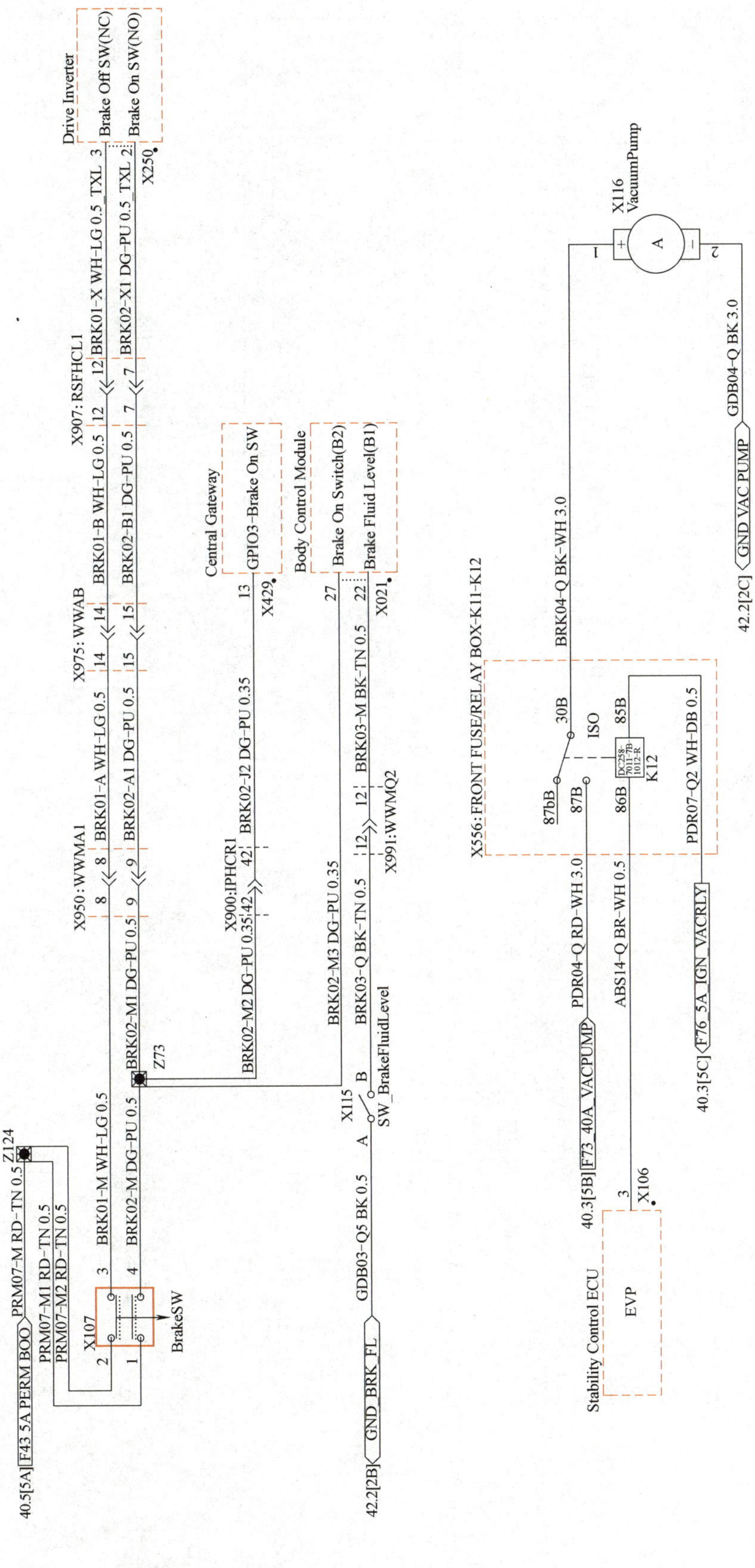


图 9-35　车辆制动开关与助力器电路原理图

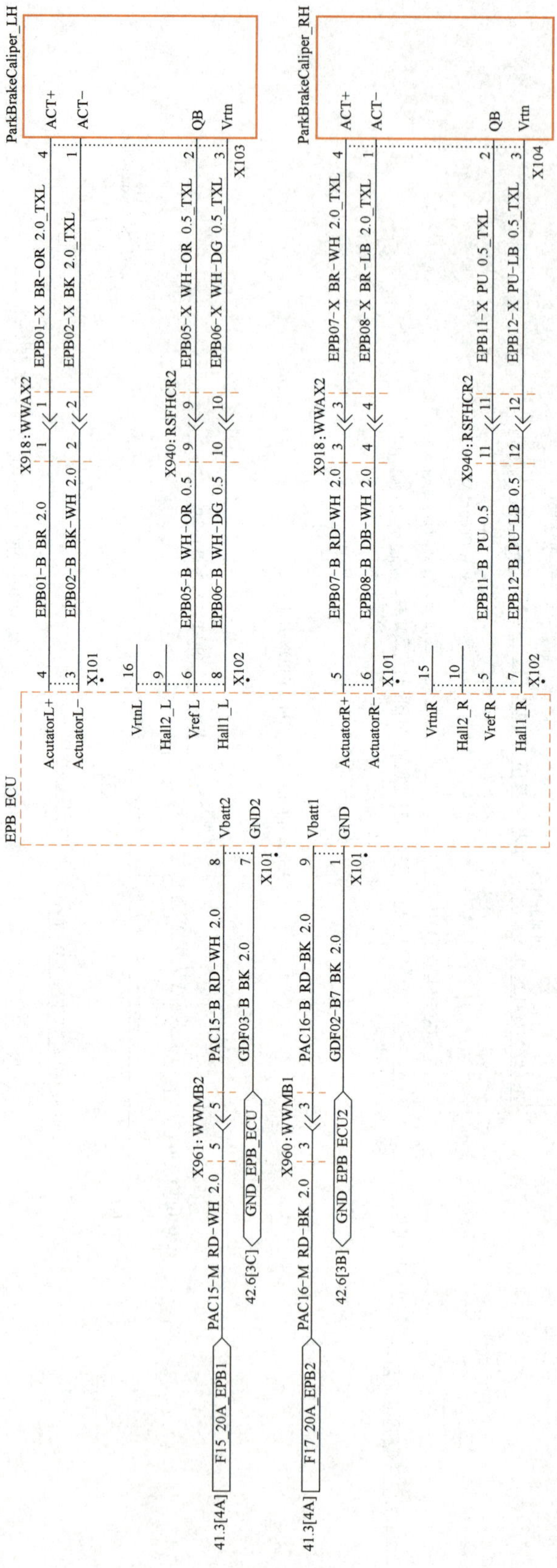


图 9-36 车辆电子制动电路原理图

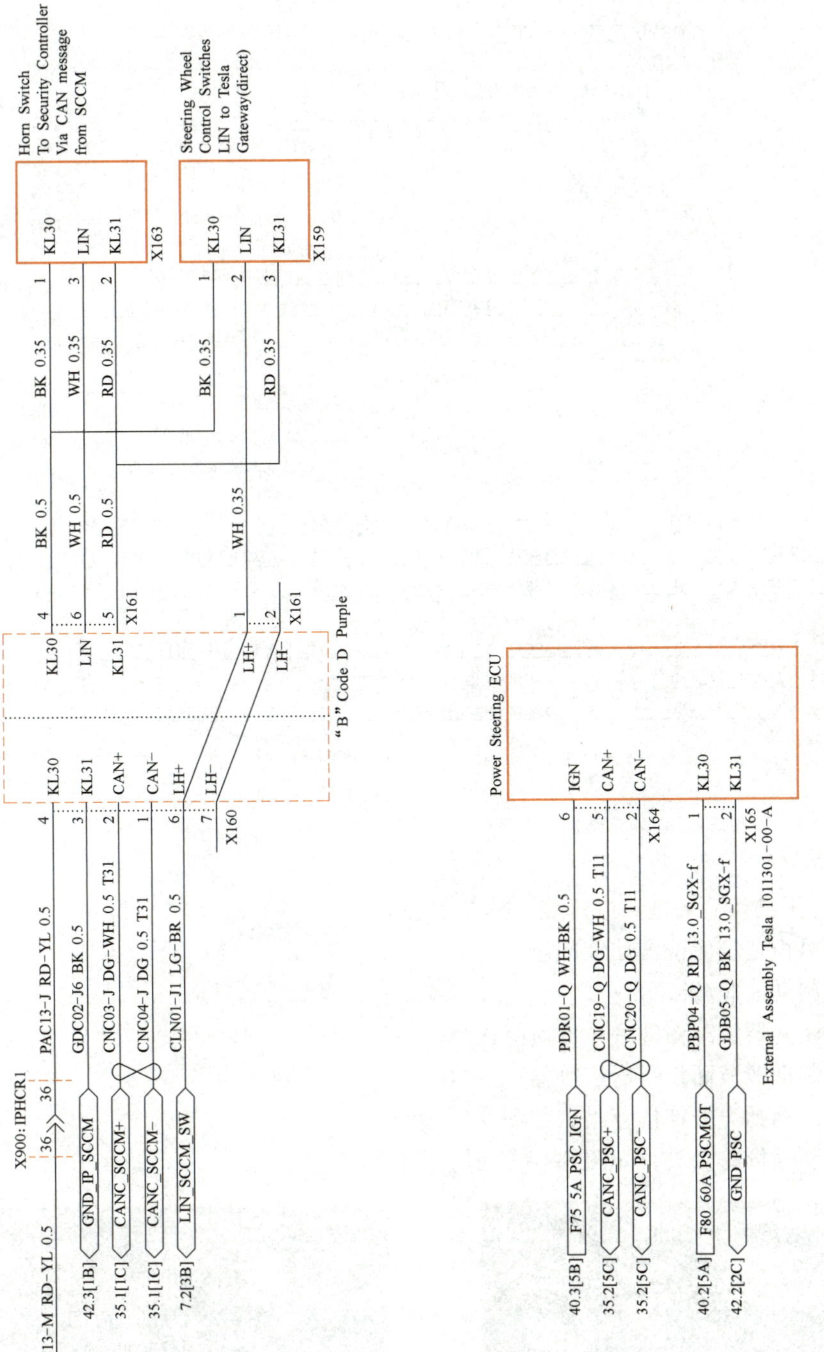


图 9-37 转向盘控制与助力转向电路原理图

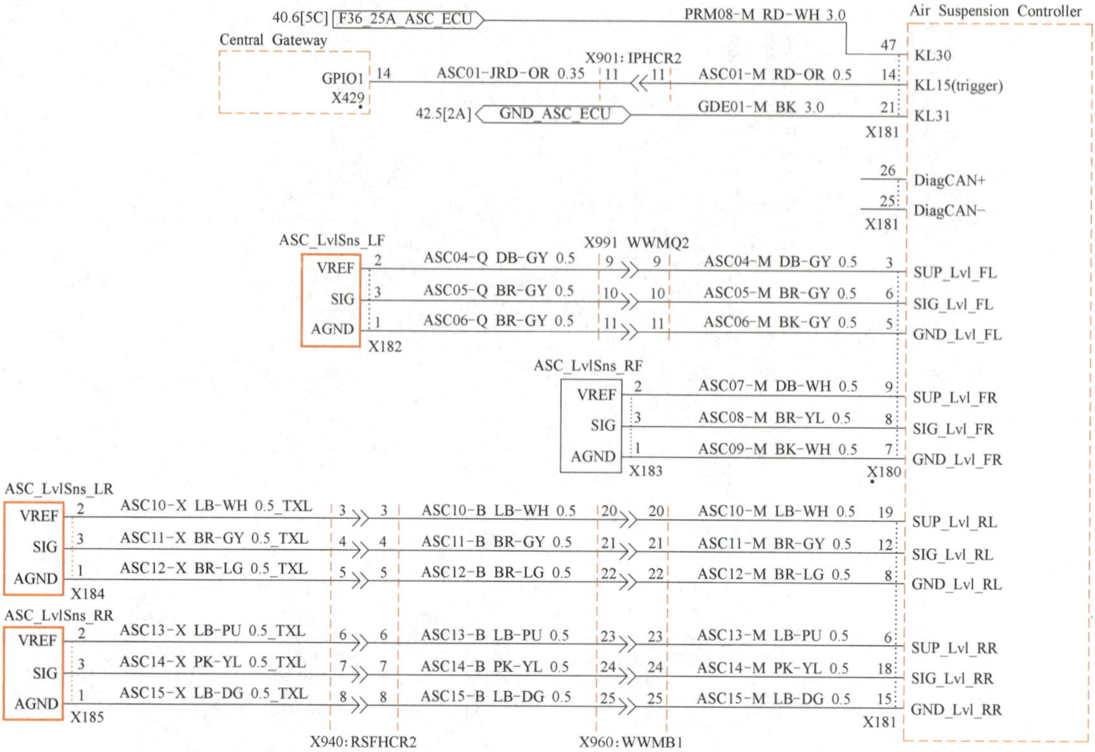


图 9-38 空气悬架传感器电路原理图

## 3. 维修过程

**（1）制动主缸和储液罐总成拆装** 拆卸过程如下：

1）拆卸风窗玻璃清洗器储液罐。

2）拆卸制动液储液罐盖。

3）使用注射器清除储液罐中的所有液体。

4）断开制动液液面传感器连接器。

5）断开制动助力器连接管路，如图 9-39 所示。

6）松开制动管路接头，如图 9-40 所示。

图 9-39 断开制动助力器连接管路

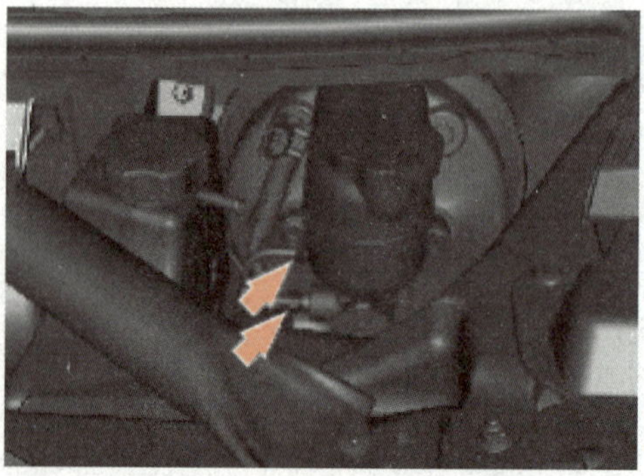

图 9-40 松开制动管路接头

7）拆卸将制动主缸固定在制动助力器上的螺母和垫圈，如图 9-41 所示。

8）从制动助力器上松开制动主缸和储液罐总成（图 9-42），并从轮拱开口处拆卸。

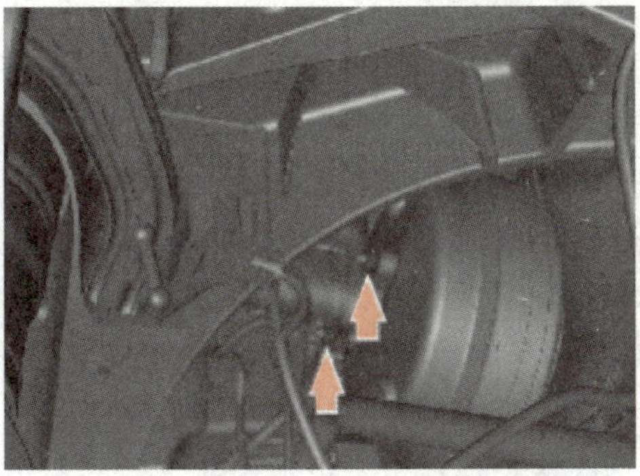

图 9-41　制动主缸固定螺母和垫圈

图 9-42　制动主缸和储液罐总成

安装顺序与拆卸顺序相反。

**（2）制动助力器总成拆装**　拆卸过程如下：

1）拆卸制动主缸和储液罐总成。

2）松开制动助力器软管（图 9-43）。

3）拆卸驾驶人侧下部前围板饰板。

4）从叉杆销上拆卸弹簧夹。

5）压住制动踏板以留出间隙，拆卸叉杆销。

6）拆卸将制动助力器（图 9-44）固定在制动踏板总成上的螺母。

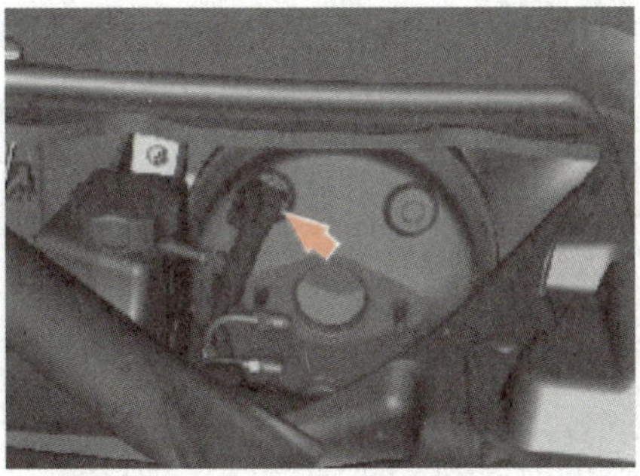

图 9-43　制动助力器软管

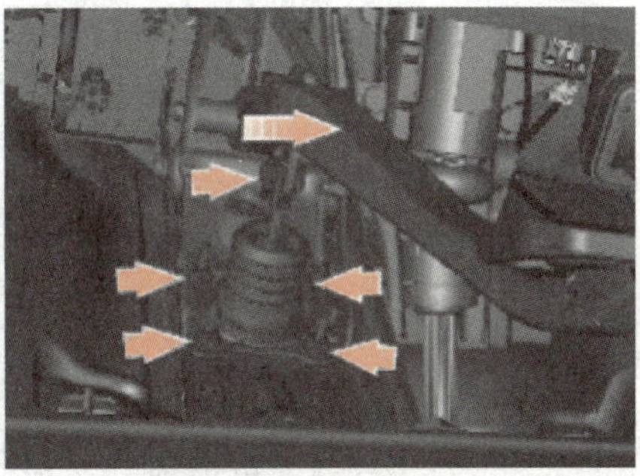

图 9-44　制动助力器

7）从车身上松开制动助力器总成，挪动并从轮拱开口处拆卸。

安装顺序与拆卸顺序相反。

**（3）电动驻车制动器拆装**　拆卸过程如下：

1）拆卸右侧行李舱饰板。

2）在右后侧挡泥板上，从电动驻车制动器（EPB）（图 9-45）模块上断开线束连接器。

3）拆卸将 EPB 模块固定在支架上的螺母和螺栓。

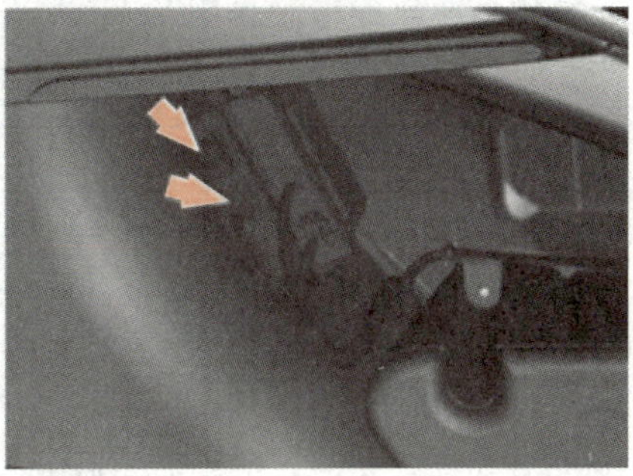

图 9-45　电动驻车制动器

4）拆卸 EPB 模块。

安装顺序与拆卸顺序相反。

## 9.2 能源系统故障

车辆配备低压 12V 和高压 400V 电路，可产生 1200A 的能量。只要 12V 电池和紧急响应程序回路处于连接状态，高压系统可随时激活。严禁将高压电池存放在低于-20℃的环境中，在高于 35℃的环境中存放高压电池的时间不得超过 10 天，在满电状态或完全放电状态下存放高压电池的时间不得超过 30 天，不允许在低于 0℃的环境中为高压电池充电或放电，禁止在高压电池附近从事焊接作业。将电池放电到 0%会永久损坏电池，为了防止完全放电，当充电量降至 5%时，车辆会进入低功耗模式，在这种模式下，电池停止支持车载电子装置，以降低放电速率。

### 1. 故障描述

电动汽车的电池故障可能表现为不同的现象，具体情况取决于故障的性质和严重程度。下面以特斯拉汽车为例，介绍一些电池故障的诊断方法。

**（1）电池续航能力降低** 车辆续驶里程突然减少，无法达到预期的行驶距离，可能是因为电池容量降低或其他问题。

**（2）充电速度下降** 充电速度明显下降，充电时间变长，可能是因为电池内部阻抗增加，导致充电效率降低。

**（3）充电异常** 充电过程中出现异常情况，如电池充电过热、充电中断等，可能是因为充电控制系统或电池故障。

**（4）充电无法启动** 插入充电器后电池无法充电，可能是因为充电接口或电池管理系统存在问题。

**（5）温度异常** 电池温度过高或过低，可能导致充电、放电性能下降，甚至影响电池使用寿命。

**（6）电芯故障** 特定电芯失效，可能影响整体电池性能，导致电池续航能力下降或电压不稳定。

**（7）电池冷却问题** 电池冷却系统故障可能导致电池过热，进而影响电池性能和使用寿命。

部分电池故障信息见表 9-7。

表 9-7 部分电池故障信息

| 序号 | 故障现象 | 故障码 | 可能的原因 |
|---|---|---|---|
| 1 | 车辆无法起动 | GTW_u003_bmsPower | 动力蓄电池容量过低 |
| | | DI_u014_notOkToStartDrive<br>GTW_u005_dead12vBattery<br>GTW_u009_notEnough12VForDrive<br>GTW_w174_Replace12VBattery | 12V 电池供电不足 |
| | | GTW_u008_packSocTooLow | 动力蓄电池容量过低 |

（续）

| 序号 | 故障现象 | 故障码 | 可能的原因 |
|---|---|---|---|
| 2 | 车辆突然下电 | GTW_u010_low12VPower<br>GTW_w017_accLoadShed<br>GTW_w018_hvacLoadShed<br>GTW_w175_low12VPower | 12V 电池供电不足 |
| 3 | 电池温度过高 | GTW_u019_overheatSocTooLow | 动力蓄电池容量过低 |
| 4 | 车辆无法远程上锁 | MCU_u008_DSTEntryLockDisabled | 门窗钥匙电池电压过低 |

### 2. 诊断过程

**（1）低压电池检测** 低压电池故障可能导致车辆起动困难、电气设备失效、警告提示等问题。对此，可使用多用途电压表或特斯拉的诊断工具检测低压电池的电压是否处于正常范围内。低压电池充电状态的监测可以通过诊断工具进行，以确保电池充满电。检查低压电池的终端和连接器是否紧固，应无腐蚀和脱落情况。

低压电池系统由 DC/DC 变换器供电，如图 9-46 所示，电压为 12～16V。一旦电压低于 10.5V，就要更换电池。如果外接大电流充电器，电压不能超过 16V，充电时间不能超过 5min。

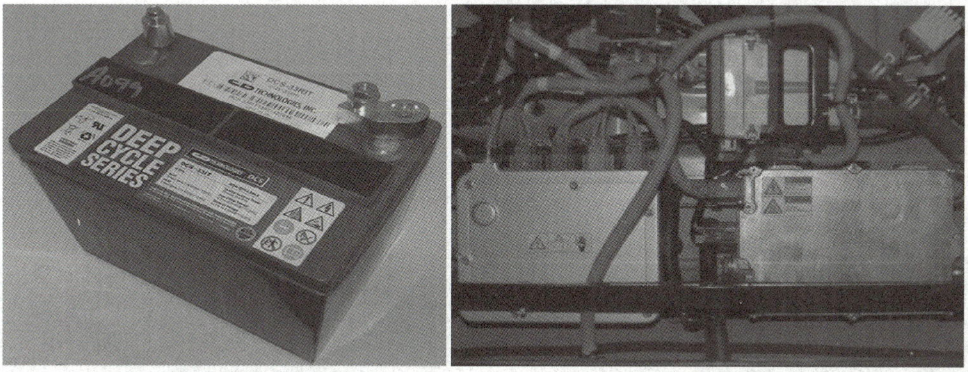


a) b)

图 9-46 低压电池系统

a）低压电池 b）DC/DC 变换器

**（2）动力蓄电池检测**

1）电池细胞测试。如果有必要，维修人员可对电池细胞进行测试，以确定是否有细胞失效或性能不稳定。

2）电池冷却系统检查。维修人员会检查电池冷却系统的工作情况，确保电池的温度处于正常范围。

3）电池续航能力测试。维修人员可能会对电池的续航能力进行测试，以评估电池的实际状态。

4）充电系统分析。维修人员会分析充电系统的工作情况，检查充电速度、充电效率等。

作为高压安全的逻辑，高压和车身是绝缘的。为了确保绝缘一直存在，电池监控系统会定期测量高压系统电压和车身的电阻。高压电池及其接线盒如图 9-47 所示。

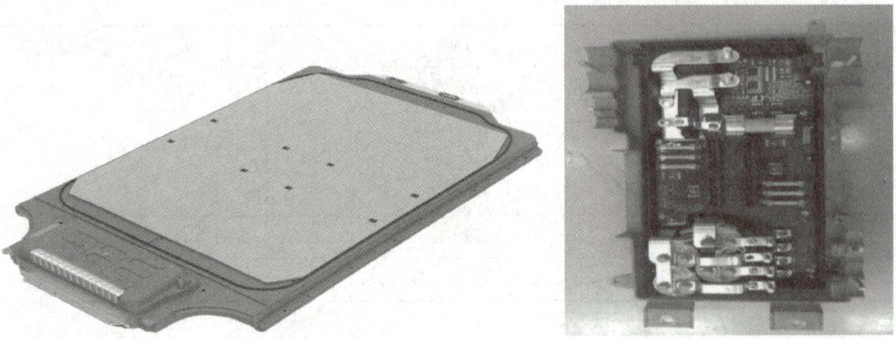

a)　　　　b)

图 9-47　高压电池及其接线盒

a）高压电池　b）高压电池接线盒

### 3. 维修过程

**（1）12V 电池拆装**　拆卸过程如下：

1）执行车辆电气绝缘程序。

2）松开固定电池熔丝盒（图 9-48）盖的接线片，拆卸盒盖。

3）拆卸将车身线束连接器固定在电池熔丝盒上的螺母。

4）拆卸将电池正极接线柱固定在熔丝盒上的螺母。

5）拆卸将电池熔丝盒固定在电池固定带上的螺母。

6）拆卸固定电池固定带，如图 9-49 所示。

图 9-48　电池熔丝盒

图 9-49　电池固定带拆卸

7）小心取出电池，将它逆时针旋转 90°，从开口处拆卸。

安装顺序与拆卸顺序相反。

**（2）动力蓄电池拆装**　拆卸过程如下：

1）升起并支撑车辆。

2）拆卸后护板。

3）拆卸将左侧剪力板固定在副框架上的螺母，力矩为 35N · m。

4）拆卸将电池固定在车身上的中心螺栓（6处），力矩为38N·m，如图9-50所示。

5）在电池下面放置电池工作台，确保该工作台保持水平且可以支撑电池的全重。

6）拆卸将电池固定在前副框架和车身上的螺栓（2处），如图9-51所示，力矩为115N·m。

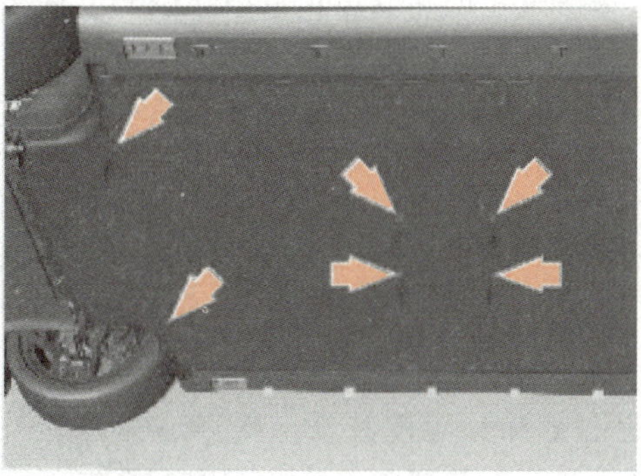

图9-50　动力蓄电池中心螺栓拆卸

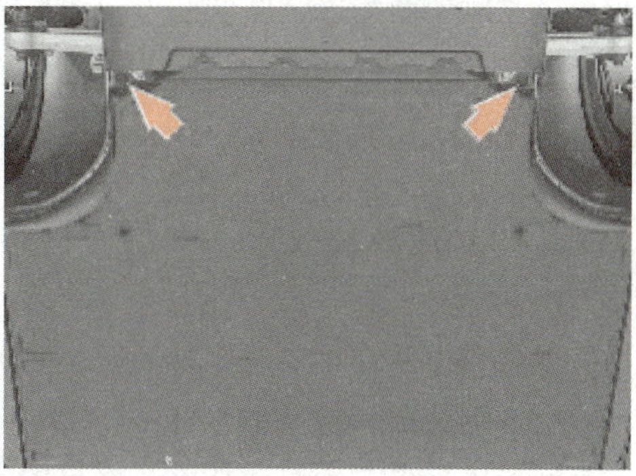

图9-51　动力蓄电池固定螺栓拆卸（一）

7）拆卸将电池固定在前副框架上的螺栓（4处），如图9-52所示，力矩为30N·m。

8）拆卸将电池固定在车身左侧车门槛板上的螺栓（8处），如图9-53所示，力矩为55N·m。

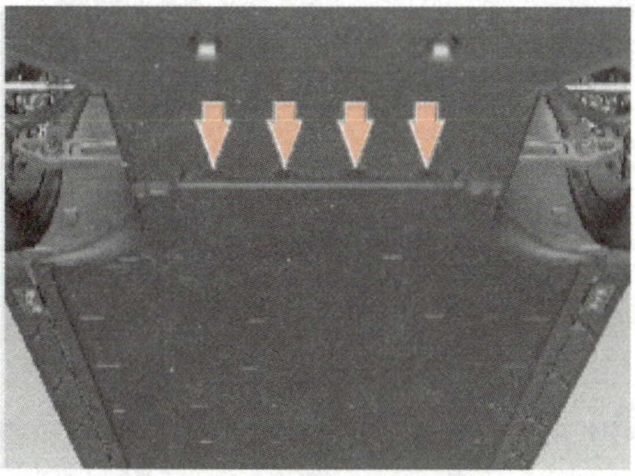

图9-52　动力蓄电池固定螺栓拆卸（二）

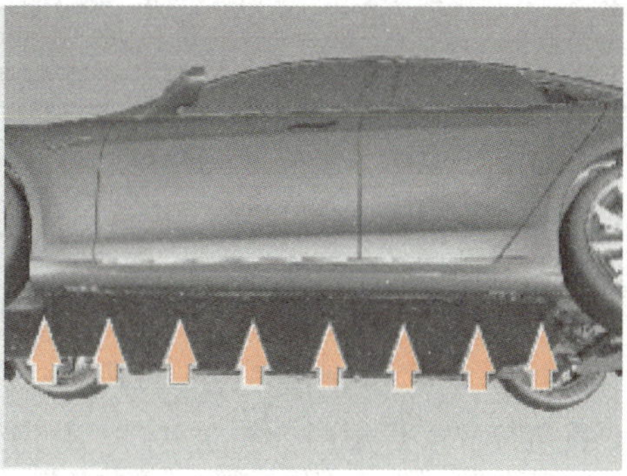

图9-53　动力蓄电池固定螺栓拆卸（三）

9）对于固定在车身右侧车门槛板上的电池，只需重复上述步骤。

10）拆卸将电池固定在车身上的其余螺栓（6处），如图9-54所示，力矩为38N·m。

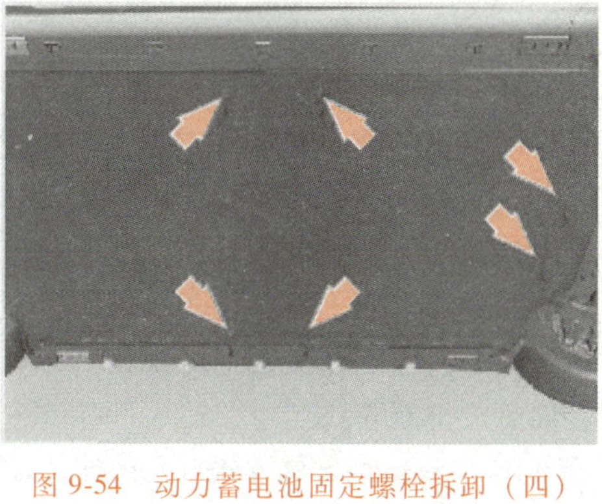

图9-54　动力蓄电池固定螺栓拆卸（四）

11）使用辅助设备降低电池总成的高度位置。

12）使用万用表检查电池的电压。

测量 B+到地面、B-到地面、B+到 B-的电压，若读数超过 10V，说明接触器没有完全打开，应立即中断维修，并联系专业维修人员。安装顺序与拆卸顺序相反。

## 9.3 辅助系统故障

### 9.3.1 空调系统故障

#### 1. 故障描述

空调系统故障表现为制冷不足、空气流量不足、异味、温度波动、噪声、空调开关失效、电能消耗过多等情况。这些故障可能影响车内温度控制和驾驶舒适性。空调系统部分故障信息见表 9-8。

表 9-8　空调系统部分故障信息

| 序号 | 故障现象 | 故障码 | 可能的原因 |
|---|---|---|---|
| 1 | 前除霜故障 | THC_u0002_frontDefrostLimited | 动力蓄电池电压过低 |
| 2 | 制热/制冷效果变差 | THC_u0003_cabinHVACLimited_HV | 动力蓄电池电压过低 |

#### 2. 诊断过程

检查制冷循环系统，包括压缩机、蒸发器、冷凝器等，确保各部分正常工作。特斯拉热控制局部电路原理图如图 9-55 所示，逐个检查线路以确保空调系统正常运行。

#### 3. 维修过程

特斯拉汽车运用两个独立电路，其中一个电路用于调节驾驶室环境的供暖、通风和空调总成中的蒸发器，另一个电路（附加电路）用于电池热交换器，这两个电路均设有由热控制器模块控制的电磁阀。须使用 Toolbox 启动供暖、通风和空调维修模式，直至使用 Toolbox 退出该模式或计算机与车辆中断连接。

**（1）供暖、通风和空调总成拆装**　拆卸过程如下：

1）拆卸交叉梁。

2）回收空调系统中的制冷剂。

3）断开至供暖、通风和空调总成的空调连接。

4）拆卸将隔板恒温膨胀阀固定在供暖、通风和空调总成上的螺钉。供暖、通风和空调总成部件拆卸如图 9-56～图 9-58 所示。

5）断开恒温膨胀阀线束连接器。

6）断开供暖、通风和空调总成线束连接器。

7）拆卸将供暖、通风和空调总成固定在隔板上的螺栓。

8）断开供暖、通风和空调总成排放管。

9）拆卸将左侧减振塔盖（图 9-59）固定在车身上的卡钉，松开盖子并将它拆下。

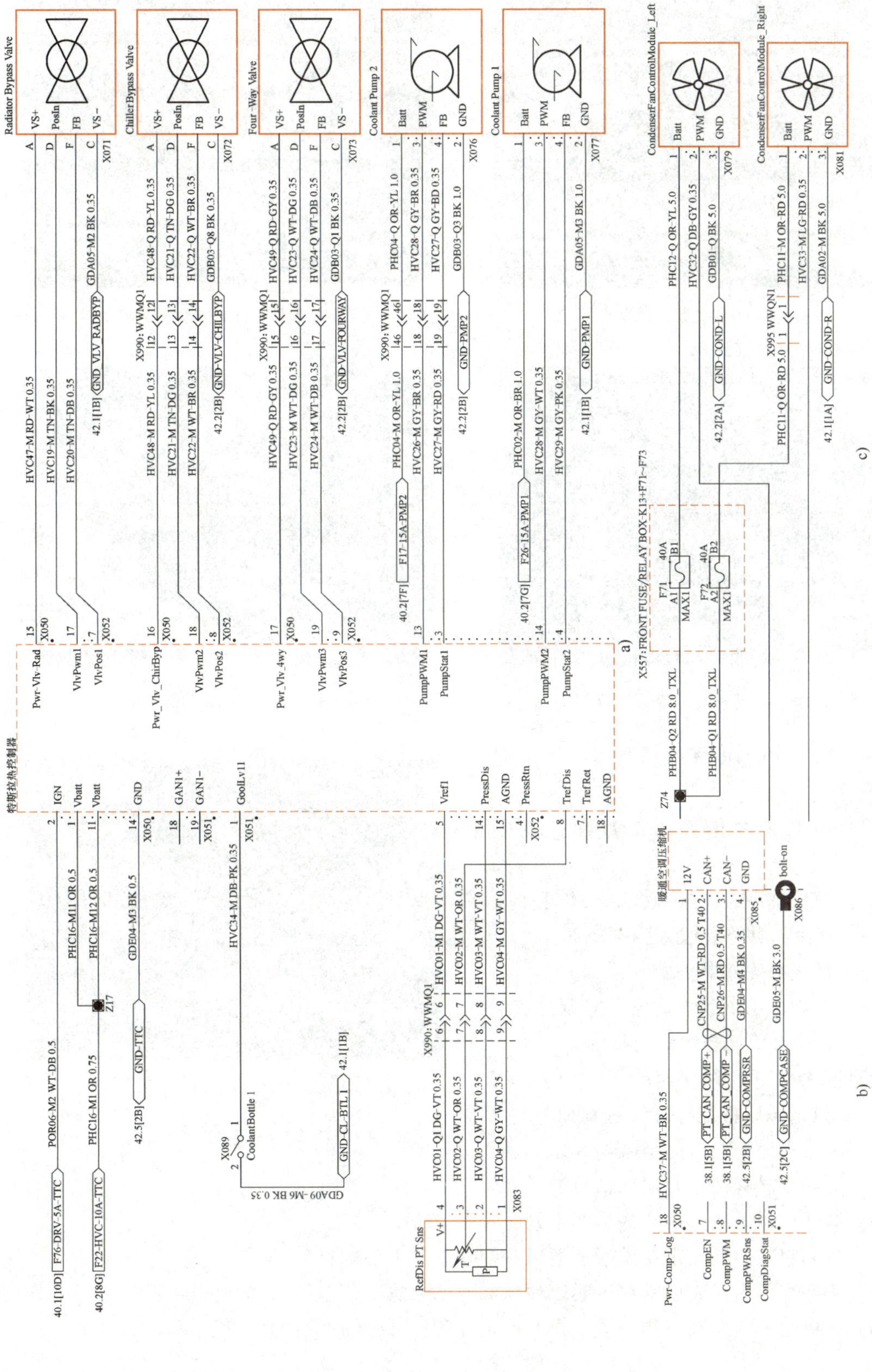


图 9-55 特斯拉热控制局部电路原理图

a）局部原理图 1 b）局部原理图 2 c）局部原理图 3

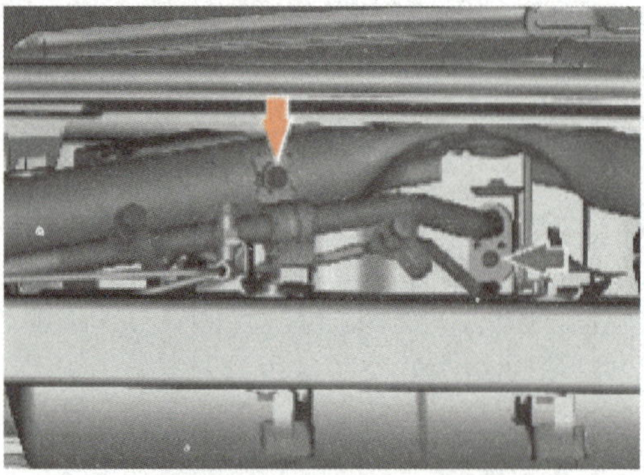

图 9-56　供暖、通风和空调总成部件拆卸（一）

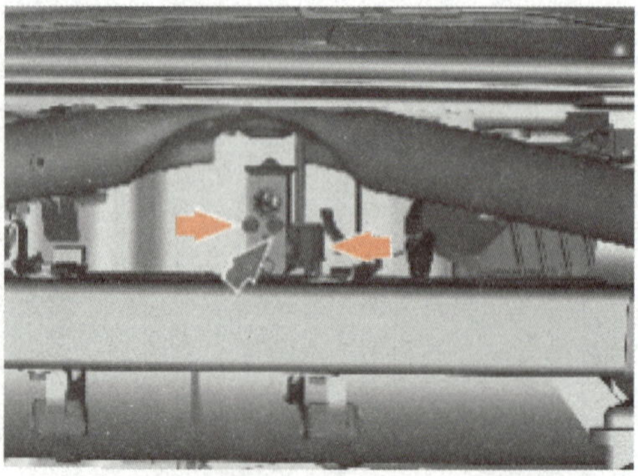

图 9-57　供暖、通风和空调总成部件拆卸（二）

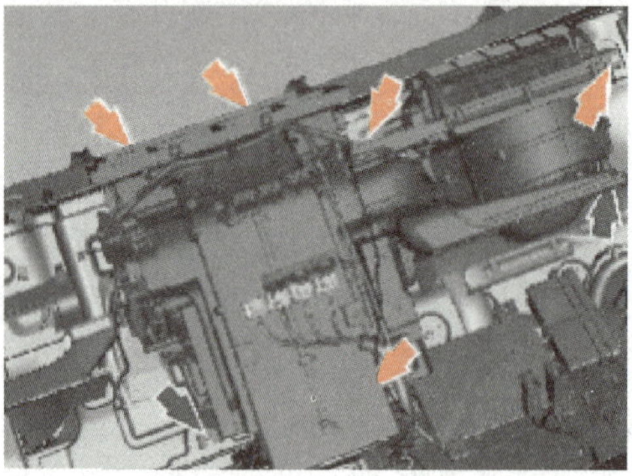

图 9-58　供暖、通风和空调总成部件拆卸（三）

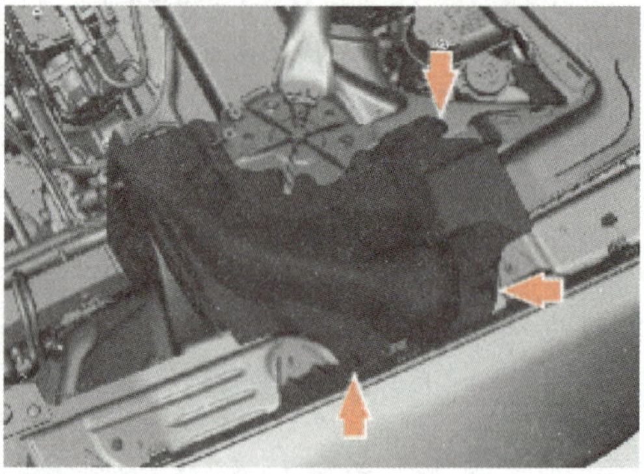

图 9-59　左侧减振塔盖

10）断开 DC/DC 模块（图 9-60）上的线束连接器。

11）将系带与正温度系数加热器线束相连。

12）使用辅助设备从隔板上松开正温度系数加热器线束，并将它收入脚部空间。

13）从线束连接器上断开系带。

14）小心取出供暖、通风和空调总成，并将它放置在缓冲表面上，以防损坏。

图 9-60　DC/DC 模块

安装顺序与拆卸顺序相反。

**（2）风扇总成拆装**　拆卸过程如下：

1）将乘员座椅向后完全倾斜，以便进入。

2）拆卸乘员脚部空间闭合饰板。

3）断开风扇线束连接器并将线束置于一旁。

4）拆卸将加热管固定在供暖、通风和空调总成上的螺钉。

5）拆卸将风扇外壳固定在供暖、通风和空调总成上的螺钉，如图 9-61 所示。

6）从供暖、通风和空调总成上松开风扇外壳，并挪动经过的加热器管。

7）从车辆上拆卸风扇总成。

8）拆卸将风扇和电机固定在风扇外壳上的螺钉。

9）从风扇外壳上拆卸风扇和电机，如图 9-62 所示。

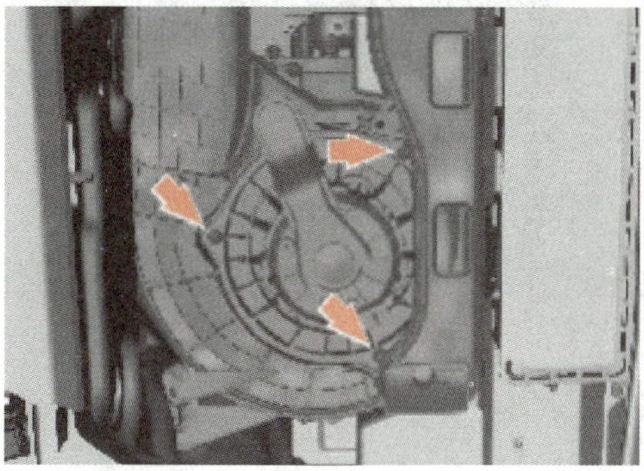

图 9-61　风扇总成拆卸（一）

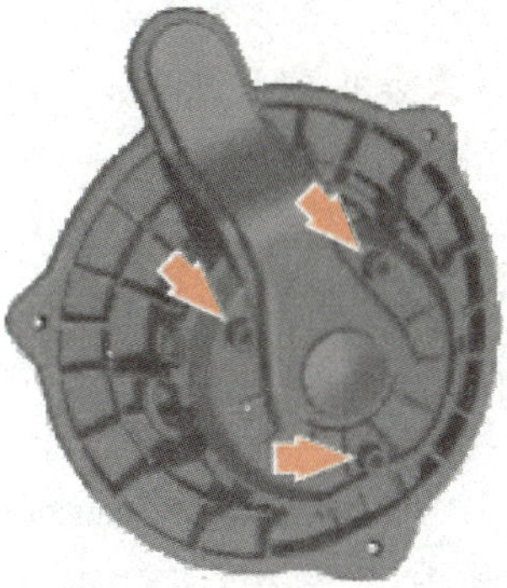

图 9-62　风扇总成拆卸（二）

安装顺序与拆卸顺序相反，安装前要清除风扇外壳上的碎屑，并将座椅向前推动复位。

**（3）加热器拆装**　拆卸过程如下：

1）执行车辆电气绝缘程序。

2）拆卸吸入微粒过滤器。

3）拆卸中控台。

4）拆卸乘员膝部气囊。

5）拆卸固定乘员膝部气囊支架的螺栓。

6）拆卸气囊安装支架，如图 9-63 所示。

7）拆卸将正温度系数加热器固定在供暖、通风和空调总成外壳上的螺钉。

8）拆卸将右前侧减振塔盖固定在车身上的卡钉，如图 9-64 所示。

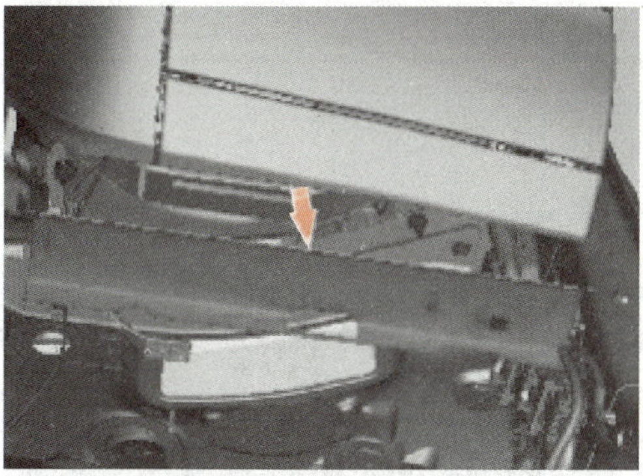

图 9-63　加热器拆卸（一）

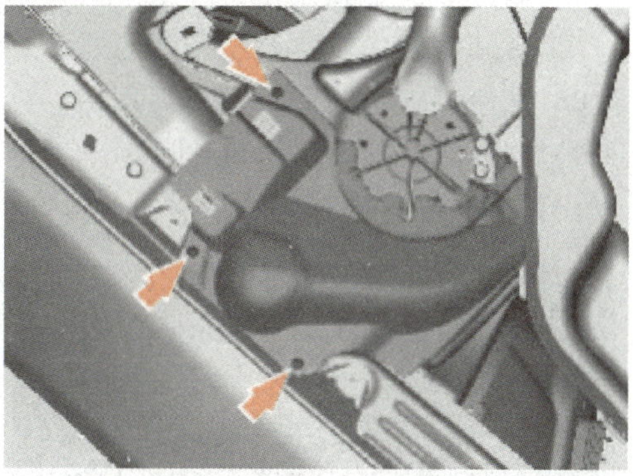

图 9-64　加热器拆卸（二）

9）从供暖、通风和空调总成固定夹上松开正温度系数加热器线束，如图 9-65 所示。

10）断开 DC/DC 模块上的线束连接器。

11）将系带与正温度系数加热器线束相连。

12）使用辅助设备从隔板上松开正温度系数加热器线束，并将其收入脚部空间。

13）从多余的线束连接器上断开系带，并与新的线束相连。

14）从供暖、通风和空调总成外壳上小心拆卸正温度系数加热器。

安装顺序与拆卸顺序相反，装配前要清洁供暖、通风和空调总成外壳内部。

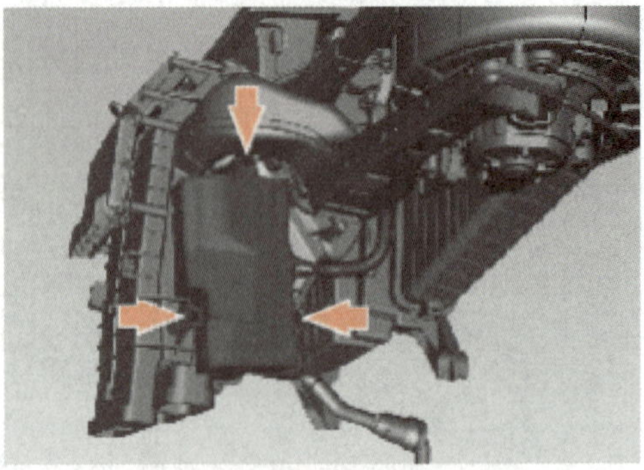

图 9-65 加热器拆卸（三）

**(4) 冷凝器拆装** 拆卸过程如下：

1）为空调系统释放压力。

2）拆卸前挡泥面板。

3）拆卸左前方的轮拱内衬。

4）拆卸固定前保险杆面板支撑杆的螺栓，如图 9-66 所示。

5）拆卸将空调管固定在冷凝器上的螺母，如图 9-67 所示。

图 9-66 冷凝器拆卸（一）

图 9-67 冷凝器拆卸（二）

6）断开空调管并系在一旁。

7）拆卸固定内侧空调连接管的螺母。

8）从冷凝器上断开空调管并系在一旁，如图 9-68 所示。

9）断开冷凝器风扇电机连接器。

10）拆卸固定冷凝器装配夹钳的螺钉，如图 9-69 所示。

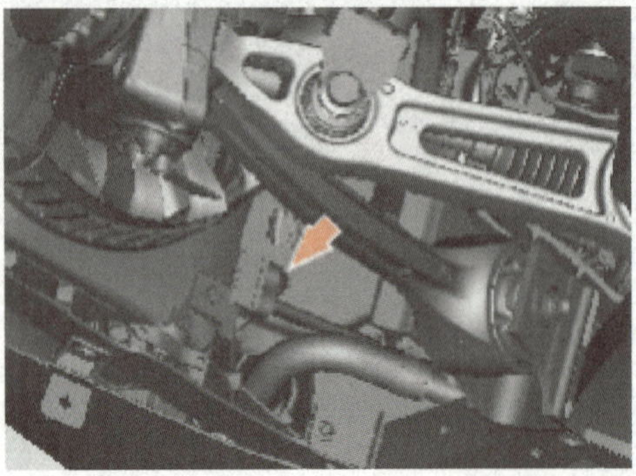

图 9-68 冷凝器拆卸（三）

图 9-69 冷凝器拆卸（四）

11）从下部装配上松开冷凝器并收集夹钳。

12）从上部装配上松开并从车辆上拆卸冷凝器总成。

13）拆卸将风扇电机总成固定在冷凝器上的螺栓，并与风扇总成分开，如图 9-70 所示。

安装顺序与拆卸顺序相反。

**（5）压缩机拆装**　拆卸过程如下：

1）升起并支撑车辆。

2）执行车辆电气绝缘程序。

3）拆卸前机舱储物盒。

4）为空调系统释放压力。

5）从压缩机上断开高压和低压连接器。

6）拆卸螺栓，并从压缩机上松开搭铁线，如图 9-71 所示。

图 9-70　风扇电机总成拆卸

图 9-71　压缩机拆卸（一）

7）拆卸将制冷剂管路固定在压缩机上的螺栓，松开管路，收集密封件，如图 9-72 所示。

8）拆卸前防滑板。

9）拆卸将压缩机总成固定在副框架上的螺母，从副框架安装点上松开压缩机，如图 9-73 所示。

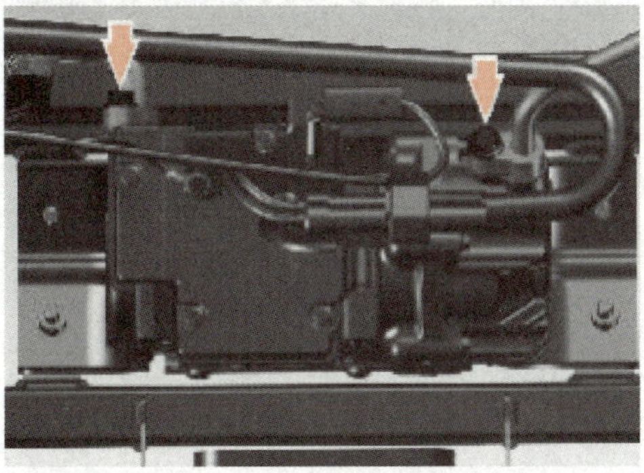

图 9-72　压缩机拆卸（二）

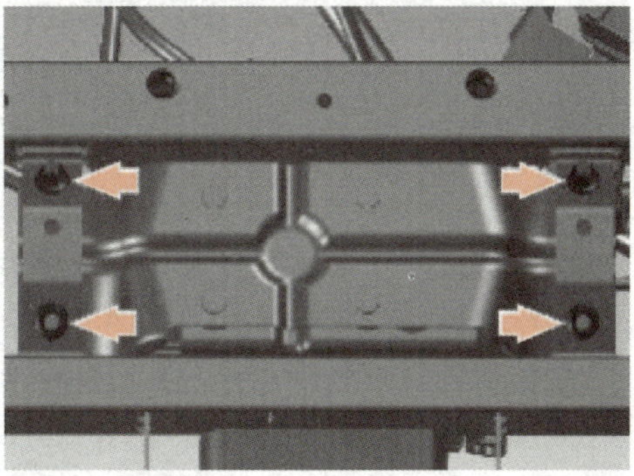

图 9-73　压缩机拆卸（三）

10）降低车辆坡道，从前机舱上拆卸压缩机总成。

11）拆卸将支架固定在压缩机上的螺栓。

12）从压缩机上拆卸支架，如图 9-74 所示。

安装顺序与拆卸顺序相反，但要确保电压连接器与前机舱的底部之间留有足够的间隙，并安装新压缩机高电连接器标签。

图 9-74 压缩机拆卸（四）

**(6) 电池冷却器和恒温膨胀阀总成拆装**

拆卸过程如下：

1）拆卸前挡泥板。

2）回收空调系统中的制冷剂。

3）执行车辆电气绝缘程序。

4）拆卸将空调管固定在恒温膨胀阀上的螺母。

5）断开恒温膨胀阀电气连接器。

6）夹住冷却剂软管，最大限度地减少冷却剂流失。

7）放置托盘，从恒温膨胀阀上松开夹子和冷却剂软管。

8）拆卸将电池冷却器和恒温膨胀阀总成固定在副框架上的螺栓，并拆卸总成，如图 9-75 所示。

安装顺序与拆卸顺序相反。

**(7) 散热器拆装** 拆卸过程如下：

1）排空冷却系统。

2）拆卸前饰板总成。

3）松开将供给和回流软管固定在散热器上的夹子，如图 9-76 所示。

图 9-75 电池冷却器和恒温膨胀阀总成拆卸

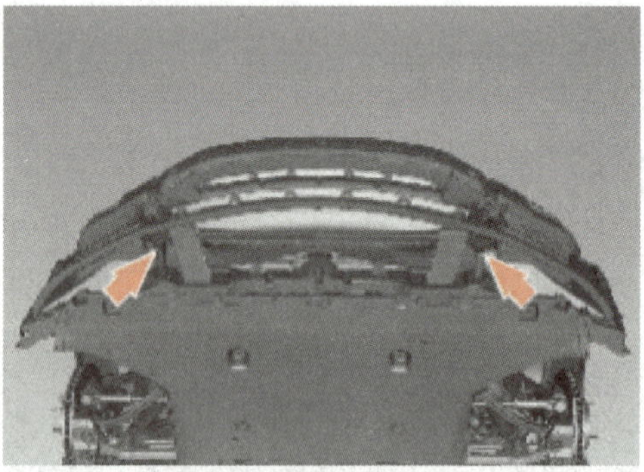
图 9-76 散热器拆卸（一）

4）松开将前管道左侧固定在后管道上的夹子，如图 9-77 所示。

5）松开将散热器前管道下嵌固件固定在后管道上的夹子，如图 9-78 所示。

6）松开将散热器前管道上嵌固件固定在后管道上的夹子，如图 9-79 所示。

7）拆卸散热器前管道。

8）从上安装支架上松开散热器，如图 9-80 所示。

9）向前挪动散热器的顶部并提起，以便脱离踝部止动爪杆，如图 9-81 所示。

10）拆卸散热器。

安装顺序与拆卸顺序相反，但要对冷却系统再充注并排放。

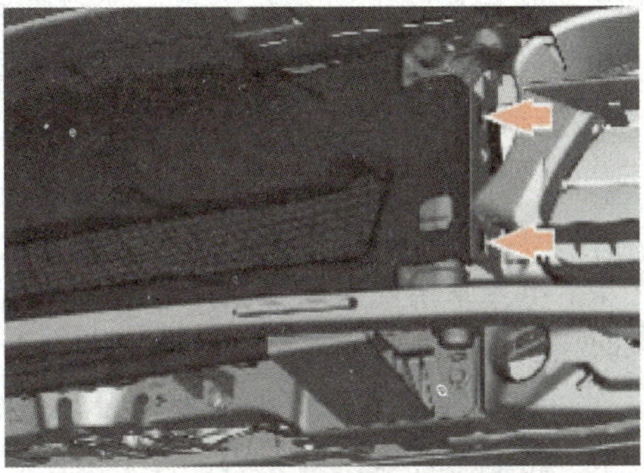

图 9-77　散热器拆卸（二）

图 9-78　散热器拆卸（三）

图 9-79　散热器拆卸（四）

图 9-80　散热器拆卸（五）

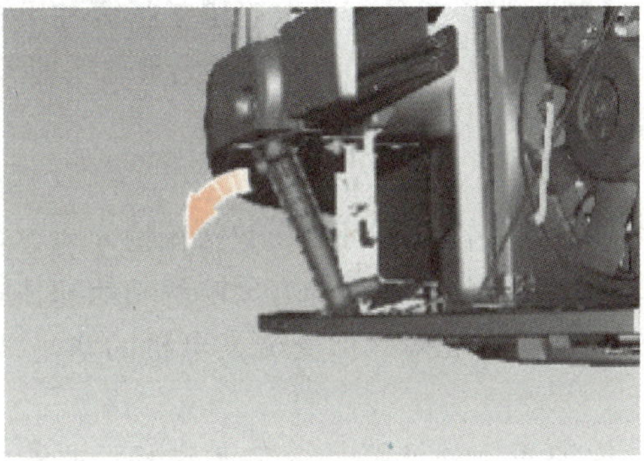

图 9-81　散热器拆卸（六）

## 9.3.2　CAN 总线故障

CAN 总线技术及其应用

### 1. 故障描述

CAN 总线网络控制系统在低电压、小电流的条件下工作，状态相当可靠，极少发生故障，此外，由于线束大量减少，插接件也相应减少，从而消除了断线、短路及接触电阻引发的故障，导致故障发生的概率明显降低，但也不是绝对的。常见的 CAN 总线故障有电源系统故障、节点故障和链路故障。

**（1）电源系统故障**　电源系统故障引起 CAN 总线系统故障表现为车辆在行驶过程中，

时常出现转速表、车速表指示为0，均不工作，有时还伴有某些电控系统无规则的故障码。其原因可能是电源供给异常。由于汽车多路信息传输系统的电控模块ECM要求的正常工作电压是直流10.5~15.0V，如果电压低于10.5V，就会造成一些对工作电压要求高的ECM出现短暂的停止，从而使整个汽车CAN-BUS系统出现短暂的无法通信。

**（2）节点故障** 节点故障表现为正常的系统出现多路故障指示灯警告，并伴随发动机转速表不工作。按照一般故障的规律，不可能出现几个电控系统同时发生故障的情况，因此应考虑是CAN总线节点故障。它包括软件故障中的传输协议和软件程序有缺陷或冲突，从而使汽车多路信息传输系统通信出现混乱或无法工作，这种故障一般成批出现，无法维修。硬件故障一般是通信芯片或集成电路故障，导致汽车多路信息传输系统无法正常工作，对此只能采用换件法处理，不过值得注意的是，此类故障发生的概率非常小，可先排除其他问题，才考虑换件。

**（3）链路故障** 链路故障表现为当汽车多路信息传输系统的链路（或通信线路）出现故障，如线路短路、断路，或电路板受潮、水浸等引起通信信号衰减时，可能引起多个电控单元无法工作或系统误动作。例如，电控自动空调系统在开关正常接通的情况下，鼓风机正常工作，但压缩机电磁离合器始终不通电，造成系统不制冷。链路的故障检修必须借助专用仪器进行，一般用示波器或汽车专用光纤诊断仪来判断通信数据信号与标准通信数据信号是否相符，标准信号可由汽车制造商提供，也可在性能良好的同型号车辆上测量获取。

### 2. 检测与维修

**（1）检测工具** CANoe/CANalyser可跟踪总线数据的实时变化，统计报文的频率和错误帧出现的频率，以及记录总线数据进行回放。在CAN通信故障调试中，可以利用CANoe/CANalyser作为网关隔离可能产生强干扰的节点以确定干扰源和干扰路径。CANscope是一款CAN物理层的分析工具，可以设置各种触发条件显示记录总线的CAN_H、CAN_L及差分电压的波形，观察CAN信号的畸变情况，分析噪声特性。

**（2）检测步骤**

1）了解待测车型的汽车多路传输系统特点，包括传输介质、几种子网及结构型式等。

2）核实汽车多路信息传输系统的功能，如有无唤醒功能和休眠功能等。

3）检查汽车电源系统是否存在故障，如交流发电机的输出波形是否正常，若不正常，将导致信号干扰等故障。

4）检查汽车多路信息传输系统的链路是否存在故障，可采用替换法或跨线法进行检测。如果是节点故障，只能采用替换法进行检测。

**（3）线路故障波形分析**

1）正常波形。CAN_H与CAN_L的波形相同，极性相反，并且最大电压相等，如图9-82所示。

2）CAN_H对地短路。CAN_H的波形为一平直线，电压为0V，表明对地短路；CAN_L的波形正常，如图9-83所示。

3）CAN_H对电源正极短路。CAN_H的波形为一平直线，电压为12V，表明对电源短路；CAN_L的波形正常，如图9-84所示。

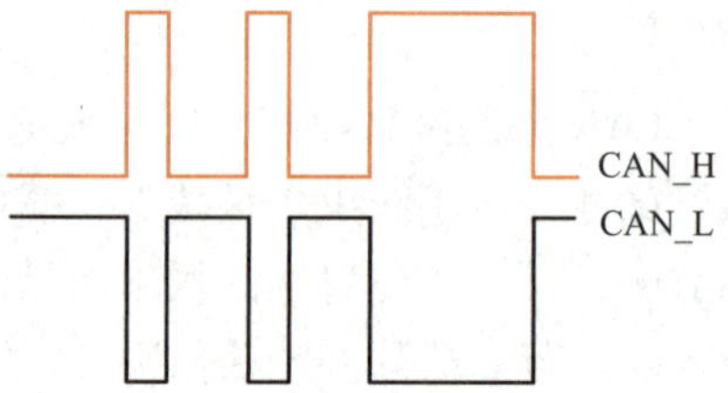


图9-82　CAN总线正常波形示意图

4）CAN_H 与 CAN_L 短路。CAN_H 与 CAN_L 的波形相同，极性相同，最大电压相等，两个波形完全重合，如图 9-85 所示。

5）CAN_L 对地短路。CAN_L 的波形为一平直线，电压为 0V，表明对地短路；CAN_H 的波形正常，如图 9-86 所示。

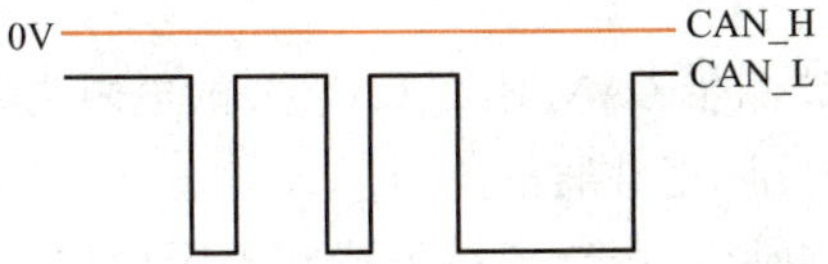


图 9-83　CAN_H 对地短路波形示意图

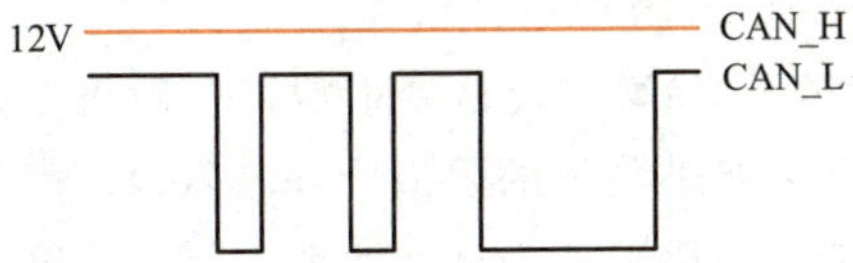


图 9-84　CAN_H 对电源正极短路波形示意图

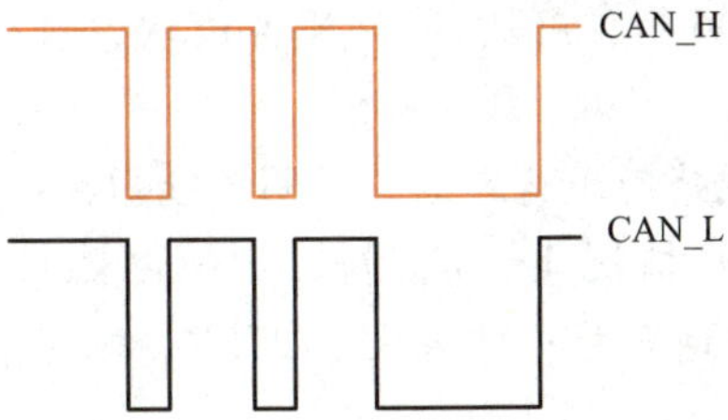


图 9-85　CAN_H 与 CAN_L 短路波形示意图

图 9-86　CAN_L 对地短路波形示意图

6）CAN_L 对电源正极短路。CAN_L 的波形为一平直线，电压为 12V，表明对电源短路；CAN_H 的波形正常，如图 9-87 所示。

7）CAN_H 断路。CAN_H 的波形缺失，或无规则，表明 CAN_H 断路；CAN_L 的波形正常，如图 9-88 所示。

图 9-87　CAN_L 对电源正极短路波形示意图

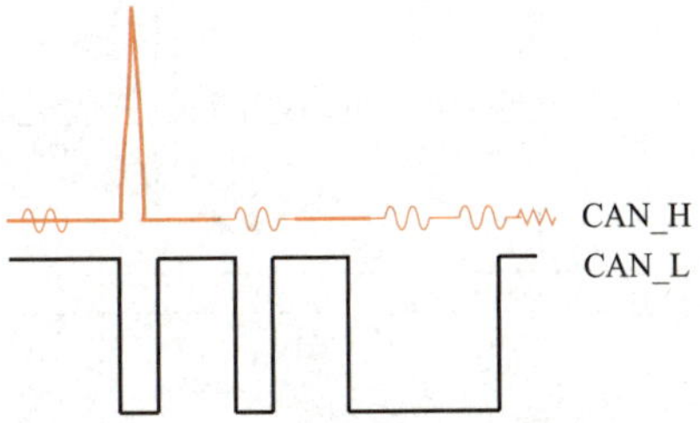


图 9-88　CAN_H 断路波形示意图

8）CAN_L 断路。CAN_L 的波形缺失，或无规则，表明 CAN_L 断路；CAN_H 的波形正常，如图 9-89 所示。

9）CAN_H 与 CAN_L 交叉连接。CAN_H 与 CAN_L 的波形频率是正常的 2 倍，两者极性相反，最大电压相等，如图 9-90 所示。

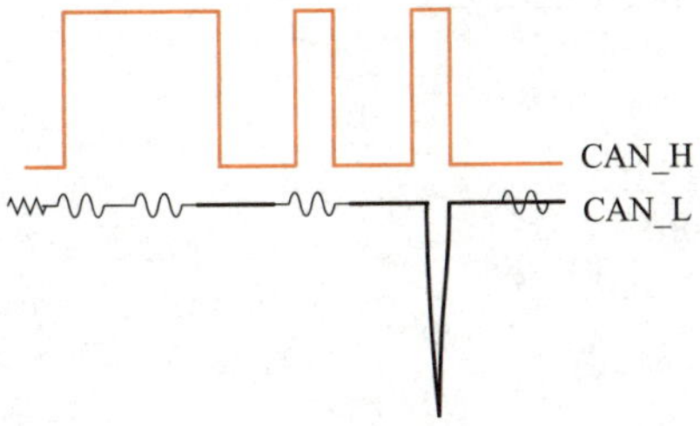


图 9-89　CAN_L 断路波形示意图

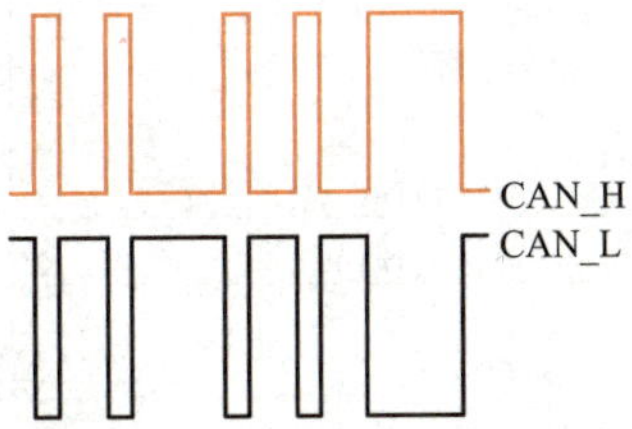


图 9-90　CAN_H 与 CAN_L 交叉连接波形示意图

检查故障件的注意事项：

1）应同时检查故障件及关联的非故障件。

2）当 CAN 通信系统出现故障时，多个电控单元可能会进入 Fail-safe 模式。

3）可通过观察仪表来分析根本原因。

**（4）故障诊断方法**

对于 CAN 主线是否正常，一般可以通过在诊断口测量 CAN_H 和 CAN_L 的电阻来判断。

1）如果测量的阻值为 60~70Ω，表明 CAN 主线可以正常通信。

2）如果阻值为∞，表明 CAN_H 和 CAN_L 线路断路，可继续拆下终端电阻模块，单独测量 CAN_H 和 CAN_L 的电阻，应为 120Ω 左右。

3）如果阻值于 0，表明 CAN_H 和 CAN_L 线路短路，可断开 CAN 各模块，进行初步判定。

4）CAN_H 和 CAN_L 的对地电阻：若其中一根线路与车身导通，说明该线短路。

5）测量 CAN_H 和 CAN_L 的对地电压。在正常情况下，应测试 CAN 网隐性电压。CAN_H/L 的对地电压应为 2.5V，如果为 0V，表明对地短路；如果大于 2.5V，则可能对电源短路。

对照图 9-91~图 9-94 所示电路原理图，逐个检查线路是否正常，如果发现存在问题的电控单元或电缆，需要进行更换或修复。在一些情况下，进行系统重置可以解决 CAN 通信问题。

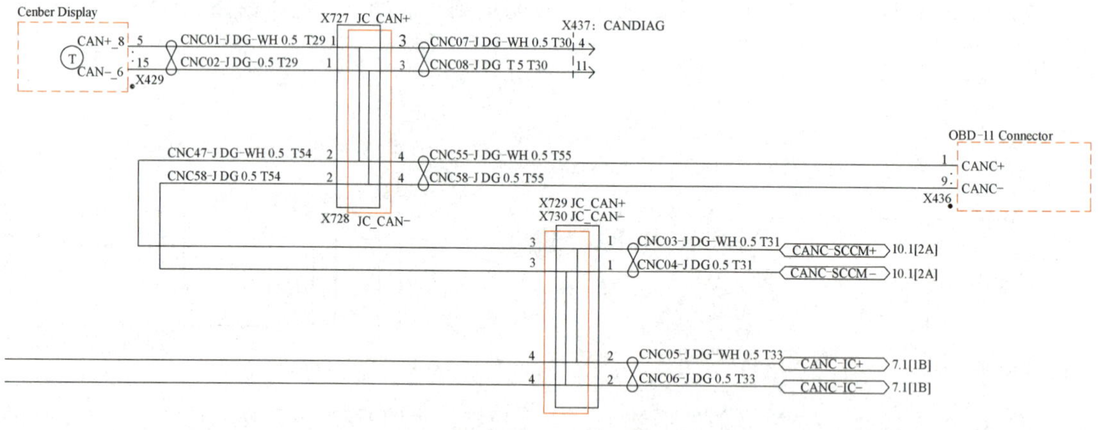

图 9-91　底盘 CAN 部分电路原理图（一）

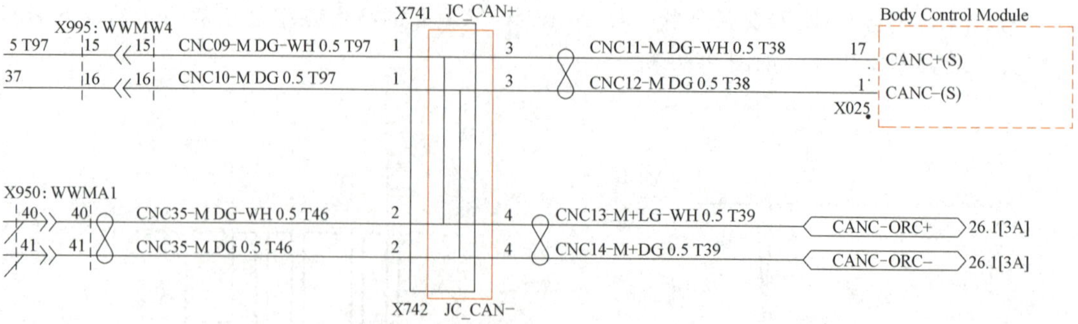

图 9-92　底盘 CAN 部分电路原理图（二）

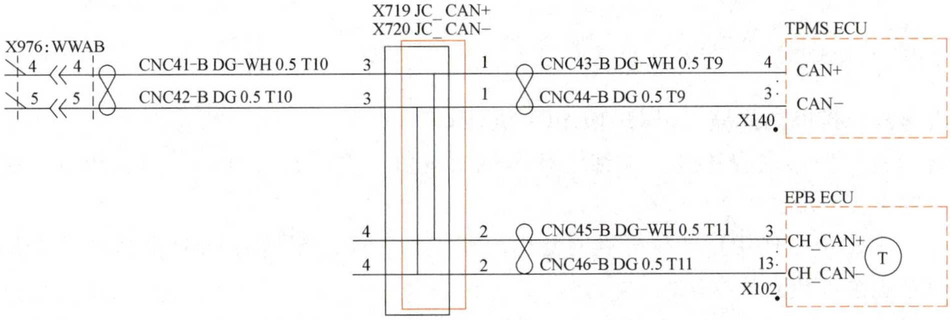


图 9-92 底盘 CAN 部分电路原理图（二）（续）

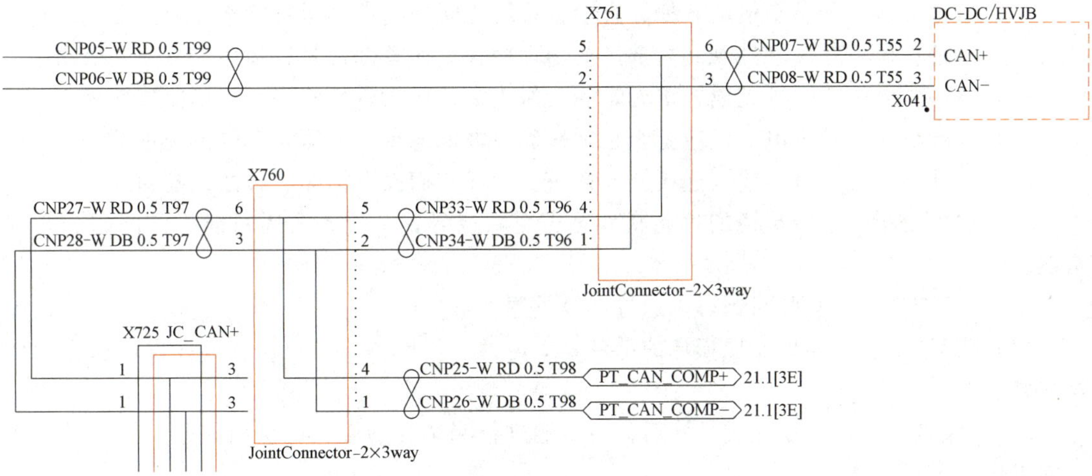


图 9-93 动力 CAN 部分电路原理图（一）

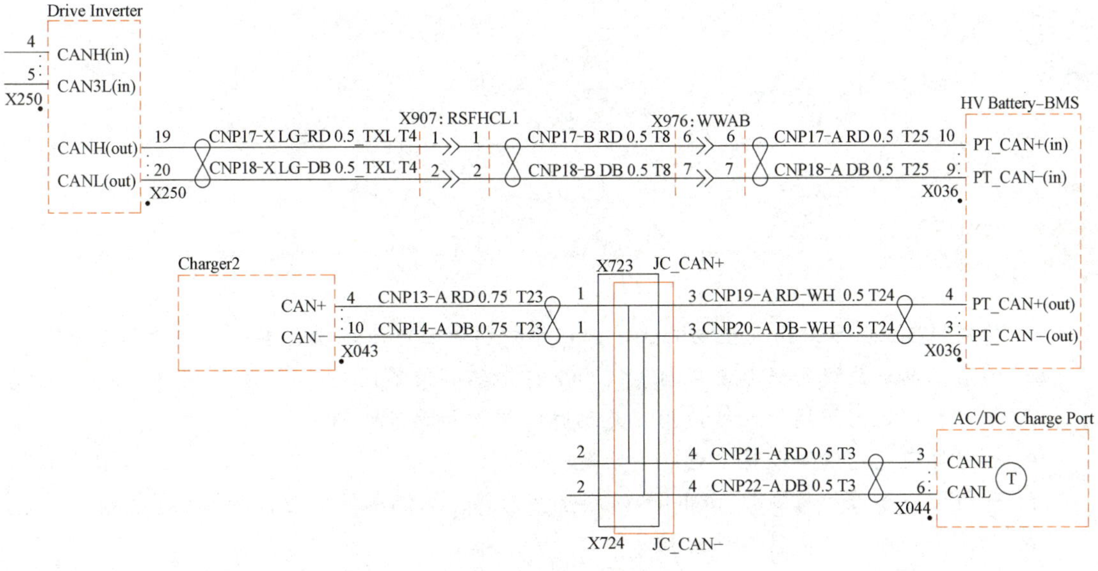


图 9-94 动力 CAN 部分电路原理图（二）

## 9.4 故障排除思路总结

特斯拉汽车故障排除的思路可以归纳为以下流程：

**(1) 故障描述**　向车主或驾驶人详细了解车辆出现的异常状况和问题，包括声音、警告、显示屏问题等。

**(2) 诊断工具连接**　使用特斯拉提供的专用诊断工具，通过车辆的 OBD-Ⅱ接口或专用端口与车辆的电子系统建立连接。

**(3) 读取故障码**　通过诊断工具读取车辆系统和电控单元的故障码，以获取问题的详细信息。

**(4) 数据分析**　分析车辆的数据，查看各系统之间的通信和运行状态是否正常。

**(5) 物理检查**　对车辆外观和内部进行物理检查，如零部件是否损坏、腐蚀或松动。

**(6) 电控单元检查**　检查电控单元是否工作正常，包括软件状态、传感器数据等。

**(7) 电源供应**　检查电源供应是否正常，确保电池电量、电压和充电系统正常。

**(8) 连接检查**　检查电缆、连接器和插头，确保它们没有损坏、腐蚀或松动。

**(9) 软件分析**　检查车辆的控制软件是否更新或异常，以及有无可能导致问题的软件错误。

**(10) 系统重置**　有些问题可以通过系统重置来解决。

**(11) 部件更换**　如果发现损坏的部件，如电池、传感器、电机等，可根据需求进行更换或修复。

**(12) 测试和验证**　在完成维修后，对车辆进行测试和验证，确保问题已经解决且车辆正常工作。

新能源虚拟培训平台

### 思考题

1. 特斯拉 Model S 采用大型电池组，如何维护和管理电池以确保其性能和使用寿命？
2. 特斯拉电机系统的保养需求与传统内燃机车辆有何不同？
3. 如何处理充电问题，包括使用超充站时的维护和故障诊断？
4. 如何处理充电端口或充电电缆的问题？
5. 如何检查和维护特斯拉 Model S 的底盘和悬架，才能确保舒适性和操控性？
6. 如何检查和维修底盘组件？如悬架弹簧和减振器。
7. 如何处理电击风险？如何进行高电压系统的维护和故障排除？
8. 如何诊断和解决与自动驾驶功能相关的问题？

# 参考文献


[1] 孙逢春. 电动汽车工程手册 [M]. 北京：机械工业出版社，2019.

[2] 余志生. 汽车理论 [M]. 6版. 北京：机械工业出版社，2018.

[3] 吴志新，周华，王芳. 电动汽车及关键部件测评与开发技术 [M]. 北京：科学出版社，2019.

[4] WILDI T. 电机、拖动及电力系统：原书第6版 [M]. 潘再平，杨莉，等译. 北京：机械工业出版社，2015.

[5] EMADI A. 汽车电力电子装置与电机驱动器手册 [M]. 孙力，田光宇，杨正林，等译. 北京：机械工业出版社，2014.

[6] UMANS S D. 电机学 [M]. 7版. 刘新正，苏少平，高琳，译. 北京：电子工业出版社，2014.

[7] 谭晓军. 电动汽车智能电池管理系统 [M]. 北京：机械工业出版社，2019.

[8] 吴晓刚，周美兰，等. 电动汽车技术 [M]. 北京：机械工业出版社，2018.

[9] 邹国棠，程明. 电动汽车的新型驱动技术 [M]. 北京：机械工业出版社，2010.

[10] 徐艳民. 电动汽车动力蓄电池及电源管理 [M]. 北京：机械工业出版社，2017.

[11] 衣宝廉. 燃料电池——原理·技术·应用 [M]. 北京：化学工业出版社，2003.

[12] 节能与新能源汽车技术路线图战略咨询委员会，中国汽车工程学会. 节能与新能源汽车技术路线图 [M]. 北京：机械工业出版社，2016.

[13] 黄可龙，王兆期，刘素琴. 锂离子电池原理与关键技术 [M]. 北京：化学工业出版社，2016.

[14] 克里斯汀，艾伦，阿肖克，等. 锂电池科学与技术 [M]. 刘兴江，等译. 北京：化学工业出版社，2018.

[15] 王震坡，孙逢春，刘鹏. 电动车辆动力电池系统及应用技术 [M]. 2版. 北京：机械工业出版社，2016.

[16] 瑞佩尔. 特斯拉电动汽车结构、原理与维修图解手册 [M]. 北京：化学工业出版社，2021.